공무원
한국사
시험대비

지원한국사
한.권.끝.

박기훈 편저

합격기준
박문각 공무원

PMG 박문각

한.권.끝 이론서를 선보이며

한국사는 이것저것 공부할 것이 많은 과목입니다. 그래서 학생들은, "어떻게 하면 한국사를 효율적으로 학습할 수 있을까?"로 고민하죠. 그래서 많은 선생님들이 자신만의 학습법을 제시합니다. 치열한 강사들 간의 선의의 경쟁 속에서, 수험생 여러분께 어떤 방향을 제시해 드려야 할지를 저 또한 밤낮으로 고민해 봅니다.

제 고민의 결과물은 다음과 같습니다.

1. 300여 쪽의 간결한 구성

한국사는 그 방대한 양 때문에 강의와 이론서가 따로 노는 강좌가 많습니다. 4만원이 넘는 두꺼운 이론서를 구입하게 한 뒤, 정작 강의는 필기노트나 프린트, 혹은 판서 등으로 진행하는 경우가 많습니다. 개인적인 생각으로, 그건 자본과 시간의 낭비인 것 같습니다. 강의와 이론서가 유기적으로 결합된 이론서를 만들기 위해, 300여 쪽의 간결한 교재를 만들었습니다.

2. 99주제로 체계적인 분석

방대한 한국사의 주제를 99주제로 분류하여 개별 주제별로 서술하였습니다. 한국사의 여러 주제들을 하나씩 하나씩 알아나가면, 학습의 성취도도 분명 올라가게 될 겁니다. 혹시 "빠진 내용이 있는 것은 아닐까?" 고민하실 수도 있을 것입니다. 단언하건대, 1,000여 쪽의 이론서에 있는 모든 내용들이 '한.권.끝'의 300페이지에 하나도 빠짐없이 체계적으로 수록되어 있습니다.

3. 학습 자료의 풍부한 수록

비슷한 양의 필기노트에서는 거의 수록되어 있지 않은 다양한 사료들도 어떤 이론서 못지않게 풍부하게 수록하였습니다. 종래의 지나치게 두꺼운 이론서와 설명이 너무 없는 필기노트 사이의 중간 지점을 찾은 것이 우리의 이론서입니다. 화장품으로 비유하자면 스킨과 에센스를 한 번에 해결하는 것이라고 할까요? 또한, 사료뿐만 아니라 다채로운 학습 자료들도 부록으로 수록하였습니다. 부록에는 '전근대사의 왕들', '근현대사 연표 자료', '한국 현대사의 필수 구조', '한 번에 끝내는 지역사' 등 100점을 이루기 위해 꼭 필요한 자료들이 두루 수록되어 있습니다.

여러분!

저의 이론 강의는 60시간이면 끝납니다. 100시간이 넘는 강의를 하면서, '완벽한 강의'라고 주장한다면 그것은 수험생을 기만하는 것입니다. 그건 누구나 할 수 있습니다. 콤팩트한 강의와 유기적으로 결합되어 있는 '한.권.끝'은 여러분의 한국사 학습에 최고의 동반자가 될 것입니다.

이 책을 내는 데에 많은 분들의 도움이 있었습니다. 우선, 출판을 담당한 박문각 출판부에 감사의 마음을 드립니다. 박문각 출판부의 헌신적인 노력이 없었다면, 오늘의 이 교재는 나오지 못했을 것입니다. 특히, 전공자의 예리한 시각으로 구멍투성이인 글을 훌륭한 이론서로 거듭나게 손질해 준 이수연 주임께 깊은 헌사를 바칩니다. 그리고 부족한 저에게 항상 큰 힘이 되어 주는 박문각 공무원의 동료 강사들과 교직원 분들께도 고맙다는 인사를 드립니다.

마지막으로, '광대한 우주, 그리고 무한한 시간, 이 속에서 같은 행성, 같은 시대를 함께 살아가는 사랑하는 아내'에게 이 부족한 책을 바칩니다. 내 인생의 절반은 당신의 것입니다. 그리고 나머지 절반은 수험생들의 것입니다!

불로동에서

박기훈 드림

PART 04 조선 전기의 역사

차례

지원한국사
한.권.끝.

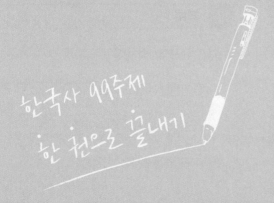

한국사 99주제
한 권으로 끝내기

PART

01

한국사의 시작

주제 01 한국사의 바른 이해

❶ 사실로서의 역사, 기록으로서의 역사

사실로서의 역사	객관적	있는 사실 그대로의 역사(실증적, 랑케❶)
기록으로서의 역사	주관적	역사가 주관적 기록의 역사(현재주의, 크로체❶) ➡ 모든 역사는 현재의 역사이다.
	객관과 주관의 절충	사실과 역사가의 상호 작용(E.H 카❶) ➡ 역사는 현재와 과거의 끊임없는 대화이다.

❷ 외적 비판과 내적 비판

외적 비판	사료 그 자체에 관하여 그것의 진위 여부, 원사료에 대한 타인의 첨가 여부, 필사(筆寫)인 경우에 필사 과정에서의 오류, 또는 사료가 만들어졌을 단계에서 작자, 장소, 연대 및 전거(典據) 등에 관하여 사료의 가치를 음미하는 작업
내적 비판	사료의 내용이 신뢰할 만한 것인가를 분석하고, 사료의 성격을 밝히는 작업. 저자의 역사관, 역사서가 나온 시대적 상황 등을 종합적으로 판단하여 사료를 분석하는 작업

❸ 역사 서술의 방식

기전체	• 중국 한나라 때 사마천이 『사기』를 저술할 때 황제들의 역사인 본기와 제후들의 역사인 세가, 사회상을 담은 지, 신하들의 일대기를 담은 열전, 연표 등으로 나누어 편찬 • 이 방식은 이후 동양 역사 편찬 방식의 기준으로 김부식의 『삼국사기』, 조선 초에 저술된 『고려사』, 이종휘의 『동사』, 한치윤의 『해동역사』 등이 있음
편년체	• 역사적 사건을 연·월·일 순으로 기록하는 형식으로 중국 『춘추』 좌씨전에서부터 시작된 가장 보편적인 형식 • 조선 시대 제작된 『조선왕조실록』과 실록을 편찬할 때 사료로 이용되던 『승정원일기』, 『일성록』, 각 사에서 제작하는 『등록』, 조선 초에 저술된 『고려사절요』, 서거정의 『동국통감』, 안정복의 『동사강목』 등이 있음
기사본말체	• 중국 남송 때 원추가 『통감기사본말』을 저술하면서부터 시작된 방법으로 사건별로 제목을 앞세우고 관계된 기사를 모아 서술하는 방식 • 기전체와 편년체보다 하나의 사건의 원인과 전개, 영향을 체계적으로 설명할 수 있다는 장점이 있음 • 일연의 『삼국유사』, 이긍익의 『연려실기술』 등이 있음
강목체	• 유교(성리학)적 관점에서 역사적 사건과 인물의 도덕적 정당성을 따지는 역사 서술의 방식 • 안정복의 『동사강목』 등이 있음

사이드바

❶ 랑케(Ranke, 1795~1886)

근대 역사학을 처음 시작한 19세기 독일의 역사가

❶ 크로체(Croce, 1866~1952)

이탈리아의 철학가이자 역사학자로, 역사는 현실에 대한 철학적 인식 이외의 아무것도 아니며, 철학은 역사 속에서 생겨나 조건 지어지고 가꾸어진다는 현재주의적 역사의식을 정립하였다.

❶ E.H 카의 역사관
영국의 역사가이자 국제정치학자인 E.H 카는 역사란 미래에 대한 방향 감각을 가진 역사가에 의해 해석된 과거라고 하여 역사가의 주관적 해석에 주안점을 두면서도 역사가의 역할을 지나치게 강조하면 객관적 역사를 완전히 배제하여 회의주의에 빠질 수 있다고 하였다.

주제 02 선사 시대의 전개

❶ 구석기 시대

(1) **시기**: 약 70만 년 전부터 시작❶
  ➡ 시기 구분: 석기를 다듬는 수법에 따라 전기❶, 중기❶, 후기❶로 나눔

(2) **유적**
  ① 단양 금굴: 우리나라 최고(最古)의 유적, 구석기 시대의 상한선
  ② 평남 상원 검은모루 동굴: 포유동물 화석, 긁개, 주먹 도끼
  ③ 경기 연천 전곡리: 아슐리안계 주먹 도끼, 1978년 발견
  ④ 충남 공주 석장리: 막집터, 기둥 자리, 개 모양의 석상, 남한 최초의 유적 발견지
  ⑤ 제천 점말 동굴: 코뿔소 화석 출토
  ⑥ 웅기 굴포리: 찌르개, 매머드 화석
  ⑦ 단양 상시 바위동굴: 인골 화석 발견, 바위 그늘 유적
  ⑧ 평남 덕천 승리산 동굴: 덕천인의 어금니와 빗장뼈, 승리산인의 아래턱뼈
  ⑨ 양구 상무룡리: 흑요석(화산 지형과 관련 ➡ 원거리 교역) 출토
  ⑩ 종성 동관진: 동물 뼈, 뗀석기
  ⑪ 제주 빌레못 동굴: 집터, 동물 화석
  ⑫ 단양 수양개: 조각품, 후기 구석기 눈금새김돌 출토
  ⑬ 평양 만달리 동굴: 남자 아래턱뼈 출토
  ⑭ 충북 청원 두루봉 동굴: 흥수아이, 장례식(국화꽃)
  ⑮ 충북 제천 창내: 막집 유적

(3) **구석기 시대의 생활**
  ① 경제생활: 동물의 뼈나 뿔로 만든 뼈 도구와 뗀석기 이용 ➡ 사냥과 채집
  ② 도구: 주먹 도끼·찍개·팔매돌 ➡ 사냥 도구, 긁개·밀개 ➡ 조리 도구
  ③ 주거: 동굴이나 바위 그늘, 강가의 막집 ➡ 막집터의 규모는 작은 것은 3~4명, 큰 것은 10명이 살 수 있을 정도의 크기
  ④ 사회: 무리를 이루어 이동 생활, 평등한 공동체적 생활
  ⑤ 예술: 후기에 석회암이나 동물의 뼈, 뿔 등을 이용하여 조각품 제작
    ➡ 공주 석장리와 단양 수양개에서 고래와 물고기 등을 새긴 조각 발견
    ➡ 사냥감의 번성을 비는 주술적 의미
  ⑥ 구석기 말의 변화(중석기): 빙하기가 지나고 기후가 따뜻해짐
    ➡ 큰 짐승 대신에 토끼, 여우, 새 등 작고 빠른 짐승을 잡기 시작함
    ➡ 톱, 활, 창, 작살, 슴베찌르개 등의 잔석기(이음 도구)

➕ **우리 민족의 기원**
구석기 시대부터 만주와 한반도에 사람이 거주하였으나, 신석기 시대부터 청동기 시대를 거쳐 민족의 기틀이 마련되었다. 언어상으로 알타이어족에 가깝다.

➕ **구석기 시기 구분**
- 전기: 큰 석기 한 개를 여러 용도로 사용
- 중기: 큰 몸돌에서 떼어 낸 돌조각으로 석기 제작 ➡ 점차 한 개의 석기가 하나의 용도로 쓰임
- 후기: 쐐기 같은 것을 대고 형태가 같은 여러 개의 돌날격지 제작

🔺 구석기 전기 – 주먹 도끼

🔺 구석기 후기 – 슴베찌르개

❷ 신석기 시대

(1) **시기**: 기원전 8,000년경부터 시작

(2) **유물**

  ① **간석기**: 돌을 갈아서 간석기 제작(그물추, 돌삽, 갈돌, 갈판 등)

  ② **토기**: 이른 민무늬 토기, 덧무늬 토기, 빗살무늬 토기, 눌러찍기무늬 토기(압인문 토기)

    ➡ 음식물의 저장과 조리

▲ 이른 민무늬 토기

▲ 빗살무늬 토기

(3) **신석기 시대의 생활**

  ① **유적지**: 황해 봉산 지탑리(탄화된 좁쌀), 평양 남경(탄화된 좁쌀), 강원 양양 오산리, 강원 고성 문암리(동아시아 최초 밭 유적), 강원 춘천 교동, 경남 김해 수가리, 함북 웅기 굴포리, 서울 암사동, 부산 동삼동(패총이라 불리는 조개더미, 일본산 흑요석), 제주 한경 고산리(한반도 최고의 유적지) 등의 큰 강가나 바닷가에 거주

▲ 구석기 시대의 유적지

▲ 신석기 시대의 유적지

  ② **농경·목축의 시작**: 황해 봉산 지탑리, 평양 남경에서 탄화된 좁쌀(벼농사는 아직 안함) 발견

  ③ **농기구**: 돌괭이, 돌삽, 돌보습, 돌낫 등으로 잡곡류 경작

  ④ 사냥, 고기잡이, 채집이 여전히 식량 획득의 큰 몫 차지

  ⑤ **원시적인 수공업**: 가락바퀴나 뼈바늘을 이용해 옷, 그물 생산

  ⑥ 강가나 바닷가에 바닥이 원형인 움집(화덕은 가운데)을 짓고 생활

▲ 신석기 시대 주거도

▲ 암사동 유적지

⑦ **사회** : 다른 씨족과의 혼인을 통하여 부족 사회 형성, 평등 사회, 족외혼❶

⑧ **원시 신앙의 출현** : 농경과 목축의 영향 ➡ 애니미즘(자연 숭배)❶, 토테미즘❶, 샤머니즘❶, 영혼 숭배, 조상 숭배 등

⑨ **예술** : 흙으로 빚어 구운 얼굴이나 동물 모양을 새긴 조각품, 조개껍데기 가면, 치레걸이 등

⑩ **무덤** : 토묘(관 없이 매장)와 웅기 조개더미에서 나타난 동침신전앙와장(태양 숭배 사상)

▲ 돌보습

▲ 돌도끼와 갈돌, 갈판

▲ 돌창

▲ 돌촉

▲ 가락바퀴

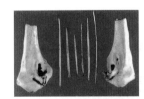

▲ 뼈바늘

▲ 신석기 시대 여인상

▲ 조개껍데기 가면

▲ 치레걸이

❶ 족외혼

다른 씨족과 결혼하는 것이다.

❶ 애니미즘(animism)

자연계의 모든 사물에 생명이 있는 것으로 보고, 그것의 영혼을 인정하여 인간처럼 의식, 욕구, 느낌 등이 존재한다고 믿는 신앙이다.

❶ 토테미즘(totemism)

자기 부족의 기원을 특정한 동식물과 연결하는 것이다.

❶ 샤머니즘(shamanism)

무당(샤먼)과 그 주술을 믿는 것이다.

주제 03 청동기와 철기

❶ 청동기 시대 : 기원전 2,000년~1,500년경부터 시작

(1) **유적** : 경기 여주 흔암리, 경기 파주 덕은리, 충남 부여 송국리, 충북 제천 황석리, 전남 순천 대곡리, 함북 회령 오동리, 함북 나진 초도, 평북 강계 공귀리, 평북 의주 미송리, 평남 사동 구역 금탄리와 남경, 강원 춘천 중도 등 만주, 한반도 일대에 분포

(2) **유물**

석기	토기	청동기
반달 돌칼➊, 바퀴날 도끼, 홈자귀 등의 농기구	미송리식 토기, 민무늬 토기, 붉은 간 토기, 검은 간 토기, 덧띠 토기, 가지무늬 토기	비파형 동검➊, 거친무늬 거울 ➡ 중국과 다름, 북방 계통
 ⬥ 반달 돌칼	 ⬥ 미송리식 토기 ⬥ 민무늬 토기	 ⬥ 비파형 동검

(3) **무덤과 유물들** : 고인돌➊, 돌널무덤, 농경 무늬 청동기, 선돌(숭배의 대상)

⬥ 고인돌(북방식)

⬥ 고인돌(남방식)

⬥ 돌널무덤

⬥ 농경 무늬 청동기

⬥ 선돌

❶ 반달 돌칼의 제작 과정

❶ 비파형 동검
우리나라 청동기 시대에 있어서 중국 요령 지방과 한반도의 청동기 문화를 동일한 문화권으로, 비중국계 청동기 문화로 해석하게 하는 대표적인 유물이다. 요령식 동검, 만주식 동검으로 불리는 것 같이 중국식 청동기 문화와 다른 독특한 우리나라의 청동기 문화를 반영하였다는 데 역사적 의의가 있다.

❶ 고인돌의 구분
• 북방식 : 탁자식
• 남방식 : 바둑판식
• 개석식 : 뚜껑돌만 있는 것

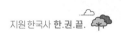
❷ 철기 시대 : 기원전 4세기경

(1) **유적** : 경남 창원 성산 패총 야철지, 경남 창원 다호리(붓, 오수전), 경남 사천 늑도(오수전), 대동강 유역 진과(진시황의 명문이 새겨진 창)

(2) **철제 농기구, 철제 무기 사용** : 농업 발달(깊이갈이가 가능해짐), 청동기는 의식용 도구로 변화(의기화)

(3) **중국과의 교류** : 명도전(연·제), 반량전(진), 오수전(한), 붓(경남 창원 다호리, 한자의 사용)

▲ 명도전

▲ 오수전

▲ 붓

(4) **독자적 청동기 문화 발전** : 세형동검, 잔무늬 거울, 거푸집

▲ 세형동검

▲ 잔무늬 거울

▲ 거푸집

❸ 청동기 · 철기 시대의 생활

(1) **경제**
  ① 농업 : 간석기가 다양해지고 기능 개선, 밭농사가 중심
    ➡ 일부 저습지에서 벼농사 지음
  ② 사냥이나 고기잡이의 비중이 줄어들고 가축의 사육 증가

(2) **주거**
  ① 배산임수의 취락 형성 : 농경 발달과 인구의 증가로 정착 생활의 규모 확대
  ② 집터의 형태는 대체로 직사각형 : 화덕은 한쪽 벽으로 옮겨지고, 창고와 같은 저장 시설을 집 밖에 따로 만들기도 함, 점차 지상 가옥화(주춧돌)
  ③ 주거용 외에 창고, 공동 작업장, 집회소, 공공 의식 장소 등도 만들었음
    ➡ 사회 조직이 발달하였고 복잡해졌음
  ④ 집터 크기 : 부부를 중심으로 하는 4~8명 정도의 가족이 살 수 있는 정도의 크기

▲ 청동기 시대의 석기들

▲ 청동기 시대의 집터

(3) 사회 생활

① 남녀 분업 : 여성은 주로 집안일을 담당하고 남성은 농경, 전쟁과 같은 바깥일에 종사

② 빈부의 차와 계급 분화

　ㄱ 잉여 생산물 발생 ➡ 힘이 강한 자가 개인적으로 소유

　ㄴ 생산물의 분배와 사유화 ➡ 빈부의 격차와 계급의 분화 촉진

③ 무덤 양식 : 청동기 시대 ➡ 고인돌과 돌널무덤, 철기 시대 ➡ 널무덤과 독무덤

④ 고인돌 : 계급 사회의 발생을 보여 주는 대표적인 무덤(탁자식, 바둑판식, 개석식 등)

⑤ 군장(족장)의 등장 : 금속제 무기의 사용 ➡ 정복 활동 ➡ 권력과 경제력을 가진 지배자 등장

⑥ 선민사상 : 우세한 부족들은 선민사상을 가지고, 약한 부족을 통합하거나 정복하고 공납을 요구(하늘의 후손, 즉 천손 사상이 대표적)

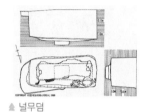

▲ 널무덤

▲ 독무덤

❹ 청동기 · 철기 시대의 예술

(1) **주술적 성격** : 청동으로 만든 의식용 도구에 말이나 호랑이, 사슴, 사람 손 모양 등을 조각하거나 기하학 무늬를 새겨 놓음, 흙으로 빚은 짐승이나 사람 모양의 토우 ➡ 풍요로운 생산을 기원

(2) 바위그림

① 울주 대곡리(반구대) : 거북, 사슴, 호랑이, 새, 고래 등의 동물 ➡ 사냥과 고기잡이의 성공 기원

② 고령 장기리(양전동) : 동심원, 십자형, 삼각형 등의 기하학 무늬 ➡ 동심원은 태양을 상징

▲ 울산 울주 반구대 바위그림

▲ 경남 고령 양전동 바위그림

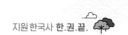

주제 **04** 고조선

❶ 고조선사의 흐름

요령에서 출발(비파형 동검, 미송리식 토기, 북방식 고인돌 출토 지역)

➡ 중국 측 기록(『관자』, 『산해경』 등)에 등장

➡ 연의 제후가 왕을 칭하자 고조선의 제후도 왕을 칭함

➡ 연과 요서 지방을 놓고 대립

➡ 연의 장군 진개의 침공으로 중심지 이동(요령에서 대동강 유역)

➡ 부왕에서 준왕으로 이어지는 왕위 세습(상, 대부, 장군 등의 관직)

➡ 위만의 망명(진·한 교체기)

➡ 위만의 왕위 찬탈(기원전 194)✚

➡ 강력한 철기, 정복 사업, 중계 무역

➡ 한과의 대립(예군 남려의 투항과 창해군 설치, 역계경의 망명)

➡ 한나라 사신 섭하가 살해당함

➡ 한 무제의 침공(우거왕: 왕검성에서 항전)

➡ 지배층의 내분으로 멸망(기원전 108)

➡ 한 군현 설치(낙랑, 현도, 임둔, 진번)

➡ 토착민의 반발(8조에서 60조)

➡ 고구려 미천왕이 낙랑군과 대방군을 축출(313)

▲ 고조선의 세력 범위

✚ 위만 조선의 의미

위만은 고조선으로 들어올 때에 상투를 틀고 조선인의 옷을 입고 있었다. 그리고 왕이 된 뒤에도 나라 이름을 그대로 조선이라 하였고, 그의 정권에는 토착민 출신으로 높은 지위에 오른 자가 많았다. 따라서 위만의 고조선은 단군의 고조선을 계승한 것으로 볼 수 있다.

❷ 단군 이야기✚

✚ 단군 이야기의 의미

구릉 지대 거주, 농경 사회, 토테미즘, 홍익인간(인본주의), 선민 사상, 사유 재산, 계급 사회, 제정 일치(단군 - 제사장, 왕검 - 군장), 청동기 시대 배경

📖 사료 탐구하기

단군 이야기

옛날에 환인의 서자 환웅이 있었는데, 천하에 자주 뜻을 두고 인간 세상을 매우 탐내었다. 아버지는 아들의 뜻을 알아차려 삼위 태백을 내려다보니 인간 세계를 널리 이롭게 할 만했다. 이에 천부인 3개를 주어 인간 세상을 다스리게 했다. 환웅은 무리 3천 명을 거느리고 태백산의 신단수 밑에 내려와서 이곳을 신시라 불렀다. 그는 풍백, 우사, 운사를 거느리고 곡식, 수명, 형벌, 선악 등을 주관하여 인간 세계를 다스리고 교화시켰다. 이때, 곰과 범이 같은 굴에 살았는데, 환웅은 신령한 쑥 한 심지와 마늘 스무 개를 주면서 "이것을 먹고 백일 동안 햇빛을 보지 않는다면 곧 사람이 될 것이다."라 하였다. 곰은 약속한지 3·7일만에 여자가 되었으나, 범은 지키지 못하여 사람이 되지 못하였다. …… 환웅이 웅녀와 혼인하여 아들을 낳았는데, 이름을 단군왕검(檀君王儉)이라 하였다.

『삼국유사』

⊕ 8조법
생명(노동력) 중시, 농경 사회, 계급
사회, 사유 재산, 가부장적 사회

③ 8조법⊕

사료 탐구하기

고조선의 8조의 법

조선에는 백성들에게 금하는 법 8조목이 있었는데, 다음과 같다. 사람을 죽인 자는 즉시 죽이고, 남에게 상해를 입힌 자는 곡식으로 배상하며, 남의 물건을 훔친 자는 남자일 경우에는 그 집의 남자 종을 삼고, 여자일 경우에는 역시 여자 종을 만든다. 용서받고자 하는 자는 한 사람 앞에 50만 전을 내게 한다. …… 여자들은 음란하고 편벽된 짓을 하지 않았다.

『한서 지리지』

④ 고조선 관련 문헌(단군 신화)

『삼국유사』, 『제왕운기』, 『세종실록지리지』, 『응제시주』, 『동국여지승람』, 『동국통감』 등

주제 05 여러 나라의 성장

❶ 초기 국가의 위치

❷ 여러 나라 총정리

구분	부여	고구려	옥저	동예	삼한
위치	만주 송화강	압록강(동가강) 졸본	함흥평야	원산만과 영동 지방	한강 이남
국가	연맹 왕국(5부족)	연맹 왕국(5부족)	군장 국가		연맹 왕국 or 군장 국가
정치	마가, 우가, 저가, 구가(사출도), 흉년 시 왕을 죽임	고추가, 상가	읍군, 삼로/거수(옥저), 후(동예)	신지·견지 (큰 군장), 부례·읍차 (작은 군장)	
경제	반농반목, 5곡 ○, 5과 ×, 말·주옥·모피	산악 지대, 약탈 경제(부경)	소금, 해산물, 농경 발달	단궁(활), 과하마 (조랑말), 반어피 (바다 표범 가죽)	쌀(의림지, 벽골제, 수산제), 철(변한)
제천 행사	영고(12월) – 수렵 사회 전통	동맹(10월) – 국동대혈(동굴)	×	무천(10월)	수릿날(5월) 계절제(10월)
풍습	순장, 1책 12법, 형사취수제❶, 질투와 간음 사형, 중국과 친선, 흰 옷을 입음, 우제점복❶	서옥제❶, 1책 12법 형사취수제, 중국과 안 좋음, 우제점복, 후장, 범죄자 사형	민며느리제❶, 골장제(가족 공동 무덤)	여자형·철자형 주거, 명주와 삼베 생산, 족외혼, 책화❶	목지국❶이 짱, 천군의 소도(제정 분리), 주구묘 (마한), 토실(마한), 귀틀집, 반움집, 두레

❶ **형사취수제**
형이 죽으면 동생이 형수랑 결혼하는 풍습

❶ **우제점복**
전쟁에 나갈 때 소의 발가락을 보고 점을 친 것으로, 소발가락이 벌어지면 전쟁에서 패할 징조이고, 소발가락이 붙어 있으면 전쟁에서 승리할 징조라고 믿었다.

❶ **서옥제(婿屋制)**
혼인을 정한 뒤 신부집 뒤꼍에 조그만 집을 짓고, 거기서 자식을 낳아 성장하면 아내를 데리고 신랑집으로 돌아가는 제도

❶ **민며느리제**
장래에 혼인할 것을 약속하면, 여자가 어렸을 때에 남자 집에 가서 성장한 후에 남자가 예물을 치르고 혼인을 하는, 일종의 매매혼

❶ **책화**
한 마을의 사람이 다른 마을의 경계를 침범하면 여러 가지 재물로 배상한다는 법칙이다.

❶ **마한 목지국**
마한 목지국은 처음에 성환·직산·천안 지역을 중심으로 발달하였으나, 백제의 성장과 지배 영역의 확대에 따라 남쪽으로 옮겨 익산 지역을 거쳐 마지막에 나주 부근(오늘날의 대안리, 덕산리, 신촌리, 복암리)에 자리 잡았을 것으로 추정된다.

❸ 초기 국가 관련 자료

▲ 동예의 여(呂)자형 집터

▲ 동예의 철(凸)자형 집터

▲ 마한의 주구묘

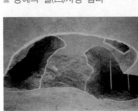

▲ 마한의 토실

▲ 솟대

MEMO

지원한국사
한.권.끝.

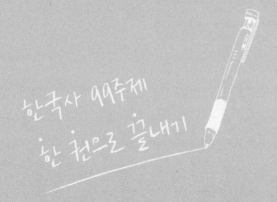
한국사 99주제
한 권으로 끝내기

PART

02

고대의 역사

주제 06 삼국의 형성과 발전

⊕ 삼국의 건국 순서
『삼국사기』에서는 신라, 고구려,
백제의 차례로 건국되었다고 하
였으나, 중앙 집권 국가의 형성은
일찍부터 중국 문화와 접촉한 고
구려가 가장 이르다.

❶ 삼국⊕의 성립

◉ 고대 국가의 형성

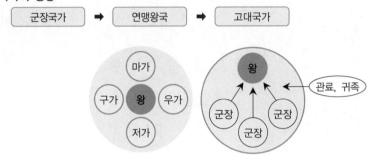

📝 고대국가 : 중앙 집권적 영토 국가
  ① 불교(사상 융합과 왕권 강화, 선진 문화의 수용)
  ② 관등(관리의 등급)·관복(공복)
  ③ 율령(행정 체계)과 유교
  ④ 한 성의 왕위 독점(형제 상속) ➡ 부자 상속

(1) 고구려
  ① 건국 : 부여 유민 세력과 압록강 유역의 토착민 집단이 졸본에 건국
    ➡ 만주 지안현의 국내성으로 천도(2대 유리왕 – 황조가)
  ② 태조왕(1세기 후반) : 옥저 정복, 계루부 고씨에 의한 왕위 세습, 5부 체제로 발전
    ➡ 중앙 집권 국가의 기반 마련
  ③ 고국천왕(2세기 후반) : 부자 상속제, 족장의 중앙 귀족화, 부족적 5부를 행정적 5부
    로 개편, 진대법

(2) 백제
  ① 건국 : 고구려 유민과 한강 유역의 토착민 연합
  ② 고이왕(3세기 중엽) : 한 군현과 항쟁, 관제 정비, 관리의 복색 제정
    ➡ 중앙 집권 국가의 토대 마련

(3) 신라
  ① 건국 : 유민이 토착 세력에게 흡수 동화됨
  ② 내물왕(4세기 후반) : 김씨의 왕위 세습, 마립간(대수장)의 칭호, 고구려 광개토 대왕
    군대의 도움(호우명 그릇) ➡ 고구려의 간섭, 고구려를 통한 중국과 교류

❷ 삼국의 발전과 항쟁

(1) 1~3세기

시기	고구려	백제	신라
1~2세기	태조왕(1세기 후반) • 중앙 집권 기틀 마련 • 계루부 고씨의 왕위 세습 • 옥저 정복 고국천왕(179~197) • 왕위 부자 상속제 • 행정적 5부제로 개편 • 진대법(춘대추납의 빈민 구제)		
3세기	동천왕(227~248) 서안평❶ 공격 ➡ 위나라 관구검의 침공 ➡ 옥저로 피신	고이왕(234~286) • 중앙 집권 기틀 마련 • 율령 반포 • 관등제(6좌평) • 공복(관복) 제정 • 한강 유역 통합 • 한 군현과 교류	

❶ 서안평

압록강 하구의 도시. 이곳을 점령해야 낙랑군과 중국 본토와의 연결을 끊을 수 있었다.

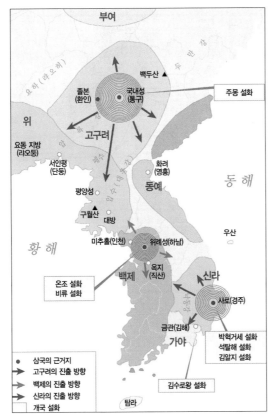

🔺 삼국의 형성

🔹 칠지도

⊕ 신라의 왕호 변천
① 거서간(1대 박혁거세)
➡ 추장 혹은 군장
② 차차웅(2대 남해)
➡ 제사장 혹은 무당
③ 이사금(3대 유례, 유리)
➡ 연장자, 계승자
④ 마립간(17대 내물)
➡ 대군장, 대수
⑤ 왕(22대 지증왕)
➡ 중국화(한화) 정책
⑥ 불교식 왕명(23대 법흥왕)
⑦ 중국식 시호(29대 무열왕)

⊕ 호우명(壺杅銘) 그릇
경주시 노서동 소재 호우총에서 출토된 청동 그릇이다. 을묘년(장수왕 3년)에 광개토 대왕을 기념하기 위하여 고구려에서 제작한 것으로 "乙卯年國岡上廣開土地好太王壺杅十(을묘년국강상광개토지호태왕호우십)"이란 명문이 새겨져 있다. 이는 내물왕 이후 김씨의 왕위 세습이 고구려의 군사력과 밀접한 관련이 있음을 보여주는 증거이다.

(2) 4세기

고구려	백제	신라
미천왕(300~331) • 서안평 점령 • 낙랑군과 대방군 축출(대동강 유역 확보) 고국원왕(331~371) • 선비족 전연(모용황)의 침공 • 백제군의 침공으로 평양성에서 전사 소수림왕(371~384) • 불교 수용(전진의 순도) • 태학(중앙의 유학 교육 기관) 설립 • 율령 반포 ➡ 중앙 집권 체제의 완성	근초고왕(346~375) • 영토 확장(마한 정복) • 가야에 지배권 행사 • 해외 진출(요서·산둥·규슈) • 칠지도 하사 • 일본에 한자·유교 전파(왕인) • 평양성 공격(371, 고국원왕 전사) • 역사서(고흥, 『서기』) • 왕위 부자 상속제 침류왕(384~385) 불교 공인(동진의 마라난타)	내물왕(356~402) • 김씨 왕위 세습 확립 • 낙동강 동쪽의 진한 지역 장악 • 마립간⊕(대군장) 칭호 • 고구려 군대의 도움으로 왜구 격퇴(호우명 그릇⊕) • 고구려를 통해 중국 문물 수용

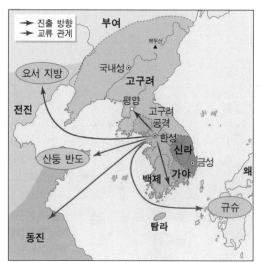

🔹 백제의 발전(4세기)

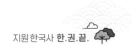

(3) 5세기

고구려	백제	신라
광개토대왕(391~413) • 관미성 함락 • 만주(후연)와 요동 정복 • 한강 이북 진출 • 신라를 지원하여 왜군 격퇴 　(호우명 그릇) • 연호 '영락' 사용➊ • 동부여, 숙신, 거란 정복 장수왕(413~491) • 광개토대왕릉비➊ 건립 • 평양으로 천도(427) • 중국의 남북조와 동시에 교류 • 경당(지방의 학교, 군대) 건립 • 한성을 점령하고 한강 유역 장악 　[475, 충주(중원) 고구려비➊] • 유연과 지두우 분할 점령 문자명왕(491~519) 고구려 최대 영토 확보(북부여 복속)	비유왕(427~455) 나·제 동맹(433) 개로왕(455~475) • 북위에 국서 전달(472) • 한강 유역 상실 문주왕(475~477) • 웅진(공주) 천도 • 왕권 약화(국왕의 암살) • 지배 세력 교체 　➡ 귀족 세력이 국정 장악 동성왕(479~501) • 신라와 혼인으로 동맹 강화 • 탐라 복속 • 국왕의 암살	눌지왕(417~458) • 나·제 동맹 • 왕위의 부자 상속 소지왕(479~500) • 6촌 ➡ 6부 • 동성왕과 혼인 동맹 • 경주에 시사(시장) 설치 • 우역(관도 정비)

➊ 연호의 의미

우리나라는 중국과의 교류를 위해 보통 중국의 연호를 사용하였다. 그러나 자주성을 강조할 때에는 '영락'과 마찬가지로 독자적인 연호를 쓰는 경우도 있었다.

➊ 광개토대왕릉비
• 건립 : 장수왕 2년(414)
• 1면 : 건국 신화, 왕의 계보
• 2면 : 정복 기사
• 3면 : 수묘인 관련 규정

➊ 충주(중원) 고구려비
고구려의 독자적인 천하관
➡ 신라를 동이(오랑캐)로 지칭하고, 신라왕(매금)과 신하들에게 의복을 하사

사료 탐구하기

광개토대왕릉 비문

(영락) 9년 기해에 백제가 서약을 어기고 왜와 내통하므로, 왕은 평양으로 순수해 내려갔다. 신라가 사신을 보내 왕에게 말하기를, '왜인이 그 국경에 가득 차 성을 부수었으니, 노객은 백성된 자로서 왕에게 귀의하여 분부를 청한다.'고 하였다. …… 10년 경자에 보병과 기병 5만을 보내 신라를 구원하게 하였다. …… 관군이 이르자 왜적이 물러가므로, 뒤를 급히 추적하여 임나가라의 종발성에 이르렀다. 성이 곧 귀순하여 복종하므로, 순라병을 두어 지키게 하였다. 신라의 □농성을 공략하니 왜구는 위축되어 궤멸되었다.

충주(중원) 고구려비

5월에 고려 대왕이 상왕공(相王公)과 함께 신라의 매금(寐錦, 마립간)을 만나 영원토록 우호를 맺기 위해 중원에 왔으나, 신라 매금이 오지 않아 실현되지 못했다. 이에 고구려 대왕은 관노부 대사자 다우환노(多于桓奴)를 이곳에 머물게 하여 신라 매금을 만나게 하였다. 12월 23일에 신라 매금이 신하와 함께 고구려 대사자 다우환노를 만나 이곳에 주둔하고 있던 고구려 사자 금노(錦奴)로 하여금 신라 국내의 여러 사람을 내지로 옮기게 하였다.

▲ 고구려의 전성기(5세기)

⑷ 6세기

고구려	백제	신라

귀족 간의 권력 싸움
➡ 왕권 약화(안장왕, 안원왕 암살)
➡ 평원왕(바보 온달 이야기, 사회적 안정)
	무령왕(501~523)
	• 사회적 안정
	• 22담로 설치(왕족 파견)
	• 중국 남조(양)와 친선 관계
	   ➡ 무령왕릉(남조식 벽돌무덤)
	• 일본에 단양이, 고안무 파견
	
	성왕(523~554)
	• 체제 정비: 중앙 22부, 16관등제
	• 수도 5부, 지방 5방
	• 사비(부여) 천도(538)
	• 국호를 남부여❶로 개칭
	• 왜에 불교 전파(노리사치계)
	• **불교 진흥(겸익)**
	• 한강 유역 일시 회복
	   ➡ 신라의 배신으로 한강 유역 상실
	   ➡ 관산성 전투에서 성왕 전사(554)
		지증왕(500~514)
		• 국호 '신라'
		• 마립간에서 왕(중국화 정책)
		• 순장 금지
		• 생산력 증대(우경)
		• 우산국(울릉도) 복속
		• 행정 구역 정비(5주)
		• 동시(동시전)
		
		법흥왕(514~540)
		• 병부(군사) 설치(517)
		• 율령 반포(520)
		• 골품제(17관등제)
		• 이차돈의 순교로 불교 공인(528)
		• 상대등(531)❷
		• 금관가야 병합(532)
		• 연호 '건원'(536)
		• 울진 봉평 신라비(524)
		
		진흥왕(540~576)
		• 화랑도 개편
		• 황룡사 · 흥륜사 창건❸
		• 불교 교단 정비(혜량)
		• 팔관회 개최
		• 거칠부의 『국사』(역사서, 545)
		• 한강 · 낙동강 유역 · 함흥평야 진출
		• 연호 '개국' · '대창' · '홍제' 사용
		• 한강 상류 장악(단양 적성비)
		   ➡ 한강 하류 장악(신주 설치)
		   ➡ 관산성 전투(554)
		   ➡ 북한산비(555)
		   ➡ 창녕비(561)
		   ➡ 대가야 정복(562)
		   ➡ 황초령비 · 마운령비(함흥평야 진출, 568)
		
		진지왕(576~579)
		술과 여자를 밝힌다는 이유로 왕에서 쫓겨남

❶ 남부여
부여족의 정통 후계자가 백제라는 것을 과시한 조치

❷ 상대등
신라의 귀족 회의인 화백 회의의 의장

❸ 황룡사와 흥륜사
전륜성왕(왕즉불)을 주장하던 진흥왕의 왕권 강화 정책과 연관된 사찰

🔺 신라의 영토 확장(6세기)

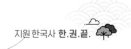

(5) 신라의 주요 비문

비문	내용
포항 중성리비	현존 최고의 신라비(소송에 대한 판결문)
영일 냉수리비(눌지왕설, 지증왕설)	• 재산 상속에 대한 판결문 • 왕이 아직 6부 귀족의 대표 수준으로 묘사 • 신라를 '사라'로 표현
울진 봉평 신라비(법흥왕)	율령 반포 사실을 기록, 모즉지매금왕(법흥왕)
영천 청제비(법흥왕)	제방 축조에 따른 부역 동원을 기록
단양 적성비(진흥왕 12년)	남한강 확보, 복속민에 대한 회유책
북한산비(진흥왕 16년)	한강 하류 진출(김정희의 고증)
창녕비(진흥왕 22년)	창녕 지역 정벌(가야 정벌)
황초령비(진흥왕 29년)	함흥평야 진출(19세기 함경도 관찰사 윤정현)
마운령비(진흥왕 29년)	함흥평야 진출(최남선의 조사)
남산 신성비(진평왕)	신성 축조에 부역 동원
임신서기석(진흥왕설, 진평왕설)	화랑들이 유교 공부를 열심히 하였다는 기록

❸ 대외 관계

4세기	5세기	6세기	7세기
전진 = 고구려 = 신라 동진 = 백 제 = 왜	북위 = 고구려 ↔ 신라 송 = 백 제 = 왜	북조 = 고구려 ↔ 신라 양 = 백 제 = 왜	돌궐 = 고구려 ↔ 신라 수·당 = 백 제 = 왜

① 백제의 주도권 장악, 왜에 칠지도 하사
② 고구려와 신라의 관계는 호우명 그릇, 광개토 대왕릉비의 기록이 증거
	① 고구려의 주도권 장악
	➡ 충주 고구려비가 증거
	② 중국의 남북조와 각각 교류
	③ 백제
	  - 웅진 천도(475)
	  - 나·제 동맹 체결
		① 신라의 주도권 장악
		➡ 진흥왕 순수비, 단양 적성비가 증거
		② 나·제 동맹 결렬
		③ 백제
		  - 사비 천도(538)
		  - 성왕의 일시적 한강 유역 수복
		  ➡ 신라에게 빼앗김, 신라 공격 중 관산성에서 전사
			① 여·제 동맹 체결
			② 신라는 중국과 연결
			③ '돌궐·고구려·백제·왜' 남북 진영과 '수·당·신라' 동서 진영의 대립 형세
			④ 고구려의 수·당과의 전쟁
			  - 살수 대첩(612)
			  - 천리장성 축조
			  - 연개소문의 대당 강경책
			  - 안시성 싸움(645)

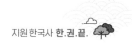

주제 07 삼국의 통치 체제

❶ 삼국의 정치 조직

(1) **삼국 초기**: 귀족 중심 정치 ➡ 귀족들이 각자 관리를 거느리고 자신의 영역을 지배, 귀족 회의(고구려의 제가 회의, 백제의 정사암 회의, 신라의 화백 회의 등)에서 중요 정책 결정

(2) **통치 조직의 정비**: 관등제 정비(신분제에 의해 제약) ➡ 왕권 강화, 중앙 집권 체제 형성

구분	관등 조직	중앙 관제	지방(장관)	특수 구역	청년 단체
고구려	10여 관등 (형·사자 계열)	대대로(막리지, 국상)가 국정 총괄	• 중앙: 5부 • 지방: 5부(욕살)	3경(평양성, 국내성, 한성)	선비
백제	16관등 (~솔, ~덕 계열)	상좌평(내신좌평)이 국정 총괄 ➡ 6좌평(고이왕)+22부 (성왕)	• 중앙: 5부 • 지방: 5방(방령)	22담로	수사
신라	17관등 (골품제 제한, 중위제) ➡ 2원절(경위/외위) ➡ 외위는 삼국 통일 이후 소멸	상대등이 귀족 회의를 주관 (왕권 견제)	• 중앙: 6부 • 지방: 5주(군주)	2소경 (충주, 강릉)	화랑도

(3) **백제의 좌평**
   ① 내신: 왕명 출납
   ② 위사: 왕궁 수비
   ③ 내두: 재정
   ④ 조정: 형벌·치안
   ⑤ 내법: 제사·의례
   ⑥ 병관: 군사

주제 08 고구려의 대외 항쟁과 신라의 삼국통일

❶ 삼국통일의 과정

① 수의 중국 통일(589)
② 고구려(영양왕)의 요서 공격
③ 진평왕 때 원광의 걸사표(수나라에 고구려 침공 요청, 608)
④ 수 vs 고구려(을지문덕의 살수 대첩, 612)
⑤ 수 멸망, 당 건국(618)
⑥ 신라 선덕 여왕 즉위(632)
⑦ 백제의 신라 공격(백제 의자왕이 대야성 외 40여 성을 공격, 641)
⑧ 연개소문❶의 정변(641) ➡ 영류왕 사망, 보장왕 즉위
⑨ 신라 김춘추❶가 고구려 연개소문에 원병 요청(고구려의 거부, 642)
⑩ 당 vs 고구려(안시성 전투, 645)
⑪ 고구려 천리장성 완공(647)
⑫ 비담의 난❶(647) ➡ 선덕 여왕 사망, 진덕 여왕 즉위
⑬ 나·당 동맹 정식 체결(진덕 여왕, 648)
⑭ 진덕 여왕 사망, 무열왕 즉위(654)
⑮ 계백의 황산벌 전투(660)
⑯ 백제 멸망(660)
⑰ 당의 웅진 도독부❶ 설치(660)
⑱ 백제 부흥 운동(복신·도침·부여 풍: 주류성, 흑치상지·지수신: 임존성)
⑲ 무열왕 사망(661), 문무왕 즉위
⑳ 당의 계림 도독부 설치(663)
㉑ 백강 전투❶(663)
㉒ 연개소문 사망/취리산 회맹❶(665)
㉓ 고구려 멸망(668)
㉔ 당의 안동 도호부 설치(668)
㉕ 고구려 부흥 운동(안승·검모잠: 한성, 고연무: 오골성)
㉖ 신라의 소부리주(사비) 설치(671) − 백제를 신라의 영토로 선언
㉗ 신라의 고구려 부흥 운동 지원[금마저(익산)에 안승을 보덕국❶왕으로 임명]
㉘ 매소성 전투(675)
㉙ 기벌포 전투(676)
㉚ 신라의 삼국통일 완성(676)

❶ **연개소문**
천리장성의 축조 책임자로 있었던 대당 강경파 귀족이다. 정변을 일으켜 대당 화친파인 영류왕을 살해하고 당과의 전쟁을 주도하였다. 불교를 억제하고 도교를 장려하였다.

❶ **김춘추**
왕위에서 쫓겨난 진지왕의 손자이다. 걸출한 외교력으로 당과의 동맹을 주도하였고, 김유신의 후원으로 최초의 진골 출신 왕으로 등극하였다.

❶ **비담의 난**
상대등 비담이 선덕 여왕과 김춘추·김유신 세력을 몰아내기 위하여 일으킨 정변

❶ **도독부와 도호부**
당의 한반도 지배 야욕을 보여 주는 관청

❶ **백강 전투**
나·당 연합군과 백제·왜 연합군이 대결한 전투

❶ **취리산 회맹**
당의 강요로 신라 문무왕과 백제 왕자 부여융이 화친을 맹세한 회맹

❶ **보덕국**
고구려 보장왕의 서자인 안승이 검모잠을 죽이고 신라에 귀순하여 세운 나라. 신라는 이 나라를 적당히 이용하다가 신문왕 때 흡수해버렸다.

▲ 백제, 고구려의 부흥 운동

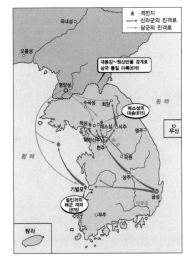

▲ 나·당 전쟁

❷ 7세기의 국왕들, 가야

(1) 고구려

① 영양왕(590~618) : 온달의 전사, 요서 공격, 살수 대첩

② 영류왕(618~642) : 천리장성 축조 시작, 연개소문의 정변으로 시해

③ 보장왕(642~668) : 천리장성 완성, 연개소문, 멸망

(2) 백제

① 무왕(600~641) : 서동 이야기❶와 선화 공주, 왕흥사와 미륵사 건립, 익산 천도 시도, 무왕 쌍릉

② 의자왕(641~660) : 해동 증자(효자), 대야성 정복(김춘추의 딸과 사위를 살해), 멸망

(3) 신라

① 진평왕(579~632) : 위화부·조부·예부 등의 관제를 정비, 연호(건복), 원광 걸사표

② 선덕 여왕(632~647) : 대야성을 함락당함, 나·당 동맹 제안, 황룡사 9층 목탑(자장 법사의 건의), 첨성대, 분황사 모전 석탑, 비담의 난

③ 진덕 여왕(647~654) : 집사부 설치, 마지막 성골왕, 나·당 동맹 체결, 불교식 왕명 (중고기)의 마지막 왕

④ 무열왕(654~661) : 최초의 진골 출신 왕, 금관가야 왕비족(김유신❶의 동생), 갈문왕❶ 폐지, 집사부 시중의 권한 강화, 강수의 중용, 백제 멸망

⑤ 문무왕(661~681) : 고구려 멸망과 나·당 전쟁, 삼국통일, 부석사 창건(의상)

❶ **서동 이야기(서동요)**
선화 공주님은 남몰래 사귀어 두고 서동방을 밤에 몰래 안고 간다.

❶ **김유신**
금관가야계 진골로써, 김춘추와 연대하여 세력을 강화하였다. 백제와 고구려를 멸망시키는 데 큰 공을 세웠다.

❶ **갈문왕**
왕의 동생, 숙부, 장인 등에게 부여한 명칭이다.

⊕ 금관가야
낙랑과 왜에 철을 수출하여 크게
번성하였으나, 광개토대왕 군대
의 침공으로 몰락하였다. 건국 이
야기로 '구지가'가 있다.

⊕ 대가야
5세기 중·후반에 섬진강 유역을
장악하고 호남 동부까지 진출하
였으나, 이후 백제와 신라의 세력
확대로 쇠락하였다. 건국 이야기
로 '이진아시왕' 설화가 있다.

(4) 가야

① 건국 : 낙동강 유역의 변한 지역에서 성립

② 번영 : 농경 발달, 철 생산, 중계 무역

③ 정치 : 중앙 집권 국가로 성장 못함. 4세기 말~5세기 초에 고구려 광개토대왕 군대
의 공격을 받고 중심지를 이동(금관가야⊕ ➡ 대가야⊕)

④ 문화

㉠ 금동관, 철제 갑옷, 가야 토기(➡ 일본 스에키 토기에 영향)

㉡ 김해 대성동 고분군(순장, 금동 허리띠, 덩이쇠, 마구, 갑주)

㉢ 고령 지산동 고분군(순장, 마구, 갑주)

⑤ 6세기 초 : 신라 법흥왕과 결혼 동맹 체결(대가야)

⑥ 해체 : 금관가야가 법흥왕 때(532), 대가야가 진흥왕 때(562) 신라에 멸망

♠ 가야 연맹

♠ 가야 토기

♠ 스에키 토기

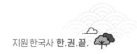

주제 09 남북국시대의 정치 변화

한눈에 보기

♀ 왕권과 귀족권의 역학 관계 이해하기

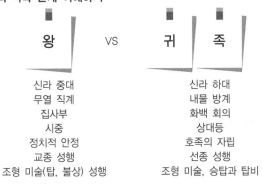

	왕 VS		귀 족
	신라 중대		신라 하대
	무열 직계		내물 방계
	집사부		화백 회의
	시중		상대등
	정치적 안정		호족의 자립
	교종 성행		선종 성행
	조형 미술(탑, 불상) 성행		조형 미술, 승탑과 탑비

시기	박혁거세~지증왕	법흥왕~진덕 여왕	무열왕~혜공왕	선덕왕~경순왕
『삼국사기』	상대		중대	하대
『삼국유사』	상고	중고	하고	

❶ 통일신라의 역사

(1) 중대 전제 왕권의 발전

① 태종 무열왕

    ㉠ 무열왕의 직계 자손이 왕위를 독점 세습

    ㉡ 집사부 시중의 기능 강화 ➡ 상대등 세력 억제

    ㉢ 중국식 묘호제의 도입

② 신문왕(681~692)

    ㉠ 김흠돌의 모반 사건❶을 계기로 귀족 세력 숙청

    ㉡ 중앙 정치 기구와 군사 조직(9서당 10정)을 정비하고 9주 5소경의 지방 행정 조직 완비

    ㉢ 문무 관리에게 관료전(수조권만 제공)을 지급하고(687) 녹읍(수조권과 노동력 징발권을 모두 가짐)을 폐지(689)

    ㉣ 국학(유학 교육 기관) 설립, 감은사와 감은사지 3층 석탑 건립

    ㉤ 만파식적❶(피리), 달구벌(대구) 천도 계획, 태종 무열왕의 묘호(태종)를 놓고 당나라와 외교적 논쟁

③ 효소왕(692~702) : 경주에 서시(서시전)와 남시(남시전) 설치

④ 성덕왕(702~737) : 농민에게 정전 지급(722), 백관잠(관리의 규범)

❶ 김흠돌의 모반 사건

신문왕이 즉위하던 해에 왕의 장인 김흠돌의 모역 사건이 있었다. 이 사건에 많은 귀족이 관련되어 있어서 귀족에 대해 대대적인 숙청이 행해졌다.

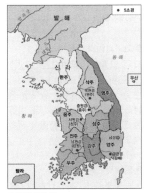

🔺 9주 5소경

❶ 만파식적

용에게 왕(신문왕)이 대나무의 이치를 물으니, 용은 "비유하건대 한 손으로는 어느 소리도 낼 수 없지만 두 손이 마주치면 능히 소리가 나는지라, 이 대도 역시 합한 후에야 소리가 나는 것이요 …… 또한 대왕은 이 성음(聲音)의 이치로 천하의 보배가 될 것이다. ……"라고 예언하고 사라졌다. 왕이 곧 이 대나무를 베어서 피리를 만들어 부니 나라의 모든 걱정, 근심이 해결되었다고 한다.

Korean History

(2) 중대 귀족 세력의 변화

① 진골 귀족 세력 약화

② 6두품 세력의 부각(무열왕·문무왕 때 강수, 신문왕 때 설총), 왕권과 결탁하여 집사부 시랑에 기용되는 등 상대적으로 부각

(3) 중대 후반기의 왕들(전제 왕권의 약화)

① 경덕왕(742~765) : 중국식 명칭 사용(실패), 관료전 폐지와 녹읍 부활(757), 국학 ➡ 태학감, 불국사와 석굴암 창건

② 혜공왕(765~780) : 중대 전제 왕권기 마지막 왕, 성덕 대왕 신종 완성, 96각간의 난(768), 김지정의 난(780)으로 피살

(4) 하대의 왕들

① 선덕왕(무열왕계 ➡ 내물왕계, 780~785) : 발해를 대비하여 국경에 패강진⊕ 설치(782)

② 원성왕(785~798) : 독서삼품과⊕

③ 헌덕왕(809~826) : 김헌창의 난(822, 공주에 장안국을 세움), 김헌창의 아들인 김범문의 난(825, 여주)

④ 문성왕(839~857) : 장보고⊕의 난(846)

⑤ 진성여왕(887~897) : 향가를 정리한『삼대목』 편찬(888), 사벌주(상주)에서 원종과 애노의 난(889), 최치원의 시무 10조⊕(894), 적고적의 난(896년 전후)

⑥ 경애왕(924~927) : 포석정에서 후백제의 견훤에게 피살

⑦ 경순왕(927~935) : 신라의 마지막 왕

(5) 하대 새로운 세력의 성장

① 지방 호족 : 농민 봉기를 배경으로 각처에서 일어나, 반독립적인 세력으로 성장, 성주 혹은 장군을 자처, 지방의 행정권과 군사권·경제적 지배력 행사

② 6두품 : 골품제를 비판하면서 새로운 유교 정치 이념을 제시(최치원) ➡ 진골의 반대로 좌절 ➡ 호족과 연계하여 변혁을 추구(최승우, 최언위 등)

③ 선종 승려 : 지방에 근거지(9산)를 두고 호족과 연대

❷ 발해의 건국과 발전(698~926)

(1) 발해의 성립

① 배경 : 고구려인의 저항⊕

② 발해의 건국 : 대조영이 고구려 유민을 이끌고 말갈 집단과 함께 길림성 동모산에 '진국' 건국(698) ➡ 신라와 함께 남북국의 형세 형성, 신라에게서 '대아찬', 당에게서는 '발해군왕' 칭호를 부여받음

③ 고구려 계승⊕ 의식을 드러냄

⊕ 패강진
신라 국경 지대의 군진 세력으로 성장하여 왕건의 군사적 기반이 되었다.

⊕ 독서삼품과
유학에 대한 이해도를 살펴보기 위하여 만든 시험. 골품제의 한계로 성과를 거두지는 못하였다.

⊕ 장보고
완도에 청해진을 설치하여 남해의 해상권을 장악한 인물. 산둥반도에 법화원을 설립하고 일본의 승려 엔닌과 친분을 다지는 등 국제인이었으나, 자신의 딸을 왕비로 올리려고 하다가 살해당하였다.

⊕ 최치원의 시무 10조
당에서 관리를 지낸 6두품 출신. 신라를 개혁하기 위해 시무 10조를 제출하였다가 거부당하였다.

⊕ 고구려인의 저항
당은 일종의 회유책으로 보장왕을 요동에 다시 보내 소고구려라는 위성국을 세워주고 왕으로 책봉하였다. 그러나 보장왕을 비롯한 고구려 유민들의 저항이 지속적으로 일어났다.

⊕ 발해의 고구려 계승
· 발해 종족의 구성 : 대조영이 고구려의 옛 장수였고, 지배층에는 고구려계가 다수 차지
· 문서적 증거 : 일본에 보낸 국서에 고구려 왕을 자처
· 고구려 문화의 계승 : 궁궐 내 난방을 위한 온돌 장치, 정혜 공주 묘(굴식 돌방무덤)와 정효 공주 묘의 모줄임 천장, 불상 양식(이불병좌상), 연꽃무늬 기와 등

✤ 발해와 당 문화의 유사성
정치(3성 6부제)·군사(10위) 제도, 주작대로(당의 장안성 모방), 영광탑(벽돌탑), 정효 공주 묘(벽돌무덤, 단 천장은 고구려식 모줄임)

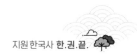

(2) **발해의 발전**

① 무왕(719~737, 영토 확장) : 연호 '인안'

  ㉠ 만주 확보, 흑수 말갈 공격(726), 일본에 사신을 보냄(고구려와 부여의 옛 영토를 회복하였다고 주장함 ➡ 고구려 계승 의식)

  ㉡ 장문휴의 수군으로 당의 산둥 지방 공격(732) ➡ 요서 지역에서 당군과 격돌

  ㉢ 대당 화친파 숙청(무왕의 동생 대문예의 당 망명)

② 문왕(737~793, 지배 체제의 정비) : 연호 '대흥', '보력'

  ㉠ 당과 친선 관계(당의 책봉 : 발해군왕 ➡ 발해국왕)

  ㉡ 3성 6부제(중앙 기구), 주자감(학교) 설치, 신라와 상설 교통로 개설

  ㉢ 동모산 ➡ 중경 ➡ 상경 ➡ 동경으로 천도❶

  ㉣ 일본에 보낸 국서에서 천손 사상❷(황제 의식)을 드러냄

  ㉤ 고구려 계승 의식(고려왕) 표명, 전륜성왕을 주장

  ㉥ 정혜공주와 정효공주의 부

③ 성왕(794~795) : 연호 '중흥', 상경으로 천도

④ 선왕(818~830, 전성기) : 연호 '건흥'

  ㉠ 북쪽의 흑수 말갈을 완전히 복속시킴, 서쪽으로는 당의 혼란을 틈타 요동에 진출, 남쪽에도 진출하여 신라와 국경을 맞댐

  ㉡ 지방 제도 완비(5경 15부 62주), 당으로부터 해동성국이라 불림

⑤ 멸망 : 거란족의 침입(926)으로 멸망 ➡ 발해 유민은 고려에 흡수됨

🔺 전성기 발해의 영역

❶ **발해의 수도 변화**
① 중경 천도 : 문왕
② 상경 천도 : 문왕
③ 동경 천도 : 문왕
④ 상경 천도 : 성왕

❷ **발해의 천손 사상**
무왕 때 일본에 보낸 국서는 외교적인 필요에 의해 대단히 공손하게 작성되었으나, 문왕이 일본에 보낸 국서는 일본을 조공국으로 간주하는 모습을 보여, 양국 간 외교 마찰이 빚어졌다.

❸ 남북국의 통치 방식

(1) 통일 신라

① 중앙✛(집사부 중심): 위화부를 비롯한 13부를 두고 행정 업무 분담

관부	관장 사무	설치 시기
집사부	국가 기밀, 시중	진덕여왕
병부	군사	법흥왕
조부	회계	진평왕
창부	재정	진덕여왕
예부	의례	진평왕
승부	교통(말)	진평왕
사정부	감찰	무열왕
예작부	토목과 건축	신문왕
선부	교통(배)	문무왕
영객부	외교	진평왕
위화부	관리 임명	진평왕
좌·우이방부	형사	진덕여왕~문무왕
공장부	공장	신문왕

② 지방
　㉠ 9주 5소경 설치
　　ⓐ 9주: 주의 책임자를 군주에서 총관(도독✛)으로 바꾸어 군사적 기능을 약화시키고 행정적 기능을 강화
　　ⓑ 5소경(책임자: 사신): 수도의 편재성 보완, 지방의 균형 발전 도모, 지방 세력 감시
　　ⓒ 주 밑에 군·현을 두어 지방관 파견, 촌은 토착 세력인 촌주가 다스림
　㉡ 지방관 감찰을 위하여 외사정 파견, 지방 세력을 견제하기 위하여 상수리 제도✛ 실시
　㉢ 특수 행정 구역: 향, 부곡

③ 군사 조직
　㉠ 중앙군: 9서당 ➡ 민족 융합 정책 (고구려·백제·말갈인 등 포함)
　㉡ 지방군: 10정 ➡ 각 주에 1정(한주에만 2정)

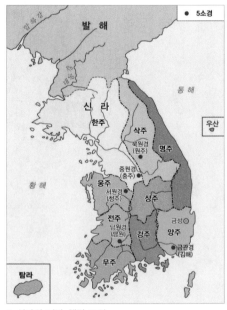

▲ 신라의 지방 행정 조직

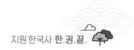

(2) 발해

① **중앙** : 3성 6부가 근간이나 독특한 운영(이원적 운영, 유교적 명칭)

    ㉠ 정당성의 장관인 대내상이 국정을 총괄

    ㉡ 당의 제도를 수용하였지만 그 명칭과 운영은 발해의 독자성 유지

    ㉢ 좌사정(충·인·의), 우사정(지·예·신)

    ㉣ **중정대** : 관리들을 감찰

    ㉤ 문적원(서적 관리)과 주자감(중앙의 최고 교육 기관) 설치

② **지방**

    ㉠ 5경(전략적 요충지), 15부(지방 행정 중심지), 62주

    ㉡ 촌락은 주로 말갈족으로 구성

③ **군사 조직**

    ㉠ 10위 : 중앙군으로서 왕궁과 수도 경비

    ㉡ **지방군** : 지방 지배 조직에 따라 편성

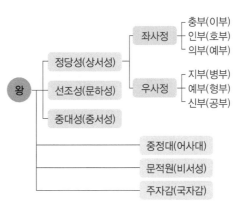

▲ 발해의 중앙 조직

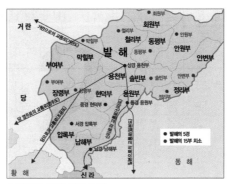

▲ 발해의 지방 행정 조직

주제 10 고대의 경제

❶ 삼국의 수취 제도와 경제 정책

(1) 중앙 집권 체제를 정비하면서 조세❶, 공납❶, 요역❶을 부과

(2) 재산 정도에 따라 호(戶)를 나누어 곡물과 포, 특산물, 노동력(15세 이상의 남자) 징수

(3) 우경 장려, 개간 권장, 구휼 정책(고국천왕의 진대법)

(4) 관청 수공업, 상업 – 경주에 시장(동시) 형성, 동시전 설치(지증왕, 509)

❷ 삼국시대 농민의 경제생활

(1) 자기 소유지를 경작하거나 토지를 빌려 경작

(2) **농기구의 변화** : 돌이나 나무 농기구 ➡ 철제 농기구 ➡ 우경 확대

(3) 퇴비 기술 발전 못함 ➡ 장기간의 휴경(대부분 척박한 토지)

(4) **국가와 귀족의 과도한 수취**
   ① 공납의 과도한 부담
   ② 각종 부역에 동원
   ③ 삼국시대 후반기가 되면, 농민들도 군인으로 직접 동원되기 시작

❸ 통일신라의 수취 제도

(1) **조세** : 생산량의 10분의 1 정도 ➡ 통일 전보다 완화

(2) **공물** : 촌락 단위로 지역 특산물 징수

(3) **역** : 군역과 요역, 16세에서 60세까지의 남자 대상

(4) 민정 문서

사료 탐구하기

민정 문서

그 가운데 사할점촌(沙割漸村)의 경우 호는 11호인데 중하 4호, 하상 2호, 하하 5호이다. 인구는 147명인데 남자는 정(丁)이 29명(노비 1 포함—이하 같음), 조자(助子) 7명(노비 1), 추자(追子) 12명, 소자(小子) 10명, 3년간 태어난 소자 5명, 제공(除公) 1명이고, 여자는 정녀(丁女) 42명(노비 5), 조여자(助女子) 9명, 추녀자(追女子) 8명, 3년간 태어난 소녀자(小女子) 8명(노비 1), 제모(除母) 2명, 노모 1명과 다른 마을에서 이사 온 추자 1명, 소자 1명 등이었다. 말은 22마리에 3마리가, 소는 17마리에 5마리가 보태졌다. 논은 102결 정도인데, 관모전 4결, 내시령답 4결, 촌민이 받은 것은 94결이며 그 가운데 19결은 촌주가 받았다. 밭은 62결, 마전은 1결 정도이다. 뽕나무는 914그루가 있었고 90그루를 새로 심었다. 잣나무는 862그루가 있었고, 34그루를 심었다. 호두나무는 74그루가 있었고, 382그루를 심었다.

❶ **조세, 공납, 요역**
• 조세 : 전세(토지세)
• 공납 : 토산물
• 요역 : 노동력 제공

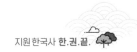

>> 1933년 일본 나라시 도다이사[東大寺] 쇼소인[正倉院]에서 발견된 문서로 서원경(청주) 부근 4개 촌에 대하여 조사·기록한 것이다. 토지는 논·밭·촌주위답·내시령답(국유지) 등 토지의 종류와 면적을 기록하고, 인구·가호·노비의 수와 3년 동안의 사망·이동 등 변동 내용을 기록, 그 밖에 소와 말의 수, 뽕나무·잣나무·호두나무의 수까지 기록하였다. 특히 사람은 남녀별로 구분하고, 16세에서 60세의 남자의 연령을 기준으로 나이에 따라 6등급으로 구분하여 기록하였다. 호(가구)는 사람의 많고 적음에 따라 상상호(上上戶)에서 하하호(下下戶)까지 9등급으로 나누어 파악하였다. 촌주가 매년 조사하여 3년마다 작성하였다. 작성 시기는 경덕왕(8세기 중엽)으로 추정된다.

- 내시령답: 관료에게 주어진 토지
- 관모답: 국유지
- 촌주위답: 촌주 토지
- 연수유답: 농민 토지(대부분)

❹ 고대의 토지 제도

(1) **삼국시대**: 녹읍과 식읍을 지급

(2) **통일신라**: 왕권이 강화되면서 식읍❶을 제한하고 관료전❷을 지급 ➡ 녹읍❸ 폐지 ➡ 왕토사상❹에 의거하여 백성에게 정전❺을 지급 ➡ 왕권이 약해지면서 신라 중대 말기에 녹읍이 부활됨

신라 중대(신문왕, 687~689)	신라 중대 말기(경덕왕, 757)
관료전 지급 ➡ 녹읍 폐지	녹읍 부활: 귀족 세력 강화

사료 탐구하기

토지 제도의 변천

- 신문왕 7년(687) 5월에 문무 관료전을 지급하되, 차등을 두었다.
- 신문왕 9년(689) 1월에 내외관의 녹읍을 혁파하고 매년 조(租)를 내리되 차등이 있게 하여 이로써 영원한 법식을 삼았다.
- 성덕왕 21년(722) 8월에 처음으로 백성에게 정전을 지급하였다.
- 경덕왕 16년(757) 3월에 여러 내외관의 월봉을 없애고 다시 녹읍을 나누어 주었다.

『삼국사기』

❺ 통일신라와 발해의 무역

(1) **통일신라**

① 당과의 무역: 신라방과 신라소, 신라관, 신라원(절) 설치
② 이슬람 상인이 울산까지 와서 무역
③ 장보고: 완도에 청해진을 설치(흥덕왕, 828), 해적을 소탕하고 남해의 제해권을 장악, 산둥반도에 법화원을 건설하고 일본 승려 엔닌 등과 교류, 자신의 딸을 왕비로 올리는 것이 실패하자 반란을 일으켰으나 살해됨
④ 일본과의 무역: 8세기 이후 활성화

❶ 식읍
군공에 대한 포상으로 수조권과 노동력 징발권을 부여

❷ 관료전
관리에게 녹봉 대신 준 토지로, 등급에 따라 지급액에 차이가 있었다. 이것은 농민을 지배할 수 있었던 녹읍과 달리 조를 거둘 수 있는 수조권만 지급한 것이어서 귀족에 대한 국왕의 권한을 강화한 것이었다.

❸ 녹읍
관직 복무의 대가로 수조권과 노동력 징발권을 부여

❹ 왕토사상
신라에는 '모든 토지는 왕토 아닌 것이 없고, 모든 국민은 왕의 신하 아닌 것이 없다.'라는 왕토사상이 있었다. 그러나 이러한 왕토사상은 어디까지나 관념적인 소산물로서, 실제로 모든 토지와 국민이 왕에게 예속된 것은 아니었다.

❺ 정전
성덕왕 때 지급, 이는 백성들의 기존 사유지를 법제적으로 인정한 것으로 추정된다.

(2) **발해**: 모피·인삼·불상·자기 등 수출, 비단·책 등 수입

① **당**: 산둥반도의 덩저우에 발해관(발해 사신 숙소) 설치

② **일본**: 외교 관계를 중시하여 무역을 전개 (일본도)

③ **신라**: 신라도

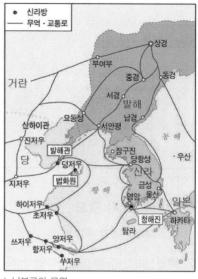

🔺 남북국의 무역

❻ 통일신라의 경제 활동

(1) **경제력 향상**: 농업 생산력 성장 ➡ 경주 인구의 증가, 상품 생산 증가 ➡ 시장 증가[서시, 남시와 같은 시전❸을 추가로 설치(효소왕, 695)]

(2) **귀족의 경제생활❸**: 식읍과 녹읍을 통한 농민 지배, 조세·공물·노동력 수취, 당·아라비아에서 수입한 사치품 사용, 노비·목장·섬·별장 등 소유

(3) **농민의 경제생활**

① **농민**: 과도한 수탈 ➡ 노비, 유랑민, 도적으로 전락(신라 하대에 심화됨)

② **향·부곡❸민**: 농민보다 더 많은 공물 부담

③ **노비**: 공·사노비, 주인에게 노동력을 제공

❼ 발해의 경제 활동

(1) **농업**: 한랭한 기후의 영향으로 밭농사가 중심, 일부 지역에서는 벼농사도 실시, 목축과 수렵의 발달

(2) **수공업**: 금속 가공업과 직물업, 도자기업 등 다양한 분야에서 발달

(3) **상업**: 상경 용천부 등 도시와 교통 요충지에서 상업 발달

(4) **특산물**: 백두산의 토끼, 남해부의 다시마, 책성부의 된장, 부여부의 사슴, 막힐부의 돼지, 솔빈부의 말, 현주의 마포, 옥주의 면포, 용주의 명주, 위성현의 철, 노성의 벼, 미타호의 붕어, 환도현의 오얏 등

➕ 시전

전통 사회의 성읍이나 도시에 있던 상설 점포. 정부가 시전 건물을 지어 상인들에게 빌려주고 점포세와 상세(商稅)를 징수하였다.

➕ 사치 향락의 도시 경주(9세기)

• 인구 18만 호에 이를 정도로 인구가 밀집하였다.

• 하나의 초가집도 없이 지붕과 담이 이어졌다.

• 노래 소리가 길에 가득하여 밤낮을 그치지 않았다.

• 귀족은 수입한 비단, 양탄자, 유리그릇, 귀금속 등 사치품을 사용하였다.

➕ 향·부곡

향과 부곡은 삼국이 정복 활동을 통해 영토를 확장하던 시기에 정복 지역의 주민들을 통제하기 위해 만든 말단 지방 행정 구역으로 볼 수 있다. 이들 지역의 주민들은 노비와 같은 천민의 취급을 받았다.

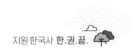

주제 11 고대의 사회

❶ 삼국시대의 사회 계층

(1) **초기**: 족장, 호민(지배층), 하호(농민), 노비로 구성

(2) **귀족**: 왕족을 비롯한 옛 부족장 세력이 중앙의 귀족으로 재편성됨

(3) **평민**: 대부분 농민으로서 신분적으로는 자유민, 조세 납부, 노동력 징발의 대상

(4) **천민**: 노비(전쟁 포로, 형벌 노비, 부채 노비)

❷ 고구려

(1) **씩씩한 사회 기풍**: 압록강 중류 산간 지역으로 식량 부족 ➡ 정복 활동

(2) **엄격한 형벌**
   ① 반역자는 사형에 처하고 가족들은 노비로 삼음
   ② 적에게 항복한 자나 전쟁에서 패한 자도 사형
   ③ 도둑질한 자는 12배 배상

(3) **풍습**
   ① 지배층: 형사취수제와 서옥제(데릴사위제), 투호와 바둑 및 장기를 즐김
   ② 평민들: 남녀 간의 자유로운 교제를 통한 결혼, 돼지고기·술 외에 예물 없음

(4) **고추가**: 왕족(계루부), 전왕족(소노부), 왕비족(절노부)의 우대 칭호

(5) **진대법**: 고국천왕 때 비귀족 출신 을파소를 기용하여 실시한 곡물 대여 정책(부채 노비를 줄여서 양인을 확보)

(6) **전사법**: 단양 적성비에 기록(고구려 농민들의 집단적인 공동 경작)

❸ 백제

(1) **생활 모습**
   ① 언어·풍속·의복은 고구려와 유사, 중국과 교류하며 선진 문화 수용
   ② 상무적인 기풍, 엄격한 형법: 반역자, 전쟁터에서 퇴각한 군사 및 살인자는 사형

(2) **지배층**: 왕족인 부여씨와 8성의 귀족
   ① 중국의 고전과 역사책을 즐겨 읽고 한문에 능숙
   ② 관청 실무에 밝음, 투호와 바둑 및 장기 등의 오락을 즐김

(3) **사회 법**: 도둑질 2배, 뇌물·횡령 3배, 간음한 여자는 남편집의 노비로 삼음

▲ 양직공도에 나온 백제 사신

Korean History

❹ 신라

(1) 화백 회의

① 초기의 부족 대표 회의(남당)의 전통 유지

② 귀족들의 단결 강화, 국왕과 귀족 간의 권력 조절

➡ 왕권 견제(국왕 폐위 · 추대❹)

❹ 화백 회의의 막강한 권한
진지왕을 술과 여자를 밝힌다고
하여 폐위시켰고, 때로는 국왕을
추대하기도 하였다.

(2) 갈문왕 : 박씨(전왕족, 왕비족)의 대인, 왕의 부 · 외조, 왕비의 부에게 부여

(3) 골품 제도

① 특징

㉠ 관등 승진의 상한선, 개인의 사회 활동 범위까지 제한

㉡ 가옥의 규모와 장식물, 복색이나 수레 등 신라인의 일상생활까지 규제

㉢ 중위제 운용 : 4중 아찬(6두품), 9중 나마(5두품)

② 성골 : 진평왕에서 진덕 여왕까지 존재

③ 진골 : 신라 왕족인 김씨, 구 왕족인 박씨, 가야계 김씨, 안승 가문 등

④ 6두품

㉠ 득난이라 불림

㉡ 통일 신라 전기(중대) : 왕의 측근

㉢ 통일 신라 후기(하대) : 호족과 결탁

⑤ 3~1두품 : 평민화, '성(姓)'은 유지

⑥ 경위(17관등), 외위(11관등) ➡ 통일 과정에서 외위제 소멸

┋ 자료 살펴보기 ┋

신라의 골품과 관등 · 관직표

① 진골 : 이벌찬까지 승진 가능
② 6두품 : 아찬까지 승진 가능
③ 5두품 : 대나마까지 승진 가능
④ 4두품 : 대사까지로 승진 한계
⑤ 3~1두품 : 의미 상실, 평민과 동등

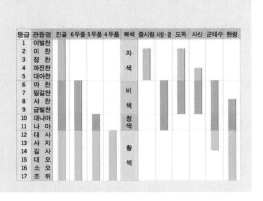

(4) 화랑도(= 국선도 = 원화도 = 선랑도 = 풍류도 = 풍월도)

① 기원 : 원시 사회의 청소년 집단에서 기원 ➡ 진흥왕 때 국가 차원에서 결성

② 구성 : 화랑(귀족 자제 중에서 1명을 선발)과 낭도(교사 역할을 하는 승려 낭도 1인과 수많은 일반 낭도)

③ 기능 : 계층 간의 대립과 갈등을 조절 · 완화, 인재 양성

㉠ 명산대천에서 제천 의식을 행하고 사냥과 전쟁 교육 ➡ 협동과 단결 정신을 기르고 심신을 연마

㉡ 원광법사의 세속 5계❹ : 마음가짐과 행동의 규범 제시

❹ 세속 5계
· 사군이충
➡ 충성으로 임금을 섬김
· 사친이효
➡ 효도로 부모를 섬김
· 교우이신
➡ 믿음으로 친구를 사귐
· 임전무퇴
➡ 전쟁에서 물러서지 않음
· 살생유택
➡ 살생을 가려서 함

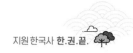

❺ 발해의 사회 구조

(1) **지배층**(왕족 대씨, 귀족 고씨 등) : 중요 관직 차지, 노비와 예속민을 거느림
➡ 당에 유학, 당의 빈공과(외국인을 위한 과거) 응시, 신라와의 빈공과 등재 서열 사건❶
(906)

(2) **말갈인**(주민 구성에서 큰 비중 차지)

❶ **빈공과 등재 서열 사건**
발해의 재상 오소도가 자신의 아들의 빈공과 급제 서열을 신라의 최언위보다 위에 올려달라고 요구한 사건

주제 12 **고대의 학문과 사상**

❶ 한자의 보급과 교육

⊕ 향찰

한자의 뜻과 소리를 빌려 우리말을 적는 방식을 말하며, 『삼국유사』와 『균여전』에 실린 향가는 모두 향찰로 쓰여진 것이다.

⊕ 5경

유교의 다섯 가지 기본 경전으로, 시경, 서경, 역경, 예기, 춘추를 가리킨다.

🔼 사택지적비

(1) **한문의 토착화**: 초기에는 한자를 그대로 사용 ➡ 이두(설총)와 향찰⊕ 사용

(2) **교육 기관**

① 고구려

ㄱ 태학(소수림왕, 중앙 교육 기관, 유교 경전과 역사서 교육, 5경박사)

ㄴ 경당(장수왕, 평양 천도 이후 지방에 설립한 사립 교육 기관, 한학과 무술 교육)

② 백제

ㄱ 5경⊕ 박사와 의박사, 역박사 ➡ 유교 경전과 기술학 교육

ㄴ 북위에 보낸 국서(개로왕, 세련된 한문 문장), 사택지적 비문(4·6 변려체)

③ 신라: 임신서기석 ➡ 청소년(화랑도)들의 유교 경전 학습

사료 탐구하기

임신서기석

임신년 6월 16일 두 사람이 함께 하늘에 맹세하고 기록하니, 지금부터 3년 이후까지 충성의 길을 견지하고 과실이 없기를 맹세한다. 만약, 이 일을 저버리면 하늘에 큰 죄를 짓는 것이다. 만약, 나라가 편안치 않고 세상이 크게 어지러우면 모름지기 충성의 도리를 다할 것을 맹세한다. 또, 이보다 앞서 신미년 7월 22일에 시·상서·예기·전(좌전 혹은 춘추전의 어느 하나일 것으로 짐작됨)을 차례로 습득하기를 맹세하였다.

④ 통일 신라

ㄱ 신문왕 때 국학 설립 ➡ 경덕왕 때 태학으로 개칭 ➡ 혜공왕 때 다시 국학

ㄴ 독서삼품과(원성왕, 788)

ⓐ 유교 경전의 이해 수준을 시험하여 3등급으로 나누어 관리를 채용
➡ 대사(12관등), 조위(17관등)

ⓑ 『논어』·『효경』 필수

ⓒ 골품 제도 때문에 한계, 학문과 유학 보급에 이바지

⑤ 발해: 주자감 ➡ 귀족 자제들에게 유교 경전 학습

(3) **고대의 유학**: 철학적으로 깊게 연구된 것이 아니라 충, 효, 신 등의 국가 규범을 장려하는 수준

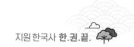

❷ 역사 편찬과 유학의 보급

(1) 역사 편찬

① 목적: 자기 나라의 전통 이해, 왕실의 권위 고양, 백성들의 충성심 확보

② 고구려: 『유기』 ➡ 『신집』 5권(영양왕 때 이문진, 600)

③ 백제: 『서기』(근초고왕 때 고흥, 375)

④ 신라: 『국사』(진흥왕 때 거칠부, 545)

(2) 통일신라의 학문 발달

① 김대문: 『화랑세기』(화랑들의 전기), 『고승전』(유명한 승려들의 전기), 『한산기』(한 산주 지방의 지리지) 저술 ➡ 신라의 문화를 주체적으로 인식

② 6두품 출신 유학자: 도덕적 합리주의를 내세움

　㉠ 강수: 무열왕·문무왕 때 활약, 외교 문서에 능함, 불교를 세외교(세속을 벗어난 종교)라고 비판

　㉡ 설총: 이두를 정리, 신문왕에게 「화왕계」(꽃의 왕을 비유로 들어 임금이 향락을 멀리하고 도덕을 엄격하게 지킬 것을 강조)를 바침

③ 도당 유학생: 당에 건너가 공부한 유학생(김운경, 최치원 등), 6두품 출신 유학자들이 대부분

④ 최치원(신라 말기 진성 여왕 때 활약)

　㉠ 당에서 빈공과에 급제하고 문장가로 이름을 떨친 후(토황소격문) 귀국

　㉡ 개혁안 10여 조 건의 ➡ 거부되자 은둔 생활하며 저술 활동(토황소격문, 사륙집, 제왕연대력, 계원필경, 사산비명, 중산복궤집, 난랑비서문 등)

　㉢ 불교와 도교에도 조예가 깊음

　㉣ 고구려·백제에도 강한 자부심, 단 발해는 무시함

(3) 발해: 당에 유학생 파견, 빈공과에 급제

❸ 불교의 수용❶

(1) 주요 승려와 종파, 사회적 역할

① 수용 시기 주요 승려와 종파

　㉠ 고구려: 승랑, 보덕, 혜자, 담징 등

　㉡ 백제: 겸익(계율종), 관륵, 노리사치계 등

　㉢ 신라: 법흥왕 때 이차돈의 순교, 원광(6두품 출신, 열반종, 걸사표, 세속 5계), 자장(진골 출신, 계율종, 황룡사 9층 목탑, 대국통), 혜량 등

② 역할

　㉠ 사상적 통합: 새로운 국가 정신의 확립에 기여

　㉡ 새로운 문화 창조에 중요한 역할: 선진 문화 수용

　㉢ 왕즉불 사상과 업설❶: 강화된 왕권과 귀족들의 특권을 뒷받침

　㉣ 호국불교: 애국심과 결합한 모든 불교

　㉤ 미륵불(메시아) 신앙

❶ 불교의 수용

인도에서 창시된 불교는 비단길을 통해 중국, 우리나라, 일본으로 전파되었는데, 대중의 구원이 목적인 대승 불교가 전래되었다. 한편, 동남아시아에는 개인의 구제와 해탈을 중시하는 상좌부불교(소승 불교)가 전래되었다.

❶ 업설(業說)

사람의 행위에 따라 업보를 받는다는 이론을 말한다. 왕은 선한 공덕을 많이 쌓아 현재의 높은 지위에 오르게 되었다는 해석을 가능하게 하였다.

(2) 신라의 불교

① 왕권과 밀착되어 성행
② 업설과 미륵불 신앙의 유행
　㉠ 왕이 곧 부처라는 사상을 통하여 왕의 권위 강화, 귀족들의 특권 인정(신분 제도 정당화)
　㉡ 미륵불 신앙은 화랑 제도와 밀접한 관련을 가지면서 신라 사회에 정착
　　➡ 화랑을 '미륵선화', 낭도를 '용화향도(龍華香徒, 미륵을 따르는 무리)'라고 함
③ 법흥왕 때부터 불교식 왕명➊ 사용(법흥왕~진덕 여왕: 중고기)
④ 진흥왕(전륜성왕), 진평왕(진종설화)

(3) 도교➊ : 산천 숭배나 신선 사상과 결합하여 귀족 사회에서 유행

① 백제
　㉠ 산수무늬 벽돌 : 자연과 더불어 살고자 하는 사람들의 생각 표현
　㉡ 금동 대향로 : 신선들이 사는 이상 세계를 형상으로 표현
　㉢ 막고해의 도덕경 인용(근초고왕), 사택지적비(백제 말기 귀족의 비석)
② 고구려
　㉠ 사신도 : 도교의 방위신, 사후 세계를 지켜 주리라는 믿음 표현
　㉡ 을지문덕의 오언시 : 도덕경을 활용하여 살수 대첩 당시 수의 장군을 모욕
　㉢ 연개소문의 장려 : 기존의 귀족과 결탁한 불교를 견제
③ 신라 : 화랑도의 명칭을 국선도·풍류도라고 칭함
④ 통일 신라 : 12지 신상, 최치원의 4산비명
⑤ 발해 : 정효 공주 묘

▲ 산수무늬 벽돌　　▲ 금동 대향로　　▲ 현무도

❹ 불교 사상의 발달

(1) 통일 신라

① 원효(617~686, 6두품)
　㉠ 불교의 사상적 이해 기준 확립 : 『대승기신론소』와 『금강삼매경론』 등 저술
　㉡ 십문화쟁론 : 모든 것이 한마음에서 나온다는 일심 사상➊을 바탕으로, 다른 종파들과 사상적 대립을 조화시키고 분파 의식 극복
　㉢ 불교 대중화(정토종) : 극락에 가고자 하는 아미타 신앙➊ 전도
　㉣ 무애 사상 : 자유정신의 강조, 쉬운 노래(무애가)를 만들어 대중에게 전파함
　㉤ 법성종 : 교종 5교 중 하나를 창시

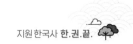

② 의상(625~702, 진골)
 ⑦ 화엄 사상 정립 : 「화엄일승법계도」 저술(일즉다 다즉일)
  ➡ "모든 존재는 상호 의존적인 관계에 있으면서 조화를 이루고 있다"
 ⓒ 불교문화의 폭 확대 : 교단을 형성하여 많은 제자 양성, 부석사와 낙산사를 비롯한 여러 사원 건립(문무왕의 지원)
 ⓒ 아미타 신앙과 함께 현세에서 고난을 구제받고자 하는 관음 신앙을 전파
③ 혜초 : 『왕오천축국전』(8세기 초) ➡ 인도와 중앙아시아 여러 나라의 풍물 기록, 프랑스 국립 도서관 보관
④ 원측 : 문무왕 때 당에 유학하여 유식 불교를 연구
⑤ 김교각 : 지장보살의 화신이 됨

(2) **발해** : 고구려 불교 계승, 왕실과 귀족 중심, 문왕은 스스로를 전륜성왕으로 칭함

❺ 선종과 풍수지리설

📍 **교종과 선종 비교**

구분	교종	선종
시기	신라 중대	신라 하대
종파	5교	9산
성격	불경과 의식 중시 왕실·귀족 중심	실천 수행(참선) 강조 개인주의적 성격
영향	전제 왕권 강화 조형 미술 발달	호족의 이념적 기반 승탑(부도)과 탑비

(1) **선종**
① 통일 전후에 전래 ➡ 신라 말기에 기반 확대
 ⑦ 북종선 : 신라 중대에 들어왔으나 신라의 불교에 영향을 거의 끼치지 못함
 ⓒ 남종선 : 도의선사(821년에 귀국)가 처음 전파, 우리나라 선종의 주류가 됨
② 실천적 경향 : 문자를 뛰어넘어(불립문자) 구체적인 실천 수행을 통한 깨달음
 ➡ 호족의 이념적 지주
③ 9산 선문 : 지방을 근거로 성장하여 지방 문화 역량 증대에 기여
④ 선종 승려들은 6두품 지식인들과 함께 고려 건설의 사상적 바탕을 마련

🔺 5교 9산

(2) **풍수지리설**

① **도입**: 신라 말기, 도선과 같은 선종 승려들

② **성격**: 산세와 수세를 살펴 도읍, 주택, 묘지 등을 선정하는 인문 지리적 학설

③ 경주 중심의 지리 개념에서 벗어나 다른 지방의 중요성을 자각하는 계기를 마련

④ 도참 신앙과 결부되어 산수의 생김새로 미래를 예측하는 경향 발생 ➡ 지방 중심으로 국토를 재편성하려는 주장으로 발전 ➡ 시대 말 혁명적 사상

❻ 천문학과 수학

(1) **천문학**: 천체 관측을 중심으로 발달

① **고구려**: 별자리를 그린 천문도 제작, 고분 벽화 별자리 그림❶

② **신라**: 첨성대(선덕 여왕, 현존하는 세계에서 가장 오래된 천문대) 건축

③ **천체 관측을 중시한 이유**: 천문 현상이 농경과 밀접한 관련, 왕의 권위를 하늘과 연결

(2) **수학**: 다양한 건축에 정밀한 수학적 지식 이용

❼ 목판 인쇄술과 제지술의 발달

(1) **무구정광대다라니경❶**: 통일 신라, 불국사 3층 석탑에서 발견, 세계에서 가장 오래된 목판 인쇄물

(2) **종이**: 닥나무 사용

❽ 금속 기술의 발달

(1) **고구려**: 철의 생산이 중요한 국가적 산업, 철광석 생산 풍부, 철제 무기와 도구 등의 품질 우수

(2) **백제**: 칠지도(강철 제품), 금동 대향로

(3) **신라**: 금 세공 기술 발달 ➡ 금관, 통일 신라 때의 성덕 대왕 신종(혜공왕, 771) 등

⊕ **고구려 고분 천장의 별자리 그림**

장천 1호분의 현실 천장 북쪽과 남쪽에는 동그란 원 모양의 별들이 이어진 북두칠성이 그려져 있고, 동쪽과 서쪽에는 해와 달이 그려져 있다. 남쪽의 북두칠성 옆에는 1개의 별이 더 보인다.

⊕ **무구정광대다라니경**

751년(경덕왕 10) 무렵에 간행된 우리나라 최초의 목판 인쇄물이다. 1966년 경주 불국사의 3층 석탑(석가탑)을 보수하기 위하여 해체하였을 때 제2층 탑신부 안에서 발견되었다. 다라니경은 불교의 진언(眞言)을 모아놓은 것이다.

🔺 칠지도

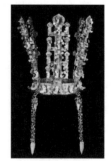

🔺 금관(황남대총 출토)

주제 13 고대의 예술

❶ 고분과 고분 벽화

(1) 고구려

① 초기(집안) : 돌무지무덤➕ ➡ 태왕릉, 장군총(7층의 계단식 돌무지무덤)

② 후기 : 굴식 돌방무덤 ➡ 돌로 널방을 짜고 그 위에 흙으로 덮어 봉분을 만든 것, 널방의 벽과 천장에는 벽화를 그리기도 함, 모줄임 천장 구조, 강서대묘·쌍영총·무용총·안악 3호분·각저총

③ 고분 벽화 : 초기 ➡ 주로 무덤 주인의 생활을 표현, 후기 ➡ 사신도와 같은 상징적 그림

🔺 장군총(돌무지무덤)

🔺 무용총 접객도(굴식 돌방무덤)

🔺 안악 3호분 벽화

(2) 백제

① 한성 시기 : 서울 석촌동 고분군 ➡ 계단식 돌무지무덤(고구려의 영향)

② 웅진 시기 : 공주 송산리 고분군 ➡ 굴식 돌방무덤, 벽돌무덤(무령왕릉 : 중국 남조의 영향)

③ 사비 시기 : 부여 능산리 고분군 ➡ 굴식 돌방무덤, 금동 대향로

④ 고분 벽화 : 돌방무덤과 벽돌무덤에 사신도와 같은 벽화

🔺 석촌동 고분(돌무지무덤)

🔺 무령왕릉(벽돌무덤)

(3) 신라

① 삼국시대 : 돌무지덧널무덤➕(천마총·호우총·황남대총·서봉총·금관총 등, 도굴이 어려워 껴묻거리가 풍부, 벽화는 없음), 삼국 통일 직전에 굴식 돌방무덤(어숙묘 : 돌문 외면의 신장상, 천장석의 연화도)으로 변화

② 통일신라 : 불교의 영향으로 화장의 유행, 굴식 돌방무덤, 둘레돌을 두르고 12지 신상➕ 조각(성덕왕릉, 김유신 장군 묘 등)

🔺 김유신 장군 묘(둘레돌 양식)

➕ **돌무지무덤**

돌로 쌓아 만든 무덤으로, 청동기 시대부터 삼국 시대까지 만들어졌다.

🔺 모줄임 천장 구조

➕ **돌무지덧널무덤**

신라에서 주로 만든 무덤으로 지상이나 지하에 시신과 껴묻거리를 넣은 나무덧널을 설치하고 그 위에 냇돌을 쌓은 다음에 흙으로 덮었다. 도굴이 어려워 많은 껴묻거리가 그대로 남아있다.

🔺 돌무지덧널무덤의 구조와 부분 명칭(천마총)

➕ **12지 신상(十二支神像)**

12지를 상징하는 얼굴은 동물이고 몸은 사람인 상. 12지는 쥐, 소, 호랑이, 토끼, 용, 뱀, 말, 양, 원숭이, 닭, 개, 돼지이다.

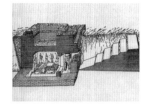
▲ 정효 공주 묘

▲ 정효 공주 묘 벽화

⊕ 백제의 미륵사

서동요의 주인공으로 전해지는 무왕 때 창건된 것으로 여겨지며 현재는 그 터만 남아있으나 건립될 당시 규모로는 삼국의 사찰 중 최대였을 것으로 추측된다.

⊕ 평제탑

당의 장군 소정방이 백제를 평정한 기념으로 정림사지 탑에 글을 새겼던 것에서 유래되었다.

(4) 발해

① 정혜 공주 묘(굴식 돌방무덤): 모줄임 천장 구조 ➡ 고구려 고분 양식, 돌사자상 출토, 4·6 변려체의 묘지석

② 정효 공주 묘(벽돌무덤): 묘지(墓誌, 죽은 자의 생애와 가족 관계 등을 기록하여 무덤에 묻은 유물)와 벽화, 4·6 변려체의 묘지석

🔍 **한눈에 보기**

📍 **고분 핵심 정리**

고구려	백제	신라
국내성: 돌무지무덤(장군총)	한성 시대(석촌동 고분): 돌무지무덤	통일 전: 돌무지덧널무덤
국내성 후반기~평양성: 굴식 돌방무덤	• 웅진 시대(송산리 고분): 무령왕릉(벽돌무덤), 굴식 돌방무덤 • 사비 시대(능산리 고분): 굴식 돌방무덤	통일 후: 굴식 돌방무덤, 둘레돌, 12지 신상

❷ 건축과 탑

(1) 삼국시대의 건축

① 안학궁: 궁궐 건축으로 가장 큰 규모, 장수왕이 평양에 세운 궁전

② 사원 건축

㉠ 황룡사: 진흥왕이 건축 ➡ 9층 목탑(선덕 여왕, 7세기) ➡ 몽골 침입 때 소실

㉡ 미륵사⊕(익산): 무왕이 추진한 백제의 중흥을 반영, 중앙에 거대한 목탑과 동·서에 석탑을 건축

(2) 통일신라의 건축: 불국사(불국토의 이상을 조화와 균형 감각으로 표현, 경덕왕 때 김대성이 건립), 석굴암(아름다운 비례와 균형의 조형미, 경덕왕 때 김대성이 건립), 안압지(인공 연못, 문무왕, 674)

(3) 발해의 건축

① 상경: 당의 수도 장안성을 모방(주작대로)

② 온돌 장치(고구려의 영향)

(4) 삼국시대의 탑

① 고구려: 주로 목탑 건립 ➡ 남아 있는 것은 없음

② 백제: 익산 미륵사지 석탑(목탑의 모습), 부여 정림사지 5층 석탑(평제탑⊕, 미륵사지 석탑 계승, 안정·경쾌)

③ 신라: 황룡사 9층 목탑(선덕 여왕), 분황사 모전 석탑(선덕 여왕, 석재를 벽돌 모양으로 깎아 만든 탑)

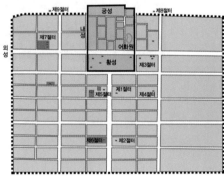
▲ 발해 상경 용천부 평면도

▲ 미륵사지 석탑

▲ 정림사지 5층 석탑

▲ 분황사 모전 석탑

▲ 황룡사 9층 목탑 복원도

(5) **통일신라의 석탑**

① 이중 기단 위에 3층으로 쌓는 전형적인 통일 신라의 석탑 양식 완성

② 감은사지 3층 석탑(신문왕, 장중·웅대), 불국사 3층 석탑(경덕왕, 석가탑, 전형적인 통일 신라의 석탑), 다보탑(이형 석탑), 양양 진전사지 3층 석탑(신라 말, 기단과 탑신에 불상을 부조)

(6) **부도(승탑)** : 신라 말기, 선종의 영향으로 승려들의 사리를 봉안하는 승탑과 탑비가 유행
➡ 화순 쌍봉사 철감선사 승탑(팔각 원당형)

📝 통일신라의 화엄사 4사자 3층 석탑(이형 석탑), 법주사 쌍사자 석등, 발해의 영광탑(벽돌탑), 발해 석등(엄청나게 큼)

▲ 화엄사 4사자 3층 석탑 | 법주사 쌍사자 석등

▲ 감은사지 3층 석탑

▲ 불국사 3층 석탑(석가탑)

▲ 진전사지 3층 석탑

▲ 쌍봉사 철감선사 승탑

▲ 발해 석등(높이 6.3m)

❸ **불상 조각과 공예**

(1) **삼국시대 불상**

① **고구려** : 연가 7년명 금동 여래 입상 ➡ 북조 양식＋고구려의 독창성

② **백제** : 서산 마애 삼존 불상 ➡ 백제의 미소, 태안 마애 삼존불

③ **신라** : 경주 배동 석조 여래 삼존 입상(배리 석불 입상)

④ 미륵보살 반가 사유상⊕ ➡ 일본에 영향(고류사 목조 미륵보살 반가 사유상)

▲ 연가 7년명 금동 여래 입상

▲ 서산 마애 삼존 불상

▲ 경주 배리 석불 입상

▲ 금동 미륵보살 반가 사유상

⊕ **미륵보살 반가 사유상**

미륵보살은 미래에 부처로 태어나 중생을 구제하기로 정해져 있는 보살이다. 지금은 도솔천에서 중생을 구제하기 위하여 정진과 사색에 매진하고 있다. 미륵 반가 사유상은 이런 모습을 형상화한 것이다.

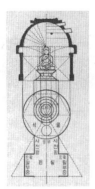

🔺 석굴암 배치도

🔺 이불병좌상

(2) **통일신라의 불상**: 균형미가 뛰어난 불상 제작 ➡ 석굴암 본존불과 보살상

(3) **발해의 불상**: 고구려 양식 계승 ➡ 이불병좌상, 흙을 구워 만든 불상

(4) **공예와 조각**
 ① 통일신라: 범종(상원사종, 성덕 대왕 신종), 무열왕릉비 거북이 받침돌, 불국사 석등과 법주사 쌍사자 석등
 ② 발해: 자기(가볍고 광택 ➡ 당나라에 수출), 벽돌과 기와 무늬(고구려 영향), 석등(웅장)

❹ 글씨·그림과 음악

(1) **글씨**: 광개토 대왕릉 비문(웅건한 서체), 김생(신라, 질박하면서도 굳센 신라의 독자적 서체)

(2) **그림**: 천마도, 솔거의 화엄경 변상도(섬세하고 유려)

🔺 천마도

(3) **음악과 무용**
 ① 고구려 무용총 벽화, 화랑들도 노래와 춤을 즐김
 ② 신라 백결 선생의 방아 타령, 고구려 왕산악의 거문고, 가야 우륵의 가야금

❺ 한문학과 향가, 민중 문학

(1) **한문학과 향가**
 ① 한시: 황조가➕(고구려 유리왕), 오언시➕(을지문덕), 다듬이 소리(발해 양태사)
 ② 향가: 서동요➕(선화 공주 관련 무왕 설화), 월명사의 도솔가·제망매가, 충담사의 안민가·찬기파랑가, 득오곡의 모죽지랑가, 진성 여왕 때 『삼대목』 저술(현존 ×), 현재 『삼국유사』에 14수, 『균여전』에 11수가 전해짐

(2) **민중 문학과 설화**
 ① 민중 문학: 공무도하가➕(고조선 설화), 구지가➕(금관가야 설화), 희소곡(신라의 노동요), 정읍사(백제)
 ② 설화: 에밀레종, 설씨녀, 효녀 지은 등

❻ 삼국 문화의 일본 전파

야마토 조정 성립, 나라 지방의 아스카 문화(7세기) 형성에 영향

(1) **백제**
 ① 근초고왕 시기: 아직기(한자), 왕인(천자문과 논어), 칠지도
 ② 성왕 시기: 노리사치계(불경과 불상)
  ➡ 고류사 미륵보살 반가 사유상, 호류사 백제 관음상 제작에 기여
 ③ 5경 박사, 의박사, 역박사, 천문박사, 채약사, 화가와 공예 기술자들 활약 ➡ 목탑, 백제 가람(절) 양식
 ④ 기타: 단양이·고안무(무령왕), 아좌태자(위덕왕), 관륵(무왕)

➕ **황조가**
펄펄 나는 꾀꼬리는 암수가 정다운데 외로운 이 내몸은 뉘와 함께 돌아갈까

➕ **오언시**
신통한 계책은 천문을 헤아리며 묘한 꾀는 지리를 꿰뚫는구나. 싸움마다 이겨 공이 이미 높았으니 족한 줄 알아서 그만둠이 어떠하리.

➕ **서동요**
선화 공주님은 남 몰래 짝 맞추어 두고 서동방을 밤에 알을 안고 간다

➕ **공무도하가**
임이여 물을 건너지 마오. 임은 결국 물을 건너시네. 물에 빠져 죽었으니 장차 임을 어이 할꼬.

➕ **구지가**
거북아, 거북아, 머리를 내놓아라. 만약에 내놓지 않으면 구워 먹으리.

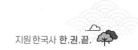

(2) 고구려

① 담징(영양왕) : 종이와 먹의 제조 방법 전수, 호류사의 벽화
② 혜자(영양왕) : 쇼토쿠 태자의 스승
③ 혜관(영류왕) : 불교 전파에 큰 공
④ 도현(보장왕) : 『일본세기』 저술
⑤ 나라시 다카마쓰 고분 벽화(여인도)가 고구려 수산리 고분 벽화와 흡사➊

(3) 신라 : 배 만드는 기술, 제방 쌓는 기술(한인의 연못)

(4) 가야 : 스에키 토기

(5) 통일신라 : 심상이 화엄종을 전파, 하쿠호 문화(7~8세기) 성립에 기여

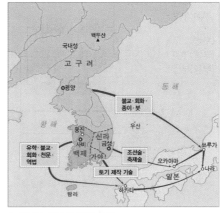

▲ 삼국과 일본의 문화 교류

❼ 서역과의 교류

(1) 중앙아시아 아프라시아브 궁전 벽화에 고구려 사신이 나옴

(2) 신라 고분에 서역에서 생산된 유리 그릇 등이 출토됨

▲ 호류사 금당 벽화

➊ 수산리 벽화와 다카마쓰 벽화

▲ 수산리 고분 벽화

▲ 다카마쓰 고분 벽화

지원한국사
한.권.끝.

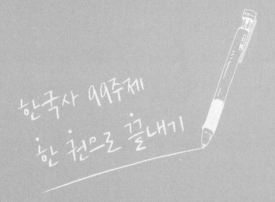

고려의 역사

주제 14 고려 초기의 정치(태·혜·정·광·경·성)

◎ 고대 사회와 중세 사회

주요 개념	고대 사회	중세 사회
정치	진골 중심의 사회 (신분제적 관념 강조)	호족 중심 ➡ 문벌 귀족 사회 (유교 정치 이념 – 행정 기능 중시)
사회	신분 본위의 폐쇄적 사회	능력 본위의 개방적 사회
사상	불교 중심	유 + 불 융합
문화	수도 중심의 귀족 문화	귀족 문화 + 지방 문화
민족	민족의식↓, 보수적 사회	민족의식↑, 자주적 사회

◎ 고려사 시대 구분

918(고려 건국)　　　성종　　　1170　　　1270　　　1351　　　1392

지배 계층	호족(초기)	문벌 귀족(중기)	무신	권문세족(후기)	신진 사대부(말기)
시기	10C	11C~12C	1170~1270	13C~14C	14C 후반
특징	자주적	보수적	기존 질서 붕괴	자주권 ×	보수 vs 개혁
외교	북진 정책	금 사대 요구 수용	대몽 항쟁	원–내정 간섭	공민왕 북진 정책 이민족 침입 (홍, 왜)
유학	독자적	보수적 사대적	쇠퇴	성리학 수용	성리학↑
역사	자주적 『7대 실록』	사대적 『삼국사기』	자주적 『동명왕편』	자주적 『삼국유사』	성리학적 사관 『사략』

❶ 고려의 성립과 민족의 재통일

(1) 후삼국의 성립

① 후백제

　㉠ 상주 출신의 군인인 견훤이 무진주(광주)에서 자립, 이후 완산주(전주)로 본거지를 옮기고 건국(900)

　㉡ 중국의 오월·후당 등과 외교 관계 수립

② 후고구려

　㉠ 신라의 버려진 왕자 출신인 궁예가 송악(개성)에 도읍을 정하고 건국(901), 국호 변경(마진) 후 철원으로 천도

　㉡ 국호를 마진(904), 태봉(911)으로 변경, 광평성과 9관등제 실시, '무태', '수덕만세' 등의 연호

　㉢ 과도한 조세 수취, 미륵 신앙을 이용하여 전제 정치 도모 ➡ 신하들에 의해 축출

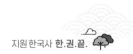

(2) 후삼국 통일 과정

후백제 건국(900) ➡ 후고구려 건국(901) ➡ 왕
건의 나주 공략(903) ➡ 후고구려가 국호를 마진
으로 바꿈(904) ➡ 궁예가 도읍을 철원으로 천도
(905) ➡ 마진이 국호를 태봉으로 변경(911) ➡
고려 건국(918) ➡ 발해 멸망⊕(926) ➡ 견훤의
신라 공격(포석정, 신라 경애왕 피살) ➡ 대구 공
산 전투(927, 후백제 승) ➡ 안동 고창 전투(930,
고려 승) ➡ 후백제의 내분과 견훤의 고려 귀부
(935) ➡ 신라의 항복(935, 경순왕) ➡ 일리천 전
투(936, 고려 승) ➡ 후삼국 통일(936)

(3) 후삼국 통일의 의미

① 왕건의 호족 융합 정책과 친 신라 정책
② 발해 유민을 포함한 진정한 민족 통일

▲ 고려의 민족 재통일

❷ 태조(918~943)의 정책

(1) 민생 안정책: 취민유도(조세 수취의 완화), 흑창 설치(빈민 구제)

(2) 주요 정책

① 호족 통합
  ㉠ 유력한 호족과 혼인 ➡ 지방 세력 흡수(중앙 관료화)
  ㉡ 공신들에게 역분전 지급 ➡ 새 지배층의 경제적 기반 마련
  ㉢ 사성 정책⊕, 토성 분정 정책(본관 ➡ 성)
② 호족 견제: 사심관⊕(지방관 ×)과 기인(인질) 제도⊕
③ 북진 정책
  ㉠ '천수'라는 연호를 사용(자주성 과시), 북진 정책의 의지(서경의 분사 제도⊕)
  ㉡ 태조 말년에 청천강~영흥만까지 영토 확장
  ㉢ 발해 유민 포섭, 거란 배척(만부교 사건⊕)
④ 통치 규범 정립
  ㉠ 훈요 10조: 후대 왕들이 지켜야 할 정책 방안을 제시, 불교 숭상, 풍수지리, 유교
    정치, 민생 안정, 자주성 과시
  ㉡ 『정계』, 『계백료서』: 신하가 지켜야 할 일 제시
  ㉢ 관제 정비: 9등급 ➡ 16등급

⊕ **고려의 발해 유민 포용**
당시 고려에 온 발해 유민 중에는
관리, 장군, 학자, 승려 등이 상당
수 있었는데, 태조는 이들을 적재
적소에 임명하여 후삼국 통일에
활용하였고, 특히 발해의 왕자 대
광현을 우대하여 동족 의식을 분
명히 하였다.

⊕ **사성 정책**
유력한 호족에게 왕씨성을 하사
하였다. 예를 들어 강릉의 호족
김순식이 왕순식이 된 것과 같은
경우이다.

⊕ **사심관**
중앙 고관이 된 지방 호족들을 출
신 지역의 사심관으로 임명하는
제도

⊕ **기인 제도**
유력 호족의 자제를 개경에 불러
서 거주하게 하는 제도

⊕ **서경의 분사 제도**
서경(평양)에 개경과 같은 중앙
관청을 두는 제도

⊕ **만부교 사건**
거란 사신을 유배 보내고, 선물인
낙타를 굶겨 죽인 사건

사료 탐구하기

태조 왕건의 훈요 10조

1. 우리나라의 대업은 부처님 덕분이니, 교·선의 사원을 창건하도록 하라. ➡ 불교 숭상
2. 모든 사원은 다 도선이 산수의 순역을 가려서 개장한 것이니, 함부로 사원을 지어 지덕을 손상시키지 말라. ➡ 풍수지리
4. 거란과 같은 야만국의 풍속을 본받지 말 것 ➡ 북진 정책
5. 서경은 수덕이 순조로워 우리나라 지맥의 근본이니 후세의 왕들이여, 100일간 그곳에서 머물라. ➡ 풍수지리, 북진 정책
6. 연등, 팔관의 주신은 가감하지 말 것 ➡ 불교 숭상

사심관과 기인

- 태조 18년 신라왕 김부(경순왕)가 항복해오니 신라국을 없애고 경주라 하였다. (김)부로 하여금 경주의 사심이 되어 부호장 이하의 (임명을) 맡게 하였다. 이에 여러 공신이 이를 본받아 각기 자기 출신 지역의 사심이 되었다. 사심관은 여기에서 비롯되었다.
- 건국 초에 향리의 자제를 뽑아 서울에 볼모로 삼고, 또한 출신지의 일에 대하여 자문에 대비하게 하였는데, 이를 기인이라 한다.　　　　　　　『고려사』

(3) **정종**(945~949)
　① 왕규의 난 진압
　② 서경 천도 계획 추진
　③ 광군 배치
　④ 광학보 : 불교 장학, 자선

❸ **광종**(949~975)**의 개혁**(전제 왕권의 강화)

(1) **노비안검법**(956) : 억울한 노비의 해방을 통해 호족, 공신 기반 약화, 조세 부담하는 양인 늘어 재정 증가

(2) **과거제 실시**(958) : 후주에서 귀화한 쌍기의 건의로 신·구세력 교체

(3) **백관의 공복 제정**(960) : 지배층의 위계질서 확립(자색, 단색, 비색, 녹색)

(4) **자주성 과시**(내제외왕 체제)
　① 황제를 칭하고, '광덕'·'준풍' 등 독자적인 연호 사용(송과 통교 이후 연호 폐지)
　② 수도 격상(개경 : 황도, 서경 : 서도)

(5) **기타 정책**
　① 주현공부법 : 주·현 단위로 조세
　② 불교 진흥
　　㉠ 승과, 국사·왕사 제도(국사 : 혜거, 왕사 : 탄문)
　　㉡ 승려 : 제관·의통(천태학), 균여(귀법사, 화엄종 통합)
　　㉢ 선종 통합(법안종 중심)
　③ 제위보(빈민 구제)
　④ 병권 장악(순군부 ➡ 군부, 내군 ➡ 장위부, 시위군 강화)

(6) **경종**(975~981) : 반동 정치(개혁 세력 숙청), 시정 전시과, 복수법

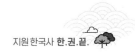

❹ 성종(981~997)의 개혁(유교 정치)

(I) 유교 정치 사상 채택 : 최승로❶(5조 정적평❷, 시무 28조)의 개혁안 수용

> **사료 탐구하기**
>
> **5조 정적평 중 광종에 대한 평가**
>
> 말년에 무고한 사람을 많이 죽이니 우둔한 신의 생각으로는 만약 광종(光宗)이 항상 공검절약(恭儉節約)을 생각하고 정사를 처음같이 부지런히 하였다면 어찌 그 녹과 수명이 길지 못하여 겨우 향년 50에 그쳤겠습니까?
>
> **시무 28조**
>
> 불교를 행하는 것은 수신(修身)의 근본이요, 유교를 행하는 것은 치국(治國)의 근원입니다. 수신은 내생의 복을 구하는 것이며, 치국은 금일의 임무입니다. 금일은 지극히 가깝고 내생은 지극히 머니, 가까움을 버리고 먼 것을 구함은 또한 그릇된 것이 아니겠습니까?
>
> 『고려사』 열전, 최승로 편

부문	조목	내용
국방 관계	1	국방비를 절감해야 할 것
불교 관계	2	공덕재를 왕이 직접 베풀지 말 것
	6	사찰의 고리대업을 금지할 것
	8	승려 여철을 궁궐에서 내보낼 것
	10	승려가 역관에 유숙하는 것을 금지할 것
	16	사찰을 마구 짓지 못하게 할 것
	18	불상에 금·은을 입히지 못하게 할 것
	20	불교 의식인 공덕과 유교 통치 행위인 정사를 균형있게 할 것
사회 문제	4	관리를 공정히 선발할 것
	7	지방관을 파견할 것
	9	신분에 맞추어 복식을 입게 할 것
	12	섬사람들의 공역을 줄여 줄 것
	15	궁궐에서 일하는 노비 수를 줄일 것
	17	신분에 따라 가옥의 규모를 맞추게 할 것
	19	삼한 공신의 자손에게 벼슬을 줄 것
	22	노비의 신분을 엄격히 규제할 것
왕실 관계	3	왕실을 호위하는 군졸 수를 줄일 것
	14	왕은 신하를 예로써 대우할 것
중국 관계	5	중국과의 사사로운 무역을 금지할 것
	11	중국 문물을 본받더라도 의복 등은 우리(고려) 풍속에 따를 것
토착 신앙 관계	13	연등회·팔관회를 줄이고, 의식용 인형을 만들지 못하게 할 것
	21	음사(淫祀)를 제한할 것

❶ 최승로

신라 6두품 출신의 유학자로, 유교 사상에 입각한 28조의 개혁안을 성종에게 건의하였는데, 그 중에서 22조가 전해진다.

❷ 5조 정적평

성종 이전의 다섯 명의 국왕의 정책을 평가한 문서. 광종에 대해 혹독한 비판을 가하였다.

PART 03

⑵ **체제 정비**

　① **중앙 관제 정비**: 2성 6부의 중앙 관제 설치

　② **지방 제도 정비**: 12목에 지방관을 파견하고 호족을 향리로(호장, 부호장) 개편

　　➡ 전국에 10도 설치, 주·군·현·진 설치

　③ **유학 진흥**

　　㉠ 국자감 설치, 지방에 경학 박사와 의학 박사 파견

　　㉡ 연등회·팔관회 일시 폐지

　④ **민생 안정책**: 흑창을 의창으로 개편, 개경·서경과 12목에 상평창(물가 조절 기관) 설치

⑶ **기타**: 거란의 1차 침공(서희의 외교 담판), 건원중보(동전) 주조

주제 15 고려의 중앙 통치 체제

❶ 중앙 정치 기구

❷ 고려와 조선의 중앙 정치 기구 비교

구분		고려		조선과의 비교
2성	당제	중서문하성➕(문하시중) : 국정 총괄 기구	• 재신(고관) : 국가 정책 심의 • 낭사 : 서경➕, 간쟁➕, 봉박➕	
		상서성(상서령)	6부(실제 행정)	
6부		이·병·호·형·예·공 : 상서성 소속, 행정 집행 기관		6조 : 이·호·예·병·형·공
중추원	송제	• 추밀(2품 이상) : 군국 기무 담당 • 승선(3품 이하) : 왕명 출납 담당		승정원
삼사		회계 업무 담당, 곡식 출납		조선의 3사 사간원+사헌부+홍문관
어사대		풍기 단속과 감찰 업무		사헌부
도병마사	독자적	• 양부➕의 고관인 재신+추밀이 모임(재추 회의) • 국방 문제 담당 임시 기구 ➡ 원 간섭기에 도평의사사(도당)로 개편되어 국정 전반을 담당하는 상설 최고 기구로 변화		• 조선 전기 : 의정부 • 조선 후기 : 비변사
식목도감		• 고관들의 회의(구성원은 도병마사와 동일) • 법의 제정이나 각종 시행 규정		
대간➕		• 어사대+중서문하성의 낭사 • 언관의 역할 수행(서경·간쟁·봉박, 왕권의 독주 견제)		• 대간(대성)=3사(양사) • 양사=사헌부+사간원
기타		한림원(외교 문서), 춘추관(역사 편찬 담당), 보문각(궁중 서적 보관), 사천대(천문 관측 기관)		

➕ **중서문하성**
재신과 낭사로 구성되었다. 재신은 국가의 정책을 심의하고 낭사는 정치의 잘못을 비판하였다.

➕ **서경**
관리의 임명과 법령의 개정이나 폐지 등에 동의하는 제도

➕ **간쟁**
왕의 잘못을 논하는 것이다.

➕ **봉박**
잘못된 왕명을 시행하지 않고 되돌려 보내는 것이다.

➕ **양부**
중서문하성+중추원(중앙 관제의 두 기둥)

➕ **대간**
왕의 잘못을 논하는 간쟁과 잘못된 왕명을 시행하지 않고 되돌려 보내는 봉박, 관리의 임명과 법령의 개정이나 폐지 등에 동의하는 서경권을 가지고 있었다.

주제 16 고려의 지방 통치 체제

❶ 지방 행정 조직의 정비

(1) **과정** : 12목 설치(성종) ➡ 3경 4도호부 8목(현종) ➡ 경기, 5도, 양계(현종)

　① **4도호부** : 군사(4도호부 ➡ 5도호부 ➡ 3도호부)

　② **8목** : 행정

　③ **3경** : 전기의 개경, 서경, 동경 ➡ 문종 이후의 개경, 서경, 남경(한양)

　④ 서경에만 분사 실시

(2) **5도** : 안찰사가 파견되어 도내를 순찰(임기 6개월), 안찰사가 상주하는 관청은 없음 ➡ 도에는 군·현을 설치하고 지방관을 파견(지방관이 파견되는 주군·주현보다 파견되지 않는 속군·속현이 더 많았음) ➡ 예종 때부터 일부 속군과 속현에 특별 지방관인 '감무'를 파견

(3) **향·부곡·소** : 차별 받던 특수 행정 구역(향·부곡 : 농민, 소 : 수공업자, 광부)

(4) **양계(북계, 동계)** : 국경 지대, 병마사(임기 6개월, 안찰사보다 품계 높음) 파견, 국방상 요충지에 군사적 특수 지역인 진(鎭) 설치

(5) **경기** : 개성부에서 관할

(6) **중앙 집권의 한계와 향리**

　① 중앙 집권의 한계

　　㉠ 지방관이 파견되는 주현보다 파견되지 않는 속현이 더 많음

　　㉡ 속현과 향·부곡·소는 주현으로 간접 통제 ➡ 실제 행정은 향리들이 담당

　② 향리❸

　　㉠ 실제 행정 담당

　　　➡ 토착 세력으로 중앙에서 일시적으로 파견되는 지방관보다 영향력이 컸음

　　㉡ 읍사에서 근무하며 조세·공물의 징수와 부역 징발 담당, 외역전의 토지 분급

▲ 고려의 5도 양계

수도 · 3경 · 4도호부 · 8목

❸ 향리

향리는 원래 신라 말, 고려 초기의 중소 호족 출신이었는데, 집권적 지배 체제의 정비 과정을 통하여 주민과 직접 접촉하는 행정 실무자가 되었다. 당대등으로 불리다가, 성종 때 향리 제도가 확립되어 호장, 부호장 등으로 불렸다.

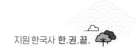

주제 17 고려의 군사, 관리 등용 제도

❶ 군사 조직

(1) 중앙군

① **구성**: 2군(응양군·용호군, 국왕의 친위 부대) 6위(좌우위·신호위·흥위위 등 수도 경비와 국경 방어)

② **특징**: 직업 군인 일부는 의무병(보승군)으로 편성
➡ 군인전 지급, 자손에게 세습

(2) 지방군

① **구성**: 주진군(양계 주둔), 주현군(5도의 일반 군현에 주둔)

② **특징**
㉠ 16세 이상의 일반 농민 장정으로 조직
㉡ 주진군: 상비군(둔전 경작) ➡ 국경 수비 전담
㉢ 주현군: 외적 방비, 치안 유지, 각종 노역에 동원

(3) 조직: 중방(중앙군의 지휘관인 상장군, 대장군 등이 모인 합좌 기구)
➡ 무신 정변 이후 최고 권력 기구 역할

(4) 특수군

① **광군(정종)**: 거란군 방어
② **별무반(숙종, 윤관)**: 여진 토벌
③ **마별초(최우)**: 의장대
④ **삼별초(최우)**: 최씨 정권의 사병
⑤ **연호군**: 고려 말 왜구 방어(양·천 혼합, 조선의 속오군과 비슷)

❷ 관리 등용 제도

(1) 과거

① **종류**: 제술과➕(문학), 명경과➕(유교 경전), 잡과➕(기술관), 무과 ✕, 승과 ○, 명경과보다 제술과 중시, 승과는 교종시(왕륜사)와 선종시(광명사)로 구성

② 법제적 과거 응시 자격은 양인 이상, 실제로 귀족과 향리 자제는 제술과와 명경과응시, 하급 관리와 평민은 잡과 응시, 향·부곡민과 노비는 응시 제한

③ 합격자는 시험관인 좌주(지공거)와 인적 관계를 강화(좌주·문생제)

④ **시기**: 식년시(3년마다 실시), 격년시(2년마다 실시)

⑤ **절차**: 1차 시험(상공 – 개경시·서경시, 향공 – 지방, 빈공 – 외국인) ➡ 2차 시험(국자감시 – 국자감생·12공도생·현직 관리) ➡ 3차 시험(예부시, 전시)

(2) 음서: 공신, 종실, 5품 이상 관리의 자손(사위, 조카 포함) 등에게 무시험으로 관직 진출의 혜택을 줌

➕ **제술과**
문학적 재능과 정책 시험

➕ **명경과**
유교 경전에 대한 이해 시험

➕ **잡과**
법률, 회계, 지리 등 실용 기술학
➡ 기술관 선발

주제 18 고려 중기(문벌 귀족 사회, 목·현·덕·정·문·순·선·헌·숙·예·인·의)

❶ 문벌 귀족 사회의 성립

(1) 문벌 귀족 사회의 성립
① 시기: 성종 이후 새로운 지배층 형성
② 출신: 지방 호족 출신으로 중앙 관료가 된 계열, 6두품 계통의 유학자

(2) 문벌 귀족 사회의 구조
① 과거나 음서로 관직 독점, 귀족 상호 간 혹은 왕실과의 혼인으로 권력 장악
② 공음전, 토지 겸병으로 경제력 독점

(3) 목종(997~1009)
① 개정 전시과
② 강조의 정변❶

(4) 현종(1009~1031)
① 지방 제도 정비: 경기, 5도 양계, 4도호부, 8목
② 주창수렴법: 각 주에 주창 설치
③ 주현공거법: 향리 자제의 과거 응시 자격 부여
④ 면군급고법: 노부모를 모신 정남의 군역 면제
⑤ 거란의 2~3차 침공, 최질·김훈의 난(무신의 난)
⑥ 감목양마법(군마 양성), 초조대장경(문종 때 완성), 『7대 실록』, 나성❶ 축조
⑦ 연등회·팔관회의 부활

(5) 덕종(1031~1034): 천리장성 축조

(6) 정종(1034~1046): 천리장성 완성

(7) 문종(1046~1083)
① 삼원신수법(3인 이상 재판 입회), 삼심제
② 경정 전시과, 공음전, 남경(서울), 동·서대비원(빈민 환자 구제), 사립 학교의 발달(최충❶의 문헌공도를 비롯한 사학 12도), 재면법(재해 시 세금 면제)
③ 아들: 의천(흥왕사를 창건하여 출가시킴)

(8) 숙종(1095~1105)
① 의천의 건의로 주전도감을 건립하여 활구(은병)와 해동통보 주조, 의천의 천태종 개창, 남경(한양)에 궁궐 조성, 6촌 이내 혼인 금지
② 별무반 설치, 평양에 기자 사당 설립, 국자감에 서적포 설치

(9) 예종(1105~1122)
① 문벌 귀족 견제를 위해 과거 출신인 한안인 등 신진 관료층 형성
② 구제도감(재해 대비 임시 기관), 혜민국(의약품), 복원궁(도교 사원), 감무(속현 등의 지방관), 동북 9성 개척, 국자감 진흥책(전문 강좌인 국학 7재, 장학금인 양현고, 도서관인 보문각 설치)

(10) 인종(1122~1146): 외척(이자겸 등)이 한안인 등 예종의 측근 세력을 제거

⊕ 강조의 정변
목종의 모후인 천추태후와 김치양이 왕위를 빼앗으려 하자 강조가 군사를 일으켜 김치양 일파를 제거하고 목종을 폐위한 사건이다. 이로 인해 현종이 왕위에 즉위하였다.

⊕ 나성
개경을 둘러싼 도성

⊕ 최충
해동공자로 불리던 당대 최고의 유학자이다.

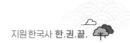

❷ 이자겸의 난과 묘청의 서경 천도 운동(인종 집권기)

(1) 이자겸의 난(1126)

① 경원(인주) 이씨: 11세기 이래 외척이 되어 80여 년간 정권 장악

② 이자겸의 정치적 성향: 대내적으로 문벌 중심의 질서 유지, 대외적으론 금과 타협

③ 이자겸의 난(1126): 척준경과 함께 궁궐을 불태우고 권력을 장악 ➡ 인종의 회유로 척준경이 이자겸을 배신하여 실패함 ➡ 권력을 잡은 척준경도 정지상의 탄핵 받고 축출

④ 의의: 문벌 귀족 사회의 붕괴를 촉진하는 계기

(2) 묘청의 서경 천도 운동

① 이자겸의 난 이후 ➡ 김부식을 중심으로 한 보수적 관리들과 묘청·정지상을 중심으로 한 개혁적 관리들 사이에서 대립 발생

② 묘청의 서경 천도 운동(1135): 서경에서 나라 이름을 대위국이라 하고 연호를 '천개'라 하면서 반란 ➡ 김부식❶이 이끈 관군의 공격으로 진압

③ 의미: 귀족 사회 내부의 모순 표출

▲ 묘청의 서경 천도 운동

보수적 관리(개경파)	개혁적 관리(서경파)
개경에 기반을 둔 기성 문벌 귀족	지방 신진 세력
사대적 유교 사상, 풍수 도참 사상 배격	풍수 도참설과 결부된 자주적 사상
신라 계승 의식(김부식)	고구려 계승 의식(묘청, 정지상)
금 사대 수용	서경 천도(대화궁), 칭제건원, 금 정벌 주장

📖 사료 탐구하기

신채호의 서경 천도 운동 인식

> 묘청의 천도 운동에 대하여 역사가들은 단지 왕사(王師)가 반란한 적을 친 것으로 알았을 뿐인데 이는 근시안적인 관찰이다. 그 실상은 낭가와 불교 양가 대 유교의 싸움이며, 국풍파 대 한학파의 싸움이며, 독립당 대 사대당의 싸움이며, 진취 사상 대 보수 사상의 싸움이니, 묘청은 전자의 대표요 김부식은 후자의 대표였던 것이다.
>
> 신채호, 『조선사연구초』 조선 역사상 일천년래 제일대사건

④ 이후의 변화: 서경의 분사 제도 폐지, 『삼국사기』 편찬(1145), 숭문천무의 심화

❶ 김부식(1075~1151)

인종의 명령을 받아 『삼국사기』를 편찬하면서 체재를 작성하고 사론을 직접 썼으며, 1145년에 완성하였다. 호부상서 한림학사승지를 지냈고, 묘청 등의 서경 천도 세력이 난을 일으키자 원수로서 삼군을 지휘하며 난을 제압하였다.

주제 19 고려 무신 집권기(명·신·희·강·고)

❶ 무신 정권의 성립(무신 정변)

(1) **원인**: 의종과 측근 세력의 향락과 실정, 문신 우대와 무신 차별, 군인전 미지급

(2) **무신 정권(1170) 초기**
 ① 정중부, 이의방, 이고 등의 무신들이 의종 폐위(거제도로 귀양), 명종 옹립
  ➡ 이의방이 이고를 제거하고, 정중부가 이의방을 제거하여 정권 장악
 ② 정중부 ➡ 경대승(1179~1183) ➡ 이의민(1183~1196)
 ③ 중방❶(장군들의 합좌 기관) 정치, 토지와 노비 확대, 전시과 붕괴, 사병 양성

(3) **반무신란**
 ① 김보당의 난(1173): 무신 정권에 반발하여 김보당이 의종을 받들어 반란
 ② 조위총의 난(1174): 서경 유수 조위총이 서경에서 반란
 ③ 귀법사 교종 승려의 난(1175)

(4) **농민과 천민의 봉기❷**: 중앙 정부의 지방 통제력이 약화되고 하극상의 풍조 만연, 지배층에 의한 대토지 소유 확대, 노비 소유 확대로 전제 문란이 심해짐

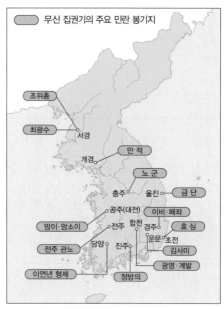
🔺 무신 집권기 봉기 지역

1170	1174	1179	1183	1196	1219	1249	1257	1258	1268	1270	1271
이의방	정중부	경대승	이의민	최충헌	최우	최항	최의	김준	임연	임유무	

중방 → ← 교정도감 → ← 교정도감 정방

---

❶ 중방
최고위 무신들로 구성된 회의 기구. 무신 정변 직후부터 최충헌이 권력을 잡을 때까지 최고 권력 기구였다.

❷ 농민과 천민의 봉기
• 최충헌 이전의 봉기: 망이·망소이의 난(공주 명학소), 전주 관노의 난, 김사미·효심의 봉기(신라 부흥 운동, 이의민 집권기)
• 최충헌 집권기: 만적의 난(최충헌의 노비), 최광수의 난(고구려 부흥 운동)
• 최우 집권기: 이연년 형제의 난(백제 부흥 운동)

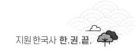

❷ 최씨 무신 정권(1196~1258)

(1) **최충헌**(1196~1219) : 문·무 연합 정권 성격

① 사회 개혁책(봉사 10조➕) 제시, 농민 항쟁 진압 ➡ 사회 개혁 미진, 많은 토지와 노비를 차지, 사병을 양성하여 권력 유지에 치중

② 권력 기구

　㉠ 흥녕부 : 권력 기구, 진주 지방을 식읍으로 삼음

　㉡ 도방 : 신변 경호를 위한 사병 집단

　㉢ 교정도감 : 최씨 정권의 반대 세력을 제거하고 국정을 총괄하는 최고 정치 기구

③ 문화 : 『해동고승전』(각훈) 편찬

사료 탐구하기

최충헌의 봉사 10조

1. 왕은 구기지설을 믿고 새로된 궁궐에 들지 않고 있는데, 길일을 택하여 들어갈 것
2. 근래 관제에 어긋나게 많은 관직을 제수하여 녹봉이 부족하게 되었으니 원제도에 따라 관리 수를 줄일 것
3. 근래 벼슬아치들이 공사전을 빼앗아 토지를 겸병함으로써 국가의 수입이 줄고 군사가 결하게 되었으니, 토지 대장에 따라 원주인에게 돌려줄 것
4. 공사조부를 거두는데 향리의 횡포와 권세가의 거듭되는 징수로 백성의 생활이 곤란하니, 유능한 수령을 파견하여 금지케 할 것
5. 근래, 양계와 5도에 파견된 제도사가 왕실에게 바치는 공진을 구실로 주구를 일삼고 사비로 돌리기도 하니, 이제부터는 제도사로 하여금 공진을 금하게 할 것
6. 지금 승려 한 두 사람이 궁중에 부상 출입하고 또 왕이 내신으로 하여금 불사를 관장하여 곡식으로 민간에게 고리대를 함으로써 그 폐가 적지 않으니, 승려의 왕궁 출입과 곡식 대여를 금할 것
7. 근래 여러 고을의 관리로서 재물을 탐내는 자가 많으니, 양계 병마사와 5도 안찰사에게 명하여 그들의 능력을 가려 유능한 자는 발탁하고 그렇지 못한 자는 징벌할 것
8. 요사이 조정의 신하들의 저택과 복식의 사치가 심하니, 검소한 생활을 할 것
9. 근래 여러 신하들이 산천의 순역을 가리지 않고 마구 원당을 세워 지맥을 손상하여 재변이 자주 일어나니 음양관으로 검토케하여 비보사찰 이외에는 헐게 할 것
10. 언론을 맡은 대성 관리는 요사이 그 임무를 다하지 못하니 사람을 골라 임명할 것

『고려사』 129, 열전42 최충헌 전

---

(2) **최우**(1219~1249)

① 권력 기구

　㉠ 삼별초 : 좌별초➕, 우별초➕, 신의군(몽골에 포로로 잡혀갔던 병사들)

　㉡ 정방 : 모든 관직에 대한 인사권 장악

　㉢ 서방 : 문신 등용(이인로, 이규보, 최자의 패관 문학, 최우 본인도 신품 4현➕으로 불림)

② 대몽 항쟁의 시작 : 강화도 천도

③ 문화 : 팔만대장경 조판 시작, 『상정고금예문』(금속 활자), 『향약구급방』(의서)

(3) **무신 정권 말기** : 최항 ➡ 최의 ➡ 최씨 정권 붕괴 ➡ 김준 ➡ 몽골과 강화(1259) ➡ 원종 즉위 ➡ 임연·임유무 ➡ 무신 정권 붕괴와 개경 환도(1270)

➕ **역대 주요 시무책**

· 최치원의 시무 10조(신라 말)
　➡ 골품제 폐지, 과거제
· 최승로의 시무 28조(고려 전기)
　➡ 유교 정치 사상, 외관 파견 등
· 최충헌의 봉사 10조(고려 후기)
　➡ 조세 제도의 개혁, 토지 겸병과 고리대업 금지

PART 03

➕ **좌별초, 우별초**

본래 치안을 담당하던 야별초에서 좌별초와 우별초가 분리되었다.

➕ **신품 4현**

역사상 가장 뛰어난 서예가 4인. 신라의 김생, 고려의 유신, 탄연, 그리고 최우가 이에 해당한다.

주제 20 고려의 대외 관계

🏛 고려 대외 관계의 변천

❶ 거란의 침입과 격퇴

(1) **배경**: 송을 침입하기 위한 거란의 관계 개선 요구 ➡ 고려의 거절(만부교 사건), 북진 정책(정종: 광군사 설치, 광군 조직)

(2) **과정**

1차 침입 (성종, 993)	고구려의 옛 땅을 내놓을 것, 송과 교류를 끊고 자신들과 교류할 것 요구 ➡ 서희의 외교(강동 6주❸ 획득), 거란과 교류 약속, 고구려 계승 주장
2차 침입 (현종, 1010)	고려의 친송 관계 유지 ➡ 강조의 정변(1009)을 빌미로 침입 ➡ 개경 함락, 양규의 선전 ➡ 강화 체결(현종의 입조 조건)
3차 침입 (현종, 1018)	강감찬이 귀주에서 거란군 섬멸(귀주 대첩, 1019) ➡ 살아 돌아간 거란군이 수천에 불과

(3) **결과**
① 평화 유지: 고려, 송, 거란의 세력 균형을 이룸
② 국방 강화: 나성❸, 천리장성(압록강 하류~동해안 도련포) 축조(1044), 감목양마법 (현종, 군마 확보)

🔖 사료 탐구하기

서희의 외교 담판

- **소손녕의 주장**: 고려는 신라 땅에서 일어났고, 고구려를 계승한 것은 우리(거란)인데 왜 고구려 땅을 엿보는가. 더구나 바다 건너 송을 섬기니 ……
- **서희의 반박**: 우리나라는 고구려를 계승하였으므로, 국호가 고려이고, 평양을 서경으로 삼은 것이다. 땅의 경계를 따지자면 당신들의 동경(요양)도 우리 영토이다. …… 압록강 유역의 땅도 본래 우리 영토이나 여진이 몰래 자리를 잡고 간악한 짓을 하고 있으므로 길이 막혀 조공을 바치지 못한 것이다.

➕ 강동 6주

홍화진(의주), 용주(용천), 통주(선주), 철주(철산), 귀주(구성), 곽주

➕ 나성

도시의 외곽을 둘러싼 외성(外城). 성곽에는 산성·도성(都城)·국경성 등이 있다. 도성은 왕궁과 관청을 둘러싼 왕성(王城: 內城)과 그 둘레에 있는 일반 마을을 감싼 나성으로 되어 있다.

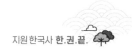

❷ 여진의 정벌과 9성 개척

(1) **여진족의 강성** : 완옌부를 중심으로 통일(12C 초) ➡ 고려와 충돌

(2) **윤관의 정벌**

① **별무반 편성(1104, 숙종)** : 특수 부대인 별무
반을 편성하여 여진 정벌 준비

② **동북 9성 축조** : 윤관은 별무반❸을 이끌고
여진족을 축출한 뒤(1107, 예종), 동북 지방
에 9성❹ 축조

③ **반환** : 조공을 바치겠다는 여진족의 조건
을 수락하고 1년 만에 9성 반환(1109)

🔺 여진 정벌과 9성 축조

(3) **금의 건국(1115)**

① **금 건국** : 여진족이 만주 일대를 장악하면서 금나라 건국

② **사대 요구** : 거란을 멸한 뒤 고려에 군신 관계 요구 ➡ 이자겸이 현실을 고려하고 정
권 유지를 위하여 금의 요구 수용(1126)

③ **반발** : 묘청의 서경 천도 운동

❸ 몽골과의 전쟁

(1) **몽골족의 성장** : 13세기 초 통일 국가 형성 ➡ 북중국 점령, 거란족 복속

(2) **첫 접촉** : 거란족의 일부가 몽골에 쫓겨 고려 침입 ➡ 고려는 이들을 강동성(평양 동쪽)
에서 포위 ➡ 몽골 및 동진국의 군대와 연합하여 거란족 섬멸(강동성의 역, 1219) ➡
몽골은 자신들을 은인이라고 내세우며 공물 요구

(3) **몽골의 침입**

① **1차 침입 (1231)** : 몽골 사신 저고여의 피살 ➡ 몽골의 침입 ➡ 귀주성에서 박서의 분전
➡ 몽골군이 우회하여 개경 포위 ➡ 고려는 몽골의 요구 수용, 몽골군도 큰 소득 없
이 퇴각

② **강화 천도** : 최우가 몽골의 무리한 조공 요구와 간섭에 반발하여 강화도로 천도, 장
기 항전 대비(1232)

③ **2차 침입(1232)** : 처인성(경기 용인)에서 장수 살리타가 승려 출신인 김윤후에게 사살
되자 퇴각

④ **3차 침입(1235~1239)** : 황룡사 9층 목탑 소실, 팔만대장경 조판

⑤ **5차 침입(1253)** : 충주성 전투(김윤후)의 승리

⑥ **6차 침입(1254)** : 충주 다인철소민의 활약

⑦ **장기 항전(1259년까지 6차에 걸친 공격)의 배경** : 일반 민중들의 저항
➡ 천대받던 노비와 부곡민(처인 부곡·소, 관악산 초적)들도 몽골에 대항

(4) **경과**

① **팔만대장경(재조대장경) 조판** : 부처의 힘으로 외적을 방어하겠다는 의도

② **문화재 소실** : 황룡사 9층 목탑, 초조대장경(대구 부인사), 교장(흥왕사)

③ 장기간의 전쟁으로 국토 황폐화, 백성들은 도탄에 빠짐

---

❸ **별무반**

기병인 신기군, 보병인 신보군,
승병인 항마군으로 편성되었다.

❹ **동북 9성**

위치가 함흥이라는 설과 두만강
일대라는 설이 있다. 9성 설치 이
후 여진족의 침입이 이어지자, 해
마다 조공을 바치겠다는 약속을
받고 돌려주었다.

⑸ 강화 체결과 삼별초 항쟁
① **최씨 무신 정권 붕괴(1258)** : 김준, 유경 등이 주도한 온건파가 득세하여 최씨 정권이 무너지고 전쟁 종결 ➡ 쿠빌라이 칸(원 세조)과 강화(1259)
② **원종의 즉위와 개경 환도**
  ㉠ 원종 즉위(1260) ➡ 개경 환도를 거부한 무신 정권의 잔여 세력 제거
  ㉡ 개경 환도(1270)
③ **삼별초의 항쟁** : 배중손의 지휘 아래 항몽 정권 수립(1270) ➡ 진도(용장성)에 근거지를 두고 일본과 연합을 제안하였으나 여·몽군에게 패퇴하고 배중손은 전사함 ➡ 김통정의 지휘로 제주도에서 항전하다 진압됨(1273)

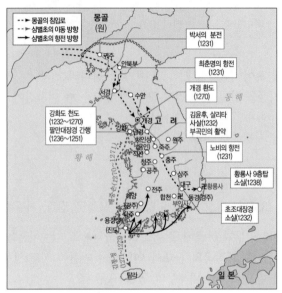

▲ 몽골의 침입과 대몽 항쟁

주제 21   원 간섭기와 공민왕(원·렬·선·숙·혜·목·정·공·우·창·공)

❶ 원 간섭기의 전개

(1) **몽골의 일본 원정 시도**: 1차 원정(1274) 후 정동행성 설치(고려의 병력, 물자 징발) ➡ 2차 원정(1280) ➡ 실패

(2) **영토의 상실**: 쌍성총관부(철령 이북, 1258), 동녕부(자비령 이북, 1270), 탐라총관부(제주, 1275) ➡ 동녕부와 탐라총관부는 충렬왕 때 반환, 쌍성총관부는 공민왕 때 유인우에 의해 무력으로 회복

(3) **관제 격하 및 축소**
  ① 원의 부마국으로 전락, 왕실 호칭과 격이 그에 맞게 개편('충'을 붙이고, '왕'으로 격하, 폐하는 전하로, 전하는 저하로 격하됨)
  ② 2성 ➡ 첨의부, 6부 ➡ 4사, 중추원 ➡ 밀직사 등

(4) **내정 간섭**: 정동행성(내정 간섭), 만호부(군사), 다루가치(감찰관, 공물 징발), 심양왕 제도(고려 왕실 견제), 순마소(경찰 기구), 이문소(사법 기구) 등

(5) **경제적 수탈**: 처녀들을 공녀로 차출(결혼도감), 인삼, 약재, 매(응방) 등의 특산물 약탈(반전도감)

(6) **영향**
  ① 자주성의 손상: 몽골풍, 조혼 ⇔ 고려양(몽골)
  ② 문화의 전래: 『농상집요』(이암), 목화(문익점·정천익), 수시력(이슬람 과학), 성리학(안향, 이제현: 만권당), 송설체(서예)
  ③ 활발한 신분 이동

(7) **권문세족❸의 등장**
  ① 농장 확대, 양민 억압(노비화) ➡ 사회 모순 격화
  ② 입성책동: 일부 권문세족들이 고려를 원의 직속령으로 편입하려고 시도

❷ 원 간섭기의 왕들

(1) **원종(1260~1274)**: 경기 8현에 녹과전❸ 지급, 전민변정도감

(2) **원 간섭기 국왕들의 개혁 시도**
  ① **충렬왕(1274~1308)**: 안향이 성리학을 수용, 『삼국유사』·『제왕운기』의 편찬, 전민변정도감, 동녕부와 탐라총관부의 반환, 『농상집요』(농서)의 수입, 쇄은(순도를 낮춘 활구), 국학(국자감)을 성균감으로 개칭하고 경사(經史)교수도감을 설치, 일부다처제 건의(박유)가 있었으나 수용되지 않음
  ② **충선왕(1298, 1308~1313)**: 사림원(정방을 폐지하고 신진 세력을 육성), 각염법(소금의 전매제), 베이징에 만권당을 설치하여 원과 문화 교류, 왕실과의 혼인 가문 선정(재상지종), 동성 간 혼인 금지, 성균감을 성균관으로 개칭, 전농사(권문세족의 불법적 토지와 노비의 몰수 시도), 수시력(원의 역법) 도입

❸ **권문세족**
종래의 문벌 귀족 가문, 무신 정권기에 새로 등장한 가문, 원과의 관계를 통하여 성장한 가문 등을 말한다.

❸ **녹과전**
신진 관료에게 수조권을 지급

③ **충숙왕**: 찰리변위도감(토지 문제 해결 시도), 반전도감(원 입조 비용 마련)

④ **충목왕**: 정치도감(토지, 노비 문제 해결 시도), 녹과전, 경천사지 10층 석탑

❸ 공민왕(1351~1374)

(1) **역사적 배경**: 원·명 교체기(14세기 후반)

(2) **정책과 흐름**

① 반원 자주 정책

㉠ 친원 세력(기철❶ 일파)의 숙청, 정동
행성의 이문소 폐지

㉡ 관제 복구, 몽골풍 척결

㉢ 쌍성총관부를 공략하여 철령 이북
지역 수복, 요동 지방 공략

② 왕권 강화 정책 (권문세족 억압 정책)

㉠ 정방 폐지, 과거 제도 정비

㉡ 전민변정도감❶ 설치(승려 신돈 등용)

㉢ **신진 사대부의 정계 진출 마련**: 성균관
(순수 유교 교육 기관) 개편

㉣ 충용위 설치: 왕실 호위군

③ **문화**: 안동 봉정사 극락전, 보우(임제종),
'천산대렵도'(공민왕), 『사략』(이제현)

④ 개혁 실패

㉠ 홍건적 침입(공민왕이 지금의 안동인 복주로 피난), 왜구의 침공

㉡ 흥왕사의 변과 같은 잦은 반란, 신돈의 부패와 몰락, 신진 사대부 세력의 미약함

▲ 공민왕의 영토 수복

➕ 기철

기철은 누이동생이 원 순제의 황
후가 되어 태자를 낳자, 기황후와
원을 등에 업고 친원파 세력을 결
집하여 남의 토지를 빼앗는 등의
권세를 부렸다.

➕ 전민변정도감

권문세족들이 부당하게 빼앗은
토지와 노비를 본래의 소유주에
게 돌려주거나 양민으로 해방시
켰다. 이로써 권문세족들의 경제
기반이 약화되고, 국가 재정 수입
기반이 확대되었다.

주제 22 | 고려의 경제 정책과 경제 구조

❶ 국가 재정의 운영

(1) 양안(토지 대장)과 호적(호구 장부) 작성 ➡ 조세, 공물, 부역 부과의 근거

(2) **재정 운영 관청**: 호부와 삼사
  ① 호부: 호적과 양안을 만들어 인구와 토지를 관리
  ② 삼사: 재정 수입과 관련된 사무만 담당
  ③ 실제 조세 수취와 집행은 각 관청이 담당

❷ 고려의 수취 제도

(1) **조세**
  ① 비옥도에 따라 토지를 3등급으로 나누어 생산량의 1/10 징수, 조세 운송은 조운을 이용(각 군현 ➡ 조창 ➡ 개경)
  ② 조세는 민전❶·공전(1/10)❶, 지대(소작료)는 공전(1/4), 사전(1/2)❶
  ③ 한전❶은 수전❶ 생산량의 1/2로 환산
  ④ 어민(어염세), 상인(상세)

(2) **공물**: 집집마다 토산물 징수, 상공❶과 별공❶, 중앙에서 필요한 공물의 종류와 액수를 정하여 주현에 할당, 9등급으로 구분(남자 장정수 기준)

(3) **역**: 16~60세의 남자(정남)의 노동력을 무상으로 동원, 군역(신역❶)과 요역(호역❶: 9등급으로 나누어 부역)

❸ 고려의 토지 제도와 토지 소유

(1) **전시과 제도**
  ① 문무 관리, 군인, 한인 등을 18등급으로 나누어 전지(농경지)와 시지(임야)를 지급
  ② 수조권만 지급, 양계를 제외한 전국에 지급

시기		관등	1	2	3	4	5	6	7	8	9	10	11	12	13	14	15	16	17	18
시정 전시과	경종 (976)	전지	110	105	100	95	90	85	80	75	70	65	60	55	50	45	42	39	36	33
		시지	110	105	100	95	90	85	80	75	70	65	60	55	50	45	40	35	30	25
개정 전시과	목종 (998)	전지	100	95	90	85	80	75	70	65	60	55	50	45	40	35	30	27	23	20
		시지	70	65	60	55	50	45	40	33	30	25	22	20	15	10				
경정 전시과	문종 (1076)	전지	100	90	85	80	75	70	65	60	55	50	45	40	35	30	25	22	20	17
		시지	50	45	40	35	30	27	24	21	18	15	12	10	8	5				

❶ **민전**
민전은 개인의 사유지로서 농민뿐만 아니라 귀족, 향리 등이 소유한 사유지도 모두 민전이다. 민전은 국가에 수확량의 1/10을 조세로 납부해야 했다.

❶ **민전·공전·사전**
• 민전: 개인 소유지
• 공전: 국가 소유지
• 사전: 개인(관리)이 조세 혹은 지대를 수취하는 땅

❶ **한전·수전**
• 한전: 밭
• 수전: 논

❶ **상공·별공**
• 상공: 정기적으로 수취
• 별공: 수시로 수취

❶ **신역·호역**
• 신역: 남성의 몸에 부과
• 호역: 집에 부과

역분전 (태조, 940)	통일 과정에서의 공신들에게 선행과 공로에 따라 경기 지방에 준 토지, 무신을 우대	
시정 전시과 (경종, 976)	• 관직과 인품을 반영 • 사색 공복을 기준으로 직·산관❶에게 지급 ➡ 운영에 문제	전 18 시 18
개정 전시과 (목종, 998)	• 관직만을 고려하여 전·현직 관리에게 지급(현직자를 우대) • 관품 기준 18과로 지급량 재조정(축소) • 유외잡직(하급 기술직)에 한외과❶를 지급 • 군인전 설치	전 18 시 15
경정 전시과 (문종, 1076)	• 현직 관료에게만 지급(전시과 체제의 완료) • 전체적으로 지급 액수 감소 • 한외과 폐지(전시과 체제에 통합) • 공음전·한인전·별사전시❶·무산계❶전시 지급 • 무신 대우의 상승	전 18 시 14
녹과전 (원종, 1271)	신진 관료의 경제적 기반을 마련해 주기 위해 실시(경기 8현에만 지급)	

(2) 토지의 종류

과전	관리에게 직역에 대한 대가로 지급
공음전❶	5품 이상의 관료들에게 지급, 자손에게 세습 가능
한인전	6품 이하 하급 관료의 자제로서 관직에 오르지 못한 사람에게 지급
군인전	군역의 대가로 주는 토지, 군역이 세습됨에 따라 자손에게 세습
외역전	향리나 하급 관리
구분전	하급 관료와 군인의 유가족
내장전	왕실 경비 충당
공해전	관청의 경비
사원전	사원에 지급

❶ 직·산관
• 직관: 현직
• 산관: 전직

❶ 한외과
관직 등급에 들지 못한 사람에게
지급하는 토지

❶ 별사전시
승려, 풍수지리업자 등에게 지급
하는 토지

❶ 문산계·무산계
• 문산계: 일반 관리
• 무산계: 향리, 탐라 호족, 여진
추장, 노병, 공장, 음악인 등

❶ 공음전
문종 3년(1049)에 제정된 공음전
시과에는 1품 문하시랑평장사는
전지 25결, 시지 15결, 2품 참정
이상은 전지 22결, 시지 12결, 3품
은 전지 20결, 시지 10결, 4품은
전지 17결, 시지 8결, 5품은 전지
15결, 시지 5결을 주도록 규정하
였다. 공음전은 그 자손이 반역에
연좌되거나 범죄로 공신에서 제
명되지 않는 한 세습되었다.

주제 23   고려의 경제 활동

❶ 귀족들의 경제 생활

(1) **경제 기반**: 상속받은 토지와 노비, 과전(생산량의 1/10 징수), 녹봉(1년에 2번), 자신의 소유지(수확량의 1/2 징수), 외거 노비의 신공(베나 곡식), 농민의 토지를 빼앗아 대규모 농장을 경영, 사패 농장(진전과 황무지를 개간하면 소유권을 인정받는 사패권을 이용하여 토지 확대)

(2) **생활**: 큰 누각과 지방에 별장을 건설하여 호화로운 생활

❷ 농민의 경제 생활

(1) **경작지 확대**: 진전·황무지 개간, 12세기 이후 연해안의 저습지와 간척지 개간

(2) **농업 기술의 발달**
　① 수리 시설의 발달(제언: 저수지, 보 등), 호미와 보습 등의 농기구와 종자 개량
　② 소를 이용한 깊이갈이(심경법)가 일반화, 시비법 발달❹로 휴경지 감소
　③ 밭농사에서 2년 3작 윤작법(조, 보리, 콩) 보급, 논농사에서 고려 말에 이앙법(모내기)이 남부 지방 일부에 보급
　④ 고려 후기 이암이 원에서 『농상집요』를 들여와 중국 화북 지방 밭농사 중심의 농법 소개
　⑤ 목화의 전래: 공민왕 때 문익점이 원에서 목화씨를 가져와 정천익과 함께 재배

(3) **농민 몰락**: 권문세족들의 횡포 ➡ 권문세족의 토지를 경작하거나 노비로 전락

❸ 수공업 활동

(1) **전기**
　① 관청·소(所) 수공업❹ 중심
　② 관청 수공업: 기술자들을 공장안에 올려 물품 생산

(2) **후기**: 사원·민간 수공업 발달(단, 여전히 관청 수공업이 중심)

❹ 상업 활동

(1) **전기**
　① 도시
　　㉠ 시전(관허 상점) 설치: 개경, 서경, 동경에 설치
　　㉡ 개경, 서경(평양), 동경(경주) 등의 대도시에 관영 상점 개설
　　㉢ 경시서: 매점매석과 같은 상행위 감독
　　㉣ 상평창: 개경, 서경, 12목에 설치 ➡ 물가 조절 기관
　② 지방
　　㉠ 관아 근처에 일용품을 교환할 수 있는 시장 개설 ➡ 행상들의 활약
　　㉡ 사원: 중요한 상업 중심지 역할을 수행

---

❹ **시비법의 발달**

밭을 묵혀서 그 밭에 자란 풀을 태우거나 갈아엎어 비료를 주던 방식에서 들의 풀이나 갈대를 베어 와 태우거나 갈아엎은 녹비에 동물의 똥오줌을 풀이나 갈대와 함께 사용하는 퇴비가 만들어 졌다.
- 녹비: 풀이 살아 있는 상태에서 베어 흙에 넣는 것
- 퇴비: 썩힌 것

❹ **관청 수공업과 소 수공업**
- 관청 수공업: 공장안(장부)에 등록시켜 관수품을 제작시켰다. 장기 근무자에게는 무산계와 토지를 지급하였다.
- 소 수공업: 광물을 채취하거나 수공업품을 생산하는 마을

▲ 고려의 경제와 교통

(2) 후기
① 소금의 전매제(충선왕) ➡ 국가 재정 수입 확대 시도
② 개경: 시전 규모 확대, 업종별 전문화, 상업 활동이 점차 도성 밖으로 확대 ➡ 벽란도를 비롯한 항구들이 교통로와 산업의 중심지로 발달
③ 지방: 행상의 활동 활발
    ㉠ 여관인 원(院)이 발달하여 상업 활동의 중심지 역할
    ㉡ 농민들의 유통 경제 참여 강제: 관청·관리·사원이 물건 판매나 구입을 강제, 조세 대납

❺ 화폐 주조

(1) 목적: 국가 재정 확충 및 정부의 경제 활동 장악 의도

(2) 화폐
① 성종: 건원중보
② 숙종: 의천의 건의로 주전도감 설치, 삼한통보·해동통보·해동중보·활구(은병)❶
    ➡ 활구를 제외한 나머지 화폐의 유통 실패
③ 원 간섭기: 쇄은(충렬왕), 소은병(충혜왕)
④ 공양왕: 저화(최초의 지폐)

(3) 농민들은 곡식과 삼베를 주로 사용, 화폐는 다점과 주점 등에서만 사용

❻ 고려의 무역

(1) 대송 무역
① 수출품: 종이, 먹, 인삼 등 수공업품과 토산물
② 수입품: 비단, 약재, 서적 등 왕실과 귀족의 수요품

(2) 거란과 여진: 은을 가지고 와서 농기구, 식량, 문방구 등과 교환

(3) 일본: 수은, 유황 등을 가지고 와서 인삼, 서적 등과 교환

(4) 아라비아 상인(대식국인): 고려가 서방 세계에 알려짐

(5) 벽란도(예성강 하구): 국제적인 무역항

▲ 건원중보

▲ 삼한통보

❶ 활구(은병)

우리나라의 지형을 본떠서 은 1근으로 만든 고가의 화폐로, 은병 하나의 값은 포 100여 필이나 되었다.

▲ 고려의 대외 무역

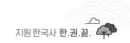

주제 24 고려의 신분 제도

❶ 귀족 : 왕족, 5품 이상의 고위 관료 ➡ 음서, 공음전의 혜택을 받는 특권층

문벌 귀족	• 고려 전기, 관직을 바탕으로 토지 확대, 중첩된 혼인 관계(왕실의 외척) • 안산 김씨, 경원 이씨, 파평 윤씨, 해주 최씨, 경주 김씨 등
권문세족	• 무신 정권 붕괴 후 등장, 음서로 관직 세습, 친원파 • 재상지종(충선왕, 왕실과 혼인할 수 있는 가문) • 도평의사사 등 주요 관직 독점, 농장 확대
신진 사대부	하급 관료의 자제, 지방의 중소 지주층이나 향리 출신, 권문세족과 대립, 첨설직(품관·한량, 공민왕, 군공에 대한 포상, 실직이 없는 관직) ➡ 전반적인 사회 개혁과 문화 혁신 추구

사료 탐구하기

권문세족(충선왕의 교지)

이제부터 만약 종친으로서 같은 성에 장가드는 자는 황제의 명령을 위배한 자로서 처리할 것이니 마땅히 여러 대를 내려오면서 재상을 지낸 집안의 딸을 취하여 부인을 삼을 것이며 재상의 아들은 왕족의 딸과 혼인함을 허락할 것이다. 만약 집안의 세력이 미비하면 반드시 그렇게 할 필요는 없다. …… 철원 최씨, 해주 최씨, 공암 허씨, 평강 채씨, 청주 이씨, 당성 홍씨, 황려 민씨, 횡천 조씨, 파평 윤씨, 평양 조씨는 다 여러 대의 공신 재상의 종족이니 가히 대대로 혼인할 것이다. 남자는 종친의 딸에게 장가가고 딸은 종비(宗妃)가 됨직하다.　　『고려사』

❷ 중류❶

(1) **구성** : 중앙 관청의 서리, 남반, 향리, 하급 장교 등 ➡ 직역 세습, 토지 분급

(2) **특징** : 지배층과 피지배층 사이에서 지배 기구의 말단 행정직으로 존재, 직역이 세습되면서 그에 상응하는 토지를 국가로부터 받음

(3) **향리❶** : 성종 때 향직 개편으로 중소 호족들이 향리로 재편, 주현·속현에 설치된 읍사에서 부세 징수와 행정 실무 담당, 향공 응시 가능(지방관이 실시하는 시험)

❸ 양민 : 일반 백정 농민(민전 경작, 소작, 조세·공납·역의 의무), 상공업자

(1) **백정 농민** : 법적으로 과거 응시 자격, 전지를 받는 군인으로 선발 가능, 조세, 공납, 역 부과

(2) **특수 집단**
  ① 신분은 양민이지만 규제가 심함 ➡ 더 많은 세금 부담, 타 지역 이주 금지
  ② 일반 군현민들이 반란을 일으키면 군현을 부곡 등으로 강등하는 집단 처벌
  ③ 향·부곡(농업), 소❶(수공업자, 광부), 진(육로, 수로 교통)
  ④ 신량역천인 : 어부, 제염업, 목축업, 광부, 봉화 관리 등

❶ 중류층
• 잡류 : 중앙 관청의 말단 서리
• 남반 : 궁중 실무 담당
• 군반 : 직업 군인(하급 장교)
• 기술관 : 전문 기술관
• 역리 : 지방의 역을 관리
• 정호 : 국가의 직역을 담당하는 호(戶)

❶ 향리
• 호족 출신의 향리 : 호장, 부호장을 배출하는 지방의 실질적 지배층. 과거를 통해 중앙으로 진출 가능하였다.
• 하위 향리 : 지배 기구의 말단 행정직 담당. 직역 세습, 국가로부터 토지를 지급받았다.

❶ 소
고려 때 특정 물품을 생산하던 촌락. 소의 주민은 전문 기술자인 장인과 물품 생산을 도와주는 일반 촌락민으로 구성되며, 이들은 모두 양민이었다.

❹ 천민

(1) **공노비**: 공공 기관에 소속

① 입역 노비: 궁중과 관청에서 잡역에 종사하면서 급료를 받고 생활

② 외거 노비: 지방에 거주하면서 농업에 종사, 규정된 액수를 관청에 납부

(2) **사노비**: 개인이나 사원에 예속

① 솔거 노비: 주인의 집에서 살면서 잡일을 돌보는 노비

② 외거 노비: 주인과 따로 살면서 농업에 종사하고 신공을 바치는 노비

➡ 토지 소유 가능

(3) **노비의 처지**

① 재산으로 간주되어 엄격히 관리

② 일천즉천(一賤則賤): 초기에는 천자수모법(출생 시 소유권은 모계 주인에게 부여)
이었으나, 부모 중 한 쪽이 노비이면 자식도 노비가 되는 것으로 정착

(4) **기타**: 양수척(떠돌이), 화척(도축업), 재인(광대), 기생 등

사료 탐구하기

노비의 신분 상승

평량은 평장사 김영관의 집안 노비로 경기도 양주에 살면서 농사에 힘써 부유하게 되었다.
그는 권세가 있는 중요한 길목에 뇌물을 바쳐 천인에서 벗어나 산원동정의 벼슬을 얻었다.
그의 처는 소감 왕원지의 집안 노비인데, 왕원지는 집안이 가난하여 가족을 데리고 가서 위탁
하고 있었다. 평량이 후하게 위로하여 서울로 돌아가기를 권하고는 길에서 몰래 처남과 함께
원지의 부처와 아들을 죽이고 스스로 그 주인이 없어졌으므로 계속해서 행세할 수 있음을 다
행으로 여겼다. 　　　　　　　　　　　　　　　　　　　　　　　　　　　　　『고려사』

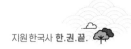

주제 25   고려의 사회 시책과 법속

❶ 농민의 공동 조직(향도⊕)

(1) **전기**(매향): 향나무(침향)를 바닷가에 묻었다가, 이를 통하여 미륵을 만나 구원받고자 하는 염원 ➡ 불상, 석탑을 만들거나 절을 지을 때 주도적 역할

(2) **후기**: 마을 노역, 혼례와 상장례, 마을 제사 등 공동체 생활을 주도하는 농민 조직으로 발전

❷ 여러 가지 사회 정책

(1) **의창**: 평시에 곡물을 비치하였다가 흉년에 빈민 구제(흑창을 성종 때 의창으로 개편) ➡ 고구려의 진대법과 유사한 제도

(2) **상평창**: 개경과 서경 및 12목에 설치 ➡ 물가 조절

(3) **의료 시설**: 동·서 대비원(진료 및 빈민 구휼), 혜민국(예종, 의약)

(4) **기타**: 재해 대비 임시 기관(예종 때 구제도감, 고종 때 구급도감), 제위보(광종, 기금을 마련한 뒤 이자로 빈민 구제), 팔관보(팔관회 경비 마련), 학보(국자감 장학), 광학보(승려 장학), 경보(불경 간행)

❸ 법률과 풍속: 당률을 참작한 71개조의 법률, 대부분의 경우는 관습법에 의거

(1) **형벌**

① 반역죄, 불효죄 등을 중죄로 처벌

② 귀양형 ➡ 부모상에 휴가, 노부모의 봉양 가족이 없을 때는 형벌 집행을 보류

③ 형벌의 종류: 태·장·도·유·사

    ⊙ **속동 제도**: 관리가 죄를 지었을 경우 형벌 대신 재산 납부

    ⓒ **귀향형**: 중앙 귀족을 본관의 향리로 격하시킴

④ 재판의 공정성을 위해 삼복제(사형죄는 3번 심사), 삼원신수법(심문할 때 3명 이상 형관을 입회) 등을 실시

(2) **관·혼·상·제**: 정부의 유교적 방식 장려 ➡ 일반적으로는 전통적 관행을 따름

⊕ **향도**(香徒)

향도는 원래 불교 신앙에서 나온 것이다. 위기가 닥쳤을 때를 대비하여 향나무를 바닷가에 묻었다가, 이를 통하여 미륵을 만나 구원받고자 하는 염원에서 향나무를 묻는 활동을 매향이라고 한다. 그리고 이 매향 활동을 하는 무리들을 향도라고 하였다. 그러나 향도는 단순히 매향만 하는 것이 아니라 대규모 인력이 동원되는 불상, 석탑, 절 공사시 주도적인 역할을 하였다. 특히 고려 후기에 와서는 신앙적인 향도에서 마을 노역, 혼례와 상장례, 민속 신앙과 관련된 마을 제사 등 공동체 생활을 주도하는 농민 조직으로 발전되어 갔다.

❀ **사천 매향비**

1387년에 향나무를 묻고 세운 것으로, 내세의 행운과 국태민안을 기원하는 내용을 담고 있다.

❹ 혼인과 여성의 지위

(1) **혼인**

① 연령: 여자는 18세 전후, 남자는 20세 전후

② 혼인 형태: 일부일처제가 일반적, 처가살이(남귀여가혼, 솔서혼)가 많았음

(2) **여성의 지위**: 가정 내 지위가 남성과 거의 대등

① 유산 상속: 자녀에게 골고루 분배

② 호적: 태어난 차례대로 기재, 사위가 처가의 호적에 입적하여 처가에서 생활하는 경우 빈번

③ 제사: 아들이 없을 경우 딸이 제사

④ 음서 혜택: 사위와 외손자 포함, 공을 세운 사람은 장인과 장모도 포상

⑤ 재혼: 여성의 재가는 비교적 자유롭게 이루어졌고, 그 소생 자식의 사회적 진출에도 차별 없음

주제 26 고려의 유학

❶ 유학⊕의 발달

(1) **특징**

① 자주적이고 주체적

② 사장 위주: 경학보다 사장(문학)에 치중

③ 유·불 융합: 유교 – 치국의 도, 불교 – 수신의 도

(2) **각 시기의 유학**

① 초기

㉠ 태조: 신라 6두품 계통의 유학자들 활약 ➡ 최언위, 최응, 최지몽 등

㉡ 광종: 과거 제도 실시, 정관정요를 제왕학으로 강론

㉢ 성종: 유교 정치사상 정립, 유학 교육 기관 정비, 문신월과법(관료에게 매달 시 와 부 제출 의무) ➡ 최승로의 시무 28조(자주적, 주체적)

② 중기

㉠ 성격: 시문을 중시하는 귀족 취향, 유교의 철학화, 보수화

㉡ 최충(문종): 해동공자 칭송, 관직에서 물러난 후 9재 학당 설립, 훈고학⊕적 유학 에 철학적 경향을 불어 넣음

㉢ 김부식(인종): 보수적·현실적 유학 대표

③ 무신 정변 후: 문벌 귀족 세력의 몰락으로 한동안 위축

❷ 성리학의 전래

(1) **성격**: 인간의 심성과 우주의 원리 문제를 철학적으로 탐구하는 신유학 ➡ 남송의 주자 (주희)가 집대성

(2) **전래**: 충렬왕 때 안향⊕이 소개(『주자전서』) ➡ 백이정이 원에서 성리학을 배워와 이제 현과 박충좌 등에게 전수 ➡ 충선왕 때 이제현⊕은 원의 수도에 설립된 만권당에서 원 의 학자들과 교류하면서 성리학에 대한 이해 심화 ➡ 귀국 후 이색 등에게 영향 ➡ 공 민왕 때 이색⊕은 정몽주, 권근, 정도전 등을 가르쳐 성리학 확산

(3) **영향**

① 신진 사대부들이 개혁 사상으로서 성리학 수용

② 실천적 기능 강조 ➡ 『소학』(유학 입문서)과 『주자가례』(가정 예의집)를 중시, 권문 세족과 불교의 폐단을 비판(정도전의 『불씨잡변』)

③ 불교 쇠퇴 ➡ 성리학이 새로운 국가 사회의 지도 이념으로 등장

⊕ **고려 유학의 변화**
• 전기: 자주적, 개혁적(최승로)
• 중기: 보수적, 귀족적(최충, 김부식)
• 후기: 성리학 전래(이제현)
• 말기: 성리학 발전(신진 사대부)

⊕ **훈고학(訓詁學)**
한 대에서 당 대까지 성행하였던 유학으로, 경전의 자구 해석에 치중하였다.

⊕ **안향**
불교를 오랑캐의 종교라고 비판하였고, 『회헌실기』를 저술하였다.

⊕ **이제현과 이색**
불교의 폐단만을 비판하였다.

❸ 교육 기관

(1) **국자감**(국립 대학)

　① 국자학, 태학, 사문학과 같은 수업 연한 9년의 유학부와 율학(법률), 서학(글씨), 산학(계산) 등의 수업 연한 6년의 기술학부로 나눔

　② 나머지 기술학은 해당 관청에서 담당

　③ 유학부는 7품 이상 관리의 자제(국자학 : 3품 이상, 태학 : 5품 이상, 사문학 : 7품 이상), 기술학부는 8품 이하 관리나 서민의 자제 입학

　④ 개경에 왕립 도서관 비서성 설치

(2) **향교**(지방) : 지방 관리와 서민의 자제 교육

(3) **사학의 융성**(중기) : 최충의 문헌공도❶(9재 학당)를 비롯한 사학 12도❷ 융성 ➡ 국자감의 관학 교육 위축

(4) **관학 진흥책**

　① 숙종 : 국자감에 서적포 설치 ➡ 서적 간행

　② 예종 : 국자감 재정비 ➡ 전문 강좌(국학 7재), 양현고(장학 재단), 궁중에 도서관 겸 학문 연구소(청연각) 설치, 궁중 밖에 보문각 설치, 국학으로 개칭

　③ 인종 : 경사 6학 정비, 유학 교육 강화

　④ 충렬왕 : 섬학전(교육 재단) 설치, 국자감(국학)을 성균감으로 개칭, 문묘(대성전 : 공자 사당) 건립, 경사교수도감(경학과 사학을 장려) 설치

　⑤ 충선왕 : 성균감을 성균관으로 개칭

　⑥ 공민왕 : 성균관❸을 순수 유교 교육 기관으로 개편, 이색을 성균관 대사성으로 임명하여 신진 사대부 육성

➕ **문헌공도**
문종 때 최충이 세운 9재 학당으로 12도 중에서 가장 번성하여 명성이 높았다. 최충이 사망한 후 그의 시호인 문헌에서 따와 이름 붙여진 것이다.

➕ **사학 12도**
고려 문종 이후 개경에 있던 12개의 사립 학교. 사학의 설립자가 대체로 과거 시험을 주관하는 직책인 지공거를 역임했던 인물들이었기 때문에 과거 합격률이 높아 사학을 선호하는 경향이 강해졌다.

➕ **성균관**
고려 초기 설치된 국자감이 국학으로 불리다가 1308년부터 성균관으로 개칭되어 조선 시대로 이어졌다. 공민왕은 최고 학부인 성균관을 순수한 유교 교육 기관으로 개편하여 유교 교육을 강화하였다.

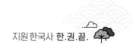

주제 27 | 고려의 역사와 문학

❶ 역사서의 편찬

(1) **건국 초기** : 구삼국사, 고려왕조실록(거란의 침입으로 소실)

(2) **중기**

① 『7대 실록』(편년체, 태조~목종) 편찬 ➡ 전하지 않음(임진왜란 때 소실)

② 『삼국사기』(김부식, 1145) : 기전체, 현존하는 최고(最古)의 역사서, 유교적 합리주의 사관(신화, 설화 배제), 신라 계승 의식 반영

> 🔖 **사료 탐구하기**
>
> **『삼국사기』를 올리는 글**
>
> 엎드려 생각하옵건대 성상 폐하께서는 중국 요임금의 넓은 덕과 총명함을 타고 나시고 우임금의 부지런함과 검소함을 체득하시어, 나랏일로 바쁘신 와중에도 틈틈이 옛 일을 두루 살펴보시고 이르시기를, "오늘날의 학사(學士)와 대부(大夫)가 5경(五經)·제자(諸子)의 책이나 진(秦)·한(漢) 역대의 역사에 대해서는 혹 널리 통하여 자세히 설명하는 자가 있으나, 우리나라의 일에 대해서는 도리어 아득하여 그 처음과 끝을 알지 못하니 매우 한탄스러운 일이다. …… 또 삼국에 관한 옛 기록은 문체가 거칠고 졸렬하며 빠진 부분이 많으므로, 군왕(君王)의 선악(善惡)과 신하들의 충성스러움과 간사함, 국가의 평안함과 위태로움, 백성의 다스려짐과 어지러움을 모두 밝혀서 후세에 권장하거나 경계할 바를 보이지 못하고 있다. 그러므로 마땅히 삼장(三長)을 갖춘 인재를 구하여 일관된 역사를 완성하고 만대에 물려주어 해와 별처럼 빛나도록 해야 하겠다."라고 하셨습니다. 『고려사』

(3) **무신 정권기~원 간섭기** : 자주 의식이 강한 역사 서술

① **동명왕편**➕(이규보, 1193) : 고구려 건국의 영웅인 동명왕의 업적을 칭송한 영웅 서사시, 고구려 계승 의식

② **해동고승전**(각훈, 1215) : 교종 입장에서 정리한 삼국 시대의 승려 30여 명의 전기, 일부만 전함

③ **삼국유사**➕(일연, 충렬왕, 1281) : 불교사를 중심으로 고대의 민간 설화나 전래 기록, 단군 신화 수록, 신라 중심 사관, 기사본말체와 유사한 구성

④ **제왕운기**➕(이승휴, 충렬왕, 1287) : 우리나라의 역사를 단군으로부터 서술, 3조선설 (단군 ➡ 기자 ➡ 위만) ➡ 우리 역사를 중국사와 대등하게 파악

(4) **말기**(성리학적 유교 사관) : 정통 의식과 대의명분 강조

① 본조편년강목(민지, 충숙왕), 천추금경록(충렬왕), 고금록(충렬왕)

② 사략(이제현, 공민왕) : 성리학적 대의명분에 입각한 사서, 사론만 전함

➕ **동명왕편**

동명왕의 일은 변화가 신비스러운 것으로 여러 사람의 눈을 현혹한 것이 아니고 실로 나라를 창시한 신기한 사적이다. 이것을 기술하지 않으면 후인들이 장차 어떻게 볼 것인가? 그러므로 시를 지어 기록하여 우리나라가 본래 성인(聖人)의 나라라는 것을 천하에 알리고자 하는 것이다.

➕ **삼국유사**

제왕이 장차 일어날 때는 부명(符命)과 도록(圖籙)을 받게 되므로 반드시 남보다 다른 일이 있었다. 그래야만 능히 큰 변화를 타고 대업을 이룰 수 있는 것이다. …… 그러니 삼국의 시조가 모두 신비하고 기이한 일을 연유하여 태어났다는 것을 어찌 괴이하다 할 수 있겠는가. 이것이 기이(紀異)로써 이 책의 앞머리를 삼은 까닭이다.

➕ **제왕운기**

신이 지은 이 책을 정성스럽게 두 권으로 만들어 바칩니다. …… 옛날부터 지금에 이르기까지 임금에서 임금으로 전한 역사를 드디어 완성하였습니다. 중국은 반고로부터 금나라까지이고, 우리나라는 단군으로부터 본조(고려)까지 이온데, 나라가 시작된 근원부터 참고 자료를 널리 탐색하여 흥망성쇠의 같고 다름을 비교하여 매우 중요한 점을 간추려 운(韻)을 넣어 읊고 거기에 비평의 글을 덧붙였나이다.

❷ 문학

(1) **무신 정권기의 문인들**：임춘(국순전), 이인로(파한집), 이규보(동국이상국집, 국선생전, 동명왕편), 최자(보한집)

(2) **경기체가**：신진 사대부가 주도 ➡ 한림별곡, 관동별곡

(3) **패관 문학**：민간에 구전된 이야기를 한문으로 기록 ➡ 이규보의 백운소설, 이제현의 역옹패설

(4) **고려가요**：청산별곡, 쌍화점, 가시리 등

(5) **한시**：진화❶(고려의 문화에 대한 강한 자부심), 이인로 등

❶ **진화의 오언시**
서쪽 중국은 이미 쓸쓸해졌고
북쪽 변방은 아직 혼몽하구나.
문명의 아침 기다리노니
동쪽 하늘에 해가 불끈 솟아오르
는도다.

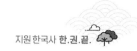

주제 28   고려의 불교와 도교, 풍수지리

❶ 초기의 불교

(1) **태조**: 훈요 10조에서 숭불과 불교 행사(연등회◈와 팔관회◈)의 성대한 개최 당부
  ➡ 불교에 대한 국가의 지침 제시, 땅의 기운이 좋지 못한 곳에 비보사찰을 건립, 승록사(불교 지원 관청) 설치

(2) **광종**: 귀법사 건립, 승과 제도 실시 ➡ 승계(僧階) 부여, 국사와 왕사 제도, 균여(보현십원가)·제관(천태사교의)·의통(천태종), 법안종

(3) **성종**: 유교 사상을 강조하여 연등회, 팔관회 일시 폐지 ➡ 현종 때 부활

❷ 중기의 불교

(1) **불교의 융성**: 화엄종◈과 법상종◈(유식 사상) 융성, 왕실과 귀족의 후원

(2) **불교계 통합 노력**
  ① 대각국사 의천(1055~1101): 교장도감 설치(교장 간행), 숙종의 후원
    ㉠ 화엄종 중심의 교종 통합(근거지 : 흥왕사) ➡ 선종 통합 시도(국청사 창건) ➡ 천태종◈ 창시
    ㉡ 사상적 바탕: 이론의 연마와 실천을 아울러 강조하는 내외겸전, 교관겸수◈ 제창
    ㉢ 저서: 『천태사교의주』, 『신편제종교장총록』, 『원종문류』, 『석원사림』
    ㉣ 불교 폐단 시정책 미비 ➡ 의천 사후 교단 분열, 귀족 중심의 불교 지속

❸ 후기의 불교

(1) **보조국사 지눌**(1158~1210)
  ① 수선사 결사(송광사 중심): 승려 본연의 자세로 돌아가 독경, 참선, 노동에 힘쓰자는 개혁 운동
  ② 무신 정권의 후원으로 조계종 성립
  ③ 정혜쌍수◈(선을 중심으로 교학을 포용), 돈오점수◈(단번에 깨닫고 꾸준히 실천)

> **사료 탐구하기**
>
> **지눌의 정혜결사문**
>
> 하루는 같이 공부하는 사람 10여 인과 약속하였다. 마땅히 명예와 이익을 버리고 산림에 은둔하여 같은 모임을 맺자. 항상 선을 익히고 지혜를 고르는 데 힘쓰고, 예불하고 경전을 읽으며 힘들여 일하는 것에 이르기까지 각자 맡은 바 임무에 따라 경영한다. 인연에 따라 성품을 수양하고 평생을 호방하게 고귀한 이들의 드높은 행동을 좇아 따른다면 어찌 통쾌하지 않겠는가?
> 권수정혜결사문(勸修定慧結社文)

(2) **진각국사 혜심**(1178~1234): 유불 일치설을 주장하며 심성 도야 강조
  ➡ 성리학 수용의 사상적 토대 마련

❈ 연등회
등불을 밝히고 음식을 베풀며 임금과 신하가 함께 즐기면 부처님을 즐겁게 하여 국가와 왕실의 안녕을 빌었던 불교 행사이다.

❈ 팔관회
우리 민족 고유의 민속 신앙과 불교의 팔관 재계가 합쳐진 고려 시대 대표적 국가 행사이다.

❈ 화엄종과 법상종
화엄종은 화엄 사상을 바탕으로 하는 종파이고, 법상종은 유식 사상을 중심으로 하는 종파이다. 교종인 이 두 종파가 선종과 함께 고려 불교의 주축을 이루었다.
· 화엄 사상: 우주의 모든 사물 모두가 끝없는 시간과 공간 속에서 서로의 원인이 되며, 대립을 초월하여 하나로 융합하고 있다는 법계연기 사상이다.
· 유식 사상: 일체의 삼라만상이 오직 마음에 의해서 변화되며, 마음을 떠나서는 어떠한 존재도 있을 수 없음을 밝힌 불교 사상이다.

❈ 천태종
6세기 중국 천태대사 지의가 법화경의 진수를 깨우친 후 만든 종단으로, 그가 있던 천태산에서 종파 이름이 생겼다. 우리나라에는 의천에 의해 처음 종파로 성립하였으나 그 이전부터 교학이 전래되었다.

❈ 교관겸수
교학과 선을 함께 수행하되, 교학의 수련을 중심으로 선을 포용하려는 통합 이론

❈ 정혜쌍수와 돈오점수
정혜쌍수는 선과 교학을 나란히 수행하되, 선을 중심으로 교학을 포용하자는 이론이며, 돈오점수는 단번에 깨닫고 꾸준히 실천하자는 주장을 일컫는다.

(3) **원묘국사 요세(1163~1235)의 백련결사** : 자신의 행동을 진정으로 참회하는 법화 신앙에 중점, 수선사와 양립, 강진 만덕사 중심(천태종 계열)

(4) **말기**(불교의 부패) : 원증국사 보우(1301~1382)의 임제종, 9산 선문의 통합 시도

❹ 대장경⊕

(1) **초조대장경**(대구 부인사) : 현종 때 거란의 침입을 부처의 힘을 빌려 물리치려는 염원에서 간행 ➡ 몽골의 침입으로 불타고 일부가 전해짐

(2) **교장**(教藏) : 의천이 고려・송・요의 대장경에 대한 주석서를 모아 교장 편찬 ➡ 신편제종교장총록(목록) 작성, 교장도감(흥왕사) 설치 ➡ 몽골 침입으로 소실(중수본이 순천 송광사에 전래)

(3) **팔만대장경**(재조대장경)
① 고종 때 몽골 침입을 막기 위한 염원에서 간행
② 강화도 선원사에 대장도감, 진주・남해에 분사도감 설치
③ 합천 해인사에 보관(2007년 유네스코 세계 기록 유산 지정)
④ 구양순체로 구성

❺ 도교와 풍수지리설

(1) **도교**
① 특징 : 불로장생과 현세의 구복 추구
② 도교 행사
　㉠ 궁중에서 하늘에 제사 지내는 초제 성행(태조 때 구요당 건립)
　㉡ 예종 때 도교 사원(복원궁) 건립 ➡ 도교 행사 개최
③ 팔관회 : 도교와 민간 신앙 및 불교가 어우러진 국제 행사
④ 한계 : 일관된 체계가 없고 교단도 성립하지 못하여 민간 신앙으로 전개

(2) **풍수지리설⊕** : 예언적 도참 사상이 더해져 크게 유행
① 서경 길지설 : 서경 천도와 북진 정책 추진의 이론적 근거
② 남경 길지설 : 문종 대 북진 정책의 퇴조와 함께 한양 명당설 대두
　➡ 남경으로 승격하고 궁궐 조성
③ 『해동비록』 편찬 : 풍수리지서의 각종 비록 모음(예종)

주제 29 고려의 과학 기술

❶ 천문학과 의학

(1) 과학 기술 발달 배경
① 전통 과학 기술 계승＋중국과 이슬람의 과학 기술 수용
② 국자감에서 율학, 서학, 산학 등의 잡학 교육, 잡과 실시

(2) 천문학
① 천문 관측과 역법 계산을 중심으로 발달
② 사천대(서운관) : 천문과 역법을 맡은 관청 ➡ 첨성대에서 관측 업무 수행
③ 역법 연구 : 고려 초기에는 당의 선명력 사용 ➡ 충선왕 때 원의 수시력❶ 채용 ➡ 공민왕 때 명의 대통력 수용

(3) 의학
① 의료 업무를 맡은 태의감에서 의학 교육 실시, 의과 시행
② 『향약구급방』(1236) : 현존하는 우리나라 최고의 의학 서적, 국산 약재 소개
③ 『삼화자향약방』(13세기) : 독자적 임상서

❷ 인쇄술의 발달

(1) 목판 인쇄술 : 고려 대장경의 판목

(2) 금속 활자 : 여러 가지의 책을 소량 인쇄하는 데 편리
① 『상정고금예문』❶(고종, 1234) : 강화도 피난 시에 금속 활자로 인쇄 ➡ 서양보다 200여 년 앞섬
② 『직지심체요절』❶(우왕, 1377) : 현존하는 세계 최고의 금속 활자본, 프랑스 국립 도서관 보관

(3) 제지술 : 닥나무 재배 장려, 종이 제조의 전담 관서 설치(등피지, 경면지라고 불림)

❸ 화약 무기 제조와 조선 기술

(1) 화약 무기 제조 : 고려 말 최무선의 화약 제조❶, 화통도감 설치(1377, 화약 제조) ➡ 왜구 격퇴에 이용(금강 하구의 진포 싸움, 1380)

(2) 조선술 발달 : 길이 96척의 대형 범선 제조, 1,000석의 곡물을 실을 수 있는 대형 조운선 등장, 전함(누전선) 건조

🔺 고려 첨성대

➕ 수시력(授時曆)
1년을 365.2425일로 계산하는 것을 말한다. 이것은 300년 후인 16세기 말 서양에서 개정한 그레고리우스력과 같다.

➕ 『상정고금예문』
12세기 인종 때 최윤의 등이 지은 의례서인데, 강화도로 천도할 때 예관이 가지고 오지 못하여 최우가 보관하던 것을 강화도에서 금속 활자로 28부 인쇄하였다.

➕ 『직지심체요절』
고려 말 승려 경한(백운화상)이 선의 요체에 관한 내용을 뽑아 엮은 책이다. 상하 2권 중 현존하는 것은 하권 1책으로 현재 프랑스 국립 도서관에 소장되어 있다.

➕ 화약 제조법
최무선은 중국인 이원에게서 화약의 중요한 원료인 염초를 만드는 기술을 배워 화약 제조법을 완전히 알아냈다고 한다. 염초는 질산칼륨이다.

주제 30 고려의 예술

❶ 건축과 조각

(1) **건축**: 궁궐과 사원 중심, 남아 있는 것이 거의 없음 ➡ 개성 만월대의 궁궐 터

⊕ 영주 부석사 조사당
맞배지붕이며, 벽화가 있다.

　① **13세기 이후의 주심포 건물**: 안동 봉정사 극락전(공민왕, 1362년 중건, 맞배지붕과 배흘림 기둥의 가장 오래된 건물), 영주 부석사⊕ 무량수전(우왕, 1376, 팔작지붕과 배흘림 기둥), 예산 수덕사 대웅전(맞배지붕과 배흘림 기둥)

　② **다포식 건물**: 황해도 사리원의 성불사 응진전, 안남 석왕사 응진전 등

🔺 부석사 무량수전

🔺 수덕사 대웅전

🔺 주심포 양식

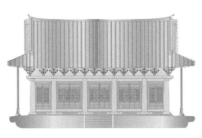
🔺 다포 양식

(2) **석탑**

　① **특징**: 신라 양식 일부 계승＋독자적 조형 감각, 다각 다층탑이 많고 안정감은 부족하나 자연스런 모습

　② **종류**

　　㉠ 오대산 월정사 8각 9층 석탑(평창, 송나라 영향)

　　㉡ 후기의 경천사지 10층 석탑(원의 석탑 모방, 조선 시대 원각사지 10층 석탑의 원형)

　　㉢ 개성 불일사 5층 석탑(고구려 영향), 부여 무량사 5층 석탑(백제＋통일 신라), 익산 왕궁리 5층 석탑, 개성 현화사 7층 석탑(신라 계승) 등

③ 승탑 : 여주 고달사지 승탑(팔각 원당형◉, 신라 후기 양식 계승), 원주 법천사 지광 국사 현묘탑, 원주 거돈사지 승묘탑, 여주 신륵사 승탑 등

◉ 고려의 팔각 원당형 승탑
여주 고달사지 승탑, 원주 흥법사지 승탑, 공주 갑사 부도, 구례 연곡사 복부도

♨ 개성 불일사 5층 석탑

♨ 월정사 8각 9층 석탑

♨ 경천사지 10층 석탑

♨ 원각사지 10층 석탑(조선)

♨ 고달사지 승탑

♨ 법천사 지광국사 현묘탑

(3) **불상◉**

① 특징 : 균형을 이루지 못하여 조형미가 다소 부족

② 종류

㉠ **신라 양식 계승** : 부석사 소조 아미타여래 좌상 ➡ 석굴암 본존불 모방

㉡ **고려 초기의 대형 철불** : 광주 춘궁리(하남 하사창동) 철불 등

㉢ **지역 특색이 잘 드러난 거대한 불상** : 논산 관촉사 석조 미륵보살 입상, 안동 이천동 석불

◉ 고려의 불상
고려 시대에 불교 문화는 지방 호족들의 후원을 얻어 고려 전역에 확대되었다. 따라서 불상도 지역적 특성에 따라 다양한 형태로 발전하였다. 고려의 불상은 신라에 비해 균형미가 떨어지는데, 선종이 유행하면서 경전이나 불상 등의 조형물에 대한 관심이 줄어들었기 때문이라는 해석도 있다. 그 대신 거대한 석불이 조성되었는데, 이러한 석불은 대중들에게 예배의 대상으로 불교의 위엄을 보여 주는 상징이 되었다.

♨ 부석사 소조 아미타여래 좌상

♨ 광주 춘궁리(하남 하사창동) 철불

♨ 관촉사 석조 미륵보살 입상

❷ 청자와 공예

(1) **자기 공예**
    ① 신라와 발해의 전통과 기술+송의 자기 기술 ➡ 11세기에 독자적인 경지 개척
    ② 순 청자❶(11세기~12세기) ➡ 상감❶청자(12세기 중엽~13세기 중엽, 강진과 부안
      이 유명) ➡ 원 간섭기 이후 쇠퇴

(2) **금속 공예**: 은입사 기술(청동기 표면을 파내고 실처럼 만든 은을 채워 넣어 무늬를
    장식) 발달

(3) **나전칠기 공예**: 옷칠한 바탕에 자개를 붙여 무늬를 표현
    ➡ 불경을 넣는 경함, 화장품갑, 문방구

(4) **범종**: 화성 용주사종, 해남 대흥사 탑산사명 종

❸ 서예, 그림, 음악

(1) **서예**: 전기 - 왕희지체와 구양순체(신품 4현❶), 후기 - 송설체(조맹부체)의 이암과 이제현

(2) **그림**: 도화원, 화국 설치 ➡ 이영(인종, 예성강도), 이광필(이영의 아들, 삼한도), 공민왕,
혜허

(3) **음악**: 향악(속악)❶, 아악(송의 대성악 ➡ 궁중 음악으로 크게 발전), 당악

---

❶ **청자 만드는 과정**
청자는 물에는 묽어지고 불에는 굳어지는 자토로 모양을 만들고 무늬를 새긴 후 청색을 내는 유약을 발라 1250도에서 1300도 사이의 온도로 구워서 만든다. 유약은 규석과 산화알루미늄이 주성분으로, 이들이 높은 온도에서 녹아 유리질화 되는데, 유약에 함유된 철분이 1~3%가 되면 녹청색을 띠어 청자가 된다.

❶ **상감법(象嵌法)**
나전 칠기나 은입사 공예에서 응용된 것으로, 그릇 표면을 파낸 자리에 백토, 흑토를 메워 무늬를 내는 방법이다.

❶ **신품 4현**
김생(신라), 유신, 탄연(왕희지체), 최우

❶ **향악(속악)**
동동, 대동강, 한림별곡

▲ 수월관음도

▲ 공민왕의 천산대렵도

▲ 혜허의 관음보살도

지원한국사
한.권.끝.

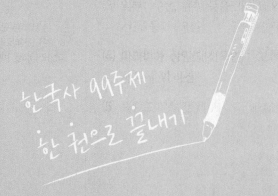

한국사 99주제
한 권으로 끝내기

조선 전기의 역사

주제 31 조선 초기의 정치

❶ 권문세족과 신진 사대부

구분	권문세족	신진 사대부
출신 배경	주요 관직 독점, 무신 정권기에 등장한 가문, 친원 세력	지방 향리 출신, 친명 세력
정치 기반	음서와 정방	과거
경제 기반	농장과 노비	지방의 중소 지주
사상 성향	친불교적	유교적(성리학)

❷ 조선의 건국 과정

(1) **위화도 회군과 이성계의 집권**
　① 신흥 무인 세력의 성장
　　㉠ 홍건적 격퇴(공민왕): 이방실, 정세운
　　㉡ 왜구 격퇴(우왕): 최영(홍산: 부여), 최무선(진포: 군산), 이성계(황산: 남원 운봉), 정지(관음포: 남해)
　② 요동 정벌: 명이 제기한 철령위(쌍성총관부) 반환 요구 ➡ 최영의 출병론 vs 이성계의 4불가론❶ ➡ 요동 정벌 시도 ➡ 위화도 회군❶(권력 장악, 명과 관계 개선)

(2) **신진 사대부의 분열**

온건파	혁명파
이색, 정몽주, 이숭인, 길재 계열	정도전, 남은, 조준, 윤소종 계열
고려 왕조 유지	역성혁명
점진적 개혁	급진적 개혁(주례 체제 표현)
경제력 우세	경제력 열세
다수파	소수파

(3) **혁명파 성립**: 급진 개혁파＋이성계 세력
　① 전제 개혁: 과전법 시행(1391) ➡ 권문세족의 경제 기반을 무너뜨리고 자신들의 지지 기반 확대
　　㉠ 신진 관료의 경제적 기반 마련: 과전, 수신전, 휼양전
　　㉡ 국가 재정 확충: 공전의 확대
　　㉢ 민생 안정: 소작농 ➡ 자작농(1/10세)
　② 정몽주를 비롯한 온건 개혁파를 제거하고 도평의사사를 장악

(4) **건국**: 이성계가 공양왕으로부터 왕위를 물려받아 조선 건국(1392)

➕ **이성계의 4불가론**
지금 정복하는 것은 네 가지 불가한 점이 있습니다. 첫째, 소로써 대를 거역하는 것이며, 둘째, 여름에 군대를 동원하는 것은 농사에 지장을 초래하니 불가하며, 셋째, 온 나라 군대를 동원하여 원정하러 가면 왜구가 그 틈을 노릴 것이며, 넷째, 여름철이라서 비가 자주 내리므로 활이 녹고 군사들은 질병을 앓을 것이니 불가합니다.

➕ **위화도 회군 결과**
회군을 단행하여 개경으로 돌아와 최영을 귀양 보내고, 창왕을 세움으로써 조선 왕조 개창의 정치적 기반을 마련하였다.

❸ 국왕 중심의 통치 체제 정비

한눈에 보기

📍 100년 단위로 정리하는 조선사

15C	훈구	태조 정종 태종 세종 문종 단종 세조 예종 성종
16C	사화	연산군 중종 인종 명종 선조
17C	사림(붕당 정치)	광해군 인조 효종 현종 숙종
18C	탕평기	경종 영조 정조
19C	세도 정치	순조 헌종 철종

(1) **태조(1392~1398)**

① 국호 조선(고조선 계승), 한양 천도(남경 길지설), 의흥삼군부(군대) 설치, 조준의 주도하에 『경제육전』(법전) 편찬, 천상열차분야지도(천문도), 도첩제➕, 동·서대비원(빈민 구휼 치료 기관)

② **정도전➕**

　㉠ 재상 중심의 정치(도평의사사 중심) 주장

　㉡ 불교 비판(『불씨잡변』), 『조선경국전』(법전), 『고려국사』, 『경제문감』(법전) 저술

　㉢ 요동 정벌 추진(『진도』): 명나라와 대립

　㉣ 한양 설계

(2) **태종(1400~1418)**: 1·2차 왕자의 난으로 집권, 국왕 중심의 통치 체제 정비

① **의정부 설치(정종)**: 6조 직계제 채택 ➡ 정치 업무를 6조에서 의정부를 거치지 않고 곧바로 국왕에게 올려 국왕의 재가를 받아 시행

사료 탐구하기

6조 직계제

의정부의 서사를 나누어 6조에 귀속시켰다. …… 처음에 왕(태종)은 의정부의 권한이 막중함을 염려하여 이를 혁파할 생각이 있었지만, 신중하게 여겨 서두르지 않다가 이때에 이르러 단행하였다. 의정부가 관장한 것은 사대 문서와 중죄수의 심의뿐이었다. 　　『태종실록』

② **사간원 독립**: 언론 기관인 사간원을 독립(문하부 낭사에서)시켜 대신들 견제

③ **정치**: 외척과 종친의 정치적 영향력 약화, 사병 혁파, 의금부(국왕 직속 사법 기구) 설치, 8도제(속현 폐지)

④ **경제와 사회**: 양전 사업과 호구 파악 노력, 호패법(신분증) 실시, 사원의 토지 몰수, 도첩제 강화, 노비변정도감(억울한 노비 해방), 노비종부법➕, 신문고(왕에게 북을 쳐서 억울함을 고하는 제도), 서얼금고법(서얼의 관직 진출 제한), 삼가금지법(여성의 재혼 금지), 사섬서(사섬시, 저화의 보급)

⑤ **문화**: 주자소(인쇄 기관, 계미자), 조지소(조지서, 종이 제조 기관), 혼일강리역대국도지도(현존 동양 최고의 세계 지도), 강진 무위사 극락전

➕ **도첩제**

승려가 되려면 관청의 허락을 받아야 하는 제도이다.

➕ **정도전의 정치 사상**

정도전은 훌륭한 재상을 선택하여, 재상에게 정치의 실권을 부여하여 위로는 임금을 받들어 올바르게 인도하고, 아래로는 백관을 통괄하고 만민을 다스리는 중책을 부여하자고 주장하였다.

➕ **노비종부법**

아버지가 노비일 경우에만 자식을 노비로 인정하는 제도. 기존의 일천즉천제에 비해 노비의 증가를 줄이는 효과가 있었다.

⊕ 의정부 서사제
6조에서 올라오는 모든 일들을 의정부에서 논의한 다음 합의된 사항을 왕에게 올려 결재를 받는 형식이다.

⊕ 집현전의 기능
집현전 학사는 학문 연구와 아울러 경연에 참여하여 국왕의 통치를 자문하였다. 이 기능은 뒤에 홍문관으로 이어졌다.

❹ 유교 정치의 실현 노력 : 세종(1418~1450)

(1) **왕권과 신권의 조화** : 의정부 서사제⊕ ↔ 인사와 군사에 관한 일은 세종이 직접 처리

> **사료 탐구하기**
>
> **의정부 서사제**
>
> <u>6조는 각기 모든 직무를 먼저 의정부에 품의하고, 의정부는 가부를 헤아린 뒤에 왕에게 아뢰어 (왕의) 전지를 받아 6조에 내려보내어 시행한다.</u> 다만, 이조·병조의 제수, 병조의 군사 업무, 형조의 사형수를 제외한 판결 등은 종래와 같이 각 조에서 직접 아뢰어 시행하고 곧바로 의정부에 보고한다.
>
> 『세종실록』

(2) **집현전⊕ 설치** : 정책 연구 기관

(3) **유교 윤리 장려**
　① 국가 행사를 오례에 따라 유교식으로 거행
　② 사대부들에게『주자가례』시행 장려

(4) **유교적 민본 사상**
　① 왕도 정치 강조, 청백리 재상 등용
　② 백성의 여론 존중 : 여론을 통해 공법(전세 제도) 제정
　③ 억불 정책 : 교종 18개·선종 18개를 제외한 사원 혁파

(5) **민족 문화의 발전** : 훈민정음, 자격루(물시계), 칠정산(역법), 앙부일구(해시계), 갑인자(인쇄술), 관습도감(음악, 박연이 주도), 정간보(악보), 몽유도원도(안견)

(6) **대외 정책** : 4군 6진(여진족 정벌, 김종서와 최윤덕), 쓰시마 정벌(이종무)

(7) **관제 정비** : 취재(특채) 실시

(8) **편찬 사업** : 농사직설(농서), 삼강행실도(유교 윤리), 향약채취월령(의서), 향약집성방(의서), 의방유취(의서), 무원록(법의학서), 태산요록(산부인과), 효행록(유교 윤리), 치평요람(정치학 서적), 동국세년가(역사서), 용비어천가(왕실 역사서), 총통등록(화포), 동국정운(한자음 정리), 사서언해(유교 경전의 한글 번역, 완성은 선조 때), 석보상절(수양 대군이 불경을 한글로 번역), 월인천강지곡(부처의 행적을 노래), 신찬팔도지리지(지리지), 고려사(역사서) 편찬 시작

(9) **사법 개혁** : 금부삼복법(사형죄 삼심법), 주인의 사적인 노비 사형 금지, 이유 없는 수령의 태형 금지, 관노비의 출산 휴가 연장

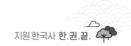

❺ 문물 제도의 정비

(1) 세조(1455~1468)

① 단종이 어린 나이로 즉위: 김종서, 황보인 등의 재상이 정치 실권 장악

➡ 수양 대군이 정변(계유정난, 1453)을 일으켜 권력을 장악

② 왕권 강화와 중앙 집권화

㉠ 6조 직계제, 집현전과 경연❶ 폐지, 훈구 세력의 등장

㉡ 종친 등용, 『경국대전』 편찬 시작

㉢ 군현제 정비, 면리제·오가작통제, 규형과 인지의(토지 측량 도구)

> **📖 사료 탐구하기**
>
> **세조 때 6조 직계제의 부활**
>
> 상왕(단종)이 어려서 무릇 조치하는 바는 모두 대신에게 맡겨 논의, 시행하였다. <u>지금 내(세조)가 명을 받아 왕통을 계승하여 군국 서무를 아울러 모두 처리하며, 조종의 옛 제도를 모두 복구한다. 지금부터 형조의 사형수를 제외한 모든 서무는 6조가 각각 그 직무를 담당하여 직계한다.</u>
>
> 『세조실록』

③ 군제 정비: 보법❷ 실시, 진관 체제 확립

④ 토지 제도: 직전법❸

⑤ 문화: 불교(간경도감, 월인석보, 원각사지 10층 석탑), 사시찬요(강희맹), 축목서(목축), 양잠서(양잠), 경시서를 평시서로 개편, 해인사 장경판전, 동국지도(지도), 팔도도(지도)

⑥ 반발: 이징옥의 난❹(1453), 이시애의 난(1467) ➡ 유향소(향촌 자치 기구) 폐지

(2) 성종(1469~1494)

① 홍문관 설치: 관원 모두에게 경연관을 겸하게 함 ➡ 집현전 계승

② 경연의 부활

③ 『경국대전』 완성: 조선의 기본 통치 방향과 이념 제시

④ 김종직 등의 사림파 등용(3사의 언관직에 배치)

⑤ 유향소 부활(사림의 건의)

⑥ 도첩제 폐지(승려가 되는 것을 막아버림 ➡ 산간 불교화)

⑦ 문화: 동국여지승람(지리지), 동문선(문학), 동국통감(역사), 병장도설(군사), 해동제국기(신숙주, 일본 기행문), 악학궤범(음악), 국조오례의(국가 의례서), 금양잡록(강희맹, 농서), 안동 권씨 성화보(족보), 팔도총도(지도), 금오신화(김시습, 한문 소설)

---

❶ **경연**
국왕과 신하가 정책을 포함한 다양한 토론을 하는 행위. 대부분의 국왕들은 경연을 몹시 귀찮아하였다.

❷ **보법**
정군과 정군의 군복무 비용을 보조하는 보인으로 구성

❸ **직전법**
현직 관료에게만 수조권을 지급

❹ **이징옥의 난**
함경도에서 일어난 반란이다. 이시애의 난도 함경도에서 일어났다.

주제 **32** **조선의 정치 체제**

❶ 중앙 정치 체제(경국대전 체제)

(1) **관리**: 문무 양반, 18등급 ➡ 왕과 함께 정책을 논의하거나 주요 관서의 책임자가 될 수 있는 당상관(정1품~정3품 상: 통정대부)과 실무를 담당하는 당하관(정3품 하: 통훈대부~정4품)으로 구분, 참상관(종6품 이상, 지방 수령 임용 가능)과 참하관(정7품 이하)

(2) **관직**: 중앙 관직인 경관직과 지방 관직인 외관직으로 구성

(3) **의정부와 6조**
- ① **의정부**: 국정 총괄(의정 즉, 정승: 영의정, 우의정, 좌의정 등 7인의 재상/예문관, 승문원, 춘추관, 관상감 등 겸직)
- ② **6조➕**: 정책 집행 기관(판서: 정2품/참판: 종2품)
- ③ **고관들의 정책 협의**: 중요 정책 회의에 참여, 경연에서 정책 협의

(4) **3사(언론 기능) – 청요직이라 불림**
- ① **사헌부**(대사헌, 종2품): 감찰➕(대관)
- ② **사간원**(대사간, 정3품): 간쟁(간관)
- ③ **홍문관**(대제학, 정2품): 경연(자문)을 주관
- ④ 사헌부와 사간원의 관리를 '대간'이라 총칭

(5) **기타**
- ① **국왕 직속 기구**: 의금부(사법 기구), 승정원(왕명 출납➕)
- ② **서울(한양)의 행정**: 한성부
- ③ **학술**: 춘추관(실록 편찬), 성균관(최고 교육 기관)
- ④ 예문관(왕의 교지 작성), 교서관(서적의 간행과 왕의 도장 제작)

➕ 6조
① 이조: 문관 인사, 내무 등
- 상서원(옥새, 마패)
- 종부시(왕실 족보)
- 사옹원(도자기)
- 내수사(왕실 재정 관리)
- 내시부
- 액정서(붓, 벼루)

② 호조: 재정, 조운 등
- 광흥창(녹봉)
- 전함사(군함)
- 평시서(도량형)
- 양현고(성균관)
- 사섬시(저화, 노비의 신공)

③ 예조: 외교, 교육, 문과 과거, 제사, 예악 등
- 홍문관, 예문관, 성균관
- 춘추관, 승문원(외교 문서)
- 교서관, 관상감(천문, 지리)
- 내의원(왕실 의학), 전의감(의약)
- 혜민서(서민 치료)
- 활인서(빈민의 질병 구제)
- 전생서(가축), 도화서(그림)
- 사역원(통역), 소격서(도교)

④ 병조: 국방, 무과 과거, 봉수
- 5위, 훈련원
- 사복시(왕의 수레, 말)
- 군기시(병기)

⑤ 형조: 형벌, 노비
- 장례원(노비 송사)
- 전옥서(죄수 관리)

⑥ 공조: 건축, 수공업, 광산 등

➕ 역대 감찰 기관
- 통일 신라: 사정부
- 발해: 중정대
- 고려: 어사대
- 조선: 사헌부
- 대한민국: 감사원

➕ 역대 왕명 출납 기관
- 통일 신라: 집사부
- 고려: 중추원
- 조선: 승정원
- 대한민국: 대통령 비서실

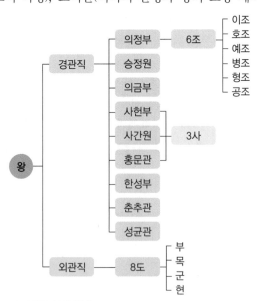

▲ 조선의 통치 체제

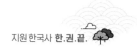

❷ 지방 행정 조직

특징	속현과 향·소·부곡 소멸, 모든 군현에 수령 파견
관찰사 (감사)	감영에 근무, 부·목·군·현 지방관 감찰, 행정·사법·군사 3권 장악, 임기 1년
수령	관내를 다스림, 행정·사법·군사권 장악, 임기 5년, 수령 7사(농업 발전, 부세 수취, 치안 확보 등)
향리❶	행정 실무 담당, 토착 향리들이 세습, 6방 실무, 경저리(경재소)·영저리(감영)도 향리
면리제	군현 아래에 면·리·통(다섯 집을 하나의 통으로 편성) 설치 ➡ 향민 중에서 책임자를 선임하여 수령의 명령을 받아 인구 파악과 부역 징발 담당
유향소❶ (➡ 향청)	좌수와 별감 선출, 자율적 규약 제정, 향회를 소집하여 여론 수렴, 백성 교화, 지방민의 자치 허용, 수령 보좌, 향리 규찰
경재소	• 지방 출신의 중앙 고관을 책임자로 하여 유향소와 정부 사이의 연락 업무 담당, 유향소 통제 • 고려 사심관 제도가 경재소와 유향소로 분화, 선조(1603) 때 경재소가 폐지되고 유향소는 향청으로 개편
유수부 (수도 방위)	개성·강화·수원·광주, 경관직

📝 조선의 중앙 집권 체제 강화

① 수령의 기능 강화 ➡ 향리의 지위 격하(중인으로 내려감)

② 모든 군현에 지방관 파견

③ 향·소·부곡이 폐지되고 면리제가 정착됨

④ 고려에 비해 상대적으로 교통과 운수가 발달했음

⑤ 유향소는 향촌 자치 기구이자 향리를 견제하는 역할을 하였음

⑥ 부·목·군·현은 고을의 인구와 토지의 크기에 따라 구획된 것으로, 행정 체계상으로는 모두 병렬적으로 관찰사의 관할 아래 있었음

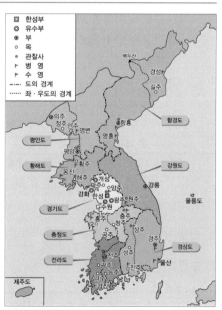

▲ 조선의 지방 행정

❶ 향리

고려의 향리
실질적 지방 지배자

VS

조선의 향리
행정 실무 보조자

❶ 유향소(향청)

토착 양반들로 구성된 일종의 지방 의회로 책임자를 좌수, 별감이라 하였다. 향규에 따라 운영되고 풍속을 교정하며, 향리를 규찰하고 향민 교화를 임무로 하였다. 지방 세력을 통제하기 위한 목적으로 설치되었으며 서울에 있었던 경재소에서 통제하였다.

Korean History

주제 33 조선의 군역 제도와 군사 제도

❶ 군역 제도와 군사 조직

(1) 양인개병제

① 16세 이상 60세 이하의 모든 양인 남자에게 군역 의무 부과
➡ 현역 군인인 정군과 비용을 부담하는 보인(봉족)으로 편성
② 현직 관료와 학생만 군역 면제(성균관·향교 학생 면제)
➡ 종친과 외척, 공신이나 고급 관료의 자제들도 고급 특수군에 편입
③ 보법 : 장정 2인을 1보로 묶어 정군 1인 지원(경작 또는 포 납부)
④ 복무 기간 : 정병(2개월), 진에 주둔하는 군(3개월), 수군(6개월)
⑤ 복무 대상자 조사 : 3년마다, 작성은 6년마다

(2) 정군

① 서울에서 근무하거나 국경 요충지에 배속
② 일정 기간 동안 교대로 복무 ➡ 복무 기간에 따라 품계와 녹봉을 받기도 함

(3) 중앙군과 지방군

① 중앙군
㉠ 궁궐과 서울을 수비하는 5위❶로 구성 ➡ 지휘 책임은 문반(5위도총부)
㉡ 정군을 중심으로 갑사❶(직업 군인)나 특수병(왕실, 공신, 고급 관료의 자제로 구성)으로 구성
② 지방군 : 육군과 수군
㉠ 건국 초기에는 국방상의 요지인 영이나 진에 소속되어 복무
㉡ 진관 체제(세조) : 요충지의 고을에 성을 쌓아(거진) 방어 체제 강화(수령이 거진을 통제)
㉢ 제승방략 체제(명종) : 유사시에 각지의 수령들이 군사를 이끌고 지정된 방어 지역에 가서 서울에서 보낸 장군의 지휘를 받는 전술
㉣ 병영 : 몇 개의 거진, 수영(신량역천❶)

(4) 잡색군❶ : 조선 초기에 있었던 예비군

(5) 교통과 통신 체계 정비

① 봉수제 정비(신량역천)
② 물자 수송과 통신을 위한 역참 설치(역, 원, 진) ➡ 국방과 중앙 집권적 행정 운영 효율화
③ 파발제 : 말(기발), 사람(보발) ➡ 조선 후기에 이르러 봉수제를 대체함
④ 조운 : 선박을 이용하여 지방의 조세를 수취, 운송이 편리한 곳에 조창 설치, 조졸은 신량역천인이 맡음

---

❶ 5위
의흥위, 용양위, 호분위, 충좌위, 충무위

❶ 갑사
간단한 시험을 거쳐 선발된 일종의 직업 군인으로, 근무 기간에 따라 품계와 녹봉을 받았다.

❶ 신량역천인
신분은 양인인데 하는 일이 천직인 사람들이다.

❶ 잡색군
서리, 잡학인, 신량역천인, 노비 등이 소속되어 유사시에 대비하게 한 예비군의 일종이다. 노비는 권리가 없어서 군역 의무가 없지만 필요에 따라 특수군으로 편제되었다.

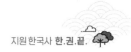

주제 34 조선의 관리 선발 제도

❶ 과거 : 문과, 무과, 잡과

(1) **문과**(대과)

① **종류** : 식년시(3년마다 실시하는 정기 시험), 별시(부정기 시험), 증광시(국가의 경사), 알성시(성균관·유생 대상), 백일장(명예 시험) 등

② **초시**(각 도의 인구 비례로 선발) ➡ 복시(2차 시험, 33인❶ 선발) ➡ 전시(국왕의 참관, 순위를 결정, 합격자에게 홍패 지급, 장원 급제 ○)

③ **응시 자격❶** : 소과❶(초시 ➡ 복시, 합격자에게 백패를 지급) 합격자

④ **소과 합격자** : 성균관 입학 자격, 문과 응시 자격, 하급 관리 임용

(2) **무과와 잡과**

① **무과** : 소과(×), 3년마다 시행, 초시 ➡ 복시 ➡ 전시(장원 ×, 홍패 ○)

② **잡과** : 기술관 선발, 소과(×), 3년마다 시행(전시 ×, 장원 ×, 홍패 ×, 백패 ○)

❷ 기타

(1) **취재** : 재주가 부족하거나 나이가 많아 과거 응시가 어려운 사람 대상 ➡ 하급 실무직 임명

(2) **천거** : 고관의 추천을 받아 관직에 등용 ➡ 대개 기존 관리 대상

(3) **음서**(문음) : 고려에 비하여 대상이 줄었고, 고관으로 승진하기도 어려움

(4) **현량과** : 중종 때 실시

(5) **기로과** : 영조 때 실시, 노인 대상

(6) **승과** : 중종 때 폐지, 명종 때 잠시 부활

❸ 인사 관리 제도

(1) **상피제** : 가까운 친인척과 같은 관서에 근무하지 않도록 하거나 출신 지역의 지방관으로 임명하지 않는 제도 ➡ 권력의 집중과 부정 방지

(2) **서경** : 5품 이하 관리의 등용 때 사헌부와 사간원에서 심사하여 동의

(3) **근무 성적 평가**(고과법·포폄법) : 고관들이 하급 관리들의 근무 성적 평가 ➡ 승진, 좌천의 자료

(4) **순자법** : 근무 기간을 채웠을 경우 승진

(5) **행수 제도** : 품계와 관직이 일치하지 않을 경우 보완하는 호칭법(높은 품계 낮은 관직 '행', 낮은 품계 높은 관직 '수')

(6) **분경금지법** : 관리의 청탁·부정 금지 도모

---

❶ 과거 선발 인원
- 문과
  - 초시(도별 인구 비례) : 240명
  - 복시 : 33명
- 무과
  - 초시 : 190명
  - 복시 : 28명(합격자는 '선달')
- 잡과
  - 역과 : 19명(사역원)
  - 의과 : 9명(전의감)
  - 음양과 : 9명(관상감)
  - 율과 : 9명

❶ 과거 응시 자격
천민을 제외하고는 특별한 제한이 없었으나 경제적 여건이나 사회적 처지로 인하여 일반 백성들이 과거에 합격하여 관리가 되기는 어려웠다.

❶ 응시 자격 제한
문과의 경우 탐관오리의 아들, 재가한 여자의 아들과 손자, 서얼에게는 응시를 제한하였다. 무과, 잡과는 특별한 제한이 없었다.

❶ 소과
문과의 예비 시험인 생원시, 진사시를 말한다.
- 생원시 : 경학
- 진사시 : 문학
- 인원
  - 초시(도별 인구 비례)
    - 생원 : 700명
    - 진사 : 700명
  - 복시
    - 생원 : 100명
    - 진사 : 100명

❹ 관리 등용과 교육 제도와의 관계

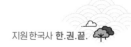

주제 35 | 사림의 대두와 사화

❶ 사림의 정치적 성장

(1) **사림의 연원**: 정몽주, 길재 ➡ 김종직(영남 지방 ➡ 기호 지방 확대)

(2) **사림의 기반**: 고려 말의 향리, 중소 지주 출신, 성리학적 소양

(3) **활동**: 성종 때 김종직과 그 문인들이 중앙 정계에 진출, 전랑과 3사의 언관직을 차지하고 훈구 세력을 비판

(4) **훈구 vs 사림**

구분	연원	정치	경제	문화·사상
훈구	계유정난 주도 세력	부국강병, 중앙 집권	대지주	성리학+α, 『주례』 중시, 단군 중시(자주적), 사장 중시
사림	온건파 사대부 계승	왕도 정치, 향촌 자치	중소지주	오직 성리학, 『예기』 중시, 기자 중시(존화주의), 경학 중시

❷ 사화

(1) **연산군**: 훈구와 사림을 모두 누르고 폭정을 저지름 ➡ 특히 사림의 언론 활동을 탄압 ➡ 무오사화❶(1498)·갑자사화❶(1504)로 대부분의 영남 사림 몰락 ➡ 중종반정(1506)으로 연산군이 축출됨

(2) **중종**(1506~1544)
   ① **조광조의 개혁**: 사림 정치 구현(왕도 정치, 향약, 소학 장려) 현량과❶, 위훈 삭제, 방납의 폐단 시정, 소격서(도교) 폐지 등 ➡ 기묘사화❶(1519)로 숙청
   ② **대외 관계**: 왜구의 준동(3포왜란 ➡ 임신약조 ➡ 사량진 왜변), 비변사❶ 설치
   ③ **기타**: 군적수포제(군역), 연은분리법(은 제련법)의 일본 전파, 『이륜행실도』의 간행, 주세붕의 건의로 백운동 서원을 건립, 『동몽선습』의 간행

(3) **명종**(1545~1567)
   ① **을사사화❶**(1545): 외척끼리의 권력 다툼
   ② **척신 정치❶**: 왕실의 외척인 문정 왕후 가문(파평 윤씨)이 전횡을 저지름
   ③ **왜구의 준동**: 정미약조 ➡ 을묘왜변 ➡ 비변사의 상설 기구화
   ④ **기타**: 제승방략 체제(지방군)의 실시, 직전법의 폐지(녹봉만 지급), 승과의 부활(보우의 활약), 이황의 건의로 소수 서원이 사액❶됨, 「조선방역지도」, 임꺽정(구월산의 도적 때 두목)의 활약

❸ 서원과 향약

(1) **서원**: 그 지역의 선현을 제사지내고 학문 연구와 유학 교육이 이루어짐

(2) **향약**: 향촌의 양반들이 만든 향촌 자치 규약

(3) 사화로 피해를 당한 사림들은 향촌에서 서원과 향약을 통해 기반을 다짐

➊ **무오사화**
연산군 4년, 김일손이 김종직이 지은 조의제문➊을 사초(실록 편찬의 기초 자료)에 삽입한 것을 빌미로 훈구가 사림을 탄압한 사건

➊ **조의제문**
김종직은 항우에게 죽은 초나라 회왕, 즉 의제(義帝)를 조상(弔喪)하는 글을 지었는데, 이것은 세조의 왕위 찬탈을 비판한 것이었다.

➊ **갑자사화**
훈구파 궁중 세력(임사홍)이 연산군 생모인 폐비 윤씨 문제를 거론, 연산군을 충동질하여 일부 훈구파와 사림을 숙청한 사건

➊ **현량과**
조광조가 사림을 중앙 정계에 진출시키기 위해 만든 관리 추천 제도

➊ **기묘사화**
조광조는 위훈 삭제를 주도하여 중종반정 공신 가운데 4분의 3에 해당하는 76명의 공신 칭호를 삭탈하고 토지와 노비를 환수하였다. 이에 위기를 느낀 훈구파는 궁중의 나뭇잎에 꿀로 '주초위왕(走肖爲王)'이라고 써서 벌레가 갉아먹게 한 뒤, 조광조가 반란을 꾀하였다고 모함하였다. 이에 조광조 일파가 대거 숙청되었다.

➊ **비변사**
국방 문제를 논의하기 위해 고위 관료가 모인 회의체. 조선 후기에 이르러 최고 권력 기구로 변화

➊ **을사사화**
인종이 죽고 명종이 즉위하자 명종의 외척(소윤)인 윤원형이 득세하여 인종의 외척(대윤)인 윤임 일파를 숙청한 사건

➊ **척신 정치**
왕실의 처가나 외가의 사람들이 권력을 농단하는 것을 이르는 말

➊ **사액 서원**
정부가 서원의 운영비를 보조해 주는 서원

주제 36 붕당 정치의 전개

❶ 붕당의 출현(정파＋학파)

(1) **사림의 정국 주도** : 선조 즉위 이후 대거 중앙 정계로 진출

(2) **붕당의 시작❶** : 척신 정치의 잔재 청산과 이조 전랑❶의 임명을 둘러싼 갈등
　① 기성 사림(서인) : 명종 집권기부터 정권에 참여, 척신 정치 청산에 소극적
　　➡ 외척인 심의겸 지지 세력, 이이·성혼의 문인들(기호학파)
　② 신진 사림(동인) : 선조 때 정계에 등장, 척신 정치 청산에 적극적
　　➡ 김효원 지지 세력, 이황·조식·서경덕 학파❶(영남학파)

❷ 붕당 정치의 전개

(1) **선조** : 동인과 서인의 분당(동인의 우세) ➡ 정여립 모반 사건(기축옥사) ➡ 서인의 집권 ➡ 정철의 건저(광해군의 세자 책봉 건의) ➡ 동인의 집권과 분열(강경파 : 북인, 온건파 : 남인) ➡ 임진왜란기 남인(유성룡)의 정국 주도 ➡ 왜란 후 북인의 집권 ➡ 북인의 분열(대북 : 광해군 지지, 소북 : 영창 대군 지지)

(2) **광해군** : 북인(대북)의 정국 주도

(3) **인조~효종** : 서인의 주도 하에 남인 일부 참여(공론의 정치, 재야 사림인 산림❶의 활약)

(4) **현종** : 기해예송❶(1659, 효종의 장례 기간 논쟁) ➡ 서인 정권 유지 ➡ 갑인예송(1674, 효종비의 장례 기간 논쟁) ➡ 남인 집권, 공론은 유지
　cf 남인(허목) : 왕 > 사대부[기해(3년설), 갑인(1년설)] / 서인(송시열) : 왕 = 사대부[기해(1년설), 갑인(9개월설)]

(5) **숙종** : 경신환국❶(1680, 윤휴, 허적 사망) ➡ 서인 집권(남인 처리 문제를 놓고 강경파인 노론과 온건파인 소론으로 서인이 분열함) ➡ 기사환국❶(1689, 송시열 사망) ➡ 남인 집권 ➡ 갑술환국(1694, 서인의 지지를 받은 인현 왕후의 복위) ➡ 서인 집권(남인의 완전한 몰락) ➡ 남인의 지지를 받은 장희빈(경종의 친모) 사형 ➡ 후계 문제를 놓고 노론과 소론의 대립 심화

노론	노장파(송시열 중심)	대의명분 존중	민생 안정 강조	영조 지지
소론	소장파(윤증 중심)	실리 중시	북방 개척 주장	경종 지지

(6) **경종** : 소론에 의한 노론의 숙청(신축환국, 임인옥사)

(7) **영조** : 탕평책 실시 ➡ 사도 세자의 비극적 죽음을 놓고 세자를 동정하는 시파(노론 일부, 소론, 남인)와 정당한 죽음이라 인식한 벽파(노론 일부)로 분열

⊕ 붕당의 시작
김효원이 알성 과거에 장원으로 합격하여 이조 전랑의 물망에 올랐으나, 그가 윤원형의 문객이었다 하여 심의겸이 반대하였다. 그 후에 (심의겸의 동생) 심충겸이 장원 급제하여 전랑으로 천거되었으나, 외척이라 하여 김효원이 반대하였고, 이때 양편 친지들이 각기 다른 주장을 내세우면서 서로 배척하여 동인, 서인의 말이 여기서 비롯하였다.

⊕ 이조 전랑(銓郎)
조선 시대 문관의 인사 행정을 담당하던 이조의 정랑과 좌랑을 통칭하는 말. 3사의 관원에 대한 추천권이 있어 언론을 주도하였다.

⊕ 붕당과 학파
· 서인(이이, 성혼 학파)
　- 노론(이이 학파)
　- 소론(성혼 학파)
· 동인(이황, 조식, 서경덕 학파)
　- 남인(이황 학파)
　- 북인(대북 : 조식 학파, 소북 : 서경덕 학파)

⊕ 산림
시골에 은거해 있던 학덕이 높은 학자들을 일컫는 말

⊕ 예송(禮訟)
효종과 효종비가 죽은 후, 새어머니였던 인조의 계비인 자의대비가 적장자에 준하는 상복을 입을 것인지를 둘러싸고 벌어졌던 논쟁

⊕ 경신환국
1680년(숙종 6) 2차 예송 이후 정계에서 밀려났던 서인이 남인을 역모로 몰아 숙청하고 정권을 장악한 사건

⊕ 기사환국
장희빈의 아들인 경종을 원자로 정하는 것을 반대한 서인(노론)이 축출된 사건

주제 37   조선 전기의 대외 관계

❶ 명과의 관계(사대 관계⊕)

(1) 태조

① 정도전이 추진한 요동 정벌의 준비와 여진과의 관계를 둘러싸고 대립
② 명은 조선의 왕위를 승인하는 고명과 금인(도장)을 보내지 않음
③ 표전 문제: 외교 문서를 문제 삼아 작성자인 정도전의 압송 요구
④ 종계변무: 명 실록에 이성계는 이인임의 아들이라고 기록되어 논란

(2) 태종 이후: 친명 정책, 문화적·경제적 교류 활발

(3) 사대 외교의 의의: 명의 구체적인 내정 간섭은 없음 ➡ 왕권의 안정과 국제적 지위 확보를 위한 자주적 실리 외교, 선진 문물을 흡수하기 위한 문화 외교, 일종의 공무역

❷ 여진과의 관계(교린 관계)

(1) 회유책: 귀순 장려, 사절의 왕래를 통한 무역 허용, 경성과 경원에 무역소 설치, 북평관(여진 사신의 숙소)

(2) 강경책: 세종 때 4군 6진 설치

(3) 사민 정책(주민 이주 정책)과 토관 제도⊕ ➡ 주민 자치적 지역 방어 체제 확립, 국토의 균형 발전 도모

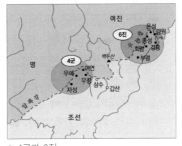
▲ 4군과 6진

❸ 일본과 동남아시아와의 관계

(1) 일본

① 왜구의 약탈(태조 때 쓰시마 정벌 시도) ➡ 쓰시마 섬 정벌⊕(1419, 세종)
② 3포 개항(1426, 세종): 부산포, 제포(진해), 염포(울산)
③ 계해약조(1443, 세종) 체결: 제한된 범위(세견선 50척, 세사미두 200석) 내에서 교역 허락

(2) 동남아시아: 류큐(오키나와), 시암(태국), 자바(인도네시아)와 교류 ➡ 류큐의 문화 발전에 기여 ➡ 류큐가 일본에 귀속되며 교류 단절(1601)

▲ 조선 전기의 대외 관계

⊕ **사대 정책**

조공 관계로 맺어진 중국 중심의 동아시아 국제 질서 속에서 나타난 외교 정책. 그러나 이것은 서로의 독립성이 인정된 위에서 이루어졌으므로 예속 관계에 의한 것은 아니었다.

⊕ **토관(土官) 제도**

고려 말기부터 조선 초기까지 평안도·함경도·제주도 등의 토착인에게 주었던 특수 관직 제도. 변경 지방의 토착 유력층을 포섭하여 효율적인 지방 지배와 군사 조직 강화를 도모한 회유 정책이었다. 지방 행정 실무를 맡는 동반과 군사를 담당하는 서반으로 나뉘고 각각 5품까지로 한정되었다.

⊕ **쓰시마 섬 정벌**

왜구의 소굴인 쓰시마 섬에 대한 토벌은 고려 말과 조선 초에 이루어졌다. 1419년(세종 1) 이종무는 병선 227척, 병사 1만 7,000명을 이끌고 쓰시마 섬을 토벌하여 왜구의 근절을 약속받고 돌아왔다.

PART 04

주제 38 왜란과 호란

❶ 왜군의 침략

(1) **일본과의 대립 격화** : 3포왜란(중종, 1510) ➡ 비변사 설치, 임신약조⊕(중종, 1512) ➡ 통영 사량진왜변(중종, 1544) ➡ 정미약조⊕(명종, 1547) ➡ 을묘왜변⊕(명종, 1555) ➡ 비변사의 상설 기관화

(2) **국내 정세** : 비변사 설치(군사 문제 전담), 일본에 사신 파견
➡ 국방력 약화(제승방략 체제), 일본 정세에 대한 붕당 간의 인식 차이

(3) **임진왜란 발발**(1592) : 도요토미 히데요시가 전국 시대의 혼란을 수습한 뒤 20만 대군으로 조선 침략

❷ 임진왜란의 과정(1592~1598)

발발 ➡ 부산진 전투(정발) ➡ 동래성 전투(송상헌) ➡ 충주 탄금대 전투(신립) ➡ 선조의 의주 피난(경복궁 소실) ➡ 옥포 해전(최초의 승리) ➡ 사천 해전(거북선 최초 사용) ➡ 당포 해전(통영) ➡ 한산도 대첩(최대 승리) / 이치 전투(육지 최초의 승리) ➡ 부산포 해전 ➡ 1차 진주 전투(진주 대첩, 김시민) ➡ 평양 탈환(조·명 연합군, 유성룡과 이여송) ➡ 벽제관 전투(명의 패배) ➡ 행주 대첩(권율) ➡ 휴전 협상(일본의 무리한 요구) ➡ 훈련도감⊕ 설치, 속오법⊕ 실시, 무기 보완(화포 개량, 조총 제작) ➡ 2차 진주 전투(논개의 순국) ➡ 이몽학의 난 ➡ 정유재란(1597~) ➡ 이순신의 백의종군(왜장 고니시의 농간, 원균의 모함) ➡ 칠천량 해전(원균, 거제) ➡ 직산 전투(천안) ➡ 명량 해전(진도) ➡ 도요토미 히데요시 사망 ➡ 노량 해전(이순신 전사)

❸ 왜란의 극복 원인과 영향

(1) **수군의 승리** : 이순신의 지휘 아래 남해의 제해권 장악 ➡ 곡창 지대인 전라도 지방을 지키고 왜의 수륙 병진 작전 좌절

(2) **의병⊕의 활약과 명의 원조**
① 농민이 주축, 전직 관리·양반(곽재우, 조헌 등)·승려들(서산대사 휴정, 사명대사 유정)이 지도 ➡ 지리에 밝은 이점 활용, 일부는 관군에 편입
② **명의 원군** : 동아시아 질서 유지와 요동반도의 보호를 위해 출병
③ **항왜⊕의 활동** : 김충선(사야가) 장군 등

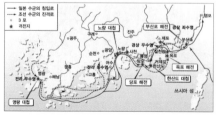
▲ 수군의 활약

▲ 의병의 활약

⊕ 임신약조
세견선 25척, 세사미두 100석

⊕ 정미약조
세견선 25척, 대선 9척, 중선·소선 각 8척

⊕ 을묘왜변
3포를 개항한 이후 왜인들은 약조를 지키지 않고 자주 소란을 피웠다. 특히, 1555년(명종 10)에는 왜인이 70여 척의 배를 몰고 전라남도 연안 지방을 습격해 왔다. 이후 일본과의 교류는 일시 단절되었다.

⊕ 훈련도감과 속오법
• 훈련도감 : 포수, 사수, 살수로 구성된 중앙군
• 속오법 : 노비까지 포함하여 지방군으로 차출

⊕ 의병
농민이 주축을 이루고, 전직 관리와 사림 양반, 승려가 조직하고 지도하였다. 전쟁이 장기화되면서 상당수가 관군으로 편입되었다.

⊕ 항왜
조선에 귀순한 일본군

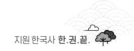

(3) **전란의 영향**

① **국내**

㉠ 토지 대장과 호적 소실 ➡ 국가 재정 궁핍, 식량 부족 ➡ 공명첩❶과 납속책❶의 실시 ➡ 신분제의 동요

㉡ 문화재 손실: 불국사와 경복궁, 서적, 실록 등 수많은 문화재 손실

㉢ 고추, 담배, 호박의 전래

㉣ 이몽학의 난(1596)

② **국외**

㉠ 일본의 문화 발전과 정권 교체: 조선에서 활자, 그림, 서적 등 약탈, 성리학자와 활자 인쇄공 및 도자기 기술자 등을 포로로 납치 ➡ 일본의 성리학(강항과 후지 와라 세이카의 교류)과 도자기 문화 발달, 에도 막부의 성립

㉡ 명의 쇠퇴와 여진족의 성장: 여진족의 강성 ➡ 후금 건국(1616)

❹ 호란의 발발과 전개

(1) **광해군❶의 정치**: 북인 정권

① 내정 개혁과 중립 외교 정책

② 후금은 명에 대하여 전쟁을 포고 ➡ 명이 조선에 원군 요청

③ 강홍립을 도원수로 삼아 1만 3,000명의 군대로 명을 지원 ➡ 상황에 따라 대처하도록 명령 ➡ 조·명 연합군이 후금에게 패하자 강홍립은 후금에 항복

④ 업적: 『동의보감』(허준) 편찬, 대동법 실시(이원익의 건의), 사고(실록) 재건, 일본과 국교 재개(1609, 기유약조)

⑤ 실정: 인목 대비❶의 유폐, 임해군(형)과 영창 대군의 살해, 무리한 토목 공사

사료 탐구하기

광해군의 중립 외교

• 경들은 이 오랑캐들을 어찌할 것인가? 우리나라 병력으로 막을 만한 형세가 된다고 생각하는가? 지난번 명나라에서 구원병을 두 번이나 요청해왔을 때 응하지 않은 것도 이 때문이다. 경들은 어찌 내 뜻을 헤아리지 못하고 우리 군사가 투항한 사실을 명나라에 알리려고만 하는가. 내 말이 잘못되었다고 생각하는가? 내가 이를 절통해 하는 도다.   『광해군일기』

• 강홍립이 오랑캐 진영에 있으면서 왕에게 장계하기를, "신 등이 부득이 화해를 청하여 오랑캐 장수에게 '우리나라와 귀국이 혐의나 원한이 없고, 이번 군사 출동도 원래 우리나라의 의사가 아니다. 우리 군사는 죽음을 각오하였으니 싸운다면 귀국에 무슨 이득이 있겠는가? 강화하는 것만 못하다.'고 하였더니, 이에 오랑캐 장수가 승낙하였습니다."라고 하였다.   『광해군일기』

---

(2) **인조의 집권과 정묘호란**

① 인조반정❶(1623)을 주도한 서인은 친명배금 정책(가도에 주둔하던 명나라 장군 모문룡을 지원)을 추진

② 이괄의 난(1624): 논공행상에 대한 불만으로 일어남(인조의 공주 피난)

③ 정묘호란(1627): 이괄의 난 잔당들이 후금으로 망명 ➡ 후금이 광해군의 복수를 핑계로 침략 ➡ 후금이 평안도 의주를 거쳐 황해도 평산으로 침입(1627) ➡ 정봉수·이립의 항전 ➡ 강화(형제 관계)

---

❶ **공명첩(空名帖)**

나라의 재정을 보충하기 위하여 부유층으로부터 돈이나 곡식을 받고 팔았던 명예직 임명장

❶ **납속책**

조선 시대 군량(軍糧) 등 부족한 재정을 보충하거나 또는 흉년·기근이 들었을 때 굶주린 백성을 구제할 목적으로 백성에게서 곡식과 돈을 받고 국가가 납속에 응한 자에게 일정한 특전을 부여한 정책

❶ **광해군**

선조의 둘째 아들로 태어나 임진왜란 당시 세자로 책봉되어 많은 공을 세우고 1608년 왕위에 즉위. 서자로 즉위하였기 때문에 정통성과 관련하여 붕당 정치에 휘말리면서 인조반정으로 물러나게 되었다.

❶ **인목 대비**

광해군의 계모, 영창 대군의 생모

❶ **인조반정**

1623년 서인이 중립 외교 정책과 영창 대군 살해 등의 책임을 물어 광해군 및 집권 세력인 북인을 몰아내고 인조를 왕으로 옹립한 정변

(3) **병자호란(1636)**

① 후금이 국호를 청이라 고치고 군신 관계 요구 ➡ 주화론(최명길) vs 주전론(김상헌, 삼학사 등) 대립 ➡ 주전론 우세 ➡ 청의 침입

② 임경업(백마산성)의 항전 ➡ 청군의 한양 진격 ➡ 인조는 남한산성으로, 왕의 가족들은 강화도로 피난하여 청군에 대항 ➡ 청에 굴복(군신 관계, 삼전도의 굴욕), 소현 세자·봉림 대군(효종✛)·주전론자 압송

▲ 정묘호란과 병자호란

사료 탐구하기

최명길의 주화론

늘 생각해 보아도 우리의 국력은 현재 바닥나 있고 오랑캐의 병력은 강성합니다. 정묘년(1627)의 맹약을 아직 지켜서 몇 년이라도 화를 늦추고, 그동안을 이용하여 인정을 베풀어서 민심을 수습하고 성을 쌓으며, 군량을 저축하여 방어를 더욱 튼튼하게 하되 군사를 집합시켜 일사불란하게 하여 적의 허점을 노리는 것이 우리로서는 최상의 계책일 것입니다.

『지천집』

윤집의 척화론

화의로 백성과 나라를 망치기가 …… 오늘날과 같이 심한 적이 없습니다. 중국(명)은 우리나라에 있어서 곧 부모요, 오랑캐(청)는 우리나라에 있어서 곧 부모의 원수입니다. 신하된 자로서 부모의 원수와 형제가 되어서 부모를 저버리겠습니까. 하물며 임란의 일은 터럭만 한 것도 황제의 힘이어서 우리나라에 있어서는 먹고 숨쉬는 것조차 잊기 어렵습니다. …… 어찌 차마 화의를 주장하는 것입니까.

『인조실록』

⑤ 북벌론의 대두와 나선 정벌

(1) **배경**: 청에 대한 적개심과 문화적 우월감(화이사상✛)

(2) **북벌 준비**

① 효종: 송시열, 송준길, 이완 등의 서인 ➡ 군대 양성(어영청 확대)

② 숙종: 청의 정세 변화(삼번의 난) 이용, 윤휴·허적 등의 남인을 중심으로 북벌 움직임 제기

(3) **북벌론의 이면**: 서인의 정권 유지와 군사적 기반 강화에 이용

(4) **나선 정벌(효종)**: 러시아의 남하, 청의 지원 요청 ➡ 변급(1654), 신유(1658)의 출병

(5) **북학론(18세기)**: 청을 무조건 배척하지 말고 선진 문물을 수용하자는 입장

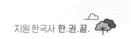

주제 39 조선의 토지 제도

❶ 수조권 지급 제도의 변화

(1) 과전법⊕(1391)

① 전·현직 관료에게 토지 지급, 경기에 국한

② 수신전⊕(과부)·휼양전⊕(고아)·공신전 세습

③ 수확량의 1/10을 수취(1결당 30두), 그 중 1/15을 조세로 납부(1결당 2두)

④ 과전의 남발로 신진 관리에게 지급할 수조지가 부족해짐

> **사료 탐구하기**
>
> **과전법**
>
> 경기는 사방의 근원이니 마땅히 과전을 설치하여 사대부를 우대한다. 무릇 경성에 살며 왕실을 시위하는 자는 전·현직을 막론하고 과에 따라 과전을 받는다. 무릇 토지를 받은 자가 죽은 뒤, 아내가 자식이 있고 정절을 지키는 자는 남편의 과전 모두를 물려받고, 자식이 없이 정절을 지키는 자는 반만 받으며, 본래 정절을 지킨 사람이 아니면 주지 않는다. 부모가 모두 죽고 자식들이 어리면 마땅히 부양해야 하니 아버지의 과전을 모두 물려받고, 20세가 되는 해에 본인 과에 따라 받는다. …… 공신전은 특별히 자손들에게 상속시키는 것을 허락한다. 모든 공사전의 조세는 논 1결에 현미 30말, 밭 1결에 잡곡 30말을 받으며 이 이상 거두는 자는 장물로 취급하여 처벌한다. 『고려사』, 식화지

(2) 직전법(세조, 1466)

① 현직 관리에게만 토지 지급, 지급 결수의 감소

② 수신전과 휼양전의 폐지

③ 관리들의 수조권 남용으로 백성들이 고통을 겪음

> **사료 탐구하기**
>
> **직전법에 대한 반발**
>
> 관직에 있는 사람을 대우하는 도리가 후하다 하지만 아주 후하지는 못합니다. 현직에 있는 자는 넉넉히 그 처자를 보호할 수 있으나, 관직에서 물러나면 부모를 섬기고 처자를 양육할 자산이 없어집니다. 또 처자로서는 한번 지아비나 아비를 잃으면 하루아침에 집안 사정이 어려워져서 아침에 그날 저녁거리를 마련할 수 없는 자가 매우 많습니다. 『세조실록』

(3) 관수 관급제(성종, 1470)

① 국가가 조를 직접 거두어 관리에게 지급

② 국가의 수조권 대행 ➡ 국가의 토지 지배권 강화

(4) 직전법의 폐지(명종, 1556): 수조권 지급 제도 중단 ➡ 현물 녹봉제 시행

(5) 결과: 양반의 토지 소유욕 자극으로 지주 전호제의 확산

⊕ **전시과와 과전법**

• 전시과
  − 전국 대상(양계는 제외)
  − 전지+시지
  − 농민의 경작권 보장 ×
  − 병작반수 인정

• 과전법
  − 경기도 대상
  − 과전만 지급
  − 농민의 경작권 보장 ○
  − 병작반수의 원칙적 금지

• 공통점
  − 18등급
  − 토지 국유제 원칙. 하지만 실제로는 개인 소유지(민전)의 존재

⊕ **수신전**
사망한 관리의 부인에게 지급된 토지

⊕ **휼양전**
사망한 관리의 20세 이하 자녀에게 지급된 토지

주제 40 **조선 전기의 수취 체제**

❶ 수취 제도의 확립

(1) 조세
① **답험손실법**: 1결의 최대 생산량을 300두로 정하고, 10%를 조세로 납부, 풍흉에 따라 납부액을 조정
② **공법**(전분 6등, 연분 9등): 세종 때 토지 비옥도에 따라 6등급, 풍흉에 따라 9등급으로 나누어 1결당 최하 4두에서 최고 20두를 징수
③ **조세의 운송**: 강가나 바닷가의 조창에 모았다가 경창으로 운송
④ **잉류 지역**(평안도, 함경도, 제주도): 조세를 경창으로 옮기지 않고 현지에서 군사비와 사신 접대비 등으로 사용

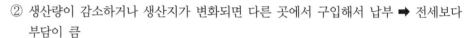

🔺 조선 시대 조운도

(2) 공물➕(공납)
① 중앙 관청에서 군현에 물품과 액수 할당 ➡ 각 군현은 각 가호에게 다시 할당
② 생산량이 감소하거나 생산지가 변화되면 다른 곳에서 구입해서 납부 ➡ 전세보다 부담이 큼

(3) 역: 16세 이상의 정남 대상
① **군역**(=신역)
　㉠ 일정 기간 교대로 복무하는 정군과 정군의 비용을 보조하는 보인으로 나뉨
　㉡ 양반, 서리, 향리 등은 관청에서 일하기 때문에 군역에 복무하지 않음
② **요역**: 토지 8결당 1명씩 동원, 1년에 6일 이내로 제한(지켜지지 않음)

(4) 기타: 염전, 광산, 산림, 어장, 상인, 수공업자 등이 납부하는 세금

❷ 수취 체제의 문란(16세기)

(1) 공납
① **방납의 폐단**: 서리들이 공물을 대신 내고 그 대가를 많이 챙기는 폐단 발생
② **인징➕, 족징➕의 폐단 발생** ➡ 임꺽정➕ 등 도적의 창궐
③ 이이와 유성룡 등이 공물을 쌀로 걷자는 수미법을 주장

(2) 군역: 요역 동원으로 농사에 지장 초래 ➡ 농민들의 요역 동원 기피 ➡ 군인들을 요역에 동원(군역의 요역화) ➡ 군인들의 군역 기피+장기간의 평화 ➡ 방군수포➕와 대립➕(代立) 성행 ➡ 군포 부담의 과중으로 도망자 증가 ➡ 군적이 부실해짐 ➡ 남아 있는 사람에게 부족한 군포 부담(인징, 족징) ➡ 중종 때 군적수포제 실시(군포 2필을 받고 군역 면제)

(3) 농민의 몰락과 대책: 『구황촬요』(구황 작물 가공법)의 보급, 주민 통제의 강화(오가작통법, 호패법), 지방 사족은 향약과 사창제를 자체적으로 실시

➕ 공물(공납)의 종류
• 상공: 정기적 징수
• 별공: 수시로 징수
• 진상: 지방관들이 국왕에 바치는 것

➕ 인징과 족징
혹독한 수취를 감당 못하고 도망간 사람의 이웃에게 징수하는 것이 인징, 친척에게 징수하는 것이 족징이다.

➕ 임꺽정
경기도 양주의 백정 출신으로, 자신의 신분과 정치의 문란 및 부패한 사회에 대한 불만이 많은 농민들을 규합하여 도둑의 두목이 되었다.

➕ 방군수포제
관청에서 군역에 복무할 사람에게 포를 받고 군역을 면제해 주는 것

➕ 대립제
다른 사람에게 군포를 주고 군역을 대신하게 하는 것

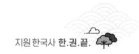

주제 41 조선 전기의 경제 활동

❶ 농본주의 경제 정책

(1) **중농 정책**: 국가 재정과 민생 문제 해결
   ➡ 농경지 확대, 생산력 증대, 농민의 조세 부담 감축

(2) **억상 정책**: 자유 상업 규제, 사농공상의 차별적 직업관

❷ 농민 계층의 경제 생활

(1) **권농 정책**: 정부의 장려, 양반들도 관심이 높음
   ① 정부: 개간 장려, 수리 시설 보수·확충, 농서 간행(『농사직설』, 『금양잡록』)
   ② 『농사직설』: 세종 때 정초 등이 편찬, 우리나라 최초의 농서, 경험 많은 농민들의
      농사법을 종합하여 편찬, 직파법과 이앙법을 소개(직파법을 권장)
   ③ 『금양잡록』: 성종 때 강희맹이 저술한 농서

(2) **농업 기술 개량**
   ① 밭농사: 조·보리·콩의 2년 3작이 널리 행해짐
   ② 논농사: 남부 지방에 모내기 보급 ➡ 벼와 보리의 이모작 가능
   ③ 시비법 발달: 경작지를 묵히지 않고 계속해서 농사 가능(휴경지 소멸, 연작 가능)
   ④ 쟁기, 낫, 호미 등 농기구 개량
   ⑤ 목화 재배 확대: 의생활 개선
   ⑥ 누에치기의 확대

(3) **농민 부담 증가**
   ① 지주제 확대, 자연재해, 고리대, 세금 부담 등 ➡ 병작반수❶의 소작농으로 전락
   ② 정부 대책: 구황 방법(잡곡, 도토리, 나무껍질 식용법) 제시, 농민 통제 강화(호패법,
      오가작통법❶)
   ③ 지방 양반: 향약을 시행하여 농촌 사회 안정 노력

> **사료 탐구하기**
>
> **16세기 농민들의 처지**
>
> • 백성으로 농지를 가진 자가 없고 농지를 가진 자는 오직 부유한 상인들과 사족(士族)들의
>   집뿐입니다.   『중종실록』
>
> • 지방에서 토산물을 공물로 바칠 때 (중앙 관청의 서리들이) 공납을 일체 막고 본래 값의
>   백배가 되지 않으면 받지도 않습니다. 백성들이 견디지 못하여 세금을 못내고 도망하는 자
>   가 줄을 이었습니다.   『선조실록』

⊕ 병작반수(竝作半收)

지주와 소작농이 함께 경작한다는 관념 하에 수확량의 반을 나누는 형태. 실제로는 지주는 토지만 제공할 뿐이고 경작은 소작 농민이 하였다.

⊕ 오가작통법

5호를 묶어 1통으로 삼아 통주를 두고 범죄자 색출, 세금 징수, 부역 동원 등에 이용하였다. 성종 16년(1485)에 처음 실시되었다.

❸ 수공업

(1) 관영 수공업

① 전문적인 기술자를 공장안❶(工匠案)에 등록시켜 필요한 물품을 제작

② 근무 기간에 식비만 지급 ➡ 책임량을 초과한 생산품은 세금을 내고 판매

③ 부역으로 동원되는 기간 이외에는 사적으로 물건을 제조 판매

④ 실력이 뛰어나고 근무가 오래된 사람은 유외잡직 부여

⑤ 16세기에 들어와 부역제는 쇠퇴(장인가포제의 성행)

(2) 민영 수공업

① 주로 농기구 등의 물품을 만들어 공급, 양반의 사치품도 생산

② 가내 수공업: 자급자족의 형태로 생활필수품 제조

❹ 상업 활동

(1) 시전 상업

① 종로에 시전 설치 ➡ 점포세와 상세 징수

② 왕실이나 관청에 물품을 공급하는 대신 특정 상품에 대한 독점 판매권 부여

③ 육의전: 명주, 종이, 어물, 모시, 삼베, 무명을 파는 점포

④ 경시서❶: 불법적인 상행위 통제(➡ 세조 때 평시서로 개칭)

(2) 장시

① 15세기 후반부터 농업 생산력의 발달에 힘입어 증가

② 농민들이 상업에 몰릴 것을 염려한 정부의 억제에도 불구하고 일부 장시는 정기 시장화

③ 16세기 중엽에 전국적으로 확대 ➡ 보부상들의 활동(행상 조합인 부상청을 결성)

(3) 화폐: 저화(지폐, 태종 때 재발행), 조선통보(세종), 팔방통보(세조) 등 제조 ➡ 유통 부진, 농민은 쌀과 무명 사용

사료 탐구하기

조선 전기의 상업

• 경인년(성종 원년, 1470년) 흉년 때 전라도 백성들이 서로 모여들어 점포를 만들어 장문(시장)이라 칭하고, 사람들이 이에 의지하여 목숨을 유지하였다. 『성종실록』

• 임진왜란 이후 백성들은 정해진 곳 없이 교역으로 생활하는 것이 마침내 풍속이 되었다. 한 고을에 열리는 시장은 적어도 3~4곳이 되어 …… 한 달 30일 이내에 시장이 열리지 않은 날이 없다. 『선조실록』

---

❶ 공장안

조선 시대 경외의 수공업자를 기록한 장부로 공조와 그 소속 관청 및 도, 읍에 보관하였다. 작성 목적은 공장들에게 공장세를 부과하고, 직업적인 수공업자의 실태를 파악하기 위한 것이었다.

❶ 경시서

조선 시대 시전과 도량형, 물가 등에 관한 업무를 관장하던 관청으로 세조 때 평시서로 이름이 바뀌었다. 후기에는 각 시전에서 팔 물건의 종류를 정하고 그것의 전매권 보호 역할을 하기도 하였다.

주제 42 조선의 신분 구조

❶ 양천 제도와 반상 제도

(1) **양천 제도의 법제화** ➡ 갑오개혁(1894) 이전까지의 기본적인 신분제

양인	과거❶에 응시하고 벼슬길에 오를 수 있는 자유민, 조세·국역 등의 의무
천민	비자유민, 개인이나 국가에 소속되어 천역 담당

(2) **반상 제도의 일반화** : 지배층인 양반❶과 피지배층인 상민 간의 차별

♥ **조선의 신분 구조**

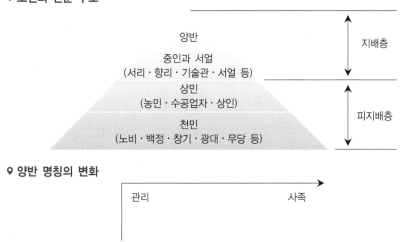

♥ **양반 명칭의 변화**

관리 ————————————→ 사족

❶ **조선 초 문과의 응시 자격**
『경국대전』에는 양인의 과거 응시 자격을 제한하는 규정이 없다. 하지만 양인은 경제력, 교육 환경 등에서 양반과 경쟁이 되지 않았다. 반면에 경쟁 대상이 되는 향리와 서얼에 대해서는 제한 규정이 있었다.

❶ **양반의 관직 진출**
양반은 과거, 음서, 천거 등의 방법으로 관직에 진출하였다. 이 중에서도 과거가 일반적이었다. 음서는 2품 이상의 고위 관료로 한정하여 고려에 비해 혜택의 폭이 크게 줄어들었다. 천거는 사림이 진출하면서 널리 이용되었다.

❷ 양반

(1) **의미와 범주** : 문반과 무반을 아울러 부르는 명칭 ➡ 그 가족이나 가문까지 포함

(2) **사족과 이서층(서리층)의 분화** : 하급 지배 신분층을 중인으로 격하, 서얼 차별

(3) **양반 신분층의 특권화** : 국가의 고위 관직을 독점한 관료층, 지주층, 국역 면제

❸ 중인과 서얼

(1) **형성** : 15세기부터 형성 ➡ 조선 후기에 독립된 신분층 형성

(2) **의미** : 넓은 의미 ➡ 양반과 상민의 중간 계층, 좁은 의미 ➡ 기술관(의, 역, 율 등)

(3) **관청의 서리와 향리 및 기술관** : 직역 세습, 같은 신분끼리 혼인
　① 위항인(여항인) : 중앙 관청의 하급 행정 실무, 군사 업무 전담
　② 향리❶ : 수령을 보좌하는 세습적인 아전으로 격하

❶ **향리의 지위 변화**
고려의 향리는 중앙에 진출하지 못한 지방 세력으로 지방의 행정을 담당하였다. 조선의 향리는 모든 군현에 지방관이 파견됨으로써 수령 밑에서 일하는 아전으로 지위가 격하되었다.

(4) **서얼** : 중인과 같은 신분적 처우를 받았으므로 중서라고 불림, 『경국대전』에 서얼 차별 명문화(관직 진출 제한)

(5) **제약** : 법적으로 문과 응시가 가능하나(단, 서얼은 안됨) 실제로는 어려움, 간혹 무반직에 등용, 청요직(3사, 전랑직) 임용 사실상 금지

❹ 상민(평민, 양인)

(1) 법적으로 과거 응시 자격 ➡ 실제로는 매우 어려움

(2) **종류**
　① **농민** : 조세, 공납, 부역 등의 의무
　② **수공업자(공장, 工匠)** : 공장세 부과
　③ **상인(시전 상인과 보부상)** : 국가의 통제 아래 상거래 종사, 상인세 부과, 농민보다 아래에 위치
　④ **신량역천(身良役賤)** : 신분은 양인이지만 천역에 종사 ➡ 수군, 조례(관청의 잡역 담당), 나장(형사 업무), 일수(지방 고을 잡역), 봉수군, 역졸(역참에서 근무), 조졸(조운 업무) 등 일곱 가지 부류 ➡ 칠반천역
　⑤ **유외잡직** : 하급 기술직인 유외잡직으로 진출 가능

❺ 천민

(1) **종류** : 노비(부모 중 한 쪽이 노비일 경우 그 소생도 노비), 백정, 무당, 창기, 광대 등

(2) **노비** : 천민 중에서 대부분 차지, 태종 때 노비변정도감으로 노비 해방
　① 재산으로 취급되어 매매, 상속, 증여
　② 일천즉천 : 부모 중 한 쪽이 노비일 경우 그 소생 자녀도 노비 ➡ 후기(영조)에 노비종모법➕ ➡ 순조(1801) 때 공노비 해방 ➡ 노비 세습제 폐지(1886) ➡ 1차 갑오개혁 때 노비제 완전 폐지(1894)
　③ 공노비(유외잡직 가능)와 사노비(솔거 노비와 외거 노비)
　④ 외거 노비(납공 노비) : 주인으로부터 사유지를 받아 경작하며 수확물을 사유하는 것이 가능

(3) **기타 천민** : 원래는 신량역천이었으나 천민으로 전락된 백정➕과 창기, 무당, 광대, 사당 등이 존재

➕ **노비종모법**
일천즉천제의 폐해를 시정하고 양인을 확보하기 위하여 노비 계승을 모친으로 한정한 제도. 조선 후기에 대체로 남인은 노비환천(노비제 유지)을 추구하였고, 서인은 노비속량(노비제 완화)을 추구하였다. 노비종모법은 여러 번의 실시와 폐지를 반복하다가, 영조 때 확정되었다.

➕ **백정의 의미 변화**
• 고려 : 한 곳에 정착하는 일반 농민으로 양인에 속했다.
• 조선 : 생계를 위해 돌아다니는 도살업자로 천민에 속했다.

주제 **43** 조선의 사회 정책과 사회 시설

❶ 사회 정책

(1) **농본 정책**: 농민 생활의 안정, 성리학적 명분론에 입각한 사회 신분 질서의 유지 노력

(2) **농민 생활**: 무거운 조세와 요역 부담, 관리와 양반 지주들의 수탈

➡ 전호, 노비, 유민으로 전락

❷ 사회 시설

(1) **토지 겸병 억제, 농민의 토지 이탈 방지를 위한 조세 감면**

① 환곡제➊(의창➊, 상평창➊, 사창➊을 통합)

② 의료 시설

㉠ 혜민국(서울 서민 구휼·치료), 제생원(지방민의 구호) ➡ 세조 때 혜민서로 통일

㉡ 태조 때 동·서대비원(서민 환자 구제) ➡ 태종 때 동·서활인원(여행자, 유랑자의 수용과 구휼) ➡ 세종 때 동·서활인서

❸ 법률 제도(『경국대전』 체제)

(1) **형법**: 『경국대전』이 우선, 세부적인 것은 대명률➊ 적용

① 반역죄와 강상죄➊를 엄중 처벌 ➡ 연좌제(부모, 형제, 처자까지 함께 처벌), 심한 경우 범죄 발생 고을의 호칭 강등(예, 부 ➡ 현), 수령 파면

② 형벌: 태·장·도·유·사

(2) **민법**: 관습법 ➡ 초기에는 노비 소송, 나중에는 산송(묘지 소송)이 주류

(3) **상속**: 종법➊ 적용, 조상에 대한 제사와 노비 상속 중시

(4) **사법 기관**: 행정 기관과 명확히 구분되지 않음

① 사헌부, 의금부: 관리의 잘못이나 중대한 사건 재판

② 형조: 일반 사건의 재심

③ 한성부: 수도 치안 담당, 재산 관련 소송

④ 장례원: 노비에 관련된 문제를 처리, 형조에 소속

⑤ 지방: 관찰사와 수령이 사법권 행사

(5) **상소(上訴) 제도**

① 재판에 불만이 있을 경우 다른 관청이나 상부 관청에 소송 제기(수령 ➡ 관찰사)

② 신문고나 징을 쳐서 임금에게 직접 호소 ➡ 일반적으로 시행되지는 않음

➊ 환곡제
춘궁기에 양곡과 종자를 빌려 준 뒤에 추수기에 회수하는 제도이다. 본래 의창에서 담당하였지만 의창은 빌려 준 원곡만을 받았기 때문에 곧 원곡이 없어지게 되었다. 그리하여 상평창에서는 모곡이라 하여 원곡의 소모분을 감안한 10%의 이자를 거두었다.

➊ 의창
무이자, 원곡 감소

➊ 상평창
모곡(이자) 10% 징수

➊ 사창
향촌 사회에서 양반 지주들이 자치적으로 실시

➊ 대명률(大明律)
명나라 때 형벌에 관한 법전

➊ 강상죄(綱常罪)
삼강오륜과 같은 유교 윤리를 어긴 죄

➊ 종법
적장자 상속을 확립하기 위해 중국 주나라 때 만들어진 제도. 가부장제를 바탕으로 친족 체계를 대종(본가)과 소종(분가)으로 구분하였다. 장자 상속, 적서 구분, 자녀 차등 상속, 동성(同姓) 불혼, 이성(異姓) 불양(不養) 등 부계 적장자 혈통을 중시하였다.

주제 **44** 조선 전기 향촌 사회의 조직과 운영

❶ 향촌 사회의 모습

❤ 향촌의 구조
사족은 유향소를 통해 향리를 감찰하였고 서원을 통해 자신들의 결속을 도모하였으며, 향약을 통해 농민을 지배하였다. 이로써 사족들의 향촌 자치가 실현되었다.

⑴ **향촌❸의 개념** : 향(부·목·군·현, 중앙에서 지방관 파견), 촌(면·리, 지방 자치적 성격)

⑵ **향촌 자치**

① 유향소(지방 자치 기구)와 경재소(유향소 통제와 연락 기능)

② 유향소(향청) : 경재소가 혁파되면서(선조, 1603) 향청으로 호칭 변경

  ㉠ 향안 : 지방 사족의 명단

  ㉡ 향회 : 향안에 이름이 오른 사족들의 총회

  ㉢ 향규 : 향회의 운영 규칙

  ㉣ 청금록 : 조선 후기에 보편화 된 유력 양반들의 명단

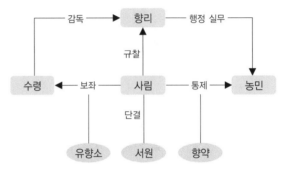

⑶ **사림** : 성리학적 질서 유지 노력

① 소학 보급 : 도덕과 의례의 기본 서적

② 가묘와 사당 건립 : 성리학적 질서(반상의 구분과 같은 상하 질서) 유지

❤ 족보의 역할
종족 내부의 결속 다짐, 다른 종족이나 하급 신분에 대하여 우월 의식, 결혼 상대자를 구하거나 붕당 구별에 중요한 자료로 활용

③ 족보❸ : 16세기부터 족보 편찬 활발, 보학 발달, 최초의 족보는 문화 류씨 영락보(세종, 1423), 현존 최고는 안동 권씨 성화보❸(성종, 1476), 왕실의 족보로 선원록 등이 존재, 17세기 이후 부계의 친족원만을 기록하는 '씨족보'의 성격이 두드러짐

❤ 안동 권씨 성화보
• 남녀의 구분 없이 출생순대로 기록
• 여성의 재혼도 기록

> **사료 탐구하기**
>
> **족보의 의미**
>
> 내가 생각건대 옛날에는 종법이 있어 대수(代數)의 차례가 잡히고 적자와 서자의 자손이 구별지어져 영원히 알 수 있었다. 종법이 없어지고서는 족보가 생겨났는데 무릇 족보를 만듦에 있어 반드시 그 근본을 거슬러 어디서부터 나왔는가를 따지고 그 이유를 자세히 적어 그 계통을 밝히고 친함과 친하지 아니함을 구별하게 된다. 이로써 종족 간의 의리를 두터이 하고 윤리를 바르게 할 수 있었다.   「안동 권씨 성화보」

④ 예학의 발달 : 『주자가례』를 연구, 17세기에 정착, 김장생의 『가례집람』, 정구의 『의례집』, 『오선생예설분류』 등이 저술됨

❷ 향약과 유교 윤리의 보급

(1) 서원

① **목적**: 성리학을 연구하고 선현을 제사

② **기능**: 지방 사족들의 지위 강화 ➡ 유교 윤리를 보급하고 사림을 결집, 강화

(2) 향약⊕: 서원과 함께 사림의 세력 기반, 백성 교화

① 중종 때 김안국이 여씨향약 간행·반포한 후 전국적 보급

② **구성**: 전통적 공동 조직과 미풍양속 계승+삼강오륜을 중심으로 한 유교 윤리

  ➡ 덕업상권⊕, 과실상규⊕, 예속상교⊕, 환난상휼⊕

③ **기능**: 향촌의 자치적 기능 ➡ 향촌 사회의 질서 유지와 치안 담당

④ **부작용**: 토호·향반이 주민들을 위협·수탈하는 배경

(3) 서원과 향약 ➡ 16세기 이후 사림의 지위 강화

❸ 촌락의 구성과 운영

(1) 구성

① **촌락**: 자연촌으로 존재하면서 동, 이(里)로 편제된 조직

② **면리제**: 자연촌 단위의 몇 개 이(里)를 면으로 묶음

③ **오가작통제⊕**: 다섯 집을 하나의 통으로 묶고 통수를 두어 통 내를 관장

④ 반촌(양반 거주)과 민촌(평민 거주)의 발생 ➡ 대개는 양반·평민·천민이 섞여 살 았음

(2) 촌락의 농민 조직

① **두레**: 공동 노동의 작업 공동체

② **향도**: 상을 당하였을 때나 어려운 일이 생겼을 때 서로 돕는 활동

  cf 농민들의 마을별 돌팔매 놀이(석전)

(3) 사족의 조직: 동계·동약을 향약의 하부 조직으로 하여 촌락민을 사회·경제적으로 지배 도모

⊕ **향약**

권선징악(勸善懲惡)·상부상조(相扶相助)·사회교화(社會敎化) 등을 목적으로 한 향촌의 자치 규약이다.

⊕ **향약의 4대 강목**

· 덕업상권(德業相勸)
  ➡ 좋은 일은 서로 권장함
· 과실상규(過失相規)
  ➡ 잘못은 서로 살펴 고쳐줌
· 예속상교(禮俗相交)
  ➡ 사귐에 있어 예의를 지킴
· 환난상휼(患難相恤)
  ➡ 어려울 때는 서로 도움

⊕ **오가작통제**

일종의 자치 조직이다. 다섯 집을 한 통으로 하여 통수를 두고 다섯 통마다 이정을 두며, 면에는 권농관을 두었다. 이 법은 농민의 토지 이탈을 막고 각종 역과 조세 부담자의 동태를 파악하여 연대 책임을 지우는데 이용되었다.

주제 45 조선 전기의 민족 문화(관학파, 교육, 역사서)

❶ 발달 배경

(1) **집권층이 과학 기술과 실용적 학문 중시**: 민생 안정과 부국강병 목적

(2) **관학파 사대부(15세기)**: 성리학 이외의 학문(사상)도 중앙 집권, 민생 안정, 부국강병 등에 도움이 되는 것은 수용 ➡ 세종~성종 때까지는 유교 이념에 토대를 두고 과학 기술과 실용적 학문 발달

❷ 한글의 창제

(1) **목적**: 한자음의 혼란을 줄이고, 피지배층을 교화시켜 양반 중심 사회를 유지

(2) **훈민정음 반포(1446)**: 용비어천가(왕실의 덕을 찬양)·월인천강지곡(부처님의 덕을 기림) 간행, 불경·농서·윤리서·병서 등을 한글로 번역하거나 편찬, 서리 채용 때 훈민정음 시험

❸ 교육 기관

(1) **국립**

① 성균관
  ㉠ 위상: 최고 학부(9년제), 입학 자격은 생원(100명)·진사(100명)를 원칙으로 함
  ㉡ 시설: 명륜당(강의실), 문묘(공자 사당), 동재·서재(기숙사), 비천당(과거 시험장), 존경각(도서관) 등
  ㉢ 특권: 정책 거부권(권당, 소행, 공관 등), 알성시

② 사학(四學): 중앙의 중등 교육 기관 ➡ 부학(중학·동학·남학·서학: 100명), 성균관 진학 시험(승보시)

③ 향교
  ㉠ 지방의 중등 교육 기관, 부(90명)·목(70명)·군(50명)·현(30명)에 하나씩 설립, 중앙에서 교관인 교수 혹은 훈도 파견, 소학·사서오경 등 유학 경전 공부
  ㉡ 청금록(향교의 명부), 대성전(공자의 위판을 봉안)

(2) **사립**

① 서당: 초등 교육 담당(『천자문』·『동몽선습』)

② 서원
  ㉠ 풍기 군수 주세붕이 세운 백운동 서원➊(1543)이 시초 ➡ 이황의 건의로 최초의 사액 서원으로 소수 서원이라 개칭(1548)
  ㉡ 봄·가을에 향음주례➊를 거행하고 인재 양성, 향사례(활쏘기 행사)
  ㉢ 향촌 사회의 교화에 공헌 ➡ 국가에서 서원 설립 장려

(3) **기술학**: 해당 기술 관청에서 직접 교육 담당(외국어 - 사역원, 의학 - 혜민서, 산학 - 호조, 율학 - 형조, 외국어 교육은 접경지에서 배우기도 함)

➊ 백운동 서원
풍기 군수 주세붕이 안향이 살던 경상도 순흥면의 백운동에 그를 기리기 위해 사당을 세우고 자제들의 교육 장소로 삼은 데서 백운동 서원이라 하였다. 그 후 백운동 서원은 새로 부임한 풍기 군수 이황의 주청으로 왕으로부터 소수 서원이라는 편액을 하사받고 일정한 토지와 노비, 서적 등을 받으면서 사액 서원이 되었다.

➊ 향음주례(鄕飮酒禮)
향촌의 선비나 유생들이 학덕과 연륜이 높은 이를 주가 되는 손님으로 모시고 술을 마시며 잔치를 하는 의례(儀禮)의 하나이다. 어진 이를 존중하고 노인을 봉양하는 의미를 지닌다.

❹ 역사서의 편찬

(1) **15세기 역사서**: 성리학적 명분론에 입각, 유교 사관+민족적 자주 의식(단군을 민족 시조)

제목	시기	편찬자	형식	내용	비고
고려국사 (1396)	태조	정도전	편년체❶	왕명에 의해 최초로 고려 시대의 역사를 완성한 사서	• 고려 멸망의 당위성 • 조선 건국 합리화
동국사략 (삼국사략) (1402)	태종	권근, 하륜	강목체 편년체	고조선~삼국 시대 역사	• 단군 - 기자 - 위만 - 한사군 - 삼한 - 삼국순 상고사 체계화 • 성리학적 명분론을 강하게 표방함으로써 불교 문화 비판
조선왕조 실록	왕 사후	춘추관 실록청	편년체	태조~철종 25대 역사적 사실	
고려사 (1451)	문종	김종서 정인지	기전체	왕실 위신의 강화를 위해 주로 고려사 보급	• 고려국사에서 국왕보다 재상 역할 강조가 문제 되어 수정 • 조선 건국 합리화 위해 고려 말 왜곡(군주 중심 역사 서술)
고려사절요 (1452)			편년체		고려사에 빠진 부분 보충·추가(신하적 입장 서술)
삼국사절요 (1476)	세조 ~ 성종	서거정 노사신	편년체	고조선~삼국 시대 역사	자주적 입장에서 세조는 왕권 강화와 고조선 - 고구려 - 고려로 이어지는 역사 체계 강조
동국통감 (1485)	성종	서거정	편년체	• 고려사절요+삼국사절요 • 단군 조선~고려 시대 • 최초의 통사, 자주의식	• 고려 시대 고구려 계승과 신라 계승 갈등 해결, 삼국균적(삼국이 대등)을 주장 • 단군 조선을 국사의 시작으로 확립(단군 신화) • 훈구파, 사림파가 함께 통사 체계 구성 ➡ 관찬 사서의 완성 • 성리학적 명분론에 입각한 자주의식

❶ **편년체(編年體)**
연대순으로 역사를 서술하는 형식

PART 04

(2) **16세기 역사서** : 15세기 역사관 비판+왕도 정치 강조+사림의 존화주의적 경향

제목	시기	편찬자	형식과 내용	비고
동국사략	16세기 초	박상	• 원나라 십구사략+동국통감 요약 서술 • 신라 통일 의의 부각, 고조선과 고구려 중심지를 한반도에서 찾음 • 정몽주, 이색, 이숭인 등 성리학자 재평가 ➡ 역성혁명파 중심 역사관 탈피	• 성리학적 이득 강한 사림 통사 • 15세기 동국통감 비판·요약, 엄정한 도덕적 기준으로 우리나라 역사 재정리, 강목체 철저 적용 • 유교적 기준에서 인물 행적 관한 기사 중점 수록 • 중국에서 조선사략으로 출간
표제음주 동국사략	중종	유희령	• 박상의 동국사략을 비판 • 단군 조선을 상세히 다룸 • 고구려를 삼국 서두에 서술, 북방 중심 역사 서술 체계	
동몽선습	중종	박세무	16세기 서당 소년 역사 교과서	• 앞: 삼강오륜 • 뒤: 중국사+한국사 요약
기자지 (1580)	선조	윤두수	기자 조선 연구 심화	
기자실기 (1580)	선조	이이	• 기자가 주의 무왕에게 홍범을 전하고 우리나라 정전제, 팔조교를 시행한 것은 왕도 정치의 시작이라고 강조 • 왕도 정치의 근원을 찾으려는 시도, 성리학 토착화에 기여	

(3) **실록 편찬**⊕
① 태조실록~철종실록, 한 왕대의 역사를 후대에 남기기 위해 춘추필법⊕에 따라 편년체로 실록 편찬(25대)
② 왕의 사후에 춘추관에 실록청 설치 ➡ 사초(왕과 신하의 논의), 시정기(각 관청의 문서), 승정원일기, 의정부등록, 비변사등록 등의 자료를 모아 편년체로 간행

임란 이전	임란 이후	이후의 변화
춘추관	춘추관	이괄의 난 때 소실
충주	오대산	일본 도쿄대학교 보관 중 일부 소실 ➡ 국내 반환(2006)
성주	태백산(봉화)	서울대학교 ➡ 부산 정부 기록 보존소
전주	마니산(➡ 정족산)	서울대학교에서 보관 중
	묘향산(➡ 적성산)	한국 전쟁 이후 북한 보관 중

③ 초조(초고) ➡ 중초(1차 수정) ➡ 정초(확정)의 수정 작업을 거쳐 인쇄, 초조·중초는 세초하여 다시 사용
④ 1997년 유네스코 세계 기록 유산 등재(마니산본)

⊕ **실록 편찬**
한 국왕이 죽으면 다음 국왕 때 춘추관을 중심으로 실록청을 설치하고 사관이 국왕 앞에서 기록한 사초, 각 관청의 문서를 모아 만든 시정기 등을 종합·정리하여 실록을 편년체로 편찬하였다.

🏛 조선왕조실록

⊕ **춘추필법**
엄정하고 비판적인 태도로 대의명분을 밝혀 세우는 역사 서술의 논법

주제 46 조선 전기의 지도, 윤리서, 법전

➊ 지리서의 편찬

(1) 지도

① 혼일강리역대국도지도(태종) : 남아 있는 세계 지도 중 동양에서 가장 오래된 것(일본에 있음)

② 기타 : 팔도도(세종, 이회), 동국지도(세조, 양성지, 북방에 대한 관심을 반영, 최초의 실측 지도), 팔도총도(성종, 대마도를 우리 영토에 포함), 조선방역지도(명종, 만주와 대마도를 우리 영토에 포함)

(2) 지리지 : 신찬팔도지리지(세종, 관찬 지리지), 해동제국기(성종, 신숙주가 정리한 일본과 류큐 여행기), 동국여지승람(성종, 강희맹·노사신 등), 신증동국여지승람(중종) ➡ 군현의 연혁, 지세, 인물, 풍속, 산물, 교통 등 수록

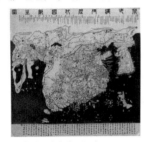
🔺 혼일강리역대국도지도

🔺 조선방역지도

➋ 윤리, 의례서와 법전의 편찬

(1) 윤리·의례서 : 유교적 질서 확립 목적

① 『삼강행실도』(세종, 1428) : 충신, 효자, 열녀 등의 행적을 그림으로 그리고 설명

② 『국조오례의』➕(성종) : 국가의 여러 행사에 필요한 의례 정비, 신숙주가 편찬

③ 16세기 사림 : 『이륜행실도』(연장자와 연소자, 친구 사이의 윤리)와 『동몽수지』(어린이가 지켜야 할 예절) 간행

(2) 법전 : 유교적 통치 규범 성문화(成文化)

① 조선 초기 : 정도전(『조선경국전』과 『경제문감』), 조준(『경제육전』, 이두·방언을 사용), 『속육전』(태종), 『육전등록』(세종)

② 『경국대전』 : 세조~성종, 조선의 기본 법전(6전으로 구성)

➡ 유교적 통치 질서와 문물 제도 완성

🔺 삼강행실도

➕ 『국조오례의』
제사 의식인 길례, 관례와 혼례 등의 가례, 사신 접대 의례인 빈례, 군사 의식인 흉례의 오례를 정리한 책이다.

주제 47   조선 전기 성리학의 발달

❶ 15세기의 성리학

(1) 초기 저술 활동
① 정도전: 『불씨잡변』으로 불교 비판
② 권근: 『입학도설』, 『오경천문록』 등을 통해 성리학의 학문적 토대 마련

(2) 성향
① 시대적 과제를 해결하기 위해 불교, 도교, 풍수지리설, 민간 신앙 수용
② 주례 체제 지향: 국왕과 관료 중심의 중앙 집권적 정치 표방, 부국강병 강조
③ 명분론과 의리론을 강조

❷ 16세기⊕의 성리학자들

(1) **서경덕**(1489~1546): 주기론⊕(主氣論), 태허(太虛)설, 불교와 노장 사상에 대해서 개방적, 송도(개성) 삼절, 양명학 연구

(2) **이언적**(1491~1553): 주리론⊕(主理論)의 선구자

(3) **조식**(1501~1572): 학문의 실천성(절의)을 강조, 노장 사상에 포용적, 칼을 차고 잠, 북인의 스승

(4) **이황**(1501~1570)
① 이언적의 철학 발전, 주리론 확립(이원론적)
② 이기호발설⊕을 통해 이의 자발성 주장
③ 『주자서절요』, 『성학십도』(군주의 수양 강조), 『이학통론』, 『전습록논변』(양명학 비판) 편찬
④ 기대승과 4단 7정 논쟁 전개(인심도심설: 인심과 도심을 구분하여 이기호발설을 주장)
⑤ 영남학파 형성(유성룡, 김성일 ➡ 동인 중 남인)
⑥ 조선과 일본 성리학 발전에 기여

(5) **성혼**(1535~1598): 기대승·이이·이황의 학설을 절충(소론이 학통을 계승)

(6) **이이**(1536~1584)
① 기의 역할을 강조하는 일원론적 성격(기발이승일도설⊕)
② 이통기국론: 이의 본질적 가치는 불변하지만 구체적 모습은 변한다는 주장
③ 『동호문답』, 『성학집요』(신권 강조), 『만언봉사』, 『격몽요결』, 『기자실기』 편찬
④ 기호학파 형성(김장생 ➡ 서인 중 노론)
⑤ 조선 후기 집권 세력(노론)과 연계

⊕ **16세기의 성리학**
• 중종 때 『주자대전』이 간행되고 보급되면서 주자학이 성리학의 주류로 발달
• 이(理)와 기(氣)
  − 이: 우주 만물의 근본이자 인간 내면의 근본 원리
  − 기: 현실(경험)의 세계

⊕ **주기론과 주리론**
• 주기론: 경험적 현실 세계를 중시(기질지성)
• 주리론: 이(理)의 절대성을 강조, 보편적 원리 중시(본연지성)

⊕ **이기호발설**
이의 자발성을 강조하여 사단(측은지심, 사양지심, 수오지심, 시비지심)은 이가 발한 것이고, 칠정(희·노·애·구·애·오·욕)은 기가 발한 것이라고 주장

⊕ **기발이승일도설**
사단과 칠정이 모두 기가 발한 것으로 보는 인식

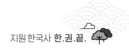

❸ 붕당과 성리학의 흐름

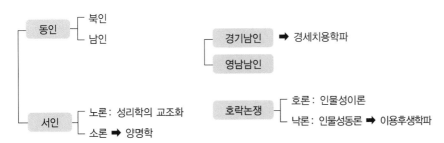

동인 ─ 북인
　　　 └ 남인

경기남인 ➡ 경세치용학파
영남남인

서인 ─ 노론 : 성리학의 교조화
　　　 └ 소론 ➡ 양명학

호락논쟁 ─ 호론 : 인물성이론
　　　　　 └ 낙론 : 인물성동론 ➡ 이용후생학파

주제 48 조선 전기의 불교, 도교, 풍수지리 사상

❶ 불교

(1) 억불 정책

① 사원 소유의 토지와 노비 회수 : 집권 세력의 경제적 기반 강화

② 도첩제❶ 실시 : 승려의 출가 제한

③ 태종 때 : 242개의 사찰만 남기고 사원의 토지를 몰수

④ 세종 때 교단 정리 : 선종과 교종 두 종파에 36개 절만 인정

(2) 명맥 유지

① 신앙 욕구 : 왕실의 안녕을 기원하고 왕족의 명복을 비는 행사 시행

② 세조의 불교 진흥책 : 간경도감 설치 ➡ 불교 경전(월인석보)을 한글로 번역하여 간행하고 보급, 원각사지 10층 석탑 건립(탑골 공원)

③ 성종 때 산간 불교화 : 도첩제 폐지, 사림들의 비판으로 왕실에서 멀어져 산간 불교화

④ 명종 때의 부흥 : 문정 왕후의 지원 아래 일시적인 불교 회복 정책 ➡ 보우 중용, 승과 부활

⑤ 위상 재정립 : 서산대사와 같은 고승이 배출되어 교리 정리, 임진왜란 때 승병들의 활약❶

(3) 사회적 위상 약화 : 사원의 경제적 기반 축소와 우수한 인재들의 출가 기피

❷ 도교, 풍수지리 등

(1) 도교

① 위축, 행사 감소

② 초제 시행 : 소격서를 설치하고 마니산 참성단❶에서 일월성신에 제사 ➡ 국가의 권위 제고

③ 중종 때 조광조의 건의로 소격서❶ 폐지, 제천 행사 중단

(2) 풍수지리설과 도참사상 : 한양 천도에 반영, 양반 사대부의 묘지 선정에 작용(산송)

(3) 민간 신앙

① 무격 신앙, 산신 신앙, 삼신 숭배, 촌락제 등이 백성들 사이에 뿌리 내림

② 세시풍속+유교 이념 ➡ 조상 숭배 의식과 촌락의 안정을 기원하는 의식으로 변화

(4) 국조 신앙

① 삼성사(황해도 구월산) : 환인 · 환웅 · 단군의 삼신에게 제사

② 단군 사당 : 단군과 기자의 사당을 평양에 건립, 중국 사신이 참배하게 함

---

❶ 도첩제

승려가 출가할 때 국가가 허가증을 발급해 주는 제도. 국가에 대해 신역의 의무를 저버리고, 양민이 함부로 승려가 되는 폐단을 막기 위한 데서 비롯되었다. 1392년(태조 1) 국가의 재정과 인적 자원을 확보하기 위해 승려가 되려는 자가 양반 자제이면 포 100필, 서인이면 포 150필, 천인이면 포 200필을 관에 납부하여 도첩을 받도록 했다.

❶ 승병의 활약

임진왜란 당시 묘향산에서는 휴정, 금강산에서는 유정 등이 활약했다. 특히, 휴정은 73세의 나이에도 불구하고 승병 1,500명을 조직하여 명군과 합세한 뒤 한양을 수복하는 데 크게 기여하였다.

❶ 참성단의 초제

강화도 마니산 꼭대기의 참성단에서 지내는 초제로 가장 큰 도교 행사였다. 이는 단군이 하늘에 제사했다는 전설적 믿음과 도교의 제천 정신이 합쳐진 것으로, 도교를 국가 의식을 강화하는 방법으로 이용했음을 말해 준다.

❶ 소격서

조선 왕조는 제천 행사가 국가의 권위를 높이는데 도움이 된다고 보고 도교 행사를 주관하는 소격서를 설치하여 국가의 안녕을 비는 초제를 지냈다. 그러나 중종 때 집권한 조광조에 의하여 폐지되었다.

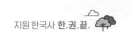

주제 49 조선 전기의 과학 기술

❶ 천문, 역법과 의학

(1) 발달 배경
① 집권층이 부국강병과 민생 안정을 위하여 과학 기술의 중요성 인식
② 전통문화 계승＋서역과 중국의 과학 기술 수용

(2) 천문학, 농업
① 관상감 : 천문학 관장 기구
② 간의대(세종) : 천문대
③ 천체 관측 기구(세종) : 혼의와 간의
④ 시간 측정 기구(세종) : 자격루(물시계), 앙부일구(해시계)
⑤ 기타 : 측우기(세종, 1441, 세계 최초), 인지의와 규형(세조, 토지 측량)
⑥ 천문도 : 고구려의 천문도를 바탕으로 천상열차분야지도❶(태조)를 돌에 새김

🔺 간의대

자격루(물시계)
🔺 자격루(물시계)

🔺 앙부일구(해시계)

(3) 역법(칠정산❶, 세종) : 중국의 수시력과 아라비아의 회회력 참고
➡ 최초로 서울을 기준으로 천체 운동 계산

(4) 의학
① **향약채취월령**(세종, 1431) : 한글로 기록한 약재서, 우리나라의 약
② **향약집성방**(세종, 1433) : 유효통·노중례가 정리, 우리나라의 약
③ **의방유취**(세종, 1445) : 의학 백과사전
④ **기타** : 태산요록(세종, 노중례, 산부인과), 신주무원록(세종, 최치운, 법의학)

❷ 활자 인쇄술과 제지술

(1) 금속 활자 : 태종 때 주자소 설치, 계미자❶(태종), 갑인자❶(세종)

(2) 제지술 : 조지서(세종) 설치 ➡ 다양한 종이를 대량 생산

⊕ 천상열차분야지도

조선이 건국된 직후인 태조 4년(1395)에 새 왕조의 권위 표상으로서 태조가 갖기를 염원했던 천상열차분야지도라는 천문도가 완성되었다. 이 천문도는 권근·유방택의 학자 관료와 서운관의 천문학자들이 고구려의 천문도를 바탕으로 하여 만들었으며, 천상(천문 현상)을 12분야로 나누어 차례로 늘어 놓은 그림이란 뜻으로 그 이름이 붙여졌다. 1,464개의 별이 그려져 있는 별자리 그림의 원 둘레에 28수의 이름이 기록되어 있다. 돌에 새겨진 것이다.

⊕ 칠정산

조선 초기에는 중국의 역법을 쓰고 있었는데, 계절의 변화와 밀접한 관련이 있는 농업에 중국의 역법을 그대로 이용하는 것에는 문제가 많았다. 따라서 중국과 아라비아 역법을 참조하여 우리나라를 기준으로 하는 칠정산 내·외편을 펴냈다. 이 책은 1년을 365.2425일로, 1개월을 29.53일로 계산하고 있을 정도로 매우 정밀한 달력이었다.

⊕ 계미자

계미자는 조선 시대 처음으로 만들어진 활자로, 활자를 인판에 무리하게 맞추어 배열했기 때문에 옆줄이 맞지 않고 글자끼리 획이 서로 엇물린 경우도 있었으나, 거의 단절된 금속 활자의 제조술을 다시 이룩했다는 면에서 큰 의미를 지닌 활자이다.

⊕ 갑인자

갑인자는 활자를 네모나면서 평평하고 바르게 만들었을 뿐만 아니라, 인판도 정교하게 만들었기 때문에 대나무로 빈틈을 메워 조립식으로 판을 짜서 인쇄하는 데 성공하였다.

❸ 병서 편찬과 무기 제조

(1) **병서 편찬**: 진법(태조, 정도전), 총통등록(세종, 화약 무기의 제작과 사용법), 역대병요 (세조, 전쟁사), 동국병감(문종, 고조선에서 고려 말까지의 전쟁사), 병장도설(성종, 군사 훈련의 지침서)

(2) **무기 제조**: 화약 무기 제조(세종, 최해산), 화차(세종, 신기전 100개 연속 발사), 거북선 (태종), 비거도선(태종) 등 제조

(3) **과학 기술 쇠퇴**: 16세기 이후 사림의 과학 기술 경시 풍조로 침체

❹ 농서

(1) **농사직설**(세종, 1429): 정초·변효문 등이 편찬, 농민들의 실제 경험을 체계화

(2) **금양잡록**(성종, 1492): 강희맹이 편찬, 경기도 시흥 일대의 농업에 기반

(3) **기타**
　① **구황촬요**(명종, 1554): 기근 구제용
　② **농가월령**(광해군, 1617): 이앙법 소개
　③ **농가집성**(효종, 1655): 농업 백과사전, 이앙법의 보급에 공헌
　④ **양화소록**(세조, 1474): 화초 재배법
　⑤ **축목서**(세조): 양성지가 편찬, 목축
　⑥ **양잠서**(세조): 양성지가 편찬, 누에 방법

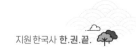

주제 50 조선 전기의 예술

❶ 왕실과 양반의 건축

(1) **15세기**: 궁궐, 관아, 성문, 학교 건물 중심
   ① **특징**: 국왕의 권위를 높이고 신분 질서 유지를 위한 건축
   ② **궁궐**: 경복궁, 창덕궁(돈화문), 창경궁(명정전), 종묘, 사직단
   ③ **성문**: 숭례문(새로운 건축 기법), 개성의 남대문과 평양의 보통문
   ④ **사원 건축**: 강진 무위사 극락전(주심포, 맞배지붕, 1403), 합천 해인사 장경판전(세조, 팔만대장경 보관, 유네스코 문화유산), 원각사지 10층 석탑(경천사지 10층 석탑 모방)

(2) **16세기의 건축**: 서원 건축 활발 ➡ 경주의 옥산 서원, 안동의 도산 서원 등

❷ 공예

(1) **공예의 특징**: 실용과 검소, 생활필수품과 문방구 중심

(2) **자기**
   ① **분청사기(15세기)**: 청자에 백토의 분을 칠한 것 ➡ 안정된 그릇 모양과 소박하고 천진스러운 무늬, 왕실과 양반의 수요품, 경기도 광주가 생산지
   ② **백자(16세기)**: 선비들의 취향과 어울려 널리 이용

(3) **기타**: 목공예(장롱, 문갑), 돗자리, 자개, 수와 매듭, 화각(쇠뿔을 얇게 쪼개어 무늬를 새김)

🔺 분청사기

❸ 그림과 글씨

(1) **15세기**: 중국의 화풍을 선택적으로 수용하고 소화하여 독자적 화풍 ➡ 일본 무로마치 시대의 미술에 영향
   ① **도화서 화원**: 안견의 '몽유도원도'[안평 대군(세종의 아들)의 꿈을 그린 작품으로 현실 세계와 환상적인 이상 세계 표현], 성종 때 활약한 최경 등
   ② **문인화**: 강희안의 '고사관수도', 강희맹

🔺 순백자병

🔺 몽유도원도(안견)

🔺 고사관수도(강희안)

(2) **16세기**: 산수화, 사군자 ➡ 이상좌(노비 출신 화원, '송하보월도'), 이암(동물들의 모습), 신사임당(풀과 벌레), 황집중(포도), 이정(대나무), 어몽룡(매화) 등

🔺 송하보월도(이상좌)

🔺 초충도(신사임당)

🔺 묵죽도(이정)

🔺 월매도(어몽룡)

(3) **서예**: 양반의 필수 교양 ➡ 안평 대군(송설체), 양사언(초서), 한호(왕희지체＋우리 고유의 예술성 ➡ 석봉체)

(4) **문학**
  ① 15세기
    ㉠ 악장: 용비어천가(정인지), 월인천강지곡(세종)
    ㉡ 시조 문학: 유교적 충절(길재, 원천석), 애국적·진취적(김종서, 남이)
    ㉢ 동문선(성종, 1478): 서거정이 삼국~조선 초기까지의 문학을 정리·편집
    ㉣ 설화: 필원잡기·동인시화(서거정), 용재총화(성현), 추강냉화, 촌담해이 등
    ㉤ 금오신화(김시습): 최초의 한문 소설
  ② 16세기
    ㉠ 시조: 남녀 간의 사랑(황진이), 자연과 함께하는 삶(윤선도: 오우가, 어부사시사)
    ㉡ 가사: 정철(관동별곡, 사미인곡, 속미인곡), 송순, 박인로
    ㉢ 기타: 어숙권(패관잡기: 체제 비판), 임제(존화주의 비판), 신사임당, 허난설헌

❹ 음악과 무용

(1) **음악**: 백성의 교화 수단, 국가의 각종 의례와 관련하여 중시
  ① 세종: 악기를 개량·제작(박연), 여민락(악곡), 정간보(악보) 창안, 아악 체계화
  ② 성종: 『악학궤범』❶(성현) 편찬 ➡ 음악의 원리와 역사, 악기, 무용, 의상 및 소도구 정리
  ③ 16세기 중엽 이후: 속악(당악＋향악) 발달

(2) **무용**: 처용무(궁중 무용), 농악무, 무당춤, 승무, 산대놀이(탈춤), 꼭두각시놀이(인형극)

🔺 송설체(조맹부체)

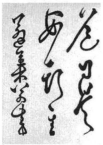
🔺 양사언(초서)

➕ 『악학궤범』
악(樂)은 하늘이 내어 사람에게 보낸 것이니, 허(虛)에서 나와 자연히 이루어진 것이다. 이 때문에 사람 마음을 움직이고 맥박을 뛰게 하여 정신을 막힘없이 흐르게 한다. …… 다른 소리를 합하여 하나로 하는 것은 임금이 위에서 어떻게 이끄느냐에 달려 있다. 바르게 이끄는 것과 거짓되게 이끄는 것에 따라 커다란 차이가 나며, 풍속이 번영하고 쇠퇴하는 것도 모두 여기에 달려 있다. 따라서 악이야말로 백성을 다스리고 교화하는 큰 문이라고 할 수 있다.

MEMO

지원한국사
한.권.끝.

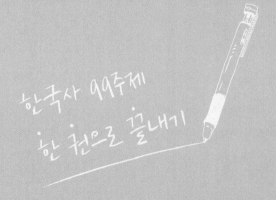

한국사 99주제
한 권으로 끝내기

PART

05

조선 후기의 역사

주제 51 17세기의 정치

❶ 17세기의 왕들

(1) **인조**(1623~1649)
  ① 정치: 이괄의 난(인조의 공주 피난), 정묘호란과 병자호란, 어영청·총융청·수어청의 설치, 소현 세자의 사망, 공론의 정치
  ② 경제: 영정법(전세)의 실시
  ③ 문화: 벨테브레이의 표류, 금산사 미륵전과 법주사 팔상전의 건립

(2) **효종**(1649~1659): 북벌 정책, 나선 정벌, 어영청의 확대, 설점수세제(광업), 『농가집성』(신속)의 간행, 김육이 시헌력(아담 샬)을 도입, 하멜의 표류

(3) **현종**(1659~1674): 예송 논쟁, 제언사(수리 시설)의 부활, 기근의 잦은 발생

(4) **숙종**(1674~1720): 조선 중화주의(조선이 문명의 중심이라는 관념)의 확대
  ① 정치·경제·사회
    ㉠ 대동법의 전국 확대
    ㉡ 상평통보(화폐)의 전국적 주조
    ㉢ 안용복(울릉도·독도)의 활약, 백두산정계비(1712)의 건립
    ㉣ 금위영 설치로 5군영 체제 완성(1682), 단종의 명예 회복, 대보단❶(한양), 만동묘❶(괴산), 강감찬과 이순신의 사당 건립, 정제두의 양명학(강화학파), 화엄사 각황전, 장길산의 난
  ② 환국❶의 전개: 정국을 주도하는 붕당과 견제하는 붕당이 서로 교체됨으로써 정국이 급격하게 전환되는 환국이 나타나기 시작 ➡ 일당 전제화 추세 대두

❷ 탕평론의 대두

(1) 붕당 정치의 변질로 정치 집단 간의 세력 균형 붕괴, 왕권 불안
  ➡ 강력한 왕권을 통한 세력의 균형 유지 필요

(2) **숙종의 탕평책❶**: 명목상 탕평, 편당적 일당 전제화 ➡ 환국의 빌미 제공

(3) **경종**(1720~1724): 소론의 권력 강화(신축옥사, 임인사화)

❸ 조선 후기 정치 제도의 변화

(1) **중앙군의 변화**: 훈련도감, 어영청, 총융청, 수어청, 금위영의 5군영 체제

(2) **비변사의 역할 강화**: 임진왜란 때부터 전·현직 정승과 5조의 판서와 참판, 각 군영의 대장 등의 문·무의 고위 관료가 모두 모여 국정을 총괄하는 기관으로 발전 ➡ 의정부와 6조의 유명무실화

(3) **결과**: 3사와 이조 전랑의 정치적 비중이 감소하고 권력이 고위 관리에게 집중되는 현상이 나타남

---

❶ 대보단과 만동묘
- 대보단: 명나라 태조, 신종, 의종을 제사지내는 사당
- 만동묘: 명나라 신종을 제사지내는 사당 ➡ 조선 중화주의

❶ 환국
서인이 남인을 역모로 몰아 정권을 독점한 경신환국(1680) 이후 왕위 계승 문제를 둘러싸고 남인과 서인이 대결하였던 기사환국(1689)과 갑술환국(1694)이 이어졌다. 남인이 권력에서 완전히 밀려난 갑술환국 시기에 남인에 대한 강경 대응 여부를 둘러싸고 서인은 노론과 소론으로 나뉘었다.

❶ 탕평책
탕평이란 말은 '서경'에서 나오는 말로, 왕이 치우침 없이 정사를 돌봐야 한다는 의미이다. 조선 후기의 탕평책은 4색 붕당을 고루 등용하는 가운데서 왕권 강화를 추진하는 정책이었다. 그러나 붕당의 문제를 완전히 해결하지는 못하였다.

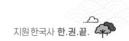

주제 52 18~19세기의 정치

❶ 영조(1724~1776)의 탕평책

(1) **탕평책**: 노론과 소론을 번갈아 등용하여 오히려 정국의 혼란을 초래함 ➡ 이인좌의 난❶ (1728) 발생 ➡ 완론 탕평의 실시

(2) **탕평파 중심의 정국 운영**
   ① 완론 탕평: 탕평책에 동의하는 온건한 인물을 등용하여 정국 운영
   ② 공론(公論)의 주재자로 인식되던 산림의 존재를 인정하지 않고 그들의 본거지인 서원을 정리
   ③ 붕당 간 대립을 격화시킨다는 이유로 이조 전랑의 기능 약화

(3) **개혁 추진**: 민생 안정과 산업 진흥 도모
   ① 균역법❶ 시행(1750)
   ② 군영 정비: 훈련도감·금위영·어영청 세 군영이 도성을 나누어 방위(수성윤음)
   ③ 가혹한 형벌 폐지, 사형수에 대한 삼심제를 엄격하게 시행
   ④ 속대전(법전), 동국문헌비고(백과사전) 편찬, 증수무원록(법의학서), 속오례의(예의집), 병장도설(속병장도설, 군사), 해동지도, 동국여지도, 일성록(정조가 세손 시절부터 쓰던 일기), 해동악장(음악), 여지도서(지리지)
   ⑤ 신문고 제도 부활, 노비종모법의 법제화, 청계천 준설

(4) **한계**
   ① 붕당 정치의 폐단을 근본적으로 해결한 것은 아님 ➡ 강력한 왕권으로 붕당 사이의 다툼을 일시적으로 억누른 것에 불과
   ② 소론 강경파가 자주 변란을 일으키면서 노론이 정국 주도
   ③ 사도 세자의 죽음(임오화변)을 두고 노론이 시파와 벽파로 분화

사료 탐구하기

영조의 탕평 교서

> 붕당의 폐해가 요즈음보다 심각한 적이 없었다. 처음에는 예절 문제로 분쟁이 일어나더니, 이제는 한쪽이 다른 쪽을 역적으로 몰아붙이고 있다. …… 우리나라는 땅이 좁고 인재도 그리 많은 것이 아닌데, 근래에 들어 인재를 등용할 때 같은 붕당의 인사들만 등용하고자 하며, 조정의 대신들이 서로 상대 당을 공격하면서 반역인가 아닌가로 문제를 집중하니 모두가 동의할 수 있는 정책이 나오지 못하고, 정책의 옳고 그름을 판단하기 어렵다. 『영조실록』

---

❶ 이인좌의 난
1728년(영조 4) 소론 강경파와 남인 일부가 경종의 죽음에 영조와 노론이 관계되었다고 하면서 영조의 탕평책에 반대하여 일으킨 반란

❶ 균역법
군역의 폐단을 시정하기 위해 영조가 실시한 것으로, 군포의 부과를 군포 2필에서 1필로 줄인 제도

❉ 영조의 탕평비
두루 원만하고 편향되지 않음이 군자의 마음이고, 편향되고 원만하지 못함이 소인의 사사로운 마음이다.

❷ 정조(1776~1800)의 탕평책

(1) 강력한 탕평책 추진
① 준론 탕평: 붕당의 주장이 옳고 그른지 명백하게 가려 수용
② 척신·환관 제거, 노론과 소론의 일부와 남인 계열 중용

(2) 왕권 강화
① 규장각➊ 육성
　㉠ 붕당의 비대화를 막고 왕의 권력과 정책 뒷받침
　㉡『일성록』편찬(유네스코 기록 유산)
② 초계문신제➋ 시행: 신진 인물이나 중·하급 관리 가운데 능력 있는 자를 재교육
③ 장용영➌ 설치: 친위 부대(한양과 수원에 설치) ➡ 병권 장악
④ 수원 화성 건설
　㉠ 수원으로 사도 세자의 묘 이장
　㉡ 화성에 정치적·군사적 기능 부여, 상공인 유치
⑤ 만천명월주인옹: 학문적 자신감을 바탕으로 스스로 초월적 군주로 군림

(3) 지방 통치: 수령이 향약을 직접 주관토록 함 ➡ 지방 사족의 향촌 지배력 억제

(4) 사회 시책: 서얼을 규장각 검서관으로 등용, 공노비 해방 추진

(5) 산업 진흥
① 시전 상인의 독점권(금난전권) 폐지(신해통공)
② 서양의 과학 기술 수용

(6) 학술과 문화
① 문체반정: 박지원의 문체를 비판하며 순수한 6경 문체(고문)를 주장
② 청으로부터『고금도서집성』수입,『대전통편』(법전) 편찬
③ 동문휘고(외교 문서 정리), 탁지지(호조), 추관지(형사범 재판), 무예도보통지(병서), 규장전운(음운서), 홍재전서(정조 개인 문집)

❸ 세도➍ 정치의 전개

(1) 배경: 탕평 정치로 왕에게 권력 집중 ➡ 정조 사후 정치 세력 간의 균형 붕괴 ➡ 몇몇 유력 가문 출신의 인물들에게 권력 집중

(2) 전개➎
① 순조 초: 영조의 계비 정순 왕후가 수렴청정➏ ➡ 노론 벽파 세력이 정국 주도, 신유 박해(1801)로 정조 측근 숙청, 장용영 혁파
② 정순 왕후 사후: 순조의 장인 김조순(시파)을 중심으로 하는 안동 김씨 일파의 세도 정치 전개(반남 박씨, 풍양 조씨 등도 참여)
③ 순조 말: 효명 세자의 개혁(조기 사망으로 실패)
④ 헌종 때는 풍양 조씨 가문 득세, 철종 때 다시 안동 김씨 중심의 세도 정치

➊ 규장각
규장각은 본래 역대 왕의 글과 책을 보관하기 위한 왕실 도서관의 기능을 갖는 기구로 설치되었다. 그러나 정조는 여기에 비서실의 기능과 문한(책, 문서, 글) 기능을 통합적으로 부여하고, 과거 시험의 주관과 교육의 임무까지 부여하였다.

➋ 초계문신제
37세 이하의 당하관 중에서 선발하여 본래의 직무를 면제하고 40세까지 규장각에서 교육시키던 제도이다. 1개월에 2회의 구술고사[講]와 1회의 필답고사[製]로 성과를 평가하였다. 정조가 친히 강론에 참여하거나 직접 시험을 보아 채점하기도 하였다.

➌ 장용영
정조 15년(1791)에 서울과 수원에 설치하였던 군영으로, 왕권 강화를 위한 군사적 기반이 되었다.

🔺 수원 화성

➍ 세도
'세도(勢道)'는 '세도(世道)'에서 변질된 말로, '세도(世道)'는 세상을 다스리는 커다란 도리라는 뜻이었으나, 왕이 아닌 세력이 권세를 장악하면서 '세도(勢道)'라는 말로 바뀐 것이다.

➎ 세도 정치의 전개
순조(안동 김씨) ➡ 헌종(풍양 조씨) ➡ 철종(안동 김씨)

➏ 수렴청정
어린 왕이 즉위했을 때 왕의 어머니나 할머니가 왕을 대신하여 정사를 살피면서, 신하들에게 얼굴을 보이지 않으려고 앞에 발을 늘이고 정사에 임하는 정치 형태

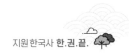

④ 세도 정치기의 정치 구도

⑴ **정치 기반 축소**: 소수 가문 출신이 중앙 정치 주도

⑵ 비변사로 권력 집중, 정2품 이상의 고위직만이 정치적 기능을 발휘, 의정부와 6조 유명 무실화

⑤ 세도 정치의 폐단과 저항

⑴ **수령권의 절대화**: 지방 사족 배제, 향리와 향임을 이용하여 수취 ➡ 부정을 견제할 세력 부재, 삼정(전정, 군정, 환곡)의 문란 발생

⑵ **세도 정권의 무능력**: 서울에 거주하면서 백성들의 고통 몰이해, 매관매직을 주도

⑶ 가혹한 수탈로 상품 화폐 경제 성장의 둔화

⑷ **저항**: 홍경래의 난(순조, 1811), 임술 농민 봉기(철종, 1862)

주제 53 조선 후기의 대외 관계

❶ 청과의 관계

(1) 병자호란 이후
　① 표면상: 사대 관계
　② 북벌 정책: 청에 대한 적개심으로 북벌 정책 추진 ➡ 정권 유지의 수단으로 이용, 전란 후의 민심 수습과 국방력 강화에 기여

(2) 북학론: 청의 국력 신장, 청을 통한 서양 문물 수용 ➡ 이로운 것은 배우자는 주장 제기

(3) 백두산정계비

▲ 백두산정계비 위치

　① 청이 만주 지역을 성역화 ➡ 우리나라 사람들이 두만강을 건너가 인삼을 캐거나 사냥을 함 ➡ 국경 분쟁 발생
　② 조선과 청의 두 나라 대표가 백두산 일대를 답사하고 국경을 확정하여 정계비를 세움(1712)

(4) 간도 귀속 문제
　① 정계비의 내용: "양국 간의 국경은 서쪽으로는 압록강, 동쪽으로는 토문강을 경계로 한다."(西爲鴨綠 東爲土門) ➡ 토문강의 위치에 대한 해석상의 차이로 간도 귀속 문제 발생
　② 간도 협약: 청·일 사이에 체결된 간도 협약(1909)에 따라 청의 영토로 귀속

❷ 일본과의 관계

(1) 사명대사를 통신사로 파견(선조, 1607) ➡ 기유약조(광해군, 1609) ➡ 부산포에 왜관을 설치하고 제한된 범위 내에서의 교섭 허용

(2) 통신사 파견(1607~1811, 12회)
　① 에도 막부의 쇼군 즉위 때 권위를 국제적으로 인정받기 위하여 조선에 사절 파견 요청
　② 비정기적 외교 사절, 조선의 선진 문화를 일본에 전파
　③ 일본에서 국학(일본 고유의 정신을 강조) 운동이 일어나면서 중단

(3) 울릉도와 독도
　① 숙종 때 안용복의 활약(1696): 울릉도의 일본 어민들을 쫓아내고, 일본에 건너가 울릉도와 독도가 조선의 영토임을 확인
　② 19세기 말에 정부가 울릉도에 주민의 이주를 장려하고, 대한 제국 시기에 울릉도에 군을 설치하여 관리를 파견하고 독도까지 관할

▲ 조선 통신사 행렬도

주제 54 조선 후기 수취 체제의 개편

한눈에 보기

⚲ 조선 조세 제도 총정리

	전기		후기
조 : 전세	연분 9등법 (전분 6등법 : 수등이척)	➡	영정법 : 4두/1결 (양척동일)
용 : 역(군역/요역)	대립제 ↑ ➡ 군적수포제(세금화)	➡	균역법 : 2필 ➡ 1필 ＋결작, 선무군관포, 선박·어장·염세
조 : 특산물(공납)	방납 폐해 ↑ ➡ 수미법 주장	➡	대동법 : 쌀, 베, 동전 (가호 ➡ 토지)

❶ 대동법

(1) 과정

① 광해군 시기 때(1608, 이원익의 건의) 경기도에서 시범적으로 시행하다가 점차 부분적으로 확대(김육의 노력)

② 숙종 때 전국적으로 실시(1708)

(2) 내용

① 중앙은 선혜청, 지방에 대동청 설치

② 봄·가을에 1/2씩 징수

③ 토지 결수에 따라 쌀(1결당 12두), 무명, 베, 동전 등으로 납부

④ 정부는 공인❶을 통해 물품 구입

(3) 결과

① 공납의 전세화, 금납화

② 공인의 성장, 상품 화폐 경제 발달

③ 농민의 부담 감소, 국가 재정의 확충

④ 상업 도시의 성장 : 삼랑진, 강경, 원산 등

🔺 대동세 징수와 운송

➕ 공인

관수품을 사서 국가에 납품하는 어용상인

(4) 폐단
① 지주가 대동세를 소작인에게 전가
② 수령·아전의 농민 수탈 증가로 농민 부담 증가
③ 진상과 별공의 잔존
④ 상납미(봄에 수취)의 증가, 유치미(가을에 수취)의 감소 ➡ 수령·아전의 농민 수탈

❷ 영정법(인조, 1635)

(1) 내용
① 전세를 최저 세율에 따라 1결당 4~6두로 법제화
② 양척동일⊕법(효종, 1653): 전분 6등법의 수등이척⊕에서 토지 등급에 상관없이 토지 면적 측량 실시

(2) 결과: 전세는 낮아졌지만 부가세, 보충 비용 등으로 농민 부담 증가

❸ 균역법(영조, 1750)

(1) 양역변통론⊕: 군역의 폐단을 시정하려는 논의 ➡ 양인의 호구 조사 실시 ➡ 균역청 설치

(2) 내용
① 1년에 군포 1필 부담
② 결작: 재정 보충을 위해 지주에게 1결당 미곡 2두 혹은 동전을 납부시킴
③ 선무군관포: 상류층에게 선무군관이라는 명예직을 주고 군포 1필 납부 부담
④ 기타 어염세·선박세 등 잡세 수입

(3) 결과
① 결작의 부담이 소작농민에게 전가
② 군적의 문란으로 농민 부담 증가

⊕ 양척동일
1등급에 사용하는 자를 이용하여 모든 등급에 측량. 이후 등급별로 척수를 재조정

⊕ 수등이척
토지 등급에 따라 자를 달리 하는 것이다.

⊕ 양역변통론
조선 후기에 양역의 폐단을 개선하기 위하여 대두된 주장. 공전제에 토대를 둔 농병 일치로 환원하자는 주장과 양반층에게도 군포(軍布)를 부담시키자는 주장이 나왔으나 시행되지 못하고 절충안으로 균역법이 채택되었다.

한눈에 보기

영정법	대동법	균역법
1. 국가 수입 감소	1. 국가 수입 증가	1. 국가 수입 감소
2. 지주 부담 감소	2. 지주 부담 증가	2. 지주 부담 증가(결작)
3. 소작농 부담 동일	3. 소작농 부담 감소	3. 소작농 부담 감소
4. 전세의 정액화	4. 공납의 전세화	4. 비농민의 부담 증가
	5. 공인의 출현 ➡ 상품 화폐 경제의 발달	5. 새로운 수탈의 등장 ➡ 각종 불법적 군포 징수
	6. 지주의 대동세 소작인 전가	

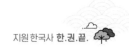

주제 55 | 조선 후기의 농업

❶ 경제 정책의 변화

(1) **제언⊕사 부활**(현종, 1662): 제언의 설치와 복구 ➡ 전쟁 후 황폐화된 농촌 재건 도모

(2) **총액제 실시**: 비총제(전세)·군총제(군역)·이환제(환곡)로 지역별 부세 액수가 고정되어 구성원들의 공동 책임 아래 공동 납부 ➡ 수령권 강화, 사림의 지위 약화, 농민 부담 증가

(3) **고립제**: 17세기 이후 요역이 필요할 때 인부를 모집하여 임금을 지불하고 요역 실시

⊕ 제언
제방을 비롯한 수리 시설

❷ 양반 지주의 경영 변화

(1) **지주 전호제**: 18세기 말에 일반화
　① 양반과 지주라는 신분적·경제적 지위를 이용하여 소작료와 기타 부담 강요
　　➡ 소작인의 저항
　② 소작권 혹은 도지권 인정(영구 소작권 보장, 매매·양도 가능), 소작료를 인하하거나 일부 지역에서 정액제(타조법⊕: 병작반수제 ➡ 도조법⊕: 정액제) 추세 발생
　③ 지주와 전호 사이가 신분적 관계보다 경제적 관계로 변화

⊕ 타조법과 도조법
• 타조법: 병작반수제(1/2)
• 도조법: 정액제(대체로 1/3)

(2) **양반들의 경제 생활**
　① 소작료를 거두어 생활, 소작료로 받은 미곡 판매 ➡ 토지 매입
　② 물주로서 상인에게 자금을 대거나 고리대로 부 축적
　③ 경제적 변동에 적응하지 못하여 몰락하는 양반 발생

❸ 농민 경제의 변화

(1) **수취 체제 개편의 한계**: 양반 중심의 지배 체제 유지 목적

(2) **농민들의 자구 노력**
　① 이앙법⊕ 확대: 이모작 ➡ 생산량의 증가, 논에서의 보리 농사는 대체적으로 소작료 면제
　② 견종법 보급: 밭농사에 쟁기가 사용되어 밭고랑⊕에 곡식을 심음
　③ 광작: 모내기법으로 잡초 제거(김매기) 일손 절감 ➡ 경작지 규모 확대
　④ 상품 작물 재배: 쌀, 목화, 채소, 담배, 약초 등 ➡ 쌀의 상품화 활발(밭 ➡ 논)
　⑤ 소작 쟁의: 소작권 인정, 소작료 인하(도조법)

⊕ 이앙법의 장점
• 잡초 제거(김매기) 일손 감소
• 벼·보리의 이모작 가능

⊕ 이랑과 고랑
• 이랑: 두둑. 이랑에 파종하는 방법을 농종법이라 칭한다.
• 고랑: 이랑과 이랑 사이의 골

(3) **농민층의 분화**
　① 일부 농민의 부농화, 몰락 농민 증가 ➡ 상품 화폐 경제 발달로 가속화
　② 광작 ➡ 지주들이 소작지 회수, 직접 경영 ➡ 상공업 종사, 임노동자화(다른 산업에 종사) ➡ 도시 인구의 증가

PART 05

주제 56 조선 후기의 상품 화폐 경제

❶ 사상의 대두

(1) **상업 발달**: 농업 생산력 증대, 수공업 생산 활발, 부세 및 소작료의 금납화❸, 인구의 도시 유입

(2) **공인의 성장**
① 대동법 실시 이후에 성장, 선혜청 등 국가에서 일정 금액(공가)을 받고 필요한 물품을 납품
② 국역으로서 공인세를 납부
③ 대량 거래를 통해 부를 축적하고 일부 공인은 도고(독점적 도매상)로 성장

(3) **시전 상인**: 금난전권(독점권) ➡ 폐지(신해통공, 1791), 육의전은 제외

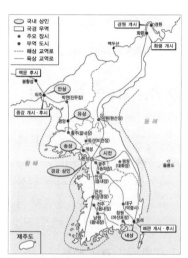
▲ 조선 후기 상인의 활동과 무역

(4) **사상의 활동**(18세기 이후): 칠패❸(남대문), 송파, 이현(동대문) 등 도성 주변에서 난전. 개성, 평양, 의주, 동래 등 지방 도시
① 송상(개성): 전국에 지점 설치(송방), 인삼 재배·판매, 대외 무역, 만상과 내상 중계, 복식 부기 사용
② 경강상인: 한강과 서남 연해안을 오가며 미곡, 소금, 어물 등 거래, 선박 제조, 판매, 서울 쌀폭동❸(순조, 1833)
③ 대외 무역❸: 만상(의주), 송상(개성), 내상(동래) 등이 주도

❷ 장시의 발달

(1) **장시**: 지방민들의 교역 장소

(2) **발달**
① 15세기 말 남부 지방에서 개설 ➡ 18세기 중엽 1,000여 개소로 증가
② 일부는 상설 시장화, 인근의 장시와 연계하여 지역적 시장권 형성
③ 광주의 송파장, 은진의 강경장, 덕원의 원산장, 창원의 마산포장 ➡ 전국적인 유통망을 연결하는 상업 중심지로 발돋움

(3) **보부상**: 농촌의 장시를 하나의 유통망으로 연계시킨 상인, 보부상단 조직

---

❸ 부세 및 소작료의 금납화
• 부세의 금납화: 토지세와 각종 역을 돈으로 환산하여 납부하는 방식
• 소작료의 금납화: 소작료를 화폐로 내게 하는 방식

❸ 칠패
조선 후기 서울 서소문 밖에 있었던 시장으로 남대문 시장의 전신이다. 18세기 전반기에는 동대문 시장의 전신인 이현(배오개), 종가(종로)와 함께 서울의 가장 큰 상업 중심지의 하나로 발전하였다.

❸ 서울 쌀폭동
경강상인과 여각이 담합하여 쌀을 배점한 사건이다. 이로 인해 서울 지역의 빈민들이 폭동을 일으켰다.

❸ 조선 후기 무역
• 의주 만상: 대청 무역
• 동래 내상: 대일 무역
• 개시와 후시
  ➡ 개시(공무역), 후시(사무역)
• 송상: 내상과 만상을 중계
• 일본의 은과 조선의 인삼, 청의 비단 등이 활발히 교류되는 은의 길(베이징~한양~에도) 형성

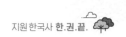

❸ 포구에서의 상업 활동

(1) **발달 배경**: 도로와 수레 미발달 ➡ 수로를 통하여 물화 운송

(2) **선상**(선박 이용, 경강상인이 대표): 전국의 포구를 하나의 유통권으로 연결

(3) **객주, 여각**: 상품 매매 중개, 운송, 보관, 숙박, 금융 등

(4) **장시 개설**: 칠성포(낙동강 하구), 강경포, 원산포 등의 포구에서 장시 개설

❹ 화폐 유통

(1) **상평통보의 유통**(숙종): 허적의 제안으로 주전도감 설치, 상공업 발달과 세금·소작료의 금납화

(2) **전황**: 지주나 대상인들이 화폐를 고리대나 재산 축적에 이용 ➡ 유통량 부족 ➡ 농민 불리 ➡ 이익의 폐전론❶, 박지원의 용전론❶

(3) 환, 어음 등 신용 화폐 보급

❶ 폐전론
화폐를 폐지하자는 주장

❶ 용전론
화폐 유통을 활성화 시키자는 주장

❺ 민영 수공업의 발달

(1) **배경**: 도시 인구 급증, 대동법 실시 ➡ 정조 때 공장안 폐기

(2) **민영 수공업 발달**
　① 장인세만 부담하고 비교적 자유롭게 생산 활동에 종사(납포장)
　② 점(店): 민간 수공업자의 작업장(철점, 사기점 등)
　③ 선대제 성행: 공인이나 상인들에게 자금과 원료를 미리 받아서 제품 생산
　　➡ 상업 자본에 예속, 자본주의의 맹아 단계
　④ 독립 수공업자 등장: 18세기 후반 독자적으로 제품을 생산하고 직접 판매

❻ 민영 광산의 증가

(1) 초기(정부 독점) ➡ 부역제의 해이 ➡ 17C 정부의 감독 아래 민간인이 광물 채굴(설점수세제) ➡ 18C 후반(영조, 1775) 민간이 자유롭게 채굴하고 수령에게 조세 납부(수령수세제)

(2) 은광(청과의 무역으로 은의 수요 증가)과 금광 개발, 몰래 광산을 운영하는 잠채 성행

(3) **덕대의 활약**: 경영 전문가인 덕대가 상인 물주에게 자본을 조달받아 채굴업자와 채굴·제련 노동자 등을 고용하여 광물 채굴 ➡ 분업과 협업(자본주의의 맹아)

주제 57 조선 후기 사회 구조의 변동

❶ 신분제의 동요

(1) **양반층의 분화**: 일당 전제화 ➡ 권력을 잡은 일부 양반❶, 향반❶, 잔반❶으로 분화

(2) **활발한 신분 이동**: 양반 수 증가와 상민·노비 수 감소 ➡ 양반 중심의 신분 체제 동요

⊕ 양반의 계층 분화
- 권반: 권력을 장악한 양반으로 경제적, 사회적 특권 향유
- 향반: 관직에서 밀려나 향촌에서 영향력을 행사하는 양반
- 잔반: 정치, 경제적으로 완전히 몰락한 양반으로 일반 농민과 같은 처지로 사회 개혁에 앞장섰다.

❷ 양반의 향촌 지배 약화

(1) **양반의 권위 약화**
➡ 몰락(소작농, 임노동자) 양반 발생 ↔ 평민과 천민 출신 부농층 등장

(2) **양반의 지위 유지 노력**: 촌락 단위의 동약 실시, 족적 결합 강화
➡ 동족촌, 서원, 사우(사당) 설립, 청금록과 향안을 통해 신분 확인

(3) **부농층의 도전**
① 관권과 결탁 ➡ 향안에 이름 올림, 향회 장악
② 향촌 지배에 참여: 향임직 진출, 부세 제도 운영에 적극 참여, 수령이나 기존의 향촌 세력과 타협하여 상당한 지위 확보 ➡ 향촌 지배에 참여하지 못한 부농층도 많음
③ 향전: 새롭게 부상한 신향과 기존의 구향 사족 간의 향촌 운영을 둘러싼 대립

❸ 중간 계층의 신분 상승 운동

(1) **서얼**
① 서얼 차별 완화: 임진왜란 이후 완화 ➡ 납속책❶과 공명첩❶을 이용하여 관직 진출
② 신분 상승 운동(서얼 허통 운동) 전개: 집단 상소로 청요직 진출 허용 요구
➡ 정조 때 유득공, 이덕무, 박제가 등이 규장각 검서관으로 등용됨
③ 신해허통(1851, 철종): 문과에 대한 서얼 차별 철폐 ➡ 청요직 진출 허용

⊕ 납속책과 공명첩
납속책은 정부가 군량미가 부족하거나 흉년 등으로 백성을 구제할 곡식이 부족할 때 재정 확보책의 하나로 실시하였다. 곡물을 바치는 자에게는 군역을 면제해 주거나 벼슬을 내렸는데, 이때 벼슬 임명장에는 이름을 비워두었기 때문에 이를 공명첩이라고 하였다. 천민의 경우에는 신분을 해방시켜 주기도 하였다.

(2) **기술직 중인**
① 서얼의 신분 상승 운동에 자극
② 축적한 재산과 실무 경력을 바탕으로 신분 상승 추구
③ 철종 때 대규모의 소청 운동 ➡ 실패, 전문직으로서의 중요한 역할 부각시킴

(3) **역관**: 청과의 외교 업무에 종사하면서 서학을 비롯한 외래문화 수용의 선구적 역할 ➡ 성리학적 가치 체계에 도전하는 새로운 사회의 수립 추구

❹ 농민층의 분화: 납속, 향직 매매를 통한 신분 상승

(1) **농민층의 분화**: 부농으로 부상하거나 상공업에 종사 또는 임노동자화

(2) **대지주 등장**: 양반 지주(대부분)+서민 지주 ➡ 요호부민❶의 등장, 광작, 농지 확대, 영농 방법 개선

⊕ 요호부민
경영형 부농

(3) **서민 지주의 신분 상승**: 공명첩 매입, 족보 위조 ➡ 군역 면제, 수탈 회피, 경제 활동의 편의

(4) 임노동자의 출현

① 다수의 농민은 토지에서 밀려나 임노동자화 ➡ 성 쌓기나 도로 공사에 임노동자를 고용

② 부농층도 임노동자 고용 ➡ 부농층의 대두와 임노동자의 출현은 농민의 분화를 의미

❺ 노비제의 붕괴

(1) 신분 상승 운동

① 합법적 방법: 납속, 공명첩, 노비 속량

② 비합법적 방법: 도망, 호패나 족보 위조

(2) 노비 정책의 변화

① 입역 노비의 납공 노비화

② 노비 추쇄 정책(효종: 도망 노비 수색) ➡ 노비종모법⊕(현종: 송시열의 건의) ➡ 폐지·실시의 반복 ➡ 노비종모법 확정(영조, 1731) ➡ 공노비 해방(순조, 1801)

❻ 가족 제도의 변화와 혼인

(1) 변화 양상: 부계와 모계가 함께 영향을 미치는 형태 ➡ 부계 위주의 형태

① 조선 중기까지

　㉠ 남자가 여자 집에서 생활하는 경우가 있었음

　㉡ 아들과 딸이 부모의 재산을 똑같이 상속 ➡ 제사는 형제가 돌아가면서 지냄, 다만 대를 잇는 자식에게는 재산의 1/5을 추가 상속

② 17세기 이후: 부계 중심의 가족 제도 확립, 『주자가례』의 보급

　㉠ 친영 제도 정착: 혼인 후 곧바로 남자 집에서 생활

　㉡ 제사는 큰아들이 지내야 한다는 의식 확산, 재산 상속에서도 큰아들 우대

　㉢ 아들이 없는 집안에서는 양자 입양 일반화

　㉣ 동족 마을 형성 ➡ 개인이 개인으로 인정받기보다 친족 집단의 일원으로 인식

　㉤ 가묘(조상의 신주)를 모시고 주기적으로 제사

(2) 혼인

① 일부일처가 기본 ➡ 축첩 제도

② 서얼은 문과에 응시하지 못함, 제사나 상속 등에서도 차별

③ 법적 혼인 가능 연령은 남자 15세, 여자 14세

❼ 인구의 변동

(1) 호구 조사: 3년마다 호적 대장 작성 ➡ 공물과 군역의 담당자인 남성만 기록

(2) 지역적 분포: 하삼도 – 50%, 경기·강원 – 20%, 평안도·황해도·함경도 – 30%

(3) 인구 수

① 건국 무렵: 550만~750만

② 19세기 말엽: 1,700만 명 정도로 추산

⊕ 노비종모법

노비는 노비끼리 혼인하도록 규정되어 있는 상황에서 그 소생 자녀의 주인을 결정하는 기준으로 종모법이 고려 시대부터 실시되었다. 그러나 현실적으로 양천교혼이 생겨나게 되자 부모 가운데 한쪽만 노비이면 자녀도 노비가 되게 하는 일천즉천을 적용하여 고려 후기와 조선 초기에 노비의 숫자가 증가하였다. 조선 후기에는 노비 소생의 신분을 정하는 규칙으로써 노비종모법이 시행되어 노비의 신분 상승 추세를 촉진시켰다.

PART 05

주제 58 조선 후기 사회 변혁의 움직임

❶ 사회 불안의 심화

(1) **배경**

① 지배층의 수탈로 농민 경제 파탄, 농민 의식 고양 ➡ 항거 운동

② 탐관오리들의 탐학과 횡포 심화, 재난과 질병 빈번

(2) **사회 불안 고조**: 비기❶·도참❶설의 유행, 서양 이양선❶의 출몰, 도적의 횡행

❷ 예언 사상의 대두

(1) **예언 사상의 유행**: 말세의 도래, 왕조의 교체, 변란의 예고 등 낭설 횡행
➡ 민심 혼란, 『정감록』유행

(2) **무격·미륵 신앙❶의 확장**: 현세의 불행을 미륵 신앙에서 해결, 살아있는 미륵불을 자처하는 무리 등장

❸ 천주교의 전파

(1) **전래의 특징**: 17C 서학으로 소개 ➡ 18C 후반 신앙 활동

① 광해군 때 이수광의 『지봉유설』에서 마테오 리치의 『천주실의』소개

② 유몽인이 『어우야담』을 통해 천주교의 교리를 설명

③ 18세기 후반에 남인 계열 일부 실학자들이 신앙으로 수용

④ 정조 때 이승훈이 북경에서 서양인 신부에게 영세를 받고 귀국

(2) **박해의 원인**: 성리학적 질서의 거부

(3) **정부 대응의 변화**: 방관에서 탄압으로(벽파 집권기에 특히 심함) 변화

① 정조 때: 시파 집권(천주교에 비교적 관대) ➡ 큰 탄압이 없었음

② 순조 즉위 직후(1801): 벽파 집권 ➡ 천주교에 엄격

③ 순조 중·후반기: 안동 김씨(시파) 정권 ➡ 탄압 완화

④ 헌종: 풍양 조씨 벽파 정권 ➡ 탄압 심화

⑤ 철종: 안동 김씨 시파 정권 ➡ 탄압 완화

(4) **주요 박해**

① 추조 적발 사건(정조, 1785): 이벽, 정약용, 이승훈 등이 미사를 보다 발각된 사건

② 반회 사건(정조, 1787): 이승훈, 정약용 등이 성경을 강습하다 적발된 사건

③ 진산 사건❶(정조, 1791): 제사 거부(윤지충)

④ 신유박해(순조, 1801): 이승훈·정약종 처형, 주문모 신부 처형, 정약용 등의 남인 시파 유배

⑤ 황사영 백서 사건(순조, 1801): 베이징 주교에게 군사 동원을 요청한 백서

⑥ 기해박해(헌종, 1839): 풍양 조씨(노론 벽파), 프랑스 신부들 처형

⑦ 병오박해(헌종, 1846): 김대건 신부 처형

⑧ 병인박해(대원군, 1866): 프랑스 선교사 등 처형

⊕ 비기(秘記)

인간의 길흉화복이나 국가의 장래에 대한 예언적 기록(『정감록』)

⊕ 도참(圖讖)

인간 생활의 길흉화복이나 성쇠득실에 대한 예언 혹은 징조

⊕ 이양선

영국의 로드 암허스트호(Amherst, 1832)를 시작으로 연해에 지속적으로 출몰하였다.

⊕ 미륵 신앙

불교 신앙의 한 형태. 먼 미래에 미륵불이 나타나 이 세상이 낙토로 바뀌면서 부처님이 미처 구하지 못한 중생들을 모두 구제해 준다는 신앙이다.

⊕ 진산(珍山) 사건

1791년(정조 15)에 일어난 천주교 박해 사건. 전라도 진산에서 양반 출신인 윤지충이 모친상을 당했는데, 그와 그의 외사촌인 권상연은 제사를 지내지 않으며 신주(神主, 위패)를 불태우고 천주교 의식으로 상을 치렀다. 그 사실이 유림들 사이에 알려져 관가에 고발되었고, 결국 두 사람은 불효 불충 역모죄로 사형되었다.

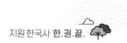

(5) **교세 확장**: 현실(세도 정치)에 대한 불만, 인간 평등사상과 내세 신앙 등의 교리에 일부 백성들이 공감

❹ 동학⊕의 발생

(1) **최제우의 동학 창시(1860)**: 유・불・선의 주요 내용＋고유 신앙
　① 시천주(侍天主): 사람 속에 있는 하느님을 모심
　② 인내천・사인여천 사상: 사람이 곧 하늘
　③ 보국안민: 사회 모순 극복, 외세 침략 방어
　④ 주술과 부적을 중시 ➡ 불로장생을 추구
　⑤ 후천개벽: 혁명의 도래를 예언

(2) **탄압**: 혹세무민의 죄로 최제우를 처형

(3) **2대 교주 최시형**: 『동경대전』과 『용담유사』 발간, 교단 조직 정비(포・접제) ➡ 경상도, 충청도, 전라도, 강원도와 경기도 일대로 확산

❺ 농민의 항거

(1) **배경**: 세도 정치하의 국가 기강 해이, 탐관오리의 부정과 탐학(삼정의 문란⊕) vs 농민들의 사회 의식 강화

(2) **농민의 저항**: 유망(流亡), 화전민, 도적 ➡ 소청⊕, 벽서⊕, 괘서⊕ ➡ 농민 봉기

(3) **농민 봉기**
　① 홍경래의 난(1811)
　　㉠ 배경: 서북 지방(평안도)에 대한 지역 차별, 세도 정치의 모순
　　㉡ 영세 농민, 중소 상인, 광산 노동자 합세
　　㉢ 한때 청천강 이북 지역을 거의 장악하였으나 정주성 전투의 패배 이후 5개월 만에 평정
　② 임술 농민 봉기(1862)
　　㉠ 단성 ➡ 진주 ➡ 전국으로 확산
　　㉡ 진주 민란: 경상도우병사 백낙신과 진주목사 홍병원의 탐학에 대항(몰락 양반 유계춘의 주도) ➡ 안핵사 박규수의 파견으로 수습
　　㉢ 양반 중심의 통치 체제 점차 붕괴

(4) **정부의 대응**: 삼정이정청 설치(박규수의 건의)
　① 삼정의 문란 시정 약속
　② 지주 전호제 모순 등 수취 체제 개혁을 위한 근본 해결책 부족
　③ 2개월 만에 폐지, 농민 봉기 간헐적 지속

▲ 19세기 민란 지역

지도 범례:
- 홍경래 반군의 점령지
- 철종 때의 농민 봉기 지역
- 고종 때의 농민 봉기 지역

홍경래의 난 (1811)
개령 농민 봉기 (1862)
진주 농민 봉기 (1862)

⊕ **동학의 사상**
동학은 성리학과 불교를 배척하는 동시에 서구 세력과 연결된 천주교도 배격하였다. 서학을 반대한다는 입장에서 동학이라 하였던 것이다. 동학은 인내천 사상에 의해 인간의 존엄과 평등, 그리고 주술에 의한 광제창생과 불로장생을 내세웠다. 동학은 봉건 사회 말기의 전환 시대를 이끈 사상으로서 민족적・민중적 성격을 지니고 있다.

⊕ **삼정의 문란**
조선 후기의 대표적인 수취 제도 문란으로 전정(전세 수취 제도), 군정(군포 징수 제도), 환곡(구휼 제도)의 문란을 말한다.

⊕ **소청(訴請)**
정부에 공식적으로 억울함을 토로하는 행위이다.

⊕ **벽서, 괘서**
은밀히 설치하는 일종의 대자보

주제 59 조선 후기 사상의 동향

❶ 조선 후기 성리학의 논쟁들

(1) **문묘 종사 문제**

① 광해군 : 이언적과 이황의 문묘 종사를 추진하는 남인과 반대하는 북인(정인홍)의 대립

② 숙종 : 성혼과 이이의 문묘 종사를 추진하는 서인과 반대하는 남인의 대립

(2) **주자 성리학 상대화** : 윤휴와 박세당 ➡ 6경❶과 제자백가에서 사회 모순 해결의 사상적 기반을 모색

① 윤휴(1617~1680) : 유교 경전에 대하여 주자와 다른 독자적 해석, 숙종 초 북벌론을 주도, 경신환국으로 숙청(남인)

② 박세당(1629~1703) : 양명학과 노장 사상의 영향을 받아 주자의 학설 비판, 『신주도덕경』·『사변록』 저술, 소론

③ 서인(노론)의 공격을 받아 사문난적❷으로 몰려 죽음

(3) **서인(노론)**

① 의리 명분론 강화, 주자 성리학의 절대화

② 송시열(1607~1689) : 주자의 뜻에 충실함으로써 사회 모순의 해결이 가능하다고 생각

(4) **호락논쟁(18세기) − 송시열 사후의 논쟁**

① 호론(권상하, 한원진, 윤봉구 등) : 충청 노론 중심의 인간과 사물의 본성이 다르다는 주장, 주기론(기의 차별성 강조), 인물성이론 ➡ 위정척사, 화이론으로 발전

② 낙론(이간, 이재, 김창협 등) : 서울 노론 중심의 인간과 사물의 본성이 같다는 주장, 주리론(이의 보편성 강조), 인물성동론 ➡ 북학 사상과 최한기 등의 개화사상으로 발전

❷ 양명학❸의 수용

(1) **특징** : 성리학의 교조화와 형식화 비판, 지행합일의 실천성 강조

(2) **수용** : 중종 때 왕수인(왕양명)의 『전습록』이 전래됨 ➡ 서경덕 학파와 종친들 사이에서 확산 ➡ 최명길 등이 연구 ➡ 17세기 후반 소론 학자들이 본격적으로 수용 ➡ 정제두가 학문적 체계 수립(강화학파)

(3) **강화학파**

① 정제두(1649~1736) : 일반민을 도덕 실천의 주체로 상정, 양반 신분제 폐지 주장

② 저서 : 『변퇴계전습록변』

③ 소론의 가학으로 계승

④ 양명학을 바탕으로 역사학, 국어학, 서화, 문학 등 연구, 실학자들과 상호 영향

⑤ 구한말 이건창·이건방·박은식·정인보 등이 계승❹

---

❶ 6경
시경, 서경, 역경, 예기, 춘추, 악기

❷ 사문난적(斯文亂賊)
유교에서 교리를 어지럽히고 사상에 어긋나는 행동을 하는 사람

❸ 양명학
양명학은 인간의 마음이 곧 이(理)라는 심즉리(心卽理)를 바탕으로, 인간이 상하 존비의 차별 없이 본래 타고난 천리(天理)로서의 양지를 실현하여 사물을 바로잡을 수 있다는 치양지설(致良知說), 그리고 앎과 행함이 분리되거나 선후가 있는 것이 아니라 앎은 행함을 통해서 성립한다는 지행합일설(知行合一說) 등을 근간으로 하고 있다.

❹ 양명학의 계승
한말과 일제 강점기에 박은식(유교 구신론), 정인보 등은 양명학을 계승하여 민족 운동을 전개하였다.

주제 60	실학

❶ 실학의 배경

(1) **실학**: 조선 후기 사회 체제의 모순 극복 및 개혁

(2) **발생 요인**: 통치 체제의 와해(16세기~왜란·호란) ➡ 체제 개편과 민생 안정 등 성리학의 한계성 비판, 현실 생활과 직결되는 문제 탐구

(3) **성격**: 17~18세기의 사회 경제적 변동에 따른 사회 모순의 해결책으로 대두한 사회 개혁론 ➡ 실용적, 실증적, 근대 지향적, 민족적, 민중적 사상

(4) **선구자**

  ① 이수광(1563~1628): 『지봉유설』을 저술, 문화 인식의 폭 확대

  ② 한백겸(1552~1615): 『동국지리지』 저술, 역사 지리 고증, 6경의 독자적 해석

(5) **확산**: 농업 중심의 개혁론, 상공업 중심의 개혁론, 국학 연구 등을 중심으로 확산 ➡ 청에서 전해진 고증학과 서양 과학의 영향을 받음

❷ 농업 중심의 개혁 사상[경세치용(經世致用) 학파], 18세기 전반

(1) **출신**: 경기 남인

(2) **특징**: 각종 제도의 개혁 추구(이황의 학풍＋서경덕의 학풍) ➡ 농민 생활의 안정을 위한 토지 제도의 개혁을 가장 중시

(3) **대표적 학자**

  ① 유형원(1622~1673): 『반계수록』

   ㉠ 균전론❶(『반계수록』): 공유제를 바탕으로 토지를 신분에 따라 차등하게 토지 재분배

   ㉡ 농병 일치의 군사 제도, 사농일치의 교육 제도, 토지에 역을 부과, 양반문벌·과거·노비제 비판

  ② 이익(1681~1763): 『성호사설』, 『곽우록』

   ㉠ 한전론❶: 점진적인 토지 소유의 평등화(영업전: 매매 금지)

   ㉡ 나라를 좀 먹는 6가지 폐단: 노비제, 과거제, 양반문벌, 기교, 승려, 게으름

   ㉢ 붕당제 비판, 과거제 축소, 전랑권 폐지, 천거제 확대, 사창제 실시, 폐전론, 천문학 연구, 실증적이고 주체적 역사 인식 등

  ③ 정약용(1762~1836): 실학의 집대성

   ㉠ 여전론: 마을 단위의 토지 공동 소유, 경작, 분배(노동량) ➡ 정전제❶

   ㉡ 백성의 의사가 반영될 수 있는 정치 제도의 개선 방안 모색

   ㉢ 과학 기술과 상공업 발달에 관심(기예론, 거중기, 배다리 설계)

   ㉣ **저서**: 목민심서(지방 행정 개혁), 경세유표(중앙 행정 개혁), 마과회통(의서), 흠흠신서(사법 제도 개혁), 아방강역고(역사 지리서), 민보의(병서), 아언각비(속어 정리), 오학론(붕당 비판), 여유당전서(총서), 애절양(한시) 등

❶ **균전론(均田論)**

유형원은 관리, 선비, 농민 등 신분에 따라 차등 있게 토지를 재분배하고, 조세와 병역도 조정하자고 주장하였다.

❶ **한전론(限田論)**

이익은 한 가정의 생활을 유지하는 데 필요한 규모의 토지를 영업전으로 정한 다음 영업전은 법으로 매매를 금지하고, 나머지 토지만 매매를 허용하자고 주장하였다.

❶ **정전제(井田制)**

전국의 토지를 국유화하여 정전을 편성하고 그 중 9분의 1을 공전으로 만들어 조세에 충당하고 나머지는 농민에게 분배하자는 주장이다.

ⓜ 『탕론』과 「원목」에서 민본적 정치를 주장(서양의 사회계약설과 비슷함)

ⓗ 호포제를 주장

사료 탐구하기

정약용의 여전론

이제 농사짓는 사람은 토지를 가지게 하고, 농사짓지 않는 사람은 토지를 가지지 못하게 하려면, 여전제를 실시해야 한다. 산골짜기와 시냇물의 지세를 기준으로 구역을 획정하여 경계를 삼고, 그 경계선 안에 포괄되어 있는 지역을 1여(閭)로 한다. …… 1여마다 여장(閭長)을 두며, 무릇 1여의 인민이 공동으로 경작하도록 한다. 『여유당전서』

정약용의 민본 사상

무릇 천자란 어떻게 있는 것인가? 하늘이 천자를 내려서 그를 세운 것인가? 아니면 땅에서 솟아나 천자로 된 것인가? 민이 필요했기 때문에 천자를 뽑아서 된 것이다. 5가가 인장(隣長)을 뽑고 인장이 이장을 뽑고 이장이 현장(縣長)을 뽑고, 현장이 제후를 추대하고 제후가 천자를 추대한다. 천자는 민이 추대해서 이루어지니 또한 민이 밀어주지 않으면 그 자리를 유지할 수 없다. 천자를 붙잡아 끌어내리는 것도 민이요, 올려서 윗자리에 앉히는 것도 민이다. 『탕론』

---

❸ 상공업 중심의 개혁 사상[이용후생(利用厚生) 학파], 18세기 후반

(1) **출신**: 서울 노론

(2) **특징**: 상공업 진흥과 기술 혁신, 청나라 문물을 수용하여 부국강병과 이용후생에 힘쓰자고 주장하여, 이용후생 학파 또는 북학파❶라고 불림(이이의 학풍+주리론적 요소)

(3) **대표적 학자**

① 유수원(1694~1755): 『우서』

　　㉠ 상공업의 진흥과 기술의 혁신 주장 ➡ 대규모 상업 자본의 형성(단, 독과점은 국가에서 통제)

　　㉡ 사농공상의 직업 평등과 전문화 주장

　　㉢ 토지 제도의 개혁보다 농업의 상업적 경영과 기술 혁신 주장

　　㉣ 세과사라는 상세 징수 기관의 설치를 주장

② 홍대용(1731~1783): 『담헌서』, 『임하경륜』(사회 개혁), 『의산문답』(과학, 사회 개혁), 『주해수용』(수학)

　　㉠ 기술 혁신과 문벌제도 철폐, 성리학의 극복이 부국강병의 근본임을 강조

　　㉡ 중국이 세계의 중심이라는 생각 비판(지전설, 무한우주론)

　　㉢ 균전제(정남에게 2결), 농병일치제

　　㉣ 농수각: 사설 천문대(혼천의, 서양식 시계 - 후종)

③ 박지원(1737~1805): 『열하일기』, 『과농소초』(농서), 한문 소설(문체 혁신)

　　㉠ 상공업 진흥, 수레와 선박의 이용, 화폐 유통의 필요성 주장

　　㉡ 양반 문벌제도의 비생산성 비판

　　㉢ 영농 방법 혁신, 상업적 농업 장려, 수리 시설의 확충에 관심, 한전론(토지 소유의 상한선 설정) 주장

---

❶ 북학파

18세기 청나라의 수도 북경을 내왕하면서 그곳의 발달한 문물을 수용하자고 주장한 실학자를 일컫는다. 북학이란 북경을 중심으로 발달한 이용후생의 실용적 학문을 뜻하며, 기술의 혁신, 생산과 유통의 중요성을 강조하였다.

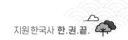

④ 박제가(1750~1805) : 『북학의』

  ㉠ 상공업 발달, 청과의 통상 강화, 수레와 선박의 이용 등 역설

  ㉡ 생산을 자극하기 위해서 절약보다 소비를 권장해야 한다고 주장(우물물에 비유)❶,
  정약용과 함께 종두법 연구

⑤ 최한기(1803~1877) : 『명남루총서』(주기론 경험주의 ➡ 상업 국가), 『지구전요』(과학
서적)

❶ **박제가의 우물론**
무릇 재물은 대체로 샘과 같은 것이다. 퍼내면 차고, 버려두면 말라 버린다. 그러므로 비단옷을 입지 않고서 나라에 비단 짜는 사람이 없게 되면 여공(女工, 여자들의 길쌈일)이 쇠퇴하고, 쭈그러진 그릇을 싫어하지 않고 기교를 숭상하지 않아서 나라에 공장(수공업자)을 도야(기술을 익힘)하는 일이 없게 되면 기예가 망하게 되며, 농사가 황폐해져서 그 법을 잃게 되므로 사농공상의 사민이 모두 곤궁하여 서로 구제할 수 없게 된다. 『북학의』

주제 61 조선 후기 국학 연구의 확대

❶ 조선 후기 역사학

(1) **배경**: 실학의 발달과 함께 민족의 전통과 현실에 대한 관심 고조

(2) **17세기 사서**: 15세기 역사관 비판＋왕도 정치 강조＋사림의 존화주의적 경향

제목	시기	편찬자	내용 및 형식
동사찬요 (1606)	선조	오운	• 삼국, 고려 • 왜란 이후 역사의식을 기전체로 서술 • 절의를 지킨 의병과 애국장군을 찬양하는 열전 중심
동사보유 (1630)	인조	조정	• 편년체 • 오운의 역사 인식을 반대하여 단군 조선~고려 말까지 서술 • 조선 시대 유학자들이 일반적으로 기피한 신화와 설화 수록
휘찬여사 (1639)	인조	홍여하 (남인)	• 기전·강목체 • 우리나라가 기자 때부터 예의와 평화를 지키는 유교 국가였음을 주장, 그 영역이 마한을 거쳐 신라로 계승 • 영남 남인들에게 추앙받는 사서
여사제강 (1667)	현종	유계 (서인)	• 편년·강목체 • 고려사 서술 • 삼국사기·고려사·동사찬요·동국통감 등의 기사 내용과 체제, 사체(史體)에 대한 불만으로 집필 • 고려가 자치자강에 힘쓰면서 북방족에게 강력히 항전한 것과 재상이 정치적 주도권을 잡은 사실 강조 • 송시열 등 내수외양 북벌론자들의 칭송을 받음 • 노론 사이에서 가장 추앙받는 사서
동사 (東事) (1667)	현종	허목 (남인)	• 기전체 • 고조선, 기자 조선, 삼국 • 조선 후기 사서 중 단군, 기자, 신라를 중국의 삼대에 비유하여 이상 시대로 그림, 남인 입장
동국통감제강 (1672)	현종	홍여하 (남인)	• 편년·강목체 • 기자 조선, 삼국 • 왕권 강화와 붕당 정치 폐지 강조 • 현종 때 편찬하여 정조 때 간행 • 동국통감의 요점만 뽑아 편년체로 엮음 • 영남 남인들에게 추앙받는 사서

(3) 18세기 이후 역사서 : 민족의식 고취＋전통문화 자부심＋민족 정통성

제목	시기	편찬자	내용 및 형식
동국역대총목 (1705)	숙종	홍만종 (왕실 중심)	• 편년·강목체 • 고조선, 기자 조선, 삼국, 고려, 조선 • 단군을 정통 국가 시작으로 기자 – 마한 – 통일 신라로 계승되었다고 하며 삼국은 정통이 없는 시대로 여김 • 단군 정통론은 이익, 안정복에게 계승 • 고려와 조선에 대하여 왕실 중심 역사 서술
동사회강 (1711)	숙종	임상덕	• 편년·강목체 • 삼국, 고려 • 여사제강(유계)을 따르고 고대 강역과 단군, 기자에 관한 고증을 추가, 후에 동사강목에 영향
이익 (1681~1763)			• 역사의 동력을 '시세 – 행불행 – 시비'의 순서로 파악 • 실증적·비판적 역사 서술 제시, 중화주의적 역사관 탈피 • 안정복, 정약용 등에게 영향
동사강목 (1778)	정조	안정복	• 편년·강목체 • 고조선, 삼국, 고려의 역사 • 실증적 역사 연구를 집대성 • 삼한 정통론과 민족 독자성에 입각한 조선 후기 대표적 통사 • 이익 정통 사관을 적용하여 고조선~고려 말까지 한국사의 독자적 체계 성립 • 정확한 고증을 거쳐 엮은 통사 • 명분론에 입각한 자주의식 강조 • 발해를 중국사로 인식, 성리학으로부터 탈피 ×(조선 시대 모든 사서는 명분론 탈피 ×)
연려실기술 (1776년 이전)	영조	이긍익	• 기사본말체 • 조선 시대 정치·문화를 야사 중심으로 사건 경과에 따라 정리 • 실증적, 객관적 정리, 백과사전식 정리
발해고 (1784)	정조	유득공	• 불완전 기전체 • 발해, 신라를 남북국 형세로 파악 • 한국사 무대를 만주~한반도에 걸치는 것으로 인식(반도 중심 역사관 탈피)
열조통기 (1800)	순조	안정복	• 편년체 • 태조~영조까지의 역사를 기록 • 동사강목을 편찬한 뒤, 그 뒤의 역사를 체계화하려는 목적
동사 (東史) (1803)	순조	이종휘	• 기전체 • 고조선, 삼국, 발해, 고려 • '지'에는 고구려의 비중이 큼 • 만주 중심 역사관(반도 중심 역사관 탈피) • 이원적 정통론 계승(단군 – 부여 – 고구려·백제, 기자 – 마한 – 신라)
해동역사 (1814, 1823)	순조	한치윤	• 기전체 • 고조선, 삼국, 발해, 고려 • 중국, 일본 등 외국 사서 500여 종을 인용한 분류사('열전'은 없고 '세가', '지', '고'로 구성)로 서술 • 발해를 삼국과 대등하게 서술 • 우리 문화의 선진성, 중국·일본과의 문화 교류 상세히 정리
금석과안록 (1852)	철종	김정희	금석학 연구(북한산비가 진흥왕 순수비임을 밝힘)

(4) 중인들의 역사서

제목	시기	편찬자	내용 및 형식
호산외기 (1844)	헌종	조희룡	• 조희룡은 호산거사를 자처 • 중인·화가·승려·몰락 양반 가운데 특이한 행적을 남긴 42인을 기록
연조귀감 (1777년 저술, 1848년 간행)	헌종	이진흥	• 이진흥은 향리 집안의 후손 • 기원·형성 과정 및 위업을 밝혀 향리와 양반이 처음에는 같은 신분이었음을 재인식 • 향리들의 신분상 지위 변화를 개진하려는 의도로 간행
고문비략 (1858)	철종	최성환	• 행정적 실무의 합리적 개혁을 주장하여 요역의 임금제, 세금의 금납화를 주장 • 도시 상공업자들과 행정 실무 담당자의 입장을 대변
규사 (1859)	철종	이진택	• 역대 서얼에 관계되는 사실들을 모아 편찬 • 서얼 관계의 사실을 왕조순으로 서술하는 형식
이향견문록 (1862)	철종	유재건	• 위항인 308명의 '전'을 집성하고 성격에 따라 분류 • 위항 문학의 융성함을 나타내고자 함
희조일사 (1866)	고종	이경민	위항인의 전기로 일사(逸士)·효자·처사(處士), 문학·서예화가·의복(醫卜)·효부(孝婦)·절부(節婦)들의 기사 수록

❷ 지리서, 지도, 국어, 금석학, 백과사전 등

(1) 역사 지리서

제목	시기	편찬자	내용 및 형식
동국지리지 (1615)	광해군	한백겸	• 고조선~고려까지의 역사 지리서, 삼한 위치 고증 • 고대 지명 새롭게 고증 • 고구려 발상지가 평안도라는 통설을 깨고 만주 지역이라는 것을 처음으로 고증
요계관방도 (1706)	숙종	이이명	10폭의 병풍, 북방, 만주, 만리장성 등 중국 군사 요새지가 자세히 그려짐
강계고 (1756)	영조	신경준	한백겸의 역사 지리 연구를 계승·발전시킨 역사 지리 전문서, 각지 교통로 경계 규명
여지고 (1770)	영조	신경준	동국문헌비고에서 우리나라 지리를 정리
산수경 도로고 산경표	영조	신경준	• 우리나라 산, 강, 도로 등을 정리 ➡ 국방, 경제, 행정상 큰 도움 • 풍수지리에 입각하여 정리, 오늘날 산맥 체계와 매우 다름, 백두대간을 중심으로 한 정맥으로 산맥 표시
아방강역고 (1811)	순조	정약용	• 지역별로 소개한 역사 지리서 • 발해 중심지가 백두산 동쪽에 있다는 것 입증 • 백제 첫 도읍이 서울이라는 것 입증
해동역사 지리고 (1823)	순조	한진서	한치윤의 해동역사 속편으로 서술한 역사 지리서

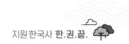

(2) 인문 지리지

제목	시기	편찬자	내용 및 형식
동국여지지 (1656)	효종	유형원	• 반계수록에 반영된 개혁안을 실천하기 위해 보조 자료 구현 • 각 지방 인문 지리를 총체적으로 파악할 수 있는 자료집
지승 (1677)	숙종	허목	• 17세기 중엽 중국과 다른 우리나라의 인문 지리적 특성 설명 • 풍토가 인성에 영향을 미친다는 독특한 관점 제시
택리지 (1751)	영조	이중환	• 각 지방 정치 경제, 자연, 환경, 인물, 풍속, 인습, 고사 등 서술 • 자연과 인간생활 관계를 인과적으로 이해 • 노론 집권층에 대한 비판적 시각
여지도서 (1757~1765)	영조	홍문관	처음으로 군현별로 채색 읍지도 첨부

(3) 지도

제목	시기	편찬자	내용 및 형식
동국지도	영조	정상기	• 백리척 축척 사용 • 백두산(머리)을 기점으로 백두대간(척추)을 강조 • 국토를 인체로 인식하는 전통적 지리관
청구도 (1834)	순조	김정호	정상기의 동국지도에서 영향 받음
대동여지도 (1861)	철종	김정호	• 전국을 답사하며 정밀(10리마다 눈금 표시)하게 표시 • 산업, 군사 지도적 성격, 정상기 지도 제작(축척법)에서 영향 받음 • 목판으로 대량 인쇄 보급하여 지도 대중화에 성공
대동지지 (1863)	철종	김정호	• 동국여지승람 정정 보완 위한 지지 • 청구도, 대동여지도 실제 답사와 고증이 책으로 엮임 • 단군, 기자, 위만 조선, 한사군, 가야, 남북국, 후삼국 시대 등 기록

(4) 국어학

① 훈민정음 연구서 : 훈민정음의 기원, 글자 모습 및 음운에 관해 다양한 해석
    ㉠ 경세정운(1678, 최석정)
    ㉡ 훈민정음운해(1750, 신경준)
    ㉢ 자모변(1829, 황윤석)
    ㉣ 언문지(1824, 유희)

② 물명고(유희) : 천문·지리·신체 등을 분류·해설하여 우리말 어휘를 정리

③ 고금석림(이의봉) : 1,500여 권의 문헌을 참고하여 방언과 해외 언어 정리

④ 규장전운(이덕무) : 한자의 음운을 정리하여 사성에 따라 글씨를 나누어 설명한 정확한 음운서

(5) 금석학

① **금석청완(조속)** : 현존하는 가장 오랜 서첩으로 수록된 비문 가운데 현존하지 않는 비문도 수록

② **대동금석첩(이우)** : 삼국~조선 시대까지의 중요 금석문 탁본을 모아서 서첩을 만든 작품

③ **금석록(김재로)** : 원래는 246책으로 방대한 양이나, 현존하는 것은 조선 시대의 35책이 전부

④ **금석과안록(김정희)** : 북한산비가 진흥왕 순수비임을 밝히고, 황초령비문을 판독하여 금석학의 새로운 경지를 개척

⑤ **삼한금석록(오경석)** : 개화당 인사들과 교류하면서 금석문을 철저히 판독하고 고증

(6) 백과사전

제목	시기	편찬자	내용 및 형식
대동운부군옥 (1589)	선조	권문해	• 역사적 사실을 문자순으로 배열 • 단군 이래 지리, 인물, 역사, 문학, 동식물 등을 수록한 어휘 백과사전
지봉유설 (1614)	광해군	이수광	• 대동운부군옥과 함께 유서(백과사전) 효시 • 우리나라 전통문화 수준이 중국과 대등함, 한4군이 조선의 일부, 한반도 고대 지명이 만주에 존재함을 고증 (만주 지역에 대한 관심 환기) • 천문, 지리, 유교, 식물 등과 함께 한국 사회, 정치 등에 대한 역사의식 피력
유원총보 (1646)	인조	김육	중국 서적을 참고하여 편찬한 백과사전
성호사설 (1761)	영조	이익	• 지봉유설과 비슷하게 저술 • 삼한 정통론 등 높은 역사의식
동국문헌비고 (1770)	영조	홍봉한	• 최초의 한국학 백과전서(우리나라 관련된 소재) • 순종 : 증보문헌비고
동문휘고 (1778)	정조	정창순	조선 시대 외교 관계 문헌 수집·정리
청장관전서 (1795)	정조	이덕무	시문집, 백과전서
만기요람 (1808)	순조	심상규	조선 후기 재용편(전제, 세제, 조운 등)과 군용편(5위, 진법, 봉수 등)으로 만든 편람용
오주연문장전산고	헌종	이규경	학문 전 분야에 걸쳐 사실들에 대해 변증설이라는 형식으로 고증학적 해설

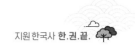

주제 62 조선 후기의 과학 기술

❶ 서양 문물의 수용

(1) **경로** : 17세기경부터 중국을 왕래하던 사신들을 통해서 유입

(2) **유입**

① 국내 학자

㉠ 선조 때 이광정(곤여만국전도, 1603), 인조 때 정두원(화포·천리경·자명종)

㉡ 서양 문물의 수용에 관심을 가진 학자들 : 이익과 그의 제자들 및 북학파 실학자들

➡ 대부분의 학자들은 서양의 과학 기술은 받아들이면서도 천주교는 배척

② 서양인의 표류 : 17세기에 벨테브레이(인조~효종)와 하멜(효종) 일행

㉠ 벨테브레이❶(박연) : 훈련도감에 소속되어 서양식 대포의 제조법과 조종법 전수

㉡ 하멜 : 하멜표류기(1653) ➡ 15년 동안 억류되었다가 귀국, 조선의 사정을 서양에 전달

(3) **서양 문물 수용의 정체** : 19세기에 이르러 더 이상 진전되지 못하고 정체

❷ 천문학과 역법

(1) **천문학**

① 이익 : 서양 천문학에 큰 관심을 가지고 연구

② 김석문 : 지전설을 우리나라에서 처음으로 주장(『역학도해』)

③ 홍대용 : 지전설 주장, 지구가 우주의 중심이 아니라는 무한 우주론 제시(『의산문답』: 답답한 허자 vs 합리적인 실옹)

④ 지전설의 의의 : 성리학적 세계관을 비판하는 근거

(2) **역법**

① 김육❶ ➡ 서양 선교사 아담 샬이 만든 시헌력 도입(효종, 1653)

② 역산서(남병길) : 헌종 때 역산서를 정리하여 시헌기요(1860)를 편찬

③ 의기집설 : 남병철(1817~1863)이 저술한 천문 관측 기구에 대한 설명

❸ 의학, 농학·어업의 발달과 기술 개발

(1) **의학의 발달**

① 17세기 : 허준의 『동의보감』❶(1610), 허임의 『침구경험방』(1644)

② 18세기 : 정약용의 『마과회통』(마진-홍역 연구), 박제가와 함께 종두법 연구

③ 19세기 : 이제마의 『동의수세보원』❶(사상 의학, 1894)

(2) **농업 기술**

① 『농가집성』(신속, 1655) : 벼농사 중심의 농법 소개, 이앙법의 보급에 공헌

② 『색경』(박세당, 1676), 『산림경제』(홍만선, 1715), 『해동농서』(서호수, 1799)

③ 『임원경제지』(서유구, 1845) : 농촌 생활 백과사전

④ 『감저보』(강필리), 『감저신보』(김장순) : 고구마 재배법

(3) **어업**

① 자산어보(정약전, 19세기 초) : 흑산도 근해의 수산물을 조사·채집

---

❶ 얀 야스 벨테브레이

벨테브레이는 네덜란드에서 태어났다. 1628년 21살의 벨테브레이는 제주도 해안에 표류하게 되었다. 이 때 동료 선원인 히아베르츠와 피에테르츠와 함께 관헌과 주민들에게 잡혀서 서울로 압송되었다. 그는 동료 선원과 함께 훈련도감에 소속되어 총과 대포를 만드는 법 등을 가르쳤다. 1636년에 병자호란이 일어나자 동료 선원은 전사했다. 벨테브레이의 벨에서 박이라는 성을 따고, 연은 얀에서 온 것이다. 조선 여자를 부인으로 맞아 1남 1녀의 자녀를 두었다고 한다.

❶ 김육

시헌력의 도입, 대동법의 확대, 화폐 제도의 확대, 노비제의 시정, 군포제의 폐단 시정에 기여하였다.

❶ 『동의보감』
- 광해군 때 완성
- 질병에 대한 모든 처방을 망라
- 유네스코 기록 유산

❶ 『동의수세보원』
- 사상 의학
- 태양인, 태음인, 소양인, 소음인

PART 05

주제 **63** 조선 후기의 문화

❶ 서민 문화의 발달

(1) **배경**: 상공업 발달과 농업 생산력 증대 ➡ 서당 교육 보급, 서민의 경제적·신분적 지위 향상

(2) **다양한 계층의 활동**: 역관이나 서리 등의 중인층, 상공업 계층과 부농층의 문예 활동 활발, 상민이나 광대들의 활동 활기

(3) **특징**: 감정을 적나라하게 표현, 양반들의 위선적인 모습 비판, 사회의 부정과 비리 풍자·고발

(4) **종류**
① 한글 소설: 평범한 인물이 주인공, 대부분 현실적인 세계가 배경
② 판소리: 춤과 노래 및 사설로 서민의 감정을 표현, 19세기 후반 신재효가 판소리 사설을 창작하고 정리(춘향가, 심청가, 흥보가 등) ➡ 서민 문화 확대에 기여
③ 회화: 풍속화와 민화 유행
④ 음악과 무용: 감정을 대담하게 표현
⑤ 탈춤과 산대놀이: 봉산탈춤(황해도), 하회탈춤(안동), 별산대놀이(양주), 사자춤(함경 북청) ➡ 정치·사회 풍자

❷ 한글 소설과 사설 시조

(1) **한글 소설**
① 허균(1569~1618)의 홍길동전: 서얼 차별 철폐, 탐관오리의 응징을 통한 이상 사회의 건설 묘사
② 춘향전: 신분 차별의 비합리성 표현
③ 사씨남정기, 구운몽, 장화홍련전, 콩쥐팥쥐 등

(2) **사설 시조**
① 남녀 간의 사랑이나 현실에 대한 비판
② 청구영언(김천택, 1728), 해동가요(김수장, 1763), 가곡원류(박효관, 1876) 등

(3) **한문학**
① 정약용: 삼정의 문란을 폭로하는 한시
② 박지원
㉠ 양반전, 허생전, 호질, 민옹전 등의 한문 소설
㉡ 문체 혁신: 현실적인 문체로 혁신할 것을 주장(패관소품체, 독창적이고 사실적인 문장 구사) vs 정조의 문체반정(노론을 견제하기 위함)

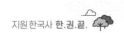

(4) 위항 문학

① 특징: 위항(중인・서얼・서리)이 전개한 문학을 통한 신분 상승 운동

② 작품

　㉠ 청구영언(김천택), 해동유주(홍세태): 위항인의 동인지

　㉡ 규사(이진택): 서얼의 역사, 철종 때 편찬

　㉢ 연조귀감(이진흥): 향리의 역사, 정조 때 저술

③ 시사: 위항인의 시모임 ➡ 낙하시사, 옥계시사 등

(5) 풍자시인: 김삿갓, 정수동 ➡ 민중과 어우러져 활동

❸ 회화와 서예

(1) 17세기의 회화: 중국 남종화의 전래, 김명국의 '달마도'

(2) 진경산수화(18세기)

① 중국의 남종화・북종화 화법을 고루 수용하여 우리의 고유한 자연과 풍속에 맞춘 새로운 화법 창안

② 겸재 정선(18세기): '금강전도'(1731)와 '인왕제색도'(1751) ➡ 바위산은 선으로, 흙산은 묵으로 묘사

③ 심사정(18세기): '강상야박도', '방심석전산수도', '맹호도' 등

(3) 풍속화(18세기 후반)

① 김홍도: 밭갈이, 추수, 씨름, 서당 등(의궤도와 같은 왕실 행사도도 제작)

② 신윤복

　㉠ 양반들과 부녀자들의 생활과 유흥, 남녀 사이의 애정 등을 묘사

　㉡ 대표작: 주막도, 선유도, 미인도, 월하정인, 단오풍정 등

③ 김득신: 김홍도의 화풍 계승, 반상도・파적도 등

(4) 서양 화법의 도입(18세기 후반)

① 강세황: 서양식 원근법과 명암법 도입, '영통골 입구도'

② 김수철: 산수와 화훼를 즐겨 그림

(5) 문인화와 화원화(19세기)

① 김정희: 전통적 문인화의 복원, '세한도'

② 장승업: 강렬한 필법과 서양식 유화 기법, '군마도'

(6) 민화: 해, 달, 나무, 꽃, 동물, 물고기 등의 소재로 그림을 그려 소원을 기원하고 생활 공간 장식

(7) 서예: 이광사(1705~1777, 동국진체), 김정희(1786~1856, 추사체)

(8) 기록화: 18세기에 국가 행사의 장면을 묘사하는 기록화 유행, 의궤 제작

▲ 동국진체

▲ 추사체(김정희의 글씨)

▲ 인왕제색도(정선)

▲ 무동(김홍도)

▲ 단오풍정(신윤복)

▲ 영통골 입구도(강세황)

▲ 세한도(김정희)

▲ 민화(까치와 호랑이)

④ 건축의 변화

(1) **17세기**: 금산사 미륵전(3층), 화엄사 각황전(2층), 법주사 팔상전(5층)
　➡ 불교의 사회적 지위 향상과 양반 지주층의 경제적 성장 반영

(2) **18세기**
　① 논산 쌍계사, 부안 개암사, 안성 석남사
　　➡ 부농과 상인의 지원을 받아 그들의 근거지에 장식성이 강한 사원 건축
　② 수원 화성: 방어와 공격을 겸한 성곽 시설, 종합적인 도시 계획 아래 건설, 공사 과정을 『화성성역의궤』에 기록
　③ 19세기: 경복궁의 근정전과 경회루

▲ 금산사 미륵전(17세기)

▲ 법주사 팔상전(17세기)

▲ 논산 쌍계사 대웅전(18세기)

❺ 백자 · 생활 공예와 음악

(1) **자기 공예** : 백자가 민간에까지 유행하면서 본격적으로 발전, 순백자와 함께 청화 백자 유행, 서민들은 옹기를 많이 사용

(2) **목공예와 화각 공예** : 장롱, 책상, 문갑, 소반, 의자, 필통 등

(3) **음악** : 감정을 솔직하게 표현
    ① 양반층은 종래의 가곡➕, 시조 애창
    ② 서민들은 민요를 즐겨 부름
    ③ 직업적인 광대나 기생이 판소리, 산조➕와 잡가➕ 등을 창작하여 발전시킴
    ④ 흥선 대원군 집권기에 신재효가 판소리를 정리

🔺 청화 백자

🔺 달항아리(18세기)

➕ **가곡(歌曲)**
관현악의 반주가 따르는 전통 성악곡. 선율로 연결되는 27곡의 노래 모음으로, 노래말은 짧은 시를 쓴다.

➕ **산조(散調)**
느린 장단으로부터 빠른 장단으로 연주하는 기악 독주의 민속 음악으로, 장구 반주가 따르며, 무속 음악과 시나위에 기교가 확대되어 19세기경에 탄생하였다.

➕ **잡가(雜歌)**
조선 후기에 평민이 지어 부르던 노래를 총칭하는 것이다.

PART
05

지원한국사
한.권.끝.

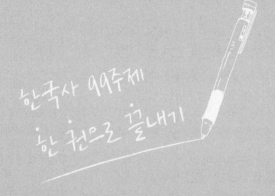

PART

06

근대의 역사

▲ 흥선 대원군
(1820~1898)

▲ 당백전

➕ 삼정(三政)
조선 후기 조세 체제로 전정(田政), 군정(軍政), 환곡(還穀)을 의미한다.

➕ 은결
조세를 피하기 위해 등록하지 않은 토지

➕ 호포법
양반·상민의 구별 없이 호를 기준으로 군포를 징수하는 제도

➕ 사창제
환곡제에 의한 관리의 부정이 만연하자 고을의 덕망 있는 양반을 사수에 임명하여 가난한 백성의 구휼미를 관장하게 한 제도

주제 64 · 흥선 대원군

❶ 흥선 대원군의 개혁 정책

(1) 왕권 강화책
① 세도 가문 척결 : 능력에 따른 인재 등용, 부패한 관리 제거
② 비변사의 기능 축소 : 의정부(행정)와 삼군부(군사) 기능 부활 ➡ 정치와 군사 업무 분리
③ 법전 정비 : 『대전회통』, 『육전조례』 편찬 ➡ 통치 체제 재정비
④ 경복궁 중건 : 왕실의 위엄 과시
　ⓐ 원납전 강제 징수, 당백전(고액 화폐) 남발 ➡ 경제적 혼란(인플레이션)
　ⓑ 양반의 묘지림 벌목과 백성의 공사장 징발 : 양반과 백성들의 원성 야기
　ⓒ 성문세 : 서울 4대문을 출입하는 사람들과 물품에 부과하는 통행세
　ⓓ 결두전(부가세) 징수

(2) 민생 안정책
① 삼정➕의 문란 시정
　ⓐ 전정 : 양전 실시(은결➕ 색출), 지방관과 토호의 토지 겸병 금지
　ⓑ 군정 : 호포법➕ ➡ 양반에게서도 군포 징수(호를 기준으로 군포 징수)
　ⓒ 환곡 : 사창제➕ ➡ 민간인 중심의 춘대추납 제도
② 서원 철폐 : 47개의 사액 서원만 남기고 600여 개의 서원 철폐, 토지와 노비 몰수 ➡ 국가 재정 확충, 백성들에 대한 양반 유생의 횡포 차단, 붕당의 지방 근거지 제거
③ 만동묘 철폐 : 명 신종·의종의 사당 철폐
④ 사회 문화 : 갓·소매 크기 감소

(3) 개혁 정책에 대한 평가
① 긍정적인 면 : 국가 기강 확립, 민생 안정에 일정 부분 기여
② 한계 : 조선 왕조의 통치 체제를 유지하고 왕권 강화를 목적으로 한 전통 체제 내에서의 개혁
③ 저항 : 이필제의 난(1871), 대원군 하야의 원인인 최익현의 계유상소(1873)

📋 사료 탐구하기

재정 확보와 왕권 강화책으로서의 호포제 실시와 서원 철폐

• **호포제 실시** : 나라 제도로서 인정(人丁)에 대한 세를 신포라 하였는데, 충신과 공신의 자손에게는 모두 신가가 면제되어 있었다. 대원군은 이를 수정하고자 동포라는 법을 제정하였다. …… 이 때문에 예전에는 면제되던 자라도 신포를 바치지 않을 수 없게 되었다.
　　　　　　　　　　　　　　　　　　　　　　　　　　박제형, 『근세조선정감』

• **서원 철폐** : 조선 후기에 양반들의 세력 기반 확충을 위한 서원이 설립되어 전국적으로 650여 개나 되었다. 서원은 국가 재정의 낭비를 초래했을 뿐만 아니라 주변 농민들에게 많은 폐단을 주었다. 흥선 대원군은 집권하자 "백성을 괴롭히는 자는 공자가 다시 살아난다 하여도 이를 벌할 것이다."라고 하면서 전국의 서원 가운데 47개소만 남기고 모두 철폐하도록 하였다.

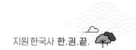

❷ 서양 열강의 침략과 대응

(1) 배경 : 이양선의 출현, 러시아의 연해주 차지

(2) 과정

사건	연도	내용
병인박해	1866	• 흥선 대원군이 선교사의 알선으로 프랑스 세력을 끌어들여 러시아의 남하 저지 시도 ➡ 실패 • 천주교 탄압(청) 소식 전해짐＋천주교 금압을 요구하는 여론 • 프랑스 신부 9명과 8천여 명의 천주교 신자 처형
제너럴셔먼호 사건	1866	미국 상선 제너럴셔먼호가 평양(대동강)에 와서 통상을 요구하다 충돌, 평안감사 박규수의 활약
병인양요	1866	병인박해를 구실로 프랑스 함대가 강화도 침입 ➡ 로즈 제독이 이끄는 프랑스군이 강화읍 점령 ➡ 문수산성(한성근), 정족산성(양헌수)에서 격퇴 ➡ 외규장각 문화재 약탈(대여 형식으로 반납), 척화비❶ 제작
오페르트의 도굴 기도	1868	독일 상인 오페르트가 미국(제킨스)과 프랑스(페론)의 지원을 받아 충남 덕산에 있는 남연군묘(대원군의 아버지) 도굴 기도
신미양요	1871	제너럴셔먼호 사건을 빌미로 미국 함대가 강화도 침략 ➡ 광성보에서 어재연 부대의 강력한 저항에 부딪힘 ➡ 철군, 어재연 장군기 약탈(대여 형식으로 반납)
척화비 건립		• 통상 수교 거부 정책 강화 • 전국 각지에 척화비 건립(洋夷侵犯 非戰則和 主和賣國)

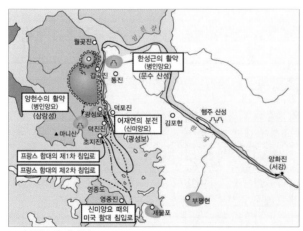

🔺 병인양요와 신미양요

❸ 통상 수교 거부 정책의 의의와 한계

(1) 의의 : 서양 열강으로부터 국가 수호에 대한 의지 표출

(2) 한계 : 근대화를 늦추는 결과 초래

➕ 척화비

'서양 오랑캐가 침범했을 때 싸우지 않는 것은 곧 화의하는 것이요, 화의를 주장하는 것은 나라를 파는 것이다.' 이를 자손 만대에 경계하노라. 병인년에 비문을 짓고 신미년에 비석을 세운다.

주제 65 개항과 불평등 조약 체제

❶ 개항의 배경

(1) 문호 개방의 여건 조성

① 흥선 대원군 하야(1873) : 최익현의 상소가 계기

② 고종의 친정 체제 : 민씨(명성 왕후 세력) 세력의 등장

③ 통상 개화론의 대두 : 박규수, 오경석, 유홍기 등

④ 서양 소개 서적 : 『해국도지』❶, 『영환지략』❶

(2) 정한론과 운요호 사건

① 일본의 서계(書契, 외교 문서) 전달(1868) : 메이지 유신을 알리고 새로운 외교 관계 수립을 청함 ➡ 조선이 거부하자 정한론❶ 대두 ➡ 정한론 유보

② 운요호 사건(1875) : 일본 군함 운요호가 강화 해역을 침범 ➡ 조선군의 포격을 유도한 후 초지진과 영종도를 포격하고 파괴(포함 외교❶) ➡ 운요호 사건을 구실로 조선에 수교 조약 체결을 강요

③ 부산항 난입(1876. 1.) : 군함과 군인을 부산항에 보내서 회담 불응 시 서울을 공격하겠다며 무력 시위

❷ 강화도 조약의 성격과 내용

(1) 성격 : 최초의 근대적 조약, 주권을 침해한 불평등 조약, 이후 서구 열강과 맺게 되는 조약의 선례

(2) 내용(조·일 수호 조규＋조·일 통상 장정, 조·일 수호 조규 부록)

사료 탐구하기

강화도 조약(조·일 수호 조규, 1876. 4.)

제1관 조선국은 자주의 나라이며, 일본과는 평등한 권리를 가진다.
　　　➡ 청의 조선에 대한 종주권 배제
제2관 일본국 정부는 지금부터 15개월 후 수시로 사신을 조선국 서울에 파견한다.
제4관 조선국은 부산 외에 두 곳(원산, 인천)을 개항하고, 일본인이 왕래 통상함을 허가한다.
　　　➡ 부산(1876, 경제적), 원산(1879, 군사적), 인천(1883, 정치적)
제7관 일본국의 항해자가 자유로이 해안을 측량하도록 허가한다.
　　　➡ 군사적 침략 의도, 불평등 조약의 근거
제10관 일본국 인민이 조선국 지정의 각 항구에 머무르는 동안에 죄를 범한 것이 조선국 인민에게 관계되는 사건일 때에는 모두 일본 관원이 심판할 것이다.
　　　➡ 치외법권❶(영사 재판권), 불평등 조약의 근거

---

❶ 『해국도지』와 『영환지략』
『해국도지』는 청의 위원, 『영환지략』은 서계여가 지은 세계 지리책이다.

❶ 정한론(征韓論)
1870년대를 전후하여 일본 정계에 대두된 조선을 정벌하자는 주장

❶ 포함 외교
함포 외교라고도 한다. 군사력의 우수함을 앞세워 약소국의 문호를 개방하게 하는 외교 방식이다.

❶ 치외법권
다른 나라의 영토 안에 있으면서도 그 나라 국내법의 적용을 받지 않는 국제법에서의 권리이다.

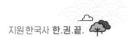

조약	내용	의미
무역 규칙 혹은 통상 장정 (1876. 8.)	조선국 항구에 머무르는 일본인은 쌀과 잡곡을 수출할 수 있다.(제6조)	쌀의 무제한 유출 ➡ 쌀값 폭등
	일본국 소속의 선박은 항세(港稅)를 납부하지 않으며, 수출입 상품에도 관세를 부과하지 않는다.(제7조)	무관세 규정 ➡ 시장 보호와 재정 수입을 늘릴 수 있는 수단 상실
수호 조규 부록 (1876. 8.)	• 일본 외교관의 여행 자유 인정 • 개항장에서의 일본인 거주지(조계) 설정 • 개항장에서의 일본 화폐의 유통 허용 • 간행이정 10리(거류지 무역❶)	• 일제의 침략 발판 구축(일본 화폐 유통으로 일본 경제 침투) • 통상 가능 지역의 한계 설정

❸ 조 · 미 수호 통상 조약(1882)의 체결 배경

(1) **황준헌의 『조선책략』❶** : 러시아의 남하 저지를 위해 중국, 일본, 미국과 손잡을 것을 주장(2차 수신사 김홍집이 가지고 옴)

(2) **청의 알선** : 러시아와 일본 견제, 조선에 대한 종주권을 인정받으려 함
　　➡ 청의 알선으로 조선의 신헌과 미국의 슈펠트 사이에 체결

> **사료 탐구하기**
>
> **황쭌센의 『조선책략』**
>
> 조선의 땅은 실로 아시아의 요충을 차지하고 있어 형세가 반드시 다투게 마련이며, 조선이 위태로우면 중국도 위급해질 것이다. 러시아가 영토를 넓히려고 한다면 반드시 조선으로부터 시작할 것이다. …… 그렇다면 오늘날 조선의 책략은 러시아를 막는 일보다 더 급한 것이 없을 것이다. 러시아를 막는 책략은 무엇인가? 중국과 친하고(親中國), 일본과 맺고(結日本), 미국과 이어짐(聯美邦)으로써 자강을 도모해야 한다. …… 미국을 끌어들여 우방으로 하면 도움을 얻고 화를 풀 수 있을 것이다. 이것이 바로 미국과 이어져야 하는 까닭이다.

❹ 조 · 미 수호 통상 조약의 주요 내용과 의의

(1) **내용**

① **최혜국 대우 규정** : 어떤 외국에 부여하고 있는 가장 유리한 대우를 조약 상대국에도 부여 ➡ **열강의 이권 침탈 심화 빌미, 불평등 조약의 근거**

② **치외 법권(영사 재판권)** : 불평등 조약의 근거

③ **거중 조정** : 양국 중 한 나라가 다른 나라의 핍박을 받을 경우 반드시 서로 돕고 분쟁을 원만히 해결하도록 주선한다는 내용

④ **수출입 상품에 대한 협정 관세 제도** : 관세율을 미국이 정함(관세 자주권 없음)

> **사료 탐구하기**
>
> **조 · 미 수호 통상 조약의 최혜국 대우**
>
> 제14관　조선국이 어느 때든지 어느 국가나 어느 나라 상인 또는 공민에게 항해, 정치, 기타 어떤 통교에 연관된 것임을 막론하고 본 조약에 의하여 부과되지 않은 어떤 권리나 특권 또는 특혜를 허가할 때는 이들이 미합중국의 관민과 상인 및 공민에게도 무조건 부여된다.

❶ 거류지 무역
개항장의 거류지(외국인 거주 구역)에서만 무역이 가능하다는 뜻이다.

❶ 『조선책략』
청국인 황쭌센(황준헌)이 러시아의 남하 정책에 대비하기 위해 조선, 일본, 청국 등 동양 3국의 외교 정책에 대해 서술한 책이다.

PART 06

(2) **결과**: 보빙사 파견(민영익), 미국 공사 푸트 부임(1883), 박정양을 미국 공사로 파견(1887)

(3) **의의**: 서양 열강과 맺은 최초의 근대적 조약이자 불평등 조약, 청이 의도한 조선에 대한 종주권은 미국이 거부

⑤ 기타 서양 열강과의 조약

(1) 영국(1883, 높은 관세, 아편 문제로 1년 지연), 독일(1883), 이탈리아(1884), 러시아(1884), 프랑스(1886)와 수교 ➡ 불평등 조약

(2) 러시아와는 청의 알선 없이 수교, 프랑스와는 천주교 공인 문제로 늦어짐

(3) **문호 개방의 의의**
  ① 긍정적 측면: 근대 문물을 수용하여 새롭게 발전할 수 있는 계기
  ② 부정적 측면: 열강의 침략을 가속화시키는 계기(최혜국 대우)

국가	시기	조약	내용 및 특징
일본	1876년	강화도 조약	최초의 근대적 조약, 청의 종주권 배제, 연해 자유 측량권, 치외 법권 허용
미국	1882년	조·미 수호 통상 조약	서양과 맺은 최초의 근대적 조약, 청의 알선, 최혜국 대우
영국	1883년	조·영 수호 통상 조약	청의 알선, 최혜국 대우
독일	1883년	조·독 수호 통상 조약	청의 알선, 최혜국 대우
러시아	1884년	조·러 수호 통상 조약	단독 수교
프랑스	1886년	조·프 수호 통상 조약	단독 수교, 천주교 포교 인정

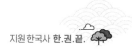

PART 06

주제 66 개화 정책의 추진과 반발

❶ 개화 정책의 추진

(1) 제도 개혁

① 정치 제도 : 통리기무아문(1880~1882, 근대 문물을 수용하기 위한 중심 기구)과 12사 설치

② 군사 제도 : 5군영을 2영(무위영과 장어영)으로 축소, 신식 군대인 별기군(1881, 일본인 교관) 창설

③ 규장각 기능 부활

(2) 근대 문물 시찰

① 수신사❶(일본에 파견)

   ㉠ 1차(김기수, 1876) : 일본의 관청, 군사 학교, 병기창, 조선소 등 시찰

   ㉡ 2차(김홍집, 1880) : 『조선책략』 소개

   ㉢ 3차(박영효, 김옥균, 1882) : 임오군란의 사죄 사절, 태극기 사용

② 조사 시찰단과 영선사

조사 시찰단(1881. 4.)	영선사(1881. 9.)
국내 보수파의 반대로 비밀리에 파견 (박정양, 홍영식)	청의 톈진에 파견(김윤식)
일본의 정부 기관과 각종 산업 시설 시찰 ➡ 보고서(일본 문견 사건) 제출	톈진의 기기국에서 근대식 무기 제조 기술과 군사 훈련법 습득 ➡ 경비 부족과 임오군란으로 조기 귀국 ➡ 기기창 설치

③ 보빙사❶(報聘使, 1883) : 미국에 사절단 파견(민영익, 홍영식, 유길준, 서광범), 우편 제도와 농무 목축 시험장 개설(1884)

(3) 근대 시설 도입

① 박문국(박영효, 1883) ➡ 『한성순보』 간행

② 전환국(묄렌도르프, 1883) ➡ 당오전 발행

③ 기기창(김윤식, 1883) ➡ 무기 제조

④ 우정총국(홍영식, 1884) ➡ 우편 업무

❷ 위정척사 운동의 전개와 그 의의

(1) 전개

시기	배경	주요 인물	주요 주장과 활동
1860년대	서양의 통상 요구(병인양요 때)	이항로, 기정진	척화 주전론
1870년대	강화도 조약	최익현	왜양일체론, 개항불가론
1880년대	개화 정책 추진, 『조선책략』 유포	이만손, 홍재학	영남 만인소(이만손), 만언척사소 (홍재학), 개화 정책 반대
1890년대	을미사변, 단발령	유인석, 이소응	항일 의병 운동

▲ 별기군

❶ 수신사(修信使)

강화도 조약 이전까지 일본에 파견한 사절인 통신사를 고쳐 부른 이름으로, 통신사는 문물을 전달하는 역할을 하였지만 수신사는 근대적 문물을 받는 입장이었다.

❶ 보빙사

고종은 임오군란 이후 비대해진 청나라 세력을 견제하기 위해 최초의 친선 사절단을 꾸려 서방 세계로 보냈다. 앞줄 왼쪽부터 미국인 로웰, 홍영식, 민영익, 서광범, 중국인 오례당이며, 뒷줄 왼쪽부터 현흥택, 일본인 미야오카, 유길준, 최경석, 고영철 등이다.

(2) **의의**: 반외세, 반침략 자주 민족 운동

(3) **한계**: 유교적 정치 질서 유지 목적, 근대화·개화 정책 추진에 장애 ➡ 역사 발전에 역기능

사료 탐구하기

1860년대 : 이항로의 척화 주전론

양이의 화가 금일에 이르러 비록 홍수나 맹수의 해로움일지라도 이보다 심할 수 없습니다. 전하께서는 부지런히 힘쓰시고 경계하시어 안으로 관리들로 하여금 사학(邪學)의 무리를 잡아 베시고, 밖으로 장병으로 하여금 바다를 건너오는 적을 정벌하게 하소서.

1870년대 : 최익현의 개항 반대 운동

저들의 물화는 모두가 지나치게 사치하고 기이한 노리개이고 손으로 만든 것이어서 그 양이 무궁한 데 반하여, 우리의 물화는 모두가 백성들의 생명이 달린 것이고 땅에서 나는 것으로 한정이 있는 것입니다. 저들이 비록 왜인이라고 하나 실은 양적입니다. 강화가 한번 이루어지면 사학(邪學)의 서적과 천주의 초상화가 교역하는 곳에서 들어올 것입니다. 그렇게 되면 얼마 안 가서 선교사와 신자 간의 전수를 거쳐 사학이 온 나라 안에 퍼지게 될 것입니다. …… 아들이 그 아비를 아비로 여기지 않고 신하가 그 임금을 임금으로 여기지 않게 되어, 예의는 시궁창에 빠지고 인간들은 변하여 금수(禽獸)가 될 것입니다.

1880년대 : 이만손의 영남 만인소(1881)

김홍집이 가져온 황쭌셴의 '조선책략'이 유포되는 것을 보고 울음이 복받치고 눈물이 흐릅니다. …… '조선책략'의 요점은 '러시아를 막는 것'보다 급한 것이 없다고 하고, 러시아를 막기 위해서는 '중국과 친하고, 일본과 맺고, 미국과 이어져야 한다.'는 것보다 급한 것이 없다고 하였습니다. …… 일본은 우리에게 매어 있는 나라입니다. 임진왜란의 숙원이 가시지 않았는데 그들은 우리의 수륙 요충을 점령하였습니다. 만일 방비하지 않았다가 저들이 산돼지처럼 돌진해 오면 전하께서는 장차 어떻게 이를 제어하시겠습니까? 미국은 우리가 모르던 나라입니다. 저들을 끌어들였다가 저들이 우리의 빈약함에 업신여겨 어려운 청을 강요하면 어떻게 대응하시겠습니까? 러시아는 본래 우리와는 혐의가 없는 나라입니다. 공연히 남의 이간을 듣고 배척하였다가 이것을 구실 삼아 분쟁을 일으키면 어떻게 구제하시겠습니까? 하물며 러시아, 미국, 일본은 같은 오랑캐들이어서 후박(厚薄)을 두기 어렵습니다.

1880년대 : 홍재학의 척화상소(1881)

대체로 서양의 학문이 원래 천리(天理)를 문란하게 하고 인륜(人倫)을 멸하는 것은 더 말할 것도 없이 심합니다. 서양의 문물은 태반이 음탕한 것을 조장하고 욕심을 이끌며 윤리를 망치고 사람의 정신이 천지와 통하는 것을 어지럽히니, 귀로 들으면 내장이 뒤틀리고 눈으로 보면 창자가 뒤집히며 코로 냄새 맡거나 입술에 대면 마음이 바뀌어 본성을 잃게 됩니다. 이것은 마치 그림자와 메아리가 서로 호응하고 전염병이 전염되는 것과도 같습니다. …… 이른바 황쭌헌(黃遵憲)의 책자를 가지고 돌아와서 전하에게도 올리고 조정 반열에도 드러내 놓으면서 하는 말에, '여러 조목에 대한 그의 논변은 우리의 심산(心算)에도 부합됩니다. 서양 사람이 중국에 거주하지만 중국 사람들이 다 사학을 믿는다는 말은 듣지 못하였습니다.'라고 하였으니, 이것이 과연 하늘을 이고 땅을 밟고 사는 사람의 입에서 나온 말입니까? 이것이 과연 자기가 한 일과 척촌(尺寸)의 간격이라도 있다 하겠습니까?

1890년대 : 을미의병

원통함을 어찌하리. 이미 국모의 원수를 생각하며 이를 갈았는데, 참혹함이 더욱 심해져 임금께서 또 머리를 깎으시는 지경에 이르렀다. …… 이에 감히 먼저 의병을 일으키고서 마침내 이 뜻을 세상에 포고하노니, 위로 공경에서 아래로 서민에 이르기까지, 어느 누가 애통하고 절박한 뜻이 없을 것인가.

❸ 임오군란(1882)

(1) **원인** : 구식 군대에 대한 차별 대우, 민중 생활의 곤란(일본 상인의 침투, 쌀의 일본 유출)

(2) **경과** : 구식 구인과 서울 민중 봉기 ➡ 민씨 정권의 고관(민겸호, 이최응) 살해, 별기군 교관 호리모토 살해, 일본 공사관 습격 ➡ 흥선 대원군 일시 집권 ➡ 청이 군대를 파견하여 군란 제압(민씨 정권의 요청) ➡ 대원군을 베이징으로 압송

❹ 임오군란의 결과와 영향

(1) **조선** : 민씨 일파의 재집권, 친청 정책 심화, 개화 정책 약화

(2) **청**
　① 내정과 외교의 간섭(마젠창, 묄렌도르프)
　② 경제 침략 본격화(조ㆍ청 상민 수륙 무역 장정➊, 1882)
　　　㉠ 청 상인의 통상 특권 허용
　　　㉡ 조선이 청의 속방임을 명시(청의 종주권)
　　　㉢ 청 상인의 내지 통상권, 연안 어업권 규정
　③ 위안스카이 군대의 주둔

(3) **일본**
　① 제물포 조약 체결(1882) : 일본 경비병의 주둔 인정, 배상금 지불, 태극기 처음 사용(3차 수신사)
　② 조ㆍ일 수호 조규 속약(1882) : 간행이정을 사방 50리로 하고, 2년 후 100리로 확대

🏛 **사료 탐구하기**

제물포 조약(1882)

> 제1조 금일부터 20일 안에 조선국은 흉도를 체포하고 그 괴수를 엄중히 취조하여 중죄에 처한다. 일본국은 관리를 보내 입회 처단케 한다. 만일 그 기일 안에 체포하지 못할 때에는 응당 일본국이 처리한다.
> 제4조 흉도의 폭거로 일본국이 받은 피해 및 공사를 호위한 육해군 경비 중에서 50만 원을 조선국이 채워 준다. 해마다 10만원씩 5개년 동안 완납한다.
> 제5조 일본 공사관에 군인 약간을 두어 경비한다. 그 비용은 조선국이 부담한다.

➕ **조청 상민 수륙 무역 장정(1882)**
1882년 임오군란을 계기로 민씨 정권에 대한 내정 간섭을 강화한 청나라는, 그 해 8월 23일 '조ㆍ청 상민 수륙 무역 장정'을 맺고 조선에 대한 경제 침투를 강화하였다. 서두에 조선에 대한 청나라의 종주권(조선은 청의 속방)을 명시한 이 장정은, 조선 정부의 비준조차 생략된 채 치외 법권은 물론 개항장이 아닌 서울 양화진(楊花津)에 청국인이 점포를 개설할 수 있는 권리, 호조(護照 : 일종의 여행 증명)를 가진 자에게는 개항장 밖의 내륙 통상권과 연안 무역권까지 인정하였다.

PART 06

<table>
주제 67 개화파의 근대화 운동과 갑신정변
</table>

❶ 개화사상의 형성

(1) **형성 배경**: 북학파 실학 사상의 발전적 계승＋양무운동(청: 『해국도지』, 『영환지략』) 과 문명개화론(일: 후쿠자와 유키치)의 영향

(2) **개화사상의 선구자**: 박규수❶(양반), 오경석❶(역관), 유홍기❶(의관), 이동인(승려)

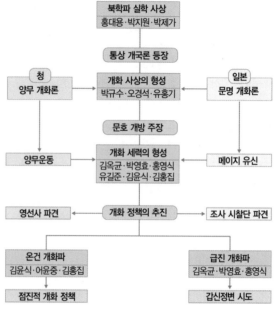

▲ 개화파의 계보

❶ **박규수의 보고문(1872)**
전날 강남에서 군대를 움직일 때에는 청나라가 서양에서 대포를 사들였으므로 대포를 만들 줄 아는 서양인이 더 유리하였으나, 요즈음에는 청나라가 서양 대포를 모방하여 만들어 쓰기 때문에 서양인들의 유리한 점이 사라지게 되었습니다. 전날에는 청 상인이 화륜선(기선)을 빌려 썼기 때문에 서양인들이 이로써 이득을 얻었으나, 오늘날에는 청나라가 역시 화륜선을 모방해 만들어 다시는 빌려 쓰지 않음으로써 서양인들이 또한 이득을 잃게 되었습니다.

❶ **오경석**(吳慶錫)
중인 출신으로 역관이 되어 청나라에 왕래, 신학문에 눈을 떠서 『해국도지』, 『영환지략』 등 서적을 들여와 친구인 유홍기에게 읽게 하고, 김옥균 · 박영효 · 홍영식 등 소장 정치인들을 지도하여 개화파를 형성하게 하였다. 1869년 좌의정 박규수와 함께 나라의 문호 개방을 주장하였다.

❶ **유홍기**(劉鴻基)
중인 계급 출신 한의로서, 김옥균 · 박영효 · 서광범 · 홍영식 · 유길준 등을 지도, 당시 정계의 막후에서 이들 개화당 인사들에 영향력을 행사하여 '백의정승(白衣政丞)'으로 불리었다.

❶ **동도서기**(東道西器)
동양의 정신을 유지하되 서양의 기술과 제도를 사용하자는 주장

❶ **문명개화**(文明開化)
정신과 기술을 모두 서양식으로 근대화하자는 주장

❷ 개화 운동의 두 가지 방법론

(1) **형성 시기**: 개항을 전후하여 정치 세력으로 등장

(2) **개화파의 분화**: 개화의 방법, 속도 및 외교 정책의 차이 등으로 분화

온건 개화파(사대당, 수구당)	급진 개화파(개화당, 독립당)
노장파 ➡ 김홍집, 김윤식, 어윤중	청년 관료, 소장파 ➡ 김옥균, 박영효, 홍영식, 서광범, 서재필, 유길준
• 청의 양무운동 모방 • 점진적 개혁 ➡ 전통 체제 인정	• 청 배제, 일본 모방(메이지유신) • 급진적 개혁 추구 ➡ 입헌 군주제
동도서기❶적 개화론	문명개화❶론

❸ 갑신정변의 전개(1884)

(1) 배경

① 국내

ⓐ 개화 정책의 후퇴, 친청 세력의 개화당 탄압, 청의 내정 간섭 심화

ⓑ 온건 개화파의 당오전 주조 주장과 급진 개화파(김옥균)의 일본 차관 도입의 대립

ⓒ 김옥균의 차관 도입 실패, 민씨 정권의 탄압 등으로 개혁 추진의 어려움

② 국외: 청·프 전쟁으로 청군 일부 철수, 일본의 개화당 지원 약속

(2) 경과: 우정국(총판: 홍영식) 개국 축하연을 계기로 정변 단행 ➡ 민씨 정권의 요인 처단 ➡ 김옥균❶을 중심으로 개화당 정부 수립(14개조 정강 마련) ➡ 청군의 개입으로 3일 천하로 끝남

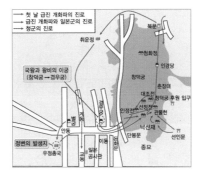

▲ 갑신정변 진행도

🔹 우정국

❶ 김옥균

갑신정변을 주도했던 개화파 지식인의 선두주자

(3) 개혁 내용

① 청과의 사대 관계 폐지

② 인민 평등권 확립

③ 지조법 개혁(전세의 개혁)

④ 혜상공국 폐지(보부상 조직, 고종의 정치 자금 차단)

⑤ 호조로 재정 일원화(왕권 제약)

⑥ 경찰 제도 실시

(4) 결과: 청의 간섭 더욱 강화, 개화 세력 약화, 민씨 정권의 친청·보수 정책 심화

① 한성 조약(조-일, 1885. 1.): 일본에 배상금 지불, 공사관 신축 비용 부담

② 톈진 조약(청-일, 1885. 4.): 양국군 공동 철수, 군대 파병 시 사전 통보, 동등한 파병권 확보(청·일 전쟁의 원인)

📚 **사료 탐구하기**

한성 조약(1885. 1.)

제1조 조선국은 국서를 보내 일본에 사의를 표명할 것
제2조 해를 입은 일본인 유족과 부상자에게 보상금을 지불하고, 또 상인의 재물이 훼손·약탈된 것을 변상하기 위해 조선국은 11만 원을 지불할 것

톈진 조약(1885. 4.)

제1조 청국은 조선에 주둔한 군대를 철수한다. 일본국은 공사관 호위를 위해 조선에 주재한 병력을 철수한다.
제3조 앞으로 조선에 변란이나 중대 사건이 일어나 청·일 두 나라나 어떤 한 국가가 파병을 하려고 할 때에는 마땅히 그에 앞서 쌍방이 문서로서 알려야 한다. 그 사건이 진정된 뒤에는 즉시 병력을 철수시키며 잔류시키지 못한다.

---

(5) 실패 원인: 청군의 개입, 개화당의 세력 기반 취약, 일본에 의존

➡ 대다수 관료와 국민의 지지를 받지 못함

④ 갑신정변의 의의와 한계

(1) **의의**: 근대 국가의 건설을 목표로 한 최초의 정치 개혁 운동 ➡ 근대화 운동의 선구
　① **정치면**: 청에 대한 사대 외교 관계 청산, 입헌 군주제 주장(최초)
　② **사회면**: 문벌 타파, 인민 평등권의 확립 ➡ 봉건적 신분제 철폐 주장

(2) **한계**: 일본에 의존적 태도, 국방력 강화와 토지 제도 개혁 소홀

사료 탐구하기

갑신정변 때의 14개조 개혁 요강

1. 청에 잡혀간 흥선 대원군을 곧 돌아오도록 하게 하며, 종래 청에 대하여 행했던 조공의 허례를 폐지한다.
　➡ 청과의 사대 관계 폐지
2. 문벌을 폐지하여 인민 평등의 권리를 세워, 능력에 따라 관리를 임명한다.
　➡ 신분제 폐지
3. 지조법을 개혁하여 관리의 부정을 막고 백성을 보호하며, 국가 재정을 넉넉하게 한다.
　➡ 조세(전세)의 개혁
4. 내시부를 없애고, 그 중에 우수한 인재를 등용한다.
　➡ 반인권적 내시제 폐지
5. 부정한 관리 중 그 죄가 심한 자는 치죄한다.
6. 각 도의 상환미를 영구히 받지 않는다.
　➡ 환곡제 폐지
7. 규장각을 폐지한다.
　➡ 외척의 기반 혁파
8. 급히 순사를 두어 도둑을 방지한다.
　➡ 근대적 경찰 제도
9. 혜상공국을 혁파한다.
　➡ 보부상의 특권 폐지
10. 귀양살이를 하고 있는 자와 옥에 갇혀 있는 자는 그 정상을 참작하여 적당히 형을 감한다.
11. 4영을 합하여 1영으로 하되, 영중에서 장정을 선발하여 근위대를 설치한다.
　➡ 군사 제도의 일원화
12. 모든 재정은 호조에서 통할한다.
　➡ 재정 일원화
13. 대신과 참찬은 매일 합문 내의 의정소(의정부)에 모여 정령을 의결하고 반포한다.
　➡ 내각 중심(입헌 군주정)
14. 의정부, 6조 외의 모든 불필요한 기관을 없앤다.
　➡ 내각 중심(입헌 군주정)

🔺 거문도 사건

⊕ 유길준의 중립화 이론
우리나라가 아시아의 중립국이 되는 것은 러시아를 막는 중요한 계기가 될 것이며, 또한 아시아의 여러 대국들이 서로 균형을 이루는 정략도 될 것이다. …… 오직 중립 한 가지만이 진실로 우리나라를 지키는 방책이지만, 이를 우리가 먼저 제창할 수 없으니, 중국이 이를 맡아서 처리해 주도록 청하는 것이 좋을 듯하다.

⑤ 거문도 사건과 조선 중립화론

(1) **전개 방향**
　① 청·일 간의 침략적 대립, 러시아의 남하 정책, 영국(러시아 남하 저지)이 가담
　② 갑신정변 후 청의 내정 간섭 심화
　　㉠ 청을 견제하기 위해 러시아와 비밀 협약 추진(베베르, 1885)
　　㉡ 청의 대응: 대원군 송환, 묄렌도르프·데니를 통한 견제, 위안스카이 파견
　③ 영국이 러시아를 견제하기 위해 거문도를 점령(1885~1887) ➡ 조선 중립화론 대두

(2) **조선 중립화론**: 부들러(독), 유길준⊕, 김옥균

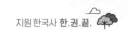

주제 68 동학 농민 운동

❶ 교조 신원 운동

(1) **공주·삼례 집회**(1892) : 교조 신원 복위, 동학⊕교도 탄압 중지 요구

(2) **서울 복합 상소**(1893) : 동학 간부들의 복합 상소

(3) **보은 집회**(1893) : 외세 배척과 탐관오리의 숙청 주장 ➡ 정치적 성격

> **사료 탐구하기**
>
> **삼례 집회**(1892. 12.)
>
> 우리들의 뜻은 선사(최제우)의 지극한 억울함을 풀고자 함입니다. 선사의 가르침은 오직 유, 불, 선이 도를 합하여 충군 효친하며 지성 사대함에 있습니다. 각하(전라 감사)께서 각 고을에 글을 보내 선사의 억울함을 풀어주고 이서가 폭행을 하지 못하게 엄히 막아 주십시오.
> 『천도교 창건사 제2편』
>
> **보은 집회**(1893. 3.)
>
> 지금 왜양의 도적떼가 나라 한복판에 들어와 어지럽힘이 극에 이르렀다. 진실로 오늘날 서울을 보건대 결국은 오랑캐 소굴이다. 임진년의 원수요 병인년의 치욕을 차마 어찌 말로 할 수 있겠으며 어찌 잊을 수 있겠는가? 지금 우리나라 삼천리 강토가 금수에 짓밟히고 5백 년 종묘 사직이 장차 끊어지게 되었다.

❷ 전개 과정

구분	전개 과정
고부 농민 봉기 (1894. 1.)	고부 군수 조병갑의 폭정 ➡ 전봉준⊕ 등이 고부 관아를 습격하고 만석보를 파괴(사발통문 이용) ➡ 신임 군수(박원명)의 무마책으로 해산
1차 농민 봉기 (1894. 3.)	안핵사 이용태의 폭력적 탄압 ➡ 무장에서 봉기 ➡ 백산에서 전봉준, 손화중, 김개남 등을 중심으로 농민군 집결 ➡ 4대 강령과 제폭구민, 보국안민의 격문 발표, 균전사⊕ 제거 요구 ➡ 정읍 황토현 전투 승리 ➡ 장성 황룡촌 전투 승리 ➡ 전주성 입성
전주 화약과 집강소 설치 (1894. 5. 8.)	청군과 일본군의 상륙 ➡ 전주 화약(외국 군대의 철병 요구와 폐정 개혁을 조건) 체결 ➡ 호남 지역에 농민 자치 조직인 집강소 설치, 정부는 한양에 교정청⊕ 설치
2차 농민 봉기 (1894. 9.)	일본군의 경복궁 점령과 개혁 강요(1차 갑오개혁) ➡ 전봉준의 남접(호남)과 손병희의 북접(충청)이 연합 부대 형성 ➡ 논산에서 집결 ➡ 공주 우금치에서 정부군과 일본군의 연합군에 패배 ➡ 실패⊕(정부군·양반 중심의 민보군 등이 가혹한 보복과 탄압)

⊕ **동학의 확산**
동학은 1880년대에 충청도 일대로 전파되었으며, 1890년대에는 경상도와 전라도 일대로 빠르게 확산되었다. 동학이 확산되면서 교주를 중심으로 그 아래 포접제란 교단 조직이 형성되었는데, 교주 아래에 몇십 개의 포를 두고, 포의 대접주 아래에 수십 명의 접주를 두는 방식이었다.

⊕ **전봉준**(1854~1895)
동학의 고부 접주로, 서당에서 글 선생을 하며 지냈다. 체포된 뒤 관리가 "고부 군수에게 피해를 입지도 않았는데 왜 군사를 일으켰느냐?"고 묻자, "세상이 잘못되고 있어 한번 건져 보고자 하였다."라고 대답하였다.

🔺 전봉준　🔺 김개남

🔺 사발통문

⊕ **균전사**
왕실이 파견한 관리로 농민에게 지대를 수취하였다.

⊕ **교정청**
고종이 자주적 개혁을 단행하기 위해 1894년 6월에 세운 기구. 동학 농민군의 요구를 반영하는 등 개혁을 추진하다가 갑오개혁이 실시되면서 폐지되었다.

⊕ **농민 운동의 잔여 세력**
을미의병, 영학당(영국 종교인 행세), 남학당(제주도), 활빈당 등에서 활동하였다.

⊕ 갑신정변과 동학 농민 운동
• 공통점
  - 근대 국가 지향
  - 신분제 폐지(갑오개혁에 영향)
• 차이점
  - 위로부터의 개혁(갑신정변)
  - 아래로부터의 개혁(동학 농민 운동)
  - 외세에 대한 입장
  - 토지 개혁의 유무

사료 탐구하기

동학 농민군 4대 강령

1. 불살생(不殺生)
   - 사람을 죽이지 말고 가축을 잡아 먹지 마라.
2. 충효총전(忠孝雙全) 제세안민(濟世安民)
   - 충효를 다하여 세상을 구하고 백성을 평안케하라.
3. 축멸양왜(逐滅洋倭) 징청성도(澄淸聖道)
   - 일본 오랑캐를 몰아내고 나라의 정치를 깨끗이 한다.
4. 구병입경(驅兵入京) 멸진권탐(滅盡權貪)
   - 군대를 몰고 서울로 들어가 권세가와 귀족들을 모두 없앤다.

폐정 개혁 12조

1. 동학도는 정부와의 원한을 씻고 서정에 협력한다. ➡ 왕조 자체는 인정
4. 불량한 유림(儒林)과 양반의 무리를 징벌한다. ➡ 봉건 지배층 타파
5. 노비 문서를 소각한다. ➡ 신분제 폐지
6. 7종의 천인 차별을 개선하고 백정이 쓰는 평량갓(平涼笠)은 없앤다. ➡ 신분제 폐지
7. 청상과부의 개가를 허용한다. ➡ 봉건적 인습 타파
8. 무명의 잡세는 일체 폐지한다. ➡ 조세 개혁
9. 관리 채용에는 지벌(地閥)을 타파하고 인재를 등용한다. ➡ 관리 등용 제도 개선
10. 왜와 통하는 자는 엄징한다. ➡ 반외세
11. 공사채를 물론하고 기왕의 것을 무효로 한다. ➡ 부채 탕감
12. 토지는 평균하여 분작(分作)한다. ➡ 자영농 육성

❸ 의의

(1) **농민 전쟁** : 산발적 농민 봉기에서 벗어나 조직적 농민 전쟁 성격

(2) 반봉건(1차), 반침략(2차) 성격의 근대 민족 운동

(3) 유교 중심의 전통 질서 붕괴 촉진, 항일 의병 투쟁 확산, 청·일 전쟁

❹ 한계

(1) 근대 국가 건설을 위한 구체적 방안을 제시하지 못함

(2) 농민층 이외의 폭넓은 지지 기반을 확보하지 못함

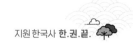

주제 69 | 갑오개혁, 을미개혁

❶ 자주적 개혁의 추진과 좌절

교정청 설치(6월 11일) ➡ 일본군이 경복궁을 점령하고 흥선 대원군을 앞세운 친일 정권 수립(6월 21일) ➡ 청·일 전쟁 발발(6월 23일)

❷ 개혁의 과정과 내용

(1) **개혁의 배경**: 일본의 강요
  ① 표면적 이유: 조선의 내란은 동양 평화에 위협이 되므로 내정 개혁이 필요함
  ② 실질적 의도: 일본군의 주둔 명분 확보, 청과의 전쟁 구실

(2) **개혁의 진행 과정**

개혁 과정	내각(추진 기구)	전개 과정
1차 갑오개혁 (1894. 6.)	• 1차 김홍집 내각 • 온건 개화파 중심 • 군국기무처❶(대원군 섭정)	일본이 경복궁을 점령하고 청·일 전쟁을 일으키면서 개혁 강요
2차 갑오개혁 (1894. 11.)	• 2차 김홍집 내각 (김홍집·박영효, 서광범의 연립 내각) • 급진 개화파 중심	• 청·일 전쟁에서 승세를 잡은 일본이 내정 간섭 본격화 • 군국기무처 폐지 • 독립서고문(나라의 자주독립을 선포) • 홍범 14조 발표(경국대전 체제 붕괴)
개혁의 중단	• 삼국 간섭❶(러, 프, 독, 1895)으로 일본이 요동반도를 청에 반납하고 세력 위축 • 민씨 일파에 의해 박영효 실각 ➡ 김홍집+친러파 내각 수립 • 을미사변(1895. 8.): 조선의 배일 정책에 위기를 느낀 일본이 명성 황후 시해	
을미개혁 (3차 개혁) (1895. 8.)	• 4차 김홍집 내각(친일적) • 유길준 참여	• 태양력 사용, 단발령 등 급진적 개혁 추진 • 일본의 내정 간섭 강화 ➡ 국민의 반발, 아관 파천으로 개혁 중단

❶ **군국기무처**
1894년 7월 갑오개혁을 추진하기 위하여 설치된 초정부적 회의 기구로, 김홍집, 박정양, 김윤식, 유길준 등 17명이 위원으로 참여하였다. 군국기무처가 심의·통과시킨 의안은 국왕의 재가를 거쳐 국법으로 시행하였다. 5개월 동안 200여 건의 중요 개혁안을 처리하였다.

❶ **삼국 간섭**
러시아가 프랑스와 독일을 끌어들여 일본이 청·일 전쟁에서 획득한 요동반도를 포기하도록 압력을 행사한 사건. 이후 일본은 러시아의 압력에 굴복하여 요동반도를 청에게 반환하였으며, 조선에서는 러시아의 영향력이 강화되었다.

PART 06

(3) 개혁 내용

구분	제1차 개혁	제2차 개혁	제3차 개혁
정치	• 왕실과 정부 사무 분리 (국왕의 전제 왕권 제한) • '개국' 연호 사용 • 과거제 폐지 • 6조 ➡ 8아문 • 경무청 설치 • 청의 종주권 부인	• 왕실 기구 축소 • 규장각 ➡ 규장원 • 내각제 시행 • 8도 ➡ 23부(지방) • 8아문 ➡ 7부제 • 훈련대, 시위대 창설 • 지방관 권한 축소	• '건양' 연호 사용 • 친위대(서울)·진위대 (지방) 설치
경제	• 재정 일원화(탁지아문) • 도량형 통일 • 조세 금납화 • 신식 화폐 장정(은 본위)	• 회계원, 내장원 설치 • 탁지부(관세사, 징세사)	
사회	• 공·사노비제 폐지 • 고문과 연좌법 폐지 • 조혼 금지 • 과부의 개가 허용	• 사법권과 행정권 분리(지 방 재판소 설치) • 교육 입국 조서	• 태양력 사용 • 단발령 • 소학교 설치 • 우편 제도(우체사) • 종두법

🔔 단발령

사료 탐구하기

홍범 14조(요약)

1. 청에 의존하는 생각을 버리고 자주 독립의 기초를 세운다.
4. 왕실 사무와 국정 사무를 나누어 서로 혼동하지 않는다.
5. 의정부(議政府) 및 각 아문(衙門)의 직무, 권한을 명백히 규정한다.
6. 납세는 법으로 정하고 함부로 세금을 징수하지 아니한다.
7. 조세의 징수와 경비 지출은 모두 탁지아문(度支衙門)의 관할에 속한다.
10. 지방 제도를 개정하여 지방 관리의 직권을 제한한다.
11. 총명한 젊은이들을 파견하여 외국의 학술, 기예를 견습시킨다.
12. 장교를 교육하고 징병을 실시하여 군제의 근본을 확립한다.
13. 민법, 형법을 제정하여 인민의 생명과 재산을 보전한다.
14. 문벌을 가리지 않고 인재 등용의 길을 넓힌다.

---

❸ 의의 및 한계

(1) **의의**

① 봉건적 전통 질서를 타파하려는 근대적인 개혁

② 개혁의 자율성: 조선의 개화 인사들(갑신정변)과 동학 농민 운동의 개혁 의지 반영, 조선의 개화파 관료들에 의하여 추진됨

(2) **한계**

① 일반 대중이 개혁 외면: 일본의 침략적 간섭과 만행, 개혁의 급진성 때문

② 타율성: 일본의 강요 ➡ 일본의 조선 침략을 용이하게 함

③ 군사 개혁과 토지 개혁의 소홀

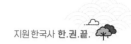

주제 70 독립 협회와 대한 제국

❶ 창립(1896) 및 활동

(I) 창립 배경

① 춘생문 사건과 아관 파천➕(1896)

ㄱ 춘생문 사건(1895, 고종의 미국 공사관 도피 시도) ➡ 실패

ㄴ 아관 파천으로 을미개혁이 중단되고 친러·친미 내각 성립

ㄷ 열강의 이권 침탈 극심

ㄹ 러시아와 일본의 세력 균형➕이 이루어짐

② 서재필의 활동: 『독립신문』 창간(1896. 4.), 독립 협회 창립(1896. 7.)

(2) 독립 협회의 구성

① 지도부: 개혁 사상을 지닌 진보적 지식인들

ㄱ 서재필, 윤치호, 이상재, 개신 유생 등

ㄴ 정동구락부(이완용, 남궁억), 건양협회 (유길준)

② 주요 구성원: 도시 시민층, 학생, 노동자, 해방된 천민 등 광범위한 사회 계층

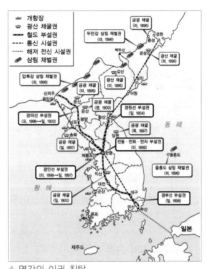

▲ 열강의 이권 침탈

(3) 활동

자주 국권	1898. 2.	• 러시아의 절영도 조차 요구 저지(구국 선언 상소문), 일본의 석탄고 기지를 반환
	1898. 3.	• 만민 공동회➕를 열어 러시아의 군사 교련단과 재정 고문단을 철수시킴
	1898. 5.	• 러시아의 목포, 진남포 해역 토지 매도 요구 저지
	1898. 9.	• 이권 양도와 관련된 이완용 제명 처분
자유 민권	1898. 3.	• 국민의 신체와 재산권 보호 운동 전개
	1898. 10.	• 언론과 집회의 자유권 쟁취 운동 전개
자강 개혁	1898. 3.	• 만민 공동회 개최
	1898. 10.	• 보수파 내각 퇴진, 박정양 개혁 내각 수립
	1898. 10.	• 관민 공동회➕를 개최하여 헌의 6조 채택
	1898. 11.	• 관선 25명, 민선 25명으로 구성된 의회식 중추원 관제➕를 반포

❷ 해산

(I) 보수 세력의 모함: "독립 협회가 황제를 폐하고 공화제를 실시하려 한다."

(2) 황국 협회(보부상 단체)를 이용하여 만민 공동회 탄압

(3) 재야 유생들의 비난

(4) 박정양 내각의 붕괴와 독립 협회 해산(1898)

➕ **아관 파천**

고종이 러시아 공사관으로 거처를 옮긴 사건. 이로 인해 을미개혁은 중단되었고, 고종은 권력을 되찾았지만, 열강의 이권 침탈이 극심해지는 계기를 초래했다. 이 시기를 전후하여 조선을 둘러싼 러시아와 일본의 세력 균형이 어느 정도 이루어졌다.

➕ **러시아와 일본의 협상**

베베르·고무라 각서(1896)

➡ 로바노프·야먀가타 협정(1896)

➡ 로젠·니시 협정(1898)

➕ **만민 공동회**

독립 협회 주최로 열린 민중 대회. 1898년 3월 서울 종로 네거리에서 최초로 열렸는데 여기서 러시아인 탁지부 고문과 군부 교련 사관의 해고를 요구하고 이승만, 홍정하 등 청년 연사가 열렬한 연설을 하여 대중의 여론을 일으켰다.

➕ **관민 공동회**

1898년 10월 박정양을 비롯한 정부의 개혁적 관료들과 독립 협회가 함께 주관한 만민 공동회의 다른 이름이다. 백정 박성춘이 개막 연설을 하였으며 이 대회를 통해 헌의 6조를 결의하였다.

➕ **의회식 중추원 관제**

내각의 자문 기관인 중추원의 권한을 강화하여 황제와 의정부의 권력 남용을 견제할 수 있게 하였다. 중추원 의원을 관선과 민선 각각 25인으로 하되, 민선 의원을 처음에는 독립 협회에서 선출하도록 하였다. 이는 제한적이나마 최초로 국민 참정권을 공인한 점에서 의미를 가진다.

❸ 한계

(1) 사회진화론에 편향됨⊕

(2) **민중 의식 부족**

① 의병 투쟁에 부정적 인식

② 지주제 인정

③ 엘리트주의: 상원 중심의 의회 구성, 민중의 역량 인정 부족

④ 군대 양성에 무관심

사료 탐구하기

독립신문(1898)

서울 시전 상인들이 말하기를 우리가 상업을 하는데, 올바른 대신들의 공정한 법률 밑에서는 상업도 못하겠다 하고 철시하였는데, 경무관 안씨가 순검들을 많이 데리고 각 상인들을 압제하여 억지로 가게 문을 열라고 하니 지금은 전과 달라 무례한 압제를 받지 않겠노라. 경무청에서 우리들에게 자본금을 주어 장사를 시켰는가. 가게 문을 열어라 어찌하라 무슨 참견이뇨, 우리는 자유 권리로 하는 일이니 이따위 수작을 말라 하니, 안 경무관도 어찌할 수 없는 것으로 알더라고 하더라.

관민 공동회의 헌의 6조

1. 외국인에게 의지하지 말고 관민이 합심하여 전제 왕권을 공고히 할 것
2. 외국과의 이권에 관한 계약과 조약은 각 대신과 중추원 의장이 합동 날인하여 시행할 것
3. 국가 재정은 탁지부에서 전관하고, 예산과 결산을 국민에게 공포할 것
4. 중대 범죄를 공판하되, 피고의 인권을 존중할 것
5. 칙임관을 임명할 때에는 정부에 그 뜻을 물어서 중의에 따를 것
6. 정해진 규정을 실천할 것

의회식 중추원 관제의 주요 내용

1. 의회의 권한은 입법권, 의정부에서 의결하고 상주하는 일체 사항의 동의권, 칙명을 받고 의정부에서 자문하는 사항의 동의권, 인민의 헌의 사항 등의 심의 결정권 등이었다.
2. 의회의 의장은 황제가 임명하고 부의장은 선거에 의하여 선출하도록 하였다.
3. 의원의 의장은 50명으로 하되 그 중 25명은 정부에서 추천하고 나머지 25명은 인민 협회가 투표에 의해서 선출하도록 하였다.
4. 의원의 임기는 12개월로 하고, 만기 1개월 전에 후임 의원을 미리 선거하도록 하였다.

백정 박성춘의 관민 공동회 연설(1898. 10.)

독립 협회가 중심이 되어 개최하고 정부 관리들도 참석한 관민 공동회에서 백정 신분인 박성춘이 다음과 같은 내용의 연설을 하였다. "나는 대한의 가장 천한 사람이고 배운 것도 없습니다. 그러나 충군 애국의 뜻은 대강 알고 있습니다. 이에, 나라를 이롭게 하고 국민을 편안하게 하려면 관민이 합심해야 한다고 생각합니다. 저 차일(遮日)에 비유하건대, 한 개의 장대로 받치면 튼튼하지 못하나, 많은 장대로 받치면 매우 튼튼합니다. ……"

⊕ **독립 협회에 대한 평가**

• 긍정적 평가: 정치 개혁뿐만 아니라 사회·경제·문화 전반에 걸친 의식 개혁을 선도하였던 민중 단체로서, 갑신정변과 갑오개혁의 한계를 극복할 수 있었다는 점에서 높이 평가받아야 할 것이다.

• 회의적 평가: 열강의 이권 침탈에 대해 비판적 입장을 취하였으나, 특정 국가(러시아)에 치우친 면이 있었다. 또한 사회진화론에 매몰되어 열강의 제국주의적 속성을 순진하게 인식하였으며, 민중의 정치적 역량을 지나치게 과소평가하였다.

❹ 대한 제국의 성립(1897)과 개혁의 추진(광무개혁)

(1) 성립 배경

① **고종의 환궁**: 경운궁(덕수궁)으로 환궁(1897)

② **칭제건원**: 환구단(원구단)에서 황제 즉위식 거행, 국호 '대한 제국', '황제' 칭호 사용, 연호 '광무'

(2) 광무개혁

① **원칙**

㉠ 구본신참: '옛 제도를 근본으로 하되 새로운 것을 참조한다'는 복고주의

㉡ 갑오·을미개혁의 급진성 비판, 점진적인 개혁 추구(동도서기론에 입각)

② **내용**

정치 (구본)	• 전제 왕권의 강화 추진: 대한국 국제 제정(1899) • 교정소(교전소를 개편한 특별 입법 기구), 중추원(황제 자문 기구), 내장원(근대 사업 추진), 사례소(역사 편찬) • 국방력 강화: 원수부 설치(황제가 육해군 통솔, 1899), 서울의 시위대와 지방의 진위대 군사 수 증강, 무관 학교 설립(1898) • 해삼위 통상 사무(1900)와 간도 관리사(1903) 설치: 블라디보스토크와 간도 이주민 보호 • 한·청 통상 조약 체결(1899): 청과 양국 황제 명의로 체결 • 23부 ➡ 13도 • 내각제 폐지(의정부 부활) • 평양 ➡ 서경(풍경궁)
경제 (신참)	• 양지아문(1898)·지계아문 설치 ➡ 양전 사업 시행, 지계(근대적 토지 소유권 문서) 발급 • 식산흥업 정책➕(상공업 진흥책): 황실 주도로 제조 공장 설립, 민간인 회사 설립 지원, 상무사(1899, 보부상 지원) 설립, 양잠 사업 추진 • 화폐 조례: 신식 화폐 장정을 폐지하고 금 본위제 시도 • 평식원(도량형 통일) • 만국 박람회 참여(1900)
사회	• 교육 진흥책: 실업 교육과 기술 교육 강조 ➡ 실업 학교 설립, 유학생 파견 • 근대 시설 도입: 전기, 전화 가설, 전차 선로 부설, 우편 제도 재개 등

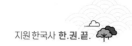

⚇ 황제 시절의 고종

⚇ 환구단

⚇ 지계

➕ **식산흥업 정책**

광무 정권은 서양의 기술과 기계를 적극 도입하여 상공업을 진흥시키려고 노력하였다. 그 결과 철도, 전기, 해운, 광업, 금융 분야에서 근대적인 시설이 마련되고 공장과 회사들이 설립되었다. 아울러 외국에 유학생이 파견되었으며, 여러 가지 실업 학교와 기술 교육 기관도 세워졌다. 그러나 이러한 사업의 대부분은 정부 기관인 농상공부가 아니라 궁내부 등 황제 직속 기관을 중심으로 추진되었다. 따라서 국력을 기르는 데 중점을 두기보다는 황제권을 강화하고 황실 재정을 늘리는 방향으로 정책이 시행되었으며, 그나마 일본 등 열강의 간섭 때문에 큰 성과를 거두지 못하였다.

📋 사료 탐구하기

대한국 국제 요약

제1조 대한국은 세계 만국이 공인한 자주 독립 제국이다.

제2조 대한국의 정치는 만세불변의 전제 정치이다.

제3조 대한국의 대황제는 무한한 군권을 누린다.

제5조 대한국 대황제는 육·해군을 통솔한다.

제6조 대한국 대황제는 법률을 제정하여 그 반포와 집행을 명하고, 대사, 특사, 감형, 복권 등을 명한다.

제9조 대한국 대황제는 각 조약 체결 국가에 사신을 파견하고 선전, 강화 및 제반 조약을 체결한다.

(3) 의의와 한계

자주적으로 추진된 근대적 성격의 개혁이나 전반적으로 보수적인 개혁, 열강의 간섭 가운데 러·일 전쟁과 한·일 의정서로 개혁 중단

주제 **71** 간도와 독도

❶ 간도

(1) **발단** : 우리 민족의 이주 ➡ 청의 철수 요구

(2) **전개 과정** : 백두산정계비(숙종, 1712) ➡ 토문강에 대한 해석 문제로 영유권 분쟁 ➡ 서북 경략사(어윤중, 1883) ➡ 토문 감계사(이중하, 1885) ➡ 간도를 함경도에 편입 (1902) ➡ 간도 관리사(이범윤, 1903) ➡ 을사늑약(1905) ➡ 일제의 간도 파출소 설치 (헤이그 특사 이후, 1907) ➡ 간도 협약(1909)

(3) **간도 협약**(1909) : 일제가 안봉선 철도(남만주 철도) 부설권 등의 이권을 얻는 대가로 간도를 청의 영토로 인정

> **사료 탐구하기**
>
> **간도 협약**
>
> 한·청 양국의 국경은 도문강(두만강)으로써 경계를 이루되, 일본 정부는 간도를 청나라의 영토로 인정하는 동시에 청나라는 도문강 이북의 간지(墾地)를 한국민의 잡거(雜居) 구역으로 인정한다. 잡거 구역 내에 거주하는 한국민은 청나라의 법률에 복종하고, 생명·재산의 보호와 납세, 기타 일체의 행정상의 처우는 청국민과 같은 대우를 받는다.

❷ 독도

(1) **기록** : 『세종실록지리지』, 『신증동국여지승람』

(2) 숙종 때 안용복이 울릉도에 들어온 일본인을 몰아내고 일본에 가서 울릉도와 독도가 우리 영토임을 확인

(3) **공도(空島) 정책 중단** : 1881년 울릉도와 부속 섬에 대한 주민 이주 금지 정책 중단

(4) 울릉도 개척령(1884) ➡ 대한 제국 칙령 제41호 반포⊕(1900) ➡ 의정대신 박제순의 지령 제3호 반포(1906)

⊕ 대한 제국 칙령 제41호
- 울릉도를 울도로 개칭하여 강원도에 부속하고 도감을 군수로 개정하며 군등(郡等)은 5등으로 할 것
- 군청은 태하동에 두고, 울릉 전도(全島)와 죽도·석도를 관할할 것

(5) **일본의 태도 변화** : 『은주시청합기』(1667), 「삼국접양지도」(1785), 태정관 문서(1877) ➡ 러·일 전쟁 중 일제가 불법으로 독도를 일본 시마네현에 편입시킴(시마네현 고시, 1905)

> **사료 탐구하기**
>
> **태정관 문서**
>
> 일본 내무성의 내무경 오쿠보[大久保利通] 명의로 태정관 우대신 이와쿠라[岩倉具視]에게 보내는 공문서 내용이다. 그간 17세기 울릉도 논쟁과 관련된 막부의 결정 내용, 한일 간에 교환된 외교 문서 등을 첨부하여 당시 최고 권력 기관인 태정관에 최종적인 결정을 요청하고 있다. 태정관은 이 건을 조사한 이후 1877년 3월 20일자로 다음과 같은 결정을 최종적으로 내렸다. "품의한 취지의 울릉도 외 일도(一島)의 건에 대해서 일본은 관계가 없다는 것을 명심할 것" 그 지시문은 같은 해 3월 29일자로 내무성에 통보되었고, 내무성은 역시 같은 해 4월 9일자로 그 결정 사항을 시마네현에 전달하여 "울릉도와 독도를 시마네현에 포함시키지 말 것"을 지시하였다.
>
> 독도연구소

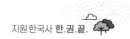

주제 72 일제의 국권 피탈

❶ 일제의 국권 침탈 과정

1차 영·일 동맹 (1902)	• 러시아 남하 정책에 대응 • 영국 − 청, 일 − 조선의 이권 승인
러·일 전쟁➕ (1904~1905)	한반도의 지배권을 놓고 러시아와 일본 간에 전쟁이 일어남 ➡ 대한 제국은 국외 중립을 선언(1904. 1.)
한·일 의정서 (1904. 2.)	군사 요지 점령권, 대한 제국의 조약 체결에 대한 사전 동의권 획득 **cf** 대한 시설 강령➕(1904. 5.)
제1차 한·일 협약 (1904. 8.)	고문 정치 ➡ 재정(메가타), 외교(스티븐스) 등
열강들의 묵인	가쓰라 태프트 밀약(미, 1905. 7.), 제2차 영·일 동맹(영, 1905. 8.), 포츠머스 강화 조약(러, 1905. 9.)
을사늑약 (제2차 한·일 협약) (1905. 11.)	통감 정치(통감부 설치), 일본이 대한 제국의 외교권 대행 ➡ 보호국화(통감에 이토 히로부미 부임)
헤이그 특사 파견➕ (1907)	고종이 을사조약에 반발하여(비준 거부) 헤이그 만국 평화 회의에 특사 파견(이준, 이상설, 이위종) ➡ 고종 강제 퇴위
한·일 신협약(정미 7조약) (1907. 7.)	차관 정치(일본인 차관), 임명 고등 관리의 임용에 통감 동의권, 군대 해산(1907. 8.)
기유각서 (1909. 7.)	사법권 박탈
경찰권 위탁 (1910. 5.)	경찰권의 강탈
국권 피탈 (1910. 8. 29.)	일본이 대한 제국을 병합 ➡ 총독부 설치

➕ 러·일 전쟁

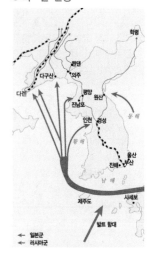

←	일본군
←	러시아군

제1차 영·일 동맹으로 인한 열강의 일본에 대한 지원과 러시아의 한반도에 대한 남하 정책이 배경이 되어 일어나 포츠머스 강화 조약이 체결됨으로써 일본의 승리로 끝난 전쟁이다.

➕ 대한 시설 강령(1904. 5.)

한·일 의정서에서 획득한 이권을 더욱 강화하고, 대한 제국을 식민지화하기 위한 6개항의 구체적인 방침을 담고 있는 일본 내각의 문서이다.

• 군사적으로 일본군의 영구 주둔과 군사상 필요한 지점을 신속히 수용할 것
• 교통 기관 특히 경의선, 경부선을 장악할 것
• 통신 기관 특히 전신선을 장악할 것

➕ 헤이그 특사 파견

을사조약의 무효를 주장하고 있었던 고종 황제는 1907년 6월 네덜란드 헤이그에서 개최되는 제2회 만국 평화 회의에 일본의 부당성을 세계 여론에 호소하고자 특사를 파견하였다. 특사를 파견하는 데는 성공하였으나, 을사조약으로 대한 제국은 자주적인 외교권을 행사할 수 없다며 주최국인 네덜란드가 특사의 회의 참석과 발언을 거부하였다. 일본은 헤이그 특사 파견을 구실로 고종 황제를 강제로 폐위시켰다.

❷ 러 · 일 전쟁 기간의 문서들

사료 탐구하기

한 · 일 의정서(1904. 2. 23.)

1. 대한 제국 정부는 대일본 제국 정부를 믿고 시정의 개선에 관하여 그 충고를 들을 것
2. 대일본 제국 정부는 대한 제국 황실의 안전을 도모할 것
3. 대일본 제국 정부는 대한 제국의 독립과 영토 보전을 보장할 것
4. 대한 제국의 황실 안녕과 영토 보전에 위험이 있을 경우에 대일본 제국 정부는 속히 필요한 조치를 행할 것이며, 이러한 목적을 달성하기 위하여 전략상 필요한 지점을 사용 가능할 수 있도록 할 것
5. 대한 제국 정부와 대일본 제국 정부는 상호의 승인을 거치지 않고는 본 협정의 취지에 위반되는 협약을 제3국과 체결할 수 없음

제1차 한 · 일 협약(한일 외국인 고문 용빙에 관한 협정서, 1904. 8. 22.)

1. 한국 정부는 대일본 정부가 추천하는 일본인 1명을 재정 고문으로 삼아 재무에 관한 사항은 모두 그의 의견에 따를 것
2. 한국 정부는 대일본 정부가 추천하는 외국인 1명을 외교 고문으로 하여 외부(外部)에 용빙하여 외교에 관한 주요 업무를 일체 그 의견에 따를 것
3. 한국 정부는 외국과의 조약 체결과 기타 중요한 외교 안건, 즉 외국인에 관한 특권 양여와 계약 등의 처리에 관해서는 미리 대일본 정부와 협의할 것

가쓰라 · 태프트 비밀 협약(1905. 7.)

첫째, 일본은 필리핀에 어떠한 침략적 의도도 품지 않으며, 미국의 필리핀 지배를 인정한다.
둘째, 미국은 한국에 대한 일본의 지배권을 확인한다.
셋째, 극동 평화를 위하여 미국 · 영국 · 일본 세 나라가 실질적으로 동맹 관계를 맺는다.

제2차 영 · 일 동맹(1905. 8.)

제3조 일본은 한국에 있어서 정치, 군사 및 경제적으로 탁월한 이익을 가지므로 영국은 일본이 그 이익을 옹호 증진시키기 위하여 정당 필요하다고 인정하는 지도, 감리 및 보호의 조치를 한국에 있어서 취할 권리를 승인한다. 단, 이 조치는 항상 열국의 상공업상 기회 균등주의에 위배될 수 없다.

포츠머스 강화 조약(1905. 9.)

제2조 러시아 정부는 일본국이 한국에 있어서 정치, 군사 및 경제적으로 탁월한 이익을 가질 것을 승인하고 일본 정부가 한국에 있어서 필요하다고 인정하는 지도, 보호 및 감리 조치를 취함에 있어 이를 방해하거나 간섭하지 않을 것을 약속한다.

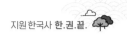

❸ 러 · 일 전쟁 종전 이후의 문서들

사료 탐구하기

제2차 한 · 일 협약 - 을사조약(1905. 11. 17.)

제1조　일본 정부는 한국의 외국에 대한 관계 및 사무를 감리 · 지휘하고, 일본 영사는 외국에
　　　　서의 한국의 이익을 보호할 것
제2조　일본 정부는 한국과 타국 간에 현존하는 조약의 실행을 완수할 임무가 있으며, 한국
　　　　정부는 일본 정부의 중개를 거치지 않고는 어떠한 조약이나 약속을 하지 않을 것
제3조　통감(統監)을 두어 외교에 관한 사항을 관리하기 위하여 경성에 주재하고 한국 황제
　　　　폐하를 내알(內謁)하는 권리를 가질 것

한 · 일 신협약 - 정미 7조약(1907. 7. 25.)

1. 한국 정부는 시정 개선에 관하여 통감의 지휘를 받을 것
2. 한국 정부가 하는 법령 제정 및 중요한 행정상의 처분은 미리 통감의 승인을 거칠 것
3. 한국의 사법 사무는 보통 행정 사무와 이를 구별할 것
4. 한국의 고등 관리의 임명 · 면직은 통감의 동의를 얻을 것
5. 한국 정부는 통감이 추천하는 일본인을 한국 관리에 임명할 것
6. 한국 정부는 통감의 동의 없이 외국인을 관리로 등용하지 못함
7. 1905년 8월 22일에 가결한 한일 외국인 고문 용빙에 관한 협정서 제1항은 폐지할 것
≫ 제3차 한 · 일 협약(한 · 일 신협약) 부수 각서: 군대 해산(1907. 8.) 명시

기유각서(한국 사법 및 통감 사무 위탁에 관한 각서, 1909. 7. 12.)

1. 한국의 사법 및 감옥 사무가 완비되었다고 인정할 때까지 한국 정부는 사법 및 감옥 사무
　를 일본 정부에게 위탁할 것
2. 일본 정부는 일정한 자격을 가진 일본인 및 한국인을 재한국 일본 재판소 및 감옥의 관리
　로 임용할 것
≫ 한 · 일 신협약의 3항인 사법 사무에 관한 조항을 이행하기 위한 각서

한 · 일 병합 조약(국권 강탈, 1910. 8. 29.)

1. 한국 황제 폐하는 한국 전부에 관한 모든 통치권을 완전 또는 영구히 일본 황제 폐하에게
　양여한다.
2. 일본국 황제 폐하는 전조에 기재한 양여를 수락하고 완전히 한국을 일본 제국에 병합함을
　승낙한다.

PART
06

주제 73 항일 의병과 애국 계몽 운동

❶ 을미의병(1895)

(1) **계기**: 명성 왕후 시해와 단발령

(2) **특징**

① 보수적 유생층이 주도: 문석봉(최초), 유인석(제천, 충주), 이소응(춘천), 허위(선산)

② 일반 농민과 동학 농민군의 잔여 세력 가담

③ 아관 파천으로 권력을 되찾은 고종의 해산 권고(효유 조칙❹)로 대부분 종식

④ 을미의병 해산 이후 평민층을 중심으로 활빈당❹ 조직(1899, 반봉건·반침략 활동, 대한 사민 논설 13조 발표)

> ❹ **효유 조칙**
> 이번에 춘천 등지에서 백성이 소란을 피운 것은 8월 20일 사건 때 쌓인 울분 때문이었다. 나라의 역적을 이미 법에 의해 처단하였고, 나머지 무리들도 차례로 처벌할 것이다. 해당 지방에 주둔하는 군대는 반드시 이 조칙을 춘천부에 모여 있는 백성에게 보여, 각자 임금의 충성스런 백성으로 돌아가 생업에 편안히 종사하도록 해야 할 것이다. 아울러 너희 군대의 무관과 병졸은 즉시 돌아오도록 하라.

> ❹ **활빈당(1899~1905)**
> 농민 무장 조직으로 관리와 부호 및 일본 상인들을 공격하며 반침략·반봉건적 투쟁을 전개했다.

사료 탐구하기

을미의병(1895)

원통함을 어찌하리, 국모의 원수를 생각하며 이를 갈았는데, 참혹함이 더욱 심해져 임금께서도 머리를 깎으시는 지경에 이르렀다. …… 무릇 우리 각 도 충의의 인사들은 모두가 임금의 보살핌을 받은 몸이니 환난을 회피하기란 죽음보다 더 괴로우며 멸망을 앉아서 기다리기보다는 차라리 싸우는 편이 훨씬 낫다.
                                                                                유인석, 『독립운동사』

활빈당의 대한 사민 논설 13개조

5. 근래 외국에 곡류를 수출하는 일이 많다. 따라서 구민법(舊民法)을 시행하도록 할 것
6. 시장에 외국 상인이 나오는 것을 엄금할 것
7. 행상자에게 징세하는 폐단을 고치고 민간에게 징세한 것을 모두 반환할 것
8. 금광 채굴을 금할 것
9. 사전(私田)을 균전으로 바꿔 목민(牧民)의 법을 채택할 것
13. 외국에 철도 부설을 허락하지 말 것
                                                                        『한성신문』(1900. 10. 8.)

---

❷ 을사의병(1905)

(1) **계기**: 러·일 전쟁 이후 일제 침략 본격화 ➡ 을사조약 체결

(2) **특징**: 국권 회복을 위한 무장 투쟁 전개

① 양반 의병장

㉠ 민종식(충남 홍성 점령)

㉡ 최익현(포고팔도사민, 전북 순창 입성, 쓰시마섬에서 순절)

② 평민 의병장 활약: 신돌석(강원·경북의 울진과 영해, 태백산 호랑이)

을사의병(1905)

오호라, 작년 10월(을사조약, 음력 10월 23일)에 저들이 한 행위는 만고에 일찍이 없던 일로서, 억압으로 한조각의 종이에 조인하여 5백년 전해 오던 종묘사직이 드디어 하룻밤 사이에 망하였으니, 천지신명도 놀라고 조종의 영혼도 슬퍼하였다. 나라를 들어 적국에 넘겨 준 이지용 등은 실로 우리나라 만대의 변할 수 없는 원수요, 자기 나라 임금을 죽이고 다른 나라 임금까지 침범한 이등박문은 마땅히 세계 여러 나라가 함께 토벌해야 할 역적이다.

최익현, 『면암집』

❸ 정미의병(1907)

⑴ **계기**: 고종의 강제 퇴위, 군대 해산(시위대 대대장 박승환의 자결)

⑵ **특징**: 해산 군대의 가담으로 의병의 전투력 강화 ➡ 의병 전쟁으로 발전

⑶ **서울 진공 작전**(1908) **전개**
　① 이인영, 허위, 이강년
　② 13도 창의군 결성 ➡ 각국 영사관에 의병을 국제법상 교전 단체로 인정해줄 것을 요구 ➡ 실패

⑷ **의병들의 이동**: 유격전 전개(호남 중심, 전해산·심남일·안규홍) ➡ 일제의 남한 대토벌 작전(1909) ➡ 간도·연해주로 이동, 무장 독립군을 재편성 ➡ 무장 독립 전쟁의 기반 마련

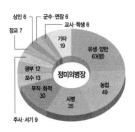

▲ 정미의병장의 직업 분포

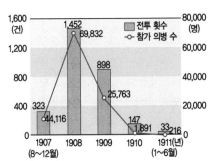

▲ 정미의병의 전투 횟수와 참가 의병 수

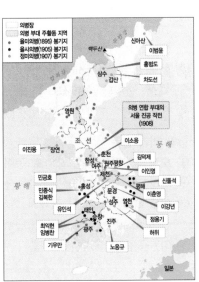

▲ 의병장들의 활약

🔺 민영환

🔺 안중근

📋 **자료 살펴보기**

서울 진공 작전

의병 전쟁이 전국적으로 확산되면서 유생 출신 의병장을 중심으로 전국 13도 연합 의병 부대(13도 창의군)가 결성되었다. 경기도 양주에 집결한 1만여 명의 의병은 이인영을 총대장으로 추대하고 서울 탈환을 위해 진격하였다. 그러나 이 작전은 우세한 화력을 지닌 일본군의 방어를 뚫지 못하여 실패하였다. 한편, 13도 창의군의 편성 과정에서 신돌석, 홍범도 등 평민 출신 의병장들은 신분이 낮다고 하여 제외되었다. 이는 유생 출신 의병장들이 봉건적인 사고에서 벗어나지 못하였음을 보여준 것이었다.

양반 유생층의 한계

• 1895년 3월, 충주성 부근의 청룡촌 싸움에서 패배한 뒤, 선봉장 김백선이 그 책임 문제를 가지고 작전 약속을 지키지 않은 중군장 안승(양반 유생 출신)에게 따지며 대들었다. 그러자 유인석은 일개 포군이 감히 양반에게 무례하게 대든 불경죄를 저질렀다고 하며 김백선을 참살하였다.

• 최익현 : 태인에서 일어난 최익현 의병 부대가 정읍, 곡성을 거쳐 순창에 진출하였을 때 그 숫자는 1,000여 명에 이르렀다. 그러나 최익현 부대는 여기서 전투 없이 쉽게 무너졌다. 전주 관찰사 한진창이 인솔하는 전주 및 남원의 진위대가 순창을 포위하자 최익현은 왕이 보낸 군대와 싸울 수 없다하여 항전을 중지하고 스스로 체포되었던 것이다.

• 이인영 : 13도 창의군의 총대장이었던 이인영은 거사를 앞두고 부친상을 당하자, "나라에 대한 불충은 어버이에 대한 불효요, 어버이에 대한 불효는 나라에 대한 불충이다. 그러므로 나는 3년상을 치른 뒤 다시 의병을 일으켜 일본을 소탕하고 대한을 회복하겠다."는 말을 남기고 고향으로 되돌아갔다. 그 후 충청도 황간에서 숨어 지내다 1909년 일본군에 체포되어 처형되었다.

❹ **의열 투쟁**

(1) **을사늑약에 대한 반발**

① 고종의 노력

ⓐ 을사늑약 무효 선언(대한매일신보)

ⓑ 워싱턴 특사(헐버트, 1905), 헤이그 특사(이준·이상설·이위종, 1907) 파견

② 언론 활동 : 황성신문(장지연의 '시일야방성대곡➕')

③ 자결 : 민영환, 홍만식, 김봉학 등

④ 상소 운동 : 조병세, 이상설, 안병찬, 민영환 등

(2) **항일 의거 활동**

① 오적 암살단 : 나철, 오기호 등이 조직

② 스티븐스 사살(1908) : 장인환, 전명운

③ 이토 히로부미 처단 : 국내와 연해주에서 애국 계몽 운동과 의병 투쟁을 하던 안중근이 하얼빈에서 처단(1909), 뤼순에서 만국공법에 근거한 『동양평화론』을 저술

④ 이완용 습격(1909) : 이재명

❺ **애국 계몽 운동의 성격**

(1) **성격** : 사회진화론➕의 영향 ➡ 실력 양성을 통한 국권 회복 추구

(2) **활동 방식** : 각종 단체, 학회, 언론, 학교 설립 등의 활동

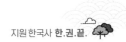

⑥ 애국 계몽 운동 단체들

(1) **보안회**(신기선·송수만, 1904)

　① 일본의 황무지 개간권 요구를 철회

　② 일본의 압력으로 해산, 대한 협동회(회장 : 이상설)로 개칭

(2) **헌정 연구회**(이준·윤효정, 1905)

　① 독립 협회 계승, 의회 설립을 통한 입헌적 정치 체제 수립 노력

　② 일진회를 규탄하던 중 해산

(3) **대한 자강회**⊕(장지연·윤효정, 1906)

　① 교육과 산업 진흥을 통한 실력 양성 운동 전개

　② 각지에 지회를 설립하고 월보를 간행

　③ 고종의 강제 퇴위를 반대하다 해산 ➡ 대한 협회(1907)로 계승

(4) **신민회**(1907)⊕ - 비밀 결사

　① 목표

　　㉠ 국권 회복, 공화정체의 국민 국가 수립 목표

　　㉡ 안창호, 양기탁, 이동휘, 이승훈, 이회영, 이시영, 김구, 신채호 등이 결성

　② 국내

　　㉠ 평양의 대성 학교 건립, 정주의 오산 학교 건립, 자기 회사, 태극서관

　　㉡ 대한매일신보를 기관지로 활용, 청년 학우회(1909), 조선 광문회(1910)

　③ 국외 : 북만주의 한흥동, 남만주의 삼원보(신한민촌 건설, 경학사 조직, 신흥 강습소)에 독립운동 기지 건설

　④ 해체

　　㉠ 안창호 계열(흥사단)과 이동휘 계열(독립군 기지 건설)의 분열

　　㉡ 일제가 날조한 105인 사건(총독 암살 음모 사건)으로 해산(1911)

　⑤ 의의 : 애국 계몽 운동과 무장 투쟁을 전개한 의병 부대의 연대 계기 마련

⊕ **대한 자강회 취지문**

우리 대한이 종전에 자강의 방도를 강구치 아니하여 인민이 스스로 우매함에 굳어지고 국력이 쇠퇴하게 되어 드디어 오늘의 험난한 지경에 이르러 다른 나라의 보호를 받기까지 되었다. 이것은 모두 자강의 방도에 뜻을 두지 않았기 때문이었다. 그러나 자강의 방도를 강구하려 할 것 같으면 다른 곳에 있지 않고, 교육을 진작하고 산업을 일으키는데 있으니 무릇 교육이 일어나지 않으면 인민의 지식이 열리지 않고, 산업이 일어나지 않으면 나라의 부가 강해지지 못하는 것이다.

⊕ **신민회 4대 강령**

1. 국민에게 민족의식과 독립 사상 고취
2. 동지를 발견하고 단합하여 국민 운동 역량 축적
3. 상공업 기관 건설로 국민의 부력(富力) 증진
4. 교육 기관 설립으로 청소년 교육 진흥

⊕ **거류지 무역**
개항장 외국인 거류지를 중심으로 이루어진 무역 형태로, 개항 초 외국 상인들은 개항장 10리 안에서만 활동할 수 있었다.

⊕ **방곡령(防穀令)**
곡물이 나가는 것을 막는 명령으로, 강화도 조약 이후 통제받지 않은 곡물이 계속 반출되자 식량난이 가중되어 곡물의 반출을 금지하는 령을 내렸다.

⊕ **조·청 상민 수륙 무역 장정(요약)**
제1조에서는 청의 상무위원을 서울에, 조선 관원을 톈진에 파견할 것을 규정하고 있다. 청의 북양대신(北洋大臣)과 조선의 국왕을 동등한 위치로 간주하고 있는데, 이는 조·청 상민 수륙 무역 장정이 청이 임오군란을 진압한 후 조선에 내정 간섭을 하는 가운데 맺어진 불평등 조약임을 반영한다.
제2조에서는 청의 상무위원이 조선 영토 내의 청국민에 대해 재판권을 행사하도록 규정하고 있다. 이는 조선에서 청나라의 치외 법권을 인정한 것으로, 역시 불평등 조약의 요소이다.
제4조는 서울의 양화진과 베이징에서 개잔무역을 허락하되, 내지 채판은 금할 것을 규정한다. 단, 내지채판이 필요할 경우 지방관의 허가서를 얻도록 하고 있다.
제7조는 청 선박의 항로 개설권 및 청 병선의 조선 연해 내왕, 정박권을 부여하고 있다.

⊕ **조·일 통상 장정(1883)**
9관 입항하거나 출항하는 각 화물이 해관을 통과할 때는 응당 본 조약에 첨부된 세칙(稅則)에 따라 관세를 납부해야 한다(관세 부과).
37관 조선국에서 가뭄과 홍수, 전쟁 등의 일로 인하여 국내에 양식이 결핍할 것을 우려하여 일시 쌀수출을 금지하려고 할 때에는 1개월 전에 지방관이 일본 영사관에게 통지해야 한다(방곡령).
42관 현재나 앞으로 조선 정부에서 어떠한 권리와 특전 및 혜택과 우대를 다른 나라 관리와 백성에게 베풀 때에는 일본국 관리와 백성도 마찬가지로 일체 그 혜택을 받는다(최혜국 대우).

주제 74 ┃ 열강의 경제 침탈

❶ 일본과 청 상인의 침투

(1) 전개 과정

개항 초기 (1876~1882)	일본 주도	거류지 무역⊕ (간행이정 10리)	약탈 무역 (관세 × 방곡령 ×)	중개 무역 영국산 면직물
임오군란 후 (1882~1895)	청 vs 일 경쟁 심화	내지 통상 (국내 상공인 몰락)	관세 ○ 방곡령⊕ ○	
청·일 전쟁 후 (1895~)	일본 독점			일본산 면직물

(2) 주요 조약
① 조·일 수호 조규 속약(1882. 7.)
   ㉠ 간행이정 10리에서 50리로 확대, 2년 후 100리 확대 결정
   ㉡ 1년 후 양화진 개설
② 조·청 상민 수륙 무역 장정(1882. 8.)⊕ : 내지 통상, 양화진 개설, 어업권 등
③ 조·일 통상 장정(1883)⊕
   ㉠ 조·일 통상 장정(1876)의 개정
   ㉡ 방곡령, 관세의 설정, 최혜국 대우(내지 통상권의 허용)

자료 살펴보기

대일 수출입 상품 품목별 비율

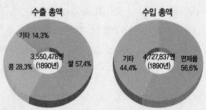

수출 총액 · 기타 14.3% · 콩 28.3% · 3,550,478엔 (1890년) · 쌀 57.4%

수입 총액 · 기타 44.4% · 4,727,837엔 (1890년) · 면제품 56.6%

수출액 중 쌀이 차지하는 비중이 상당히 높다. 이는 국내 곡가를 올리는 요인으로 작용하여 도시 빈민층이나 농촌의 빈농층에게 큰 부담이 되었다. 총 수입액에서 면제품이 거의 절반을 차지하게 되어 국내의 전통적 직물업은 붕괴되고, 농촌 경제가 큰 타격을 받았다.

사료 탐구하기

조·일 수호 조규 속약(1882)

제1조 개항장의 간행이정을 각 50리로 하고 2년 후에 100리로 함. 1년 후 양화진 개시
제2조 일본국 공사·영사 및 그 수행원과 가족의 조선 각지 여행의 자유

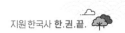

❷ 제국주의 열강의 경제적 침탈

(1) **열강의 이권 침탈** : 아관 파천 이후 최혜국 대우 규정을 내세워 각종 이권 침탈

(2) **철도** : 일본이 상품의 수출과 군대를 수송하는 침략의 도구와 토지 약탈의 용도로 이용
➡ 경인선(노량진~인천 제물포, 1899), 경부선(서울~부산, 1905), 경의선(서울~신의주, 1906)

(3) **금융 지배**
① 일본 제일은행 : 일반 은행 업무, 세관 업무 위탁, 제일은행권 유통
② 화폐 정리 사업(1905) : 일본인 재정 고문 메가타가 주도 ➡ 금 본위 제도 채택, 제일은행권을 본위 화폐로 삼고 대한 제국 화폐 발행권 박탈, 수많은 국내 상공인 몰락

> **사료 탐구하기**
>
> **화폐 정리 사업**(1905년 6월 탁지부령 제1호)
>
> 백동화의 상태가 매우 좋은 갑종 백동화는 개 당 2전 5리의 가격으로 새 돈으로 바꾸어 주고, 상태가 좋지 않은 을종 백동화는 개 당 1전의 가격으로 정부에서 사들이며, 팔기를 원치 않는 자에 대해서는 정부가 절단하여 돌려준다. 단 모양과 질이 조잡하여 화폐로 인정키 어려운 병종 백동화는 사들이지 않는다.
>
> ≫ 우리나라에서 쓰이던 상평통보나 백동화 등을 일본 제일은행에서 만든 새로운 화폐로 바꾸도록 한 것인데, 법을 갑자기 시행한데다가 질이 나쁜 백동화는 교환해 주지 않았다. 일본 상인들은 이 사실을 미리 알고 대비하였으나, 그렇지 못한 우리 상인들은 파산하는 경우가 많았다. 또, 적은 금액은 바꾸어 주지 않아 농민들도 큰 피해를 입었다.
>
> ≫ 차관 증가(화폐 정리 자금 300만 원), 한국 금융 공황, 한국 상인 도산

(4) **차관 제공** : 대한 제국의 화폐 정리와 시설 개선을 명분으로 한국의 재정을 일본에 예속시킴

(5) **일제의 토지 약탈**
① 과정 : 개항 직후 개항장의 토지 차용 ➡ 1880년대 고리대를 이용한 토지 약탈 ➡ 청·일 전쟁 이후 일본의 대자본가들이 호남의 곡창 지대에 대규모 농장 경영 ➡ 러·일 전쟁 이후 철도 부지, 군용지 확보 구실로 본격적 약탈(1904, 한·일 의정서)
② 동양 척식 주식회사➕ 설립(1908) : 국유의 미개간지와 역둔토➕ 약탈, 일본인 농업 이민의 추진

(6) **광산의 약탈** : 미국의 운산·수안 금광(1896), 러시아의 경원·종성 금광(1896), 독일의 금성 금광(1897), 영국의 은산 금광(1898), 일본의 직산 금광(1900), 프랑스의 창성 금광(1901) 등

➕ 동양 척식 주식회사

한국에 설치된 일제 통감부는 「동양척식회사법」이라는 특수법을 한국 정부에 강요해, 1908년 8월 26일에 국왕의 재가를 얻어 그 해 8월 27일 일본과 한국에서 동시에 공포하였다. 이 법률에 의거해 그 해 12월 28일에 한일 합작 회사로서 동양 척식 주식회사가 창립되었다. 이 회사는 일제하 토지 약탈의 총본산이자 조선 내 최대 지주였다.

➕ 역둔토

교통의 중심지에 설치되어 있는 역의 경비를 충당하기 위해 지급된 토지를 역토, 관청의 경비를 충당하기 위해 지급된 토지를 둔토(관둔토)라고 한다.

주제 75 경제적 구국 운동의 전개

❶ 방곡령(1889~1891)

(1) **배경**: 일본 상인의 곡물 반출로 곡물 가격 폭등, 흉년으로 곡물 부족

(2) **경과**: 함경도(조병식)와 황해도 등에서 지방관이 방곡령을 내림

(3) **결과**: 방곡령 실시 1개월 이전에 통고해야 한다는 조·일 통상 장정(1883)의 규정을 근거로 한 일본의 항의로 배상금을 지불하고 방곡령 철회

❷ 상권 수호 운동

(1) **배경**: 1882년 이후 외국 상인의 내륙 진출 ➡ 조선 상인의 상권 침탈

(2) **상인들의 저항**: 서울 상인의 철시, 상권 수호 시위, 국내 중개상의 상회사❶ 설립[대동상회(1883), 장통회사(1883)], 황국 중앙 총상회❶(시전 상인, 1898) 조직

> **사료 탐구하기**
>
> **황국 중앙 총상회**
>
> - 서울 안에 지계를 정하여 그 구역 내에는 외국인의 상행위를 허락지 말고 그 지계 밖의 본국 각 전은 총상회에서 관할할 것
> - 농상공부에서 허가한 인지는 총상회에서 구관하여 각 도, 각 군, 장시, 항구, 포구, 객주 회사에서 만물 교역할 때 무명 잡세는 일체 금단하고 규칙을 정하여 이 인지로 신행할 것
> - 각항 물가가 무단히 오르고 내리는 것은 본회에서 자세히 살피고 밝혀 좋을 대로 관할할 것
> - 본회 자본은 매 1고에 50전씩 정하되 금액 다소는 각기 소원대로 할 것

❸ 독립 협회의 이권 수호 운동

(1) **러시아의 이권 침탈 저지**: 절영도 조차 요구, 한·러 은행 설치, 목포와 증남포 부근 도서 매각 요구 등을 만민 공동회를 개최하여 저지

(2) 프랑스와 독일의 광산 채굴권 요구 저지

❹ 일본의 황무지 개간권 요구 저지

(1) **배경**: 러·일 전쟁 직후 일본인의 이주를 뒷받침하기 위해 황무지 개간권 요구

(2) **경과**
   ① 농광 회사❶(1904)를 설립하여 우리 힘으로 황무지 개간 주장
   ② 보안회를 중심으로 반대 운동 전개

(3) **결과**: 일제가 황무지 개간권 요구를 철회

➕ 상회사
개항장과 내륙 시장을 연결하던 객주·여각·보부상 등이 1880년대 외국 상인의 내륙 진출이 허용됨에 따라 타격을 받았다. 이에 동업자 성격의 대동상회, 장통회사, 종삼회사 등을 설립하였다.

➕ 전통 상인의 변천
- 시전 상인: 특권 상업 활동을 포기하고 근대 상인으로 변신, 황국 중앙 총상회를 조직해 상권 수호 운동 전개, 근대적 생산 공장에 투자(종로 직조사)
- 객주: 거류지 무역으로 부 축적, 상회사 건립
- 개성 상인: 종삼 회사 설립
- 경강상인: 증기선을 구입해 서울 중심의 미곡 유통 분야에서 상권 일부 유지

➕ 농광 회사
일본이 러·일 전쟁을 도발한 직후, 한국의 토지를 약탈하기 위한 한 수단으로 전국토의 4분의 1에 해당하는 광대한 황무지 개간권을 요구하였다. 이에 일부 애국적인 관리와 한국인 실업가들이 한국인에게 개간을 할 수 있도록 하기 위해 농광 회사를 설립하고, 개간 특허를 요청하였다. 정부는 1904년 7월 11일 이를 허가하였다.

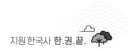

❺ 국채 보상 운동

(1) **배경** : 일제 통감부가 시설 개선의 명목으로 거액의 차관 제공 ➡ 재정 예속화

(2) **경과** : 대구에서 김광제, 서상돈 등의 발의로 국채 보상 운동 시작(1907) ➡ 국채 보상 기성회 조직(양기탁), 애국 계몽 운동 단체와 언론 기관의 모금 운동 참여, 금연 운동, 여성들의 장신구 헌납

(3) **결과** : 통감부의 탄압(지도부의 공금 횡령 누명 등)으로 중단, 영세 서민층 중심(부유층 소극적 참여)

❻ 상업 자본과 금융 자본의 형성

조선은행(1896), 한성은행, 천일은행 설립

주제 76 근대 문물의 수용

❶ 평등 사회로의 이행

(1) **갑신정변** : 14개조 개혁 정강(문벌 폐지, 인민 평등권 확립, 행정 기구 개편 등)
➡ 근대 국가 건설 추구

(2) **동학 농민 운동** : 폐정 개혁안 12개조(노비 문서 소각, 차별적 신분제 타파 주장)

(3) **갑오·을미개혁** : 전통적 신분 제도 폐지 ➡ 근대적 평등사회의 제도적 기틀 마련

❷ 근대적 사회의식의 확산

(1) **독립 협회 활동에 의한 근대적 사회의식의 확산**
① 민권 의식 고양 : 자유 민권 운동으로 자유와 평등의 민주주의 사상 확산
② 평등 의식의 확산 : 근대적 정치의식과 민족의식 고양, 자유와 평등사상 확산
㉠ 시전 상인이 만민 공동회의 의장으로 선출, 백정이 연사로 등장
㉡ 모든 계층의 관직 진출 허용(1882)

> **사료 탐구하기**
>
> **독립 협회의 민권론**
>
> 대저 동양의 풍속이 나라를 정부가 독단하는 고로 나라가 위태한 때를 당하여도 백성은 권리가 없으므로 나라 흥망을 전혀 정부에 미루고 수수방관만 하고, 정부는 나중에 몇몇 사람이 순절만 할 줄로 성사를 삼는 고로 나라 힘이 미약하여 망하는 폐단이 자주 날 뿐더러 ……그런즉 지금 폐단을 없앨 방법과 재략은 다름 아니라, 갑자기 백성의 권리를 모두 주어 나라 일을 하려 할 것도 아니요, 관민이 합심하여 정부와 백성의 권리가 서로 절반씩 된 후에야 대한이 억만 년 무강할 줄로 나는 아노라. 『독립신문』, 1898년 12월 15일자

(2) **애국 계몽 운동** : 국민의 근대 의식과 민족의식 고취 ➡ 민주주의 사상의 진전(민주 공화제 도입 주장)

(3) **평민과 천민의 사회의식 성장**
① 각종 사회 활동을 통해서 차별 의식 극복
② 독립 협회 활동, 국채 보상 운동, 의병 운동에 가담하여 국권 회복을 위한 활동 전개
③ 노비세습제 폐지(1886)
④ 대한 제국 시기에 호적 시행(신분 ➡ 직업)

(4) **여성들의 사회 진출**
① 신교육 운동 : 여성 단체(순성회, 찬양회, 여성 교육회 등)들이 의무 교육 및 가정·여성·육아 교육 등 강조 ➡ 여성 교육 기관 설립, 여권통문❶(1898)
② 남녀평등 추구 : 소학교령(1895)에서 남녀 교육의 기회 균등을 규정, 독립 협회 활동에서 남녀평등과 여성 교육 강조
③ 여성들의 사회 진출 : 국권 회복 운동과 국채 보상 운동 등에 적극 참여 ➡ 사회의 한 구성원으로서 자각

❶ **여권통문**
북촌의 상류층 여성들이 발표한 통문으로, 여성의 인권 신장을 요구하였다. 이 결과 순성회, 찬양회 등의 여성 단체가 탄생하였다.

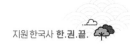

❸ 의식주 생활의 변화

(1) **의복의 변화❶** : 서양 문물의 도입으로 양복 도입 ➡ 관복과 군복이 양복으로 변화 ➡ 신분에 따른 의복 차이가 점차 사라짐

(2) **음식 문화의 변화** : 서양식 음식과 예절의 보급, 일반 민중의 식생활은 큰 변화 없음

(3) **주거 문화의 변화** : 서양식 건물 등장(명동 성당, 정동 교회, 덕수궁 석조전), 민간의 한옥과 양옥을 절충한 건물 등장

❹ 국외 이주 동포의 증가

(1) **배경** : 일제의 경제 침탈로 인한 생활고, 독립운동의 공간 마련

(2) **간도** : 19세기 후반 주민들의 이주 시작 ➡ 1900년대 청의 한인 거주 인정으로 이주 증가 ➡ 독립운동 기지 건설(신민회가 선구)

(3) **연해주** : 러시아의 한인 입국 허용 ➡ 항일 운동의 터전 마련과 독립운동을 위한 애국지사들의 이주(신한촌)

(4) **미주** : 유학생이나 정치적 망명객 이주, 1903년 하와이 사탕수수 농장에 노동 이민을 시작으로 미 본토, 멕시코(애니깽) 등으로 이주 ➡ 대한인 국민회를 조직하여 독립운동 지원

❺ 근대 시설의 도입

통신		• 전신과 전화 : 전신선 부설(1884), 전화 가설(경운궁에 처음 가설, 1896) • 우편 : 우정총국 설치(1884), 을미개혁 이후 본격 실시, 만국 우편 연합 가입(1900)
교통		• 전차 : 서대문~청량리 노선(1899) • 철도❶ : 경인선(1899, 노량진~제물포), 경부선(1905)·경의선(1906) 개통
전기		전등 첫 가설(경복궁, 1887), 한성 전기 회사❶ 설립(1898), 전차 운영(1899)
의료	민간	지석영(종두법 실시), 세브란스 병원(1904, 개신교에서 설립)
	정부	• 광혜원❶(1885) : 최초의 근대식 병원 설립(제중원으로 개칭) • 내부 병원(1899, 최초의 국립 병원) • 광제원(1900, 구립, 종두법 보급) • 적십자 병원(1905) • 대한 의원(1907, 중앙 국립 병원) • 자혜 의원(1909, 지방 도립 병원)
건축		독립문(1897), 정동 교회(1898), 명동 성당(1898, 고딕 양식), 덕수궁 중명전(1901), 덕수궁 석조전(1910, 르네상스 양식)
기타		기기창(1883, 무기 공장), 박문국(1883, 『한성순보』 발간), 전환국(1883, 화폐 발행), 광인사(1884, 민간 출판 인쇄소)

---

❶ **의생활 변화에 대한 규정**
- 흥선 대원군 집권기 : 간편하고 검소한 옷차림 권장(소매 폭이 좁은 두루마기 등)
- 갑오개혁 : 관리들의 전통 의복을 간편한 옷차림으로 변경
- 을미개혁 : 관리·민간 구분없이 모두 검정 두루마기만 예복으로 입게 하였다.
- 1900년 문관 복장 규칙 : 문관 예복을 양복으로 변경

❶ **철도 부설(1899)**
철도는 근대적 교통 시설로서 경인선이 최초로 부설되었는데, 외국인에 의해 건설되었다. 경부선과 경의선은 러·일 전쟁 중 일본의 군사적 목적에 의해 부설되었다.

❶ **한성 전기 회사**
1898년 1월 김두승, 이근배가 청원하여 설립한 한국 최초의 전기 회사로, 도중에 미국으로 소유권이 넘어갔다가 결국 일본에 팔렸다.

❶ **광혜원(제중원)**
광혜원이 설립된 곳은 갑신정변 주모자로 처형되었던 홍영식의 집(서울 재동)이었다. 제중원은 정부에서 재정과 행정을, 미국 북장로교에서 의사와 간호사를 파견하여 병원의 운영과 의료 행위를 관장하였다.

⑥ 언론 활동

▲ 한성순보　　▲ 제국신문

▲ 황성신문　　▲ 대한매일신보

▲ 만세보　　▲ 신한민보

구분		발간 연도	내용
국내	한성순보	1883~1884	최초의 신문, 박영효의 건의로 박문국에서 간행, 순 한문, 관보 성격, 개화 정책 취지와 국내외 정세 소개, 갑신정변으로 폐간
	한성주보	1886~1888	국한문 혼용, 최초로 상업 광고 게재
	독립신문	1896~1899	서재필 발행, 최초의 민간 한글 신문, 영문판도 발행, 국민 계몽을 통해 자주 독립 정신과 근대적 민권 의식 고취에 노력
	제국신문	1898~1910	이종일 발행, 순 한글 신문, 서민층·부녀자 독자가 많음, 민중 계몽, 자주독립 의식 고취 노력
	황성신문	1898~1910	남궁억 발행, 국한문 혼용체, 개신 유생층 대상, '시일야방성대곡' 게재
	대한매일신보	1904~1910	양기탁·베델❶(영국인) 등이 운영, 순 한글·국한문·영문판 발행, 일제의 국권 침탈에 가장 비판적, 의병 투쟁을 호의적으로 보도, 국채 보상 운동 적극 지원, '시일야방성대곡'을 영문으로 기재
	만세보	1906~1907	국한문, 천도교에서 발행(오세창, 손병희)
	경향신문	1906	천주교 계통
국외			해조신문(1908, 연해주), 신한민보(1909, 미국) 등
잡지			조양보(1906, 국내외 정세 보도), 소년(1908, 최초의 종합 잡지)
일제의 탄압			신문지법(1907), 보안법(1908), 학회령(1908), 출판법(1909)으로 언론 활동 제약, 반일 논조 억압

📝 기타 : 조보(조선 시대 국정 홍보), 매일신문(1898, 최초의 일간지)

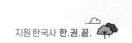

주제 77 교육과 국학 연구

❶ 근대 교육의 발전

(1) **근대 교육의 시작(1880년대)** : 원산 학사(1883, 최초의 근대식 학교, 근대 학문＋무술 교육), 동문학(1883, 통역관 양성소), 육영 공원(1886, 관립 학교, 헐버트 등의 미국인 교사를 초빙하여 근대 학문 교육)

(2) **근대적 교육 제도 마련(갑오개혁 이후)** : 과거 제도 폐지, 교육 입국 조서⊕ 반포 ➡ 각종 관립 학교 설립(한성 소학교, 한성 중학교, 한성 사범 학교 등)

(3) **사립 학교⊕ 설립** : 근대 학문과 민족의식 고취, 교육 구국 운동(개신교 선교사와 민족 운동가 중심)

(4) **민족 교육 탄압** : 사립 학교령(1908) ➡ 사립 학교 통제, 교과서 검정

(5) **학회 설립** : 을사조약 이후 서북 학회, 기호 학회, 흥사단, 여자 교육회 등

❷ 국학 연구의 진전

(1) **배경** : 을사조약 이후 국권 상실의 위기감 고조

(2) **근대 계몽 사학⊕** : 민족의식과 애국심을 고취하고 민족의 주체성 확립 목적 ➡ 박은식⊕, 신채호⊕

① 민족 영웅전 저술 : 신채호의 『을지문덕전』, 『강감찬전』, 『이순신전』 등
② 외국 흥망사 소개 : 『미국 독립사』(신채호), 『이태리 건국 삼걸전』(신채호), 『월남망국사』(현채)
③ 황현의 『매천야록』, 정교의 『대한계년사』 : 일제의 침략 비판, 민족정신 강조
④ 신채호의 '독사신론'(1908) : 대한매일신보에 연재, 민족주의 사학의 방향 제시

🔍 사료 탐구하기

신채호의 독사신론

> 국가의 역사는 민족의 소장 성쇠의 상태를 서술할지라. 민족을 빼면 역사가 없을지며 역사를 빼어버리면 민족의 그 국가에 대한 관념이 크지 않을지니, 오호라 역사가의 책임이 그 역시 무거울진저. …… 내가 현금 각 학교의 교과용 역사를 보건대 가치 있는 역사가 거의 없도다. 제1장을 보면 우리 민족이 지나족(중국족)의 일부인 듯하며, 제2장을 보면 우리 민족이 선비족의 일부인 듯하며, 마침내 전편을 다 읽으면 어떤 때는 말갈족의 일부인 듯하다가 어떤 때는 몽고족의 일부인 듯하며 어떤 때는 여진족의 일부인 듯하다가 어떤 때는 일본족의 일부인 듯하니, 오호라, 과연 이와 같을진대 우리 몇 만 평방리의 토지가 모두 남만 북적의 수라장이며 우리 사천년의 산업이 모두 열국의 경매물이라 할지니 과연 그러한가. 어찌 그러하리요.

⑤ 교과서 : 현채의 『동국사략』, 『유년필독』

⊕ **교육 입국 조서**

1895년(고종 32) 2월 2일, 국왕이 조칙으로 발표한 교육에 관한 특별 조서이다. 고종은 1894년 갑오개혁 이후 근대 국가를 건설함에 있어 교육을 국가 중흥의 기본으로 생각하고 교육의 목적·성격·방향 등을 이 조서를 통해 밝혔다.

⊕ **사립 학교**
• 개신교 선교사 : 배재 학당, 경신 학교, 이화 학당, 숭실 학교, 정신 여학교 등
• 애국 계몽 운동가 : 오산, 대성, 보성, 휘문, 양정, 숙명 여학교, 진명 여학교 등

⊕ **근대 계몽 사학**

일제의 침략에 맞서 신채호, 박은식 등 근대 계몽 사학자들은 『을지문덕전』, 『이순신전』 등 우리 역사상 외국의 침략에 대항하여 승리한 민족 영웅들의 전기를 써서 널리 보급시킴으로써 일제 침략에 직면한 국민들의 사기를 북돋우고, 애국심을 불러일으키는 데 노력하였다.

⊕ **박은식**

무릇 역사는 국가의 정신이요, 영웅은 국가의 원기(元氣)라. 살펴보건대 지구상에 야만적이지 않은 국가의 국민들은 모두 그 역사를 존중하고 영웅을 숭배하는데, 그 국민의 문명 수준이 높을수록 역사를 더욱 존중하고 영웅을 숭배하나니, 그 역사를 존중함이 곧 그 국가를 사랑하는 사상이라.

⊕ **신채호**

오호라, 어떻게 하면 우리 이천만 동포의 귀에 애국이란 단어가 못이 박히도록 할까? 오직 역사로써 해야 할 것이다. 오호라, 어떻게 하면 우리 이천만 동포의 눈에 항상 애국이란 단어가 어른거리게 할까? 오직 역사로써 해야 할 것이다.

⑶ **조선 광문회**(1910)

　① 최남선, 박은식

　② 민족 고전(『동국통감』, 『열하일기』 등)을 정리·간행

⑷ **국어 연구**

　① 국·한문 혼용체 보급 : 교과서 간행, 유길준의 『서유견문』(1895)

　② 순 한글 신문 간행, 국문 연구소 설립(주시경 등, 1907), 국어학 연구소(1908)

　③ 문법 : 유길문의 『대한문전』(1895), 주시경의 『국어문법』(1910)

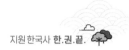

주제 78 문예와 종교의 새 경향

❶ 문학의 새 경향

(1) **신소설**
　① 언문일치 문장, 계몽 문학적 성격
　② 이인직의 『혈의 누』(1906), 안국선의 『금수회의록』(1908), 이해조의 『자유종』(1910) 등

(2) **신체시**: 근대시 형식의 개척 ➡ 최남선의 해에게서 소년에게(1908) 등

(3) **외국 문학 번역**: 성경, 천로역정, 이솝 이야기, 걸리버 여행기 등

❷ 예술계의 새 변화

(1) **음악**: 근대 음악 소개(찬송가), 창가(권학가, 애국가 등), 판소리 등이 유행

(2) **연극**: 신극 운동 전개 ➡ 원각사(1908)에서 은세계, 치악산 등 공연

❸ 종교의 새 경향

(1) **천주교**: 애국 계몽 운동 참여

(2) **개신교**: 서양 의술 보급, 학교 설립, 평양 대부흥회(1907)

(3) **천도교**(1905)
　① 동학이 친일 성향으로 변절하자 손병희가 친일파를 제거하고 개칭함
　② 만세보 간행

(4) **유교**: 박은식의 유교구신론(1909)
　① 대동사상 주장
　② 양명학적 입장에서 부국강병, 교육 진흥 주장

🔺 혈의 누

🔺 금수회의록

🔺 자유종

📚 **사료 탐구하기**

유교구신론

무릇 동양의 수천 년 교화계(教化界)에서 바르고 순수하며 광대 정미하여 많은 성인이 뒤를 이어 전하고 많은 현인이 강명(講明)하는 유교가 끝내 인도의 불교와 서양의 기독교와 같이 세계에 대발전을 하지 못함은 어째서이며, 근세에 이르러 침체 부진이 극도에 달하여 거의 회복할 가망이 없는 것은 무슨 까닭이뇨. …… 그 원인을 탐구하여 말류(末流)를 추축하니 유교계에 3대 문제가 있는지라. 그 3대 문제에 대하여 개량(改良) 구신(求新)을 하지 않으면 우리 유교는 흥왕할 수가 없을 것이며 …… 첫째는, 유교파의 정신이 전적으로 제왕(帝王) 측에 존재하고 인민 사회에 보급할 정신이 부족함이오. 둘째는, 여러 나라를 돌아다니면서 세계의 주의(主義)를 바꾸려는 생각을 강론하지 아니하고, 또한 내가 동몽(童夢)을 찾는 것이 아니라 동몽이 나를 찾는 주의를 지킴이오. 셋째는, 우리 대한 유가(儒家)에서 간이직절(簡易直切)한 법문(양명학)을 구하지 아니하고 질질 끌고 되어 가는 대로 내버려 두는 공부(주자학)를 전적으로 숭상함이라.

---

(5) **불교**: 한용운의 불교유신론(1913) ➡ 불교 쇄신과 자주적 근대화 추진

(6) **대종교**➕(1909): 나철과 오기호가 창시, 단군 신앙 강조, 간도와 연해주에서 항일 독립 운동 전개

➕ **대종교**
1909년 나철, 오기호 등 10명과 함께 서울에서 국조 단군을 숭앙하는 단군교를 창시하였다. 1914년에는 대종교 본사(本司)를 이곳으로 옮겨 포교 영역을 국내와 만주 일대로 확대시켰다. 3·1 운동 이후 만주로 들어가는 동포들을 포섭하여 그들로 하여금 항일 구국 운동에 앞장서게 하였다. 그 실례로 1920년 일본군을 크게 무찌른 청산리 전투의 주역이었던 북로 군정서의 장병 대부분이 대종교인이었다.

지원한국사
한.권.끝.

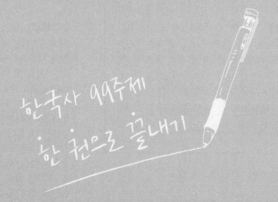

한국사 99주제
한 권으로 끝내기

PART

07

일제 강점기

주제 79 식민 통치 체제의 구축과 전개

❶ 식민 통치 기구

(1) **조선 총독부**: 일제 식민 통치의 중추 기관
   ① **총독의 권한**: 입법, 사법, 행정권은 물론 군대 통수권까지 장악, 절대 권력 행사
   ② **총독의 지위**: 현역 일본군 대장 중에서 임명 ➡ 일본 국왕에 직속

(2) **중추원**: 한국인을 정치에 참여시킨다는 명목으로 만든 총독의 자문 기구(친일파로 구성)

(3) **기타**: 취조국(법제 자료 조사), 참여관 회의(한국인 정치 참여를 가장)

❷ 무단 통치(1910년대, 헌병 경찰제)

(1) **헌병 경찰제❶**: 즉결 처분권(범죄 즉결례, 1910), 조선 태형령(1912), 헌병 사령관 경무 총감 임명, 경찰범 처벌 규칙(1912)

(2) **위협적인 통치**: 관리와 교원들까지 제복과 칼 착용

(3) **언론·출판❶·집회·결사의 자유 박탈**: 모든 신문과 단체 등을 해산시킴

(4) **민족 운동 탄압**: 안악 사건, 105인 사건(신민회 해산) ➡ 평안도, 기독교 탄압

> **사료 탐구하기**
>
> **조선 태형령**
>
> • 태형은 감옥 또는 즉결 관서에서 비밀리에 행한다.
> • 조선인에 한하여 5대 이상의 태형에 처할 수 있다.
> • 수형자를 형판에 엎드리게 하고 손과 발을 묶은 후 볼기를 노출시켜 태로 친다.

❸ 기만적 문화 통치(1920년대, 보통 경찰제)

(1) **배경**: 3·1 운동에서 나타난 민족적 저항, 세계 여론의 악화, 사이토 마코토 총독 취임(1919. 8.)

(2) **문화 통치의 실상**: 우리 민족에 대한 이간·분열책
   ① 문관 총독 임명 가능 ➡ 문관이 총독에 임명된 적이 한 번도 없었음
   ② 보통 경찰 제도 실시 ➡ 경찰의 수 및 장비 등 증가, 치안 유지법❶(1925) 제정, 고등 경찰제(독립운동가와 사회주의자 전담) 시행
   ③ 언론·출판·집회·결사의 자유 허용 ➡ 동아일보, 조선일보 간행 허용(1920) ➡ 사실상 검열과 삭제 강화, 친일 단체의 양산
   ④ 교육 기회 확대 ➡ 초등 학문과 기술 분야의 교육만 확대, 제2차 조선 교육령(1922)
   ⑤ 참정권의 확대 ➡ 도 평의회와 부·면협의회(지방 의회일 뿐만 아니라 의결권도 없음)

(3) **문화 통치의 본질**: 식민 통치를 은폐하기 위한 기만 정책, 우리 민족의 분열 조장 ➡ 일제 식민 지배에 도움이 되는 인간 양성, 일부 인사들은 일제와 타협하여 민족성 개조, 자치 운동 등 주장

❶ 헌병 경찰 통치 제도
식민 통치를 무력으로 뒷받침하기 위해 일제는 일본군 2개 사단과 2만여 명의 헌병 경찰과 헌병 보조원을 배치하였다. 일본군 헌병 사령관이 경무 총감이 되고, 각 도의 헌병 대장이 해당 도의 경무 부장이 되어 경찰 업무를 대행하고 독립운동가를 색출하여 처단하는 역할을 하였다. 이들은 즉결 처분권이 있어 재판 없이 구류에 처하거나 벌금을 부과하기도 하였다.

❶ 출판법
일제는 서적이나 교육, 문학 작품을 통해 민족의 독립 의식이 고취되는 것을 막고자 1909년 출판법을 발표하였다. 이때 판매 금지를 당한 책으로 현채의 『유년필독』, 안국선의 『금수회의록』 등이 있다.

❶ 치안 유지법
일제가 3·1 운동 이후 확산된 사회주의와 민족 운동을 탄압하기 위해 일본법을 조선까지 확대하였다.
1조 국체를 변혁 또는 사유 재산제를 부인할 목적으로 결사를 조직했거나 그 점을 알고 이에 가입하는 자는 10년 이하의 금고 또는 징역에 처함

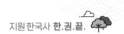

④ 민족 말살 통치(1930년대 이후)

(1) **배경**: 대공황으로 일본 경제 악화 ➡ 일제의 대륙 침략 본격화[만주 사변(1931), 중·일 전쟁(1937)] ➡ 우리 민족을 침략 전쟁에 동원하기 위해 황국 신민화 정책 추진

(2) **민족 말살 정책**: 내선일체⊕, 일선 동조론⊕, 황국 신민 서사 암송, 궁성 요배, 신사 참배⊕(1936), 조선 사상범 보호 관찰법 시행(1936), 우리말 사용 금지(1938), 제3차 조선 교육령(1938), 일본식 성명 강요(1939), 경방단⊕ 규칙(1939), 국민 총력 조선 연맹(1940), 조선일보·동아일보 폐간(1940), 조선 사상범 예비 구금령(1941), 소학교의 명칭을 국민학교로 변경(1941)

📖 사료 탐구하기

황국 신민 서사

> 우리는 대일본 제국의 신민입니다.
> 우리들은 마음을 합하여 천황 폐하에게 충의를 다합니다.
> 우리들은 괴로움을 참고 견디며 단련을 하여 훌륭하고 강한 국민이 되겠습니다.

창씨개명(1940. 2. ~8. 10.)

- 창씨하지 않은 사람의 자제에 대하여 각급 학교의 입학·진학을 거부한다.
- 창씨하지 않은 사람은 공사를 불문하고 총독부 관계 기관에 일체 채용하지 않고, 현직자도 점차 파면 조치한다.
- 창씨하지 않은 사람은 비국민 또는 불령선인(후테이센징)으로 단정하여 경찰 수첩에 기입하고, 사찰·미행 등을 철저히 함과 동시에 필요에 따라서는 우선적으로 노무 징용의 대상으로 하고, 식량 및 기타 물자의 보급 대상에서 제외한다.

» 일제는 이른바 한국인의 '황민화(皇民化)'를 촉진하기 위해 1939년 11월 제령 제19호로 '조선민사령(朝鮮民事令)'을 개정하여 한민족 고유의 성명제를 폐지하고 일본식 씨명제(氏名制)를 설정하여 1940년 2월부터 동년 8월 10일까지 '씨(氏)'를 결정해서 제출할 것을 명령하였다.

⊕ **내선일체**
한국인과 일본인은 하나라는 의미로, 1930년대 일제가 대륙 침략을 본격화하면서 한국인을 전쟁에 동원하기 위하여 내세운 것이다.

⊕ **일선 동조론**
한국의 역사와 일본의 역사는 원래 뿌리가 같고 조상이 하나라는 논리로 우리 민족 정신의 근원을 말살하려 하였다.

⊕ **신사 참배**
신사는 일본의 민간 종교인 신도(神道)의 사원이다. 일제는 이것을 곳곳에 세우고 한국인들로 하여금 강제로 참배하게 하였다. 신사를 중심으로 천황도 신격화하여 자국 국민의 정신적 지배는 물론, 군국주의적 침략 정책 및 식민지 지배에도 이용하였다.

⊕ **경방단**
일제가 만든 경찰의 보조 기관

PART
07

주제 80 경제적 수탈의 심화

❶ 1910년대 일제의 경제 수탈

(1) **토지 조사 사업**(1912~1918)

① **명분**: 근대적 소유권이 인정되는 토지 제도 확립 ➡ 실제로는 토지세의 안정적 확보와 토지 약탈 의도

② **진행 과정**: 토지 조사령❶ 공포(1912) ➡ 토지 소유권 조사, 토지 가격 조사, 지형·지목 조사

③ **신고주의 채택**: 복잡한 서류를 정해진 기일 내에 신고해야 소유권을 인정하는 기한부 신고제 채택 ➡ 토지 약탈의 의도

④ **결과**

㉠ 토지 상실: 기한 내 미신고, 왕실·공공 기관 및 마을·문중의 공유지 등은 신고 주체가 애매하여 총독부에 귀속

㉡ 토지 약탈: 동양 척식 주식회사나 일본인 지주에게 불하

㉢ 식민지 지주제 강화(소작농의 권리 약화): 소작농의 경작권·입회권(공동 이용권)·도지권(부분 소유권) 불인정(토지에 대한 권리 단순화 − 소유권만 인정) ➡ 기한부 계약제 소작농으로 전락 ➡ 만주, 연해주, 일본 등지로 이주

㉣ 총독부의 지세 수입 증가(지세령: 1914, 1918년에 개정)

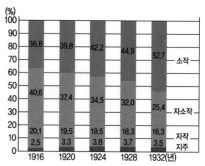

▲ **토지 조사 사업의 결과** | 자작농과 자소작농이 줄고 소작농이 늘었다. 지주 계층이 증가한 것은 일제가 지주들의 권리를 보호하여 자신들의 편으로 끌어들이려는 정책 때문이었다. 그 결과 지주들은 친일적 성향을 띠기도 하였다.

(2) **산업 침탈** ➡ 물자 수탈과 일본 상품 수출의 기반 확보

① **회사령❶**(1910): 회사의 설립은 총독의 허가를 받게 함 ➡ 민족 자본의 성장 억제

② **전매제**: 인삼·소금·담배를 총독부에서 전매 📝 연초 전매령(1921)

③ **금융 독점**: 금융업에 대한 감독권 행사, 금융 조합과 농공 은행 설치 ➡ 산업 경제 활동 통제

④ **기타**: 삼림령(1911), 어업령(1911, 허가제), 은행령(1912), 조선 광업령(1915, 허가제), 임야 조사령(1918), 조선 식산 은행(1918)

⑤ **기간 시설 정비**: 철도, 도로(도로 규칙, 1911), 항만 등의 정비

⊕ 토지 조사령(1912)

제4조 토지 소유주는 조선 총독이 정하는 기간 내에 주소·씨명, 명칭 및 소유지의 소재, 지목, 자번호, 사표, 등급, 지적, 결수를 임시 토지 조사국장에게 신고해야 한다. 단, 국유지는 보관 관청이 임시 토지 조사국장에게 통지해야 한다.

⊕ 일제의 산업 침탈

• 회사령(1910): 민족 기업의 성장 억제
• 삼림령(1911), 임야 조사령(1918): 산림 점탈
• 어업령(1911): 어업권 약탈
• 광업령(1915): 광산을 점유하고 광산물 약탈

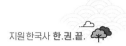

❷ 1920년대 일제의 경제 수탈

(1) 산미 증식 계획⊕(1920~1934)

① 배경 : 제1차 세계 대전 이후 공업화에 따른 일본의 식량 부족 ➡ 쌀값 폭등으로 인한 경제 위기

② 산미 증산 계획 : 토지 개량과 수리 시설 개선, 종자 개량 등으로 식량 증산
  - ㉠ 증산 목표는 미달, 수탈 계획은 목표대로 이행
  - ㉡ 조선 내 곡물 가격 폭등 ➡ 만주에서 잡곡(조, 수수) 수입하여 공급
  - ㉢ 증산에 필요한 수리 조합비, 비료 대금, 곡물 운반비 등을 농민에게 전가
  - ㉣ 농민 몰락 ➡ 화전민이 되거나 만주, 일본 등지로 이주
  - ㉤ 1930년대에 일본 본토 농업 발전을 위해 중단

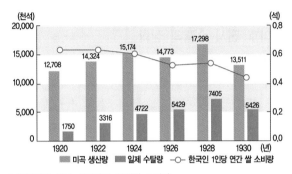

🔺 1920년대 미곡 생산량과 일제의 수탈량

(2) 일본 자본의 조선 침투

① 회사령 철폐(1920) : 회사 설립 요건을 허가제에서 신고제로 완화 ➡ 일본 독점 자본의 한국 진출을 용이하게 하려는 목적

② 일본 상품의 관세 철폐(1923) : 일본 상품 수출 증대 ➡ 한국 기업의 피해

③ 신은행령(1928) : 자본금 200만 원 이상의 주식회사로 은행업 한정 ➡ 한국인 소유 은행 강제 합병

④ 중공업 투자 : 함경도 부전강 수력 발전소(1926), 조선 질소 비료 공장(1927)

❸ 1930년대 일제의 경제 수탈

(1) 병참 기지화 정책⊕

① 배경
  - ㉠ 세계 경제 공황 발생(1929) ➡ 일본 잉여 자본의 투자 시장 필요 ➡ 값싼 노동력 확보를 위해 한국에 투자
  - ㉡ 한국을 대륙 침략의 병참 기지로 만들기 위해 공업화 정책 추진

② 결과
  - ㉠ 기형적인 산업 정책 : 군수 생산에 필요한 중화학 공업과 광공업 부분에 집중 ➡ 생산품의 대부분이 일본으로 수출되는 군수 공업 원료
  - ㉡ 공업 발전의 지역 편중 : 북부 지역에 중화학 공업 시설 집중, 남한에서는 경공업 위주

⊕ 조선 산미 증식 계획 요강

일본에서 쌀 소비는 연간 약 6천 5백만 석이다. 일본 내 생산고는 약 5천 8백만 석을 넘지 못한다. 해마다 부족분을 다른 제국 판도 및 외국에 의지해야 한다. 일본 인구는 해마다 70만 명씩 늘어나고, 국민 생활이 향상되면 1인당 소비량도 점차 늘어나게 될 것이므로 앞으로 쌀은 계속 모자랄 것이다. 따라서 지금 미곡 증식 계획을 수립하여 일본 제국의 식량 문제를 해결하는데 도움을 주는 것은 진실로 국책상 급무라고 믿는다.

⊕ 1930년대 이후 경제 수탈 정책

- 병참 기지화 정책 : 전쟁 물자 생산을 위한 중화학 공업, 군수 공업 육성, 광업 개발 ➡ 자원과 노동력 수탈
- 남면북양 정책 : 일제의 방직 공업에 필요한 원료 공급을 위해 한반도 남부에서는 면화 재배를, 북부에서는 양 사육을 강요
- 공출제 : 전쟁 물자 공급을 위해 식량 공출, 금속 공출 등

PART 07

(2) **남면북양 정책**

① 배경 : 세계 경제 공황 이후 선진 자본주의 국가들의 보호 무역 정책 ➡ 공업화 추진에 따른 공업 원료 부족에 대비

② 내용 : 남부 지방은 면화 재배, 북부 지방은 양을 기르도록 강요

(3) **농촌 진흥 운동(1932~1940)**

① 배경 : 농민층의 불만을 회유하기 위해 소작 기간의 연장, 대출의 확대를 실시

② 내용과 결과

　ㄱ 조선 소작 조정령(1932), 조선 농지령(1934), 조선 소작령(1934) 시행

　ㄴ 농민들의 가난을 스스로의 탓으로 돌림(미봉책)

　ㄷ 결과 : 농가 부채 증가

❹ 중·일 전쟁 이후 전시 수탈의 심화

(1) **인적 자원 수탈⊕**

① 배경 : 중·일 전쟁(1937) 도발 등 본격적인 대륙 침략으로 인한 인력과 자원 부족 ➡ 국가 총동원법(1938)의 시행으로 인적·물적 자원 통제 및 수탈 강화 ➡ 태평양 전쟁(1941)으로 극심해짐

② 징용, 징병, 정신대

　ㄱ 국민 징용법(1939) : 탄광, 군수 공장, 철도 등 공사장의 강제 노동에 동원

　ㄴ 육군 특별 지원병제(1938)·학도 지원병제(1943)·징병제(1943) 실시로 청년들을 전쟁터에 동원

　ㄷ 여자 정신 근로령(1944)으로 공장 등지에서 강제 노역이나 전쟁터에 위안부로 성노예 생활 강요

(2) **물적 자원 수탈**

① 식량 수탈 : 산미 증식 계획 재개(1939), 식량 배급(1940), 미곡 공출제⊕(1944), 가축 증식 계획(소)

② 총동원 물자 수용령(1939) : 쇠붙이 공출 ➡ 농기구, 놋그릇, 제기, 교회나 사원의 종까지 징발

③ 기타 : 중요 산업 통제법(1937), 근로 보국대(1938), 국민 총력 운동(1940)

④ 생활의 변화

　ㄱ 복장 : 국민복과 몸빼 장려

　ㄴ 식생활 : 배급제와 강제 공출로 심각한 악화

⊕ **인적 자원 수탈**

연도	내용
1938	지원병제 실시 (총 18,000명 동원)
1939	국민 징용령 실시 (총 113만~146만 명 동원)
1943	학도 지원병제 실시 (총 4,500명 동원)
1944	징병제 실시 (총 20만 명 징집)

⊕ **미곡 생산량과 강제 공출량**

연도	생산량	공출량	비율(%)
1941	21,527	9,208	42.7
1942	24,885	11,255	45.2
1943	15,687	8,750	55.7
1944	18,919	11,957	63.2

(단위 : 천석)

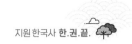

주제 81 | 1910년대 민족 운동

❶ 의병 항전의 지속

(1) 남한 대토벌 작전 등으로 의병 활동 위축 ➡ 만주, 연해주로 이동

(2) **채응언**➕의 의병 항쟁 : 서북 지방을 중심으로 활동 ➡ 평북 성천에서 체포(1915)

❷ 항일 비밀 결사 활동

단체	활동
독립 의군부 (1912~1914)	• 의병장 임병찬이 고종의 밀지를 받고 조직 • 전라도 중심 활동 • **목표** : 조선 왕조 회복, 고종 복위(복벽주의) • 조선 총독부와 일본 정부에 한국 침략의 부당성을 밝히고 국권 반환 요구서 제출
대한 광복회➕ (1915)	• 군대식 조직으로 총사령에 박상진, 부사령에 김좌진 • 국권 회복, 민주 공화국 수립 • 군자금 마련 ➡ 만주에 독립군 사관 학교 설립, 연해주에서 무기 구입 • 대구·경북 지역을 중심으로 활동
조선 국권 회복단 (1915~1918)	• 이시영, 서상일 등 • 대구·경북 지역 중심 • 공화주의 표방 • 대종교 계열 독립군 지원 • 임시 정부 군자금 모집
송죽회 (1913)	• 평양 숭의 여학교 교사·학생 중심의 여성 단체 • 독립군 자금 지원
기타	기성단(1914), 자립단(1915), 선명단(1915년 추정), 조선 국민회(1915), 조선 산직 장려계(1915) 등

❸ 해외 독립운동 기지 건설

(1) **만주 지역** : 해외 독립군 기지 개척

   ① 남만주(서간도) : 신민회가 개척한 삼원보➕ 중심

     ㉠ 경학사(1911) ➡ 부민단 ➡ 한족회 ➡ 서로 군정서 설립

     ㉡ 신흥 강습소(1911) ➡ 신흥 무관 학교➕(1919) 설립

   ② 북간도 : 명동촌·용정촌 중심

     ㉠ 간민회(한인 자치 단체)

     ㉡ 중광단(➡ 북로 군정서) : 대종교 계열

     ㉢ 서전 서숙➕, 명동 학교 설립(이상설)

   ③ 북만주 : 한흥동(이상설, 1909)

➕ **체포된 마지막 의병장 채응언**

1907년 숙천에서 의병을 일으켜 평남·함경도 등지에서 활약하다가 1915년 체포되어 처형되었다.

➕ **대한 광복회 강령**

• 부호의 의연금 및 일인이 불법 징수하는 세금을 압수하여 무장을 준비한다.

• 종래의 의병 및 해산 군인과 만주 이주민을 소집하여 훈련한다.

• 일인 고관 및 부일 반역자를 언제 어디서라도 처단하는 행형부를 둔다.

➕ **삼원보(1911)**

이시영·이상룡 등이 무장 독립 전쟁을 수행하기 위하여 간도에 설치한 독립운동 기지로, 주로 근대적 민족 교육과 군사 훈련에 주력하였다.

➕ **신흥 무관 학교(1919)**

중국 지린성 류허현에 세운 독립군 양성 기관. 1911년 이동녕·이회영 등이 설치한 신흥 강습소가 신흥 무관 학교의 전신이었다.

➕ **서전 서숙(1906)**

만주 용정촌에 이상설이 사재를 털어 이동녕 등과 함께 설립한 민족 교육 기관으로, 일제의 탄압으로 1년 만에 문을 닫았다. 역사·지리·수학·정치학·국제 공법·헌법 등을 가르쳤다. 특히 항일 민족 교육에 초점을 두어 만주 항일 민족 교육의 효시가 되었다.

(2) **연해주** : 블라디보스토크의 신한촌 중심
　① 한민회(1905, 『해조신문』 발행), 13도 의군(1910, 유인석·홍범도)
　② 성명회(이상설, 1910), 권업회(이상설, 1911)
　③ 대한 광복군 정부(1914) : 블라디보스토크 신한촌의 권업회가 이상설과 이동휘를
　　정·부통령으로 하여 조직 ➡ 전로 한족회 중앙 총회(1917)
　④ 한인 사회당(이동휘, 1918) : 하바로프스크에서 결성
　⑤ 대한 국민 의회(1919) : 3·1 운동 이후 블라디보스토크에 수립된 임시 정부

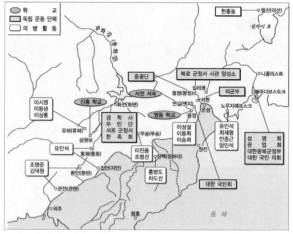

🔺 만주와 연해주의 독립운동 단체

(3) **중국 관내**
　① 동제사(신규식·박은식·신채호, 1912) : 대종교 계열, 박달학원 설립
　② 신한 혁명당(신규식·박은식 중심, 1915) : 복벽주의 ➡ 공화주의(대동단결 선언, 1917)
　③ 대동 보국단(신규식·박은식, 1915) : 잡지 '진단' 발행
　④ 신한 청년당(1918) : 상하이에서 조직, 파리 강화 회의에 김규식을 파견

(4) **미주**
　① 대한인 국민회(1910) : 박용만, 안창호, 이승만 등이 결성 ➡ 간도·연해주에 독립운
　　동 자금 지원
　② 흥사단(안창호, 샌프란시스코 ➡ LA, 1913)
　③ 대조선 국민군단(박용만, 하와이, 1914)
　④ 숭무 학교(멕시코, 1910)

(5) **일본** : 조선 청년 독립단(2·8 독립 선언, 1919)

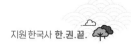

주제 82 3 · 1 운동(1919)

❶ 3 · 1 운동의 태동

⑴ **국제 정세 변화**: 러시아 혁명 이후 레닌의 식민지 민족 지원 선언(1918), 윌슨의 민족 자결주의✚(1919)

⑵ **국외의 독립운동**
① **대동단결 선언(1917)**: 상하이에서 신규식, 박은식, 신채호 등이 공화주의적 임시 정부 수립 표방
② **파리 강화 회의에 대표 파견**: 신한 청년당이 김규식을 파견
③ **독립 선언**
 ㉠ 무오(대한) 독립 선언(1918): 만주 길림에서 박은식, 김규식, 조소앙 등이 발표
 ㉡ 2 · 8 독립 선언✚(1919): 도쿄 유학생들이 조선 독립 청년단의 이름으로 발표
④ **국내의 움직임**: 고종의 서거(1919. 1.)로 반일 감정 고조, 종교인들과 학생들이 연합하여 만세 운동 준비

❷ 3 · 1 운동 전개

⑴ **준비**: 민족 대표 33인의 독립 선언서 낭독, 학생들이 탑골 공원에서 독립 선언서 발표

⑵ **전개 과정**

구분	주도 계층	만세 시위 운동의 특징
1단계	종교계 대표, 학생	서울에서의 독립 선언(비폭력주의 표방)
2단계	교사, 학생, 상인, 노동자 등	전국 주요 도시로 확산 (상인들의 철시 운동, 노동자들의 시위)
3단계	농민층	농촌으로 확산 (무력 저항주의 – 폭력 투쟁 전개)

⑶ **해외로의 확산**: 만주, 연해주, 미주, 일본 등에서 만세 시위 전개

⑷ **일본의 무력 탄압✚**: 200여만 명이 시위에 참가하여 사망 7,509명, 부상 15,961명, 피검자 46,948명, 교회 47개소, 학교 2개교, 민가 715채 소실, 화성 제암리 사건(1919. 4.)

❸ 3 · 1 운동의 역사적 의의

⑴ **독립운동의 수준 향상**: 민족의 힘으로 독립을 이루겠다는 생각, 자신감을 갖게 됨

⑵ **노동자와 농민의 자각**: 노동자와 농민의 참여 ➡ 1920년대 노동 · 농민 운동에 영향

⑶ **임시 정부 수립 계기**: 민족 독립운동을 조직화 · 체계화할 필요성 대두

⑷ **일제 식민 통치 방식에 변화**: 무단 통치 ➡ 문화 통치

⑸ **세계 민족 해방 운동에 기여**: 중국의 5 · 4 운동(1919), 인도 간디의 비폭력 · 불복종 운동 등에 영향

➕ **민족 자결주의**
파리 강화 회의에서 미국 대통령 윌슨이 민족의 미래는 스스로 결정해야 한다고 주장하였다. 단, 전승국의 식민지에는 적용되지 않았다.

➕ **2 · 8 독립 선언**
도쿄 조선 유학생 학우회는 1919년 1월 독립을 위한 구체적인 운동을 시작해야 한다고 결의하고, 2월 8일 선언서와 청원서를 각국 대사관, 공사관 및 일본 정부, 일본 국회 등에 발송한 다음 기독교 청년 회관에서 유학생 대회를 열어 독립 선언식을 거행하였다. 2 · 8 독립 선언서는 3 · 1 독립 선언서보다 훨씬 강경하게 일제의 침략을 고발하고 독립을 위해서 최후의 일인까지 투쟁할 것을 선언하였다.

➕ **3 · 1 운동 때 체포된 사람**

교사 3.2
무직 3.4
노동자 3.7
상업 9.4
학생 11.1
종교인 3.2
공업 3.1
기타 3.6
농 · 어업 59.1%
1919년 3월 1일~6월 30일

사료 탐구하기

대한 독립 선언(무오 독립 선언)

우리 대한 동족 남매와 온 세계 우방 동포여, 우리 대한은 완전한 자주 독립과 우리들의 평등 복리를 우리 자손들에게 대대로 전하기 위하여 여기 이민족 전제의 학대와 압박을 벗어나서 대한 민주주의 자립을 선포하노라. …… 궐기하라 독립군아. 독립군은 일제히 천지(세계)를 바르게 하라. 한번 죽음은 면할 수 없는 인간의 숙명이니 남의 노예가 되어 짐승 같은 일생을 누가 바라랴. 살신성인하면 2천만 동포가 다 부활하는 것이다. 육탄혈전으로 독립을 완성하자.

2 · 8 독립 선언

조선 청년 독립단은 우리 2천만 민족을 대표하여 정의와 자유의 승리를 득(得)한 세계의 만국 앞에 독립을 기성(期成)하기를 선언하노라. …… 우리 민족에게는 한 명의 병사도 없다. 우리 민족은 병력으로써 일본에 저항할 실력이 없다. 그러나 일본이 만일 우리 민족의 정당한 요구 에 불응할진대 우리 민족은 일본에 대하여 영원히 혈전을 선언하노라. …… 이미 우리 민족은 일본이나 혹은 세계 각국이 우리 민족에게 민족 자결의 기회를 부여하기를 요구하며, 만일 불연(不然)이면 우리 민족은 생존을 위하여 자유의 행동을 취하여 이로써 독립을 기성(期成) 할 것을 선언하노라.

기미 독립 선언서

우리는 오늘 조선이 독립국이라는 것과, 조선인이 자주민이라는 것을 선언한다. 이를 세계만 방에 알려 인류의 평등이라는 대의(大義)를 명백케 하는 동시에, 자손만대에 알려 민족자존 (民族自存)의 권리를 영원토록 누리게 하겠다.

공약 3장
1. 오늘날 우리의 이 거사는 정의, 인도, 생존, 존영을 위하는 민족적 요구이니, 오직 자유로운 정신을 발휘할 것이요, 결코 배타적 감정으로 치닫지 마라.
1. 최후의 1인까지, 최후의 일각까지 민족의 정당한 의사를 쾌히 발표하라.
1. 일체의 행동은 가장 질서를 존중하여, 우리의 주장과 태도로 하여금 어디까지든지 광명정 대하게 하라.

조선 건국 4252년 3월 일
조선 민족 대표

기미 독립 선언서
- 작성자 : 최남선
- 공약 3장 작성자 : 한용운

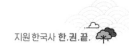

주제 83 · 대한민국 임시 정부의 수립과 활동

❶ 임시 정부의 시기별 주요 활동

(1) **1919~1920년**: 출범(외교 독립론 중심)

(2) **1920년대 전반**: 분열(국민 대표 회의), 2대 대통령 박은식 선출

(3) **1920년대 후반**: 침체기, 국무령 체제(내각 책임제, 1925~1927), 국무 위원 집단 지도 체제 (1927~1940)

(4) **1930년대**: 한인 애국단(부흥의 계기), 수도 이동의 시작, 민족주의 진영의 통합

(5) **1940년대**: 충칭에 정착, 주석제, 삼균주의, 한국 광복군, 한국 독립당

🔺 이승만

❷ 임시 정부의 수립

(1) **각지에 수립된 임시 정부**
① 연해주 대한 국민 의회(1919. 3.): 손병희를 대통령으로 추대
② 상하이 대한민국 임시 정부(1919. 4.): 이승만을 국무총리로 하는 민주 공화제 정부
③ 서울 한성 정부(1919. 4.): 13도 대표 명의로 집정관 총재에 이승만, 국무총리에 이동휘

🔺 이동휘

(2) **임시 정부의 통합**(1919. 9.): 상하이 중심론(외교 중시❶)과 만주안(무력 투쟁 중시) 대립
➡ 상하이에 정부를 두고 한성 정부의 법통을 계승하기로 합의

(3) **임시 정부의 조직**: 대통령 중심제의 3권 분립❶(임시 의정원, 국무원, 법원)에 기초한 민주 공화제 정부 ➡ 대통령에 이승만, 국무총리에 이동휘

🔺 대한민국 임시 정부 청사

❸ 임시 정부의 초기 활동

종류	활동
연통제❶	비밀 행정 조직망 ➡ 도·군·면에 독판·군감·면감 등의 책임자를 둠, 정부 문서와 군자금 조달
교통국	통신 기관 ➡ 정보의 수집·분석·교환·연락 업무 담당
군자금 조달	만주의 이륭 양행, 부산의 백산 상회, 애국 공채, 국민 의연금
군사 활동	• 상하이에 육군 무관 학교 설립 • 직할 군대: 광복군 사령부, 광복군 총영, 육군 주만 참의부, 서로·북로 군정서
외교 활동	• 김규식을 파리 강화 회의에 파견 ➡ 독립 청원서 제출 • 이승만의 구미 위원부(미국) • 소련과 교섭(공수 동맹, 1920): 독립군 양성 지원금 조달
문화 활동	사료 편찬소에서 한·일 관계 사료집 간행, 독립신문 발행, 상하이 인성 학교
산하 단체	철원 애국단(강원), 대한민국 애국 부인회(서울), 대한 애국 부인회(평양)

➕ 투쟁 노선의 갈등
• 외교 독립론: 이승만 등
• 무장 투쟁론: 이동휘 등
• 실력 양성론: 안창호 등
• 민중 혁명론: 신채호 등

➕ 임시 정부의 3권 분립
• 임시 의정원(입법)
• 국무원(행정)
• 법원(사법)

➕ 연통제
1919년 7월 10일 국무원령 제1호로 임시 연통제를 공포하면서 실시되었다. 각 급 행정 조직의 책임자로 서울에는 총판, 각 도에는 독판, 부와 군에는 부장과 군장, 면에는 면감을 두도록 했으나, 일제의 철저한 감시와 탄압으로 전국적 조직을 갖추지 못하였고, 면 단위 조직은 사실상 어려웠다. 평안·함경·황해도 지역을 중심으로 조직된 연통제도 1921년 일본 경찰에 그 조직이 발각됨으로써 더 이상 실시되지 못하였다.

④ 국민 대표 회의(1923)

(1) **과정**: 임시 정부의 침체, 노선 갈등(무장 투쟁론 대 외교론의 갈등) ➡ 외교 노선에 비판적인 신채호, 박은식 등이 미국에 위임 통치를 청원❶한 이승만에 대한 불신임과 함께 회의 요구 ➡ 창조파(신채호, 박용만)와 개조파(안창호, 여운형)의 대립 ➡ 박은식을 2대 대통령으로 추대(1925) ➡ 국무령 체제로 개헌(1925)

(2) **결과**: 개조파(임정 조직만 교체)와 창조파(임정 해체, 새 정부 수립)로 분열, 성과 × ➡ 많은 독립운동가들 이탈 ➡ 현상 유지파(김구) 등장

⑤ 한인 애국단

(1) **결성**: 임시 정부 활동의 침체와 사기 저하, 만보산 사건으로 중국 내 반한 감정의 격화 ➡ 임시 정부의 활로를 찾기 위해 조직(1931)

(2) **활동과 결과**
　① 이봉창의 일본 국왕 투탄 의거(1932)
　　➡ 상하이 사변
　② 윤봉길의 홍커우 공원 의거(1932)
　　㉠ 임시 정부를 중국 국민당 정부가 인정하고 지원하는 계기가 됨
　　㉡ 일제의 탄압을 피해 임시 정부의 수도가 이동하게 됨

🏛 임시 정부의 수립과 이동

⑥ 충칭 정착 이후의 임시 정부(1940년대)

(1) **건국 준비 활동**: 충칭 정착(1940) 이후 왕성한 건국 준비 활동, 1936년에 창당한 한국 국민당을 이끈 김구가 주도
　① 한국 독립당으로 민족주의 진영 통합(1940. 5, 지청천의 조선 혁명당+조소앙의 한국 독립당+김구의 한국 국민당), 한국 광복군 창설(지청천, 1940. 9.), 주석제로 개헌(1940), 삼균주의❶(조소앙, 1941)에 입각한 건국 강령 제정, 일본에 선전포고(1941)
　② 김원봉, 김규식 등의 조선 의용대·조선 민족 혁명당 당원들을 영입(1942), 주석·부주석제로 개헌(1944)
　③ 국내 진입 작전 계획: 미국 O.S.S와 협조하여 9월 작전 계획 중 일본의 항복으로 무산

📝 **임시 정부의 지도 체제 변천 과정**

구분	연도	정부 형태	정부 수반	위치
제1차	1919년	대통령 중심제(3권 분립)	이승만	상하이
제2차	1925년	국무령 중심의 내각 책임제	이동녕 등	
제3차	1927년	국무 위원 중심의 집단 지도 체제	국무 위원	중국 각지로 이동
제4차	1940년	주석 중심 지도 체제	김구	충칭
제5차	1944년	주석·부주석 지도 체제	김구·김규식	

---

❶ **이승만의 위임 통치 청원서**
미국 대통령 각하, 대한인 국민회 위원회는 본 청원서에 서명한 대표자로 하여금 다음과 같은 공식 청원서를 각하에게 제출합니다. …… 우리는 자유를 사랑하는 2천만의 이름으로 각하에게 청원하니 각하도 평화 회의에서 우리의 자유를 주창하여 참석한 열강이 먼저 한국을 일본의 학정으로부터 벗어나게 하여 장래 완전한 독립을 보증하고 당분간은 한국을 국제 연맹 통치 밑에 두게 할 것을 빌며……

❶ **삼균주의**
손문의 삼민주의(민족, 민권, 민생)와 사회주의의 영향을 받아 제창. 개인 간, 민족 간, 국가 간 균등을 말하고, 정치적 균등, 경제적 균등, 교육적 균등의 실현으로 삼균을 이루어 세계일가의 이상사회를 건설한다는 평등주의 사상이다.

주제 **84** 국내 민족 운동

❶ 6 · 10 만세 운동(1926)

(1) **성격** : 사회주의 계열과 민족주의 계열이 함께 전개한 항일 민족 운동

(2) **전개** : 사회주의 세력과 천도교 세력, 학생 중심으로 만세 시위 전개 계획 ➡ 사전 발각
　➡ 순종의 인산일을 기점으로 학생들의 주도로 진행

(3) **의의**
　① 학생들이 독립운동의 주체로 부상
　② 독서회 · 비밀 결사 형태의 학생 운동이 대중 차원의 항일 민족 운동으로 발전
　③ 민족 유일당 운동의 신호탄

🔺 조선일보의 6 · 10 만세 운동 보도 자료

사료 탐구하기

6 · 10 만세 학생 운동 때의 격문

동양 척식 주식회사를 철폐하라!
일본 이민 제도를 철폐하라!
일체의 납세를 거부하자!
일본 물화를 배척하자!
일본인 공장의 직공은 총파업하라!
일본인 지주에게 소작료를 바치지 말자!
언론 · 집회 · 출판의 자유를!
조선인 교육은 조선인 본위로!
보통 학교 용어를 조선어로!

식민지에 있어서는 <u>민족 해방이 곧 계급 해방이고 정치적 해방이 곧 경제적 해방이라는 것을 알지 않으면 안 된다.</u> 즉, 식민지 민족이 모두가 무산 계급이며 제국주의가 곧 자본주의이기 때문이다. ……
형제여! 자매여!
눈물을 그치고 절규하자! ……

　　　　　대한학생회　　　　　대한독립당

---

❷ 광주 학생 항일 운동❶(1929. 11. 3.)

(1) **배경**
　① 학생들의 비밀 단체 조직 : 성진회 · 독서회 중앙 본부 등
　② 차별적인 식민지 교육에 대한 반발
　③ 신간회 결성으로 민족적 자각 고양

(2) **발단** : 일본 남학생의 한국 여학생 희롱 ➡ 양국 학생의 충돌 ➡ 일본 경찰의 민족 차별적 조치

(3) **경과** : 광주에서 시작, 전국으로 확산 ➡ 신간회의 진상 조사단 파견

(4) **의의** : 3 · 1 운동 이후에 일어난 최대의 전국적 민족 운동

❶ 광주 학생 항일 운동의 격문
학생, 대중이여 궐기하라!
<u>검거된 학생은 우리 손으로 탈환하자.</u>
언론 · 결사 · 집회 · 출판의 자유를 획득하라.
<u>식민지 교육 제도를 철폐하라. 조선인 본위의 교육 제도를 확립하라.</u>
용감한 학생, 대중이여! 최후까지 우리의 슬로건을 지지하라.
그리고 궐기하라. 전사여 힘차게 싸워라.

주제 85 의열 투쟁

❶ 의열단

(1) **결성**: 1919년 만주 길림성에서 신흥 무관 학교 출신 김원봉과 윤세주를 중심으로 조직된 비밀 결사

(2) **의열단의 활동 목표**: 일제 요인 암살과 식민 통치 기관의 파괴

➡ 민중의 직접 혁명을 통한 일제 타도(신채호의 조선 혁명 선언, 1923)

(3) **활동**

인물	활동 내용
박재혁(1920)	부산 경찰서 폭탄 투척
김익상(1921)	조선 총독부 폭탄 투척, 황포탄 의거(상하이 황포탄에서 일 육군 대장 다나카 저격)
김상옥(1923)	종로 경찰서 폭탄 투척
김지섭(1924)	도쿄 궁성 폭탄 투척
나석주(1926)	동양 척식 주식회사 및 식산 은행 폭탄 투척

사료 탐구하기

신채호의 조선 혁명 선언

강도 일본을 쫓아내려면 오직 혁명으로만 가능하며, 혁명이 아니고는 강도 일본을 쫓아 낼 방법이 없는 바이다. …… 우리의 민중을 깨우쳐 강도의 통치를 타도하고 우리 민족의 신생명을 개척하자면 양병(養兵) 10만이 폭탄을 한 번 던진 것만 못하며, 천억 장의 신문, 잡지가 한 번의 폭동만 못할지니라. …… 민중은 우리 혁명의 대본영(大本營)이다. 폭력은 우리 혁명의 유일한 무기이다. 우리는 민중 속으로 가서 민중과 손을 맞잡아 끊임없는 폭력 – 암살, 파괴, 폭동 – 으로써 강도 일본의 통치를 타도하고, 우리 생활에 불합리한 일체의 제도를 개조하여, 인류로써 인류를 압박하지 못하며, 사회로써 사회를 박탈하지 못하는 이상적 조선을 건설할지니라.

(4) **의열단의 확대 · 발전**: 개별적 투쟁의 한계 인식 ➡ 중국 국민당 산하 황포 군관 학교에 단원 파견(1926) ➡ 조선 혁명 간부 학교 설립(1932) ➡ 민족 혁명당 결성(1935) ➡ 조선 의용대 설립(1938)

❷ 한인 애국단의 활약과 의의

(1) **결성**: 임시 정부 활동의 침체와 사기 저하, 만보산 사건으로 중국 내 반한 감정의 격화
  ➡ 임시 정부의 활로를 찾기 위해 조직(1931)

(2) **활동**

  ① 이봉창의 일본 국왕 투탄 의거(1932) ➡ 상하이 사변(일제의 상하이 침공)
  ② 윤봉길❶의 홍커우 공원 의거(1932) ➡ 대한민국 임시 정부를 중국 국민당 정부가
  인정하고 지원하는 계기가 됨, 일제의 탄압을 피해 임시 정부의 수도가 이동하게 됨

❸ 기타

(1) **대한 노인단**: 강우규가 사이토 총독 암살 시도(1919)

(2) **다물단(1923)**: 베이징에서 일제 밀정 처단

(3) **박열**: 흑우회·흑도회 결성, 무정부주의, 일본 국왕 폭살 시도(1923)

(4) **조명하**: 대만에서 일본 육군 대장 처단(1928)

(5) **대한 애국 청년단**: 경성 부민관 폭탄 투척(1945. 7.)

🔺 이봉창

➕ 윤봉길

윤봉길 의사가 거사 직전 백범과
함께 찍은 출정 기념사진. 뒤에
대한민국 임시 정부 태극기가 걸
려 있다.

PART 07

주제 86 무장 투쟁

❶ 국내 무장 투쟁(3·1 운동 이후)

(1) **국내 무장 단체의 활동**: 식민 통치 기관의 파괴, 친일파 숙청, 군자금 모금 등

　① 천마산대⊕: 평북 의주 천마산을 근거로 활약 ➡ 만주로 이동, 독립군 편입

　② 보합단: 평북 의주 동암산을 근거지로 활약 ➡ 군자금 모금, 친일파 처단

　③ 구월산대: 황해도 구월산 중심 ➡ 은율 군수 처형, 일제 관리 처단

❷ 독립군 부대의 출현

(1) **배경**: 3·1 운동 때 일제의 무력에 의한 무자비한 탄압 ➡ 조직적인 무장 독립 전쟁의 필요성 절감

(2) **독립군 부대 편성**: 만주, 연해주 일대에 독립군 기지화 추진

　📝 삼둔자 전투(1920. 6.): 독립군의 승리

❸ 봉오동 전투(1920. 6.)

(1) **배경**: 대한 독립군⊕의 국내 진입 작전 전개

(2) **전개**: 일본군의 독립군 추격 ➡ 대한 독립군(홍범도), 군무 도독부군(최진동), 국민회군(안무) 등의 연합 부대가 봉오동 지역에서 일본군 대파

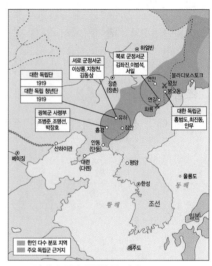
🔺 1920년대의 무장 독립운동 단체

❹ 청산리 대첩(1920. 10.)

(1) **배경**: 봉오동 전투의 패배에 대한 설욕전, 일제의 독립군 토벌 작전 ➡ 훈춘 사건⊕을 조작하여 대부대(2개사단 2만여 명)를 만주로 보내 독립군 포위

(2) **전개**: 북로 군정서군(김좌진), 대한 독립군(홍범도) 등의 연합 부대가 청산리 지역에서 일본군 대파(백운평, 천수평, 어랑촌, 고동하 전투 등) ➡ 독립군 항전 사상 최대의 승리(사상자 3천여 명)

❺ 독립군의 시련

(1) **간도 참변**(경신참변, 1920): 일본군이 간도 지역의 동포들을 무차별 학살

(2) **독립군의 이동**: 독립군 주력 부대들이 소련·만주 국경 지대의 밀산부에 집결 ➡ 서일을 총재로 대한 독립군단의 조직(1920) ➡ 소련 영토로 이동

(3) **자유시 참변**⊕(1921): 독립군 내부의 주도권 다툼 ➡ 소련 적색군의 공격으로 다수의 사상자 발생

⊕ 천마산대

1919년 3·1 운동 이후 최시흥을 대장으로 한말의 군인들이 조직한 독립운동 단체이다. 500여 명의 단원이 평안북도 천마산을 근거로 유격전을 벌였다. 1920년 일본 경찰의 공격을 피하여 만주로 건너가 독립군에 편입되었다.

⊕ 대한 독립군

1919년 3·1 운동 뒤 간도에서 조직된 항일 독립운동 단체로서 왕청현 봉오동에 근거지를 두었다. 홍범도를 중심으로 간도의 옛 의병과 노령의 농민·노동자 200여 명이 모여 구성되었다. 자주 두만강을 건너 국내 진공 작전을 전개하였으며, 1920년 6월 봉오동 전투에서 일본군 120여 명을 사살하는 전과를 올렸다.

⊕ 훈춘 사건

일제가 중국 마적단을 매수하여 훈춘의 일본 영사관을 습격하게 한 사건

🔺 김좌진　🔺 홍범도

⊕ 자유시 참변

러시아령 자유시(스보보드니)에서 러시아 적군이 사할린 의용군을 무장 해제시키고 864명의 의용군이 포로가 된 사건. 이 사건의 바탕에는 이르쿠츠파 고려 공산당과 상해파 고려 공산당 간의 독립군 지휘권 다툼이 있었다.

(4) **3부의 성립**: 민정(자치 행정)과 군정(군사 훈련, 작전 담당)을 갖춤

　① 참의부(1923, 압록강 연안, 임시 정부의 직할)

　② 정의부(1924, 남만주 일대)

　③ 신민부(1925, 북만주 일대)

　📝 통의부: 1922년 서간도에서 조직된 무장 독립운동 연합 단체. 이후 정의부로 개편

△ 3부의 위치

(5) **미쓰야 협정⊕**(1925): 일제가 독립군을 탄압하기 위해 만주 군벌과 맺은 협정 ➡ 독립군 활동 위축

❻ 독립군의 재정비

(1) **3부 통합 운동**: 1920년대 후반 독립운동 단체의 통합 모색, 완전 통합에는 실패(통합 논의가 기존 단체 해체 후 단일체 조직과 기존 단체 중심으로 조직으로 분열)

　① **국민부**(남만주): 신민부 중심, 조선 혁명당(1929)과 조선 혁명군(양세봉) 편성

　② **혁신 의회**(북만주): 정의부 중심, 한국 독립당(1930)과 한국 독립군(지청천) 편성

❼ 조선 혁명군과 한국 독립군의 활동

(1) **배경**: 만주 사변(1931)으로 일제가 만주 장악[만주국 수립(1932)]

(2) **한·중 연합 작전**

　① **양세봉의 조선 혁명군**: 중국 의용군과 연합 ➡ 영릉가 전투, 흥경성 전투

　② **지청천의 한국 독립군**: 중국 호로군과 연합 ➡ 쌍성보·경박호·사도하자·동경성·대전자령 전투에서 승리

(3) **한·중 연합 작전의 위축**

　① 일본군의 대토벌 작전, 양세봉 피살(1934) 후 조선 혁명군 약화

　② 직할 군대 편성을 위해 임시 정부가 독립군의 이동을 요청 ➡ 중국 본토로 이동

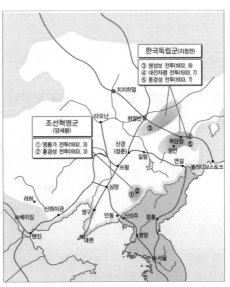

△ 조선 혁명군과 한국 독립군의 활동 지역

⊕ **미쓰야 협정**

제2조 중국 관헌은 각 현에 통고하여 재류 조선인의 무기를 휴대하고 조선에 침입하는 것을 엄금한다. 이를 어긴 자는 체포하여 일본 관헌에게 인도한다.

제3조 불령선인 단체는 해산하고 소유한 무기는 수색하여 이를 몰수하고 무장을 해제한다.

제4조 일본 관헌에서 지명한 불령선인 단체의 수령을 체포하여 일본 관헌에 인도한다.

제5조 중국, 일본의 관부는 불령선인 단체의 취체(取締, 단속) 실황을 서로 통지한다.

△ 양세봉　　△ 지청천

한국 독립군과 항일 중국군의 합의 내용(1931)

> 1. 한·중 양군은 최악의 상황이 오는 경우에도 장기간 항전할 것을 맹서한다.
> 2. 중동 철도를 경계선으로 하여 서부 전선은 중국이 맡고, 동부 전선은 한국이 맡는다.
> 3. 전시의 후방 전투 훈련을 한국 장교가 맡고, 한국군에 필요한 군수품 등은 중국군이 공급한다.
>
> 『광복』 제2권, 한국 광복군 사령부

조선 혁명군과 항일 중국군의 합의 내용(1932)

> 중국과 한국 양국의 군민은 한마음 한뜻으로 일제에 대항하여 싸우고, 인력과 물자는 서로 나누어 쓰며, 합작의 원칙하에 국적에 관계없이 그 능력에 따라 항일 공작을 나누어 맡는다.
>
> 『광복』 제4권, 한국 광복군 사령부

❽ 만주 지역 항일 유격대의 활동

(1) **동북 항일 연군**(사회주의 계열): 중국 공산당이 동북 인민 혁명군 조직(1933)＋한국인 사회주의자들 참여 ➡ 동북 항일 연군으로 개편(1935) ➡ 민생단 사건(1936) ➡ 조국 광복회➕ 결성(1936, 동북 항일 연군의 조선인 간부 중심), 보천보 전투➕(1937)

❾ 민족 혁명당의 결성(1935)

(1) 의열단 계열(김원봉)＋조선 혁명당(지청천)＋한국 독립당(조소앙)＋한국 혁명당＋한국 광복 동지회

(2) 김구(임시 정부)의 불참, 지청천·조소앙의 이탈

❿ 조선 민족 혁명당➕과 조선 의용대(1938)의 활약

(1) **결성**: 김원봉이 김규식과 함께 조선 민족 혁명당을 결성 ➡ 사회주의 단체들과 연대하여 조선 민족 전선 연맹 결성(1937) ➡ 중국 국민당의 협조로 조선 의용대 편성(한커우, 1938)

(2) **활동**: 중국 국민당 정부군과 중국 본토에서 대일 항전, 대적 심리전, 일본군 포로 심문

(3) **1940년대**: 일부는 한국 광복군에 합류(김원봉, 1942), 일부는 화북 지방으로 이동하여 호가장 전투(1941)에서 일본군을 격파하고 이후 조선 의용군➕으로 개편(김두봉, 윤세주, 무정, 1942)

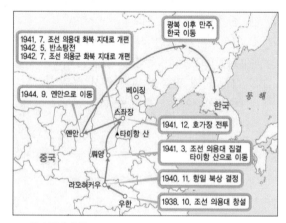

▲ 조선 의용대의 활동

➕ 조국 광복회 10대 강령

1. 광범한 반일 역량에 기초한 조선 인민 정부를 수립한다.
2. 중국 영내에 거주하는 한인의 진정한 민족자치를 실현한다.
3. 일본군·경찰 및 주구의 무장 해제와 한국 독립을 위한 혁명군을 조직한다.

➕ 보천보 전투

김일성이 이끄는 동북 항일 연군 제2군 제6사의 일부 병력이 1937년 6월 4일, 함경북도 갑산군 혜산진에 있는 일제의 관공서를 습격하고 보천보 일대를 일시 점령한 사건

➕ 조선 민족 혁명당

1935년 중국에서 결성된 민족 해방 운동 단체의 하나이다. 김원봉의 의열단을 중심으로 한국 독립당·조선 혁명당·신한 독립당·대한 독립당 등 9개 단체가 합동하여 결성한 조직이었다. 1940년대에 들어서는 임시 정부에도 참여하여 광복 직후까지 활동하였다.

➕ 조선 의용군

조선 독립 동맹의 군사 조직으로 중국 화북 각지에서 중국 공산당의 팔로군과 함께 항일전을 벌였고, 일제가 패망한 후 중국의 국·공 내전에 참가하였으며, 중국 공산화 후 북한 인민군에 편입되었다.

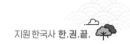

⑪ 조선 독립 동맹과 조선 건국 동맹

(1) **조선 독립 동맹**⊕(1942) : 사회주의 계열 김두봉 주석, 옌안에 본거지를 두고 조선 의용 군을 운영(중국 공산당 팔로군과 동조), 조선 건국 동맹과 연결

(2) **조선 건국 동맹**(1944) : 여운형이 주도, 사회주의＋민족주의의 좌우 합작의 국내 비밀 결사

⑫ 한국 광복군의 활동

(1) **한국 광복군 창설**(1940) : 충칭에서 중국 정부의 지원을 받아 창설(총사령관 지청천) ➡ 김원봉의 조선 의용대가 한국 광복군에 합류(1942)

(2) **활동**

① 대일·대독 선전 포고(1941)

> **사료 탐구하기**
>
> **한국 광복군의 대일본 선전 포고**(1941. 12.)
>
> 우리는 3천만 한국 인민과 정부를 대표하여 삼가 중·영·미·소·캐나다 기타 제국의 대일 선전이 일본을 격패(擊敗)하게 하고 동아를 재건하는 가장 유효한 수단이 됨을 축하하여 이에 특히 다음과 같이 성명한다.
> 1. 한국 전 인민은 현재 이미 반침략 전선에 참가하였으니 한 개의 전투 단위로서 추축국에 선전한다.
> 2. 1910년의 합방 조약과 일체의 불평등 조약의 무효를 거듭 선포하여 아울러 반침략 국가인 한국에 있어서의 합리적 기득권을 존중한다.
> 3. 한국·중국 및 서태평양으로부터 왜구를 완전히 구축하기 위하여 최후 승리를 거둘 때까지 혈전한다.   대한민국 23년 12월 9일, 대한민국 임시 정부

② 연합군으로서 참전 : 영국군과 버마·인도 전선 참전

③ 국내 진입 작전 계획 : 미국 O.S.S와 협조하여 9월 작전 계획 중 일본의 항복으로 무산

> **한눈에 보기**
>
> 📍 **무장 투쟁의 시기별 흐름**
> ① 1920년 : 봉오동 전투 ➡ 훈춘 사건 ➡ 청산리 대첩
> ② 1920년대 전반 : 간도 참변(경신참변) ➡ 밀산으로 이동(대한 독립군단, 서일) ➡ 자유시 참변 ➡ 3부 설립(참의부·정의부·신민부) ➡ 미쓰야 협정
> ③ 1920년대 후반 : 3부 통합 운동(혁신 의회 ➡ 한국 독립당, 국민부 ➡ 조선 혁명당)
> ④ 1930년대 전반 : 한·중 연합 작전(조선 혁명군·한국 독립군)
> ⑤ 1930년대 후반 : 민족 혁명당 ➡ 조선 민족 혁명당(조선 의용대)
> ⑥ 1940년대 : 한국 광복군(＋김원봉) / 조선 의용군(조선 의용대 일부 ➡ 사회주의 계열)
> ≫ 봉훈청간대자3미통 한·조조한조

⊕ **조선 독립 동맹**(1942)
화북 지역 독립운동가와 북상한 조선 의용대가 결합하여 화북 조선 청년 연합회를 결성(1941)하였고, 1942년 조선 독립 동맹으로 개편(위원장 김두봉, 최창익, 무정 등 중심)되었다.

PART
07

⊕ 실력 양성 운동의 배경
• 애국 계몽 운동의 계승
• 사회진화론의 영향
• 즉각적 독립에 대한 회의

주제 87 **다양한 사회 운동**(실력 양성 운동⊕ 등)

❶ 민족 기업의 성장과 물산 장려 운동

(1) **민족 기업의 성장**

① 배경 : 회사령 폐지(허가제 ➡ 신고제)로 민족 기업 설립 증가

② 민족 기업의 유형

㉠ 지주 출신 : 경성 방직 주식회사

㉡ 서민 출신 : 평양 메리야스, 평양 고무신

(2) **물산 장려 운동**

① 배경 : 일본 제품의 관세 철폐(1923) 분위기로 민족 자본의 위기 심화

② 전개

㉠ 조선 물산 장려회 결성(1922) : 조만식을 중심으로 평양에서 결성, 서울로 확대 ➡ 전국에 지부 설치

㉡ 목적 : 국산품 장려와 근검·절약을 통한 민족 산업 육성 ➡ 민족 경제의 자립

㉢ 내용

ⓐ 토산품 애용 선전 ➡ '내 살림 내 것으로', '조선 사람 조선 것으로' 등의 구호

ⓑ 근검, 저축, 금주, 단연 등의 생활 개선 운동도 함께 추진

③ 쇠퇴

㉠ 상인과 자본가들에 의해 토산물 가격 상승 결과 낳음

㉡ 사회주의 계열 및 민중들이 자본가 계급만을 위한 것이라고 비난

⬆ '우리가 만든 것 우리가 쓰자'는 경성 방직의 광고

❷ 민립 대학 설립 운동과 문맹 퇴치 운동

(1) **민립 대학 설립 운동**(조선 교육회, 1920) : 고등 교육을 통한 민족의 역량 강화 목적 ➡ 이상재를 중심으로 민립 대학 기성회 조직(1922) ➡ 모금 운동 전개, '한민족 1천만이 한 사람 1원씩' ➡ 일제의 탄압, 전국적인 가뭄과 수해(1924~1925)로 모금 활동 부진, 일제의 경성 제국 대학 설립(1924)으로 좌절

(2) **문맹 퇴치 운동** : 한글 보급으로 민족정신과 항일 의식 고취

① 배경 : 일제의 식민지 차별 교육으로 문맹자 증가

② 야학 설립 : 우리말 교재로 우리의 역사와 지리, 우리말 교육 실시 ➡ 문맹 퇴치, 민족의식 고취

③ 조선어 학회와 조선일보의 문자 보급 운동(1929~1934) : 방학 때 귀향 학생들을 중심으로 전개 ➡ '아는 것이 힘이다. 배워야 산다.', '가르치자 나 아는 대로'라는 구호가 적힌 『한글원본』 교재 배포

④ 동아일보의 브나로드 운동(1931~1935) : 학생들의 도움을 얻어 한글 교육, 미신 타파, 구습 제거 등 농촌 계몽 운동 전개

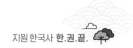

❸ 사회주의 사상의 유입

(1) **수용 배경**: 국제 회의에 걸었던 독립에 대한 기대 무산, 소련 볼셰비키 정권의 약소민족의 독립과 해방에 대한 지원 약속

(2) **사회주의 사상의 수용**: 3·1 운동 이후 청년, 지식층을 중심으로 널리 전파

(3) 조선 공산당 결성(1925) ➡ 일제의 치안 유지법에 의한 탄압(1925)과 코민테른의 노농 중심의 당 재조직 지령으로 해체(1928)

(4) **해외 사회주의 단체**
  ① 한인 사회당(1918, 연해주) : 이동휘
  ② 상하이파 고려 공산당(1921) : 한인 사회당 근거지를 상하이로 이동하며 개편, 민족 해방 우선 과제
  ③ 이르쿠츠파 고려 공산당(1919) : 노농 소비에트 건설 목표

❹ 사회 운동의 활성화

(1) **청년·소년 운동**: 계몽 활동을 통해 민족 실력 양성, 자주 독립의 기초 마련
  ① 조선 청년 총동맹➕(1924) : 청년계의 민족 유일당으로 조직
  ② 소년 운동(방정환 중심) : 천도교 소년회(1921), 조선 소년 연합회➕(1927)

(2) **여성 운동**: 여성의 사회적 지위 개선과 여성 계몽 운동 전개
  ① 단체의 결성(1920년대 초부터) : 조선 여자 교육회, 조선 여자 기독 청년회, 조선 여성 동우회
  ② 근우회(1927) : 여성계의 민족 유일당 운동 단체 ➡ 1931년 해체
    ㉠ 배경 : 신간회 결성
    ㉡ 활동 : 기관지 '근우' 발간, 여성 의식 계몽(토론회, 강연회 등), 노동·농민 운동에 참여

(3) **형평 운동**
  ① 배경 : 신분 제도는 폐지되었으나 사회 관습에 의한 백정에 대한 차별은 지속
  ② 조선 형평사(1923)➕
    ㉠ 경남 진주에서 조직, 전국적 조직 체계 갖춤
    ㉡ 백정에 대한 사회적 차별 철폐와 백정 자녀의 교육 문제 해결 촉구

사료 탐구하기

조선 형평사 발기 취지문

> 공평은 사회의 근본이고 애정은 인류의 본령이다. 그러한 까닭으로 우리는 계급을 타파하고 모욕적 칭호를 폐지하여, 우리도 참다운 인간이 되는 것을 기하자는 것이 우리의 주장이다.

PART 07

➕ **조선 청년 총동맹**
사회주의 계통의 청년 단체가 주축이 되어 1924년에 결성한 청년 단체이다. 이는 당시 이념과 사상을 떠난 민족적 결속의 강조라는 시대 상황을 반영한 것이었다. 1925년 '신만 청년회' 사건을 계기로 일제의 탄압이 심해지면서 이후로는 지하 활동을 전개하였다.

➕ **조선 소년 연합회**
1927년 방정환 등이 조직한 소년 운동 협회와 정홍교 등이 오월회로 양분된 소년 운동계를 통합하기 위해 결성한 소년 운동 단체이다. 종래 5월 1일에 하던 어린이 날 행사를 일본 당국이 메이데이(MayDay)와 겹친다고 탄압함으로써 5월 첫째 일요일로 날짜를 변경하였다. 과학과 건전한 문학을 다루는 소년 잡지를 후원하는 등의 활동을 하였다.

➕ **형평사 제6회 대회 포스터**

진주에서 시작된 형평 운동은 사회주의 세력의 도움으로 전국적 신분 해방·민족 운동으로 성장하였다.

❺ 농민 운동의 전개

(1) **배경**: 토지 조사 사업과 산미 증식 계획, 사회주의 사상의 유입으로 농민 단체의 결성

(2) **1920년대의 소작 쟁의**: 소작권 이전 반대나 고율 소작료 인하 등의 생존권 투쟁(경제 투쟁)

(3) **1930년대의 소작 행위**: 식민지 수탈 정책에 대항하는 혁명적 조합 운동, 항일 민족 운동으로 변모(정치 투쟁)

(4) **대표적 소작 쟁의**: 암태도 소작 쟁의(1923) ➡ 소작료 인하 성공

(5) **1920년대 전국 규모의 단체**: 조선 노동 공제회(1920) ➡ 조선 노·농 총동맹❸(1924) ➡ 조선 농민 총동맹과 조선 노동 총동맹으로 분리(1927)

❻ 노동 운동의 전개

(1) **배경**: 일제의 식민지 공업화 정책, 사회주의 사상의 유입으로 노동자의 각성과 단결 강화

(2) **1920년대(합법적 노동 운동)**: 임금 인상, 노동 시간 단축, 불안전한 작업 환경 개선과 민족 차별적 학대 개선 요구 ➡ 노동자의 생존권 투쟁

(3) **1930년대(비합법적 투쟁)**: 노동조합의 지하 조직화 ➡ 반제 항일 민족 운동 전개

(4) **대표적 노동 쟁의**: 원산 노동자 총파업(1929) ➡ 실패

❸ **조선 노·농 총동맹(1924)**
이 단체에는 150여 개의 노동자·농민 단체가 가입하였다. 3·1 운동 이후 활성화된 노동 운동은 주로 상호 부조와 계몽을 내세우는 노동 단체를 중심으로 이루어졌다. 그러나 노동자들의 의식이 높아지고 사회주의 사상이 확산되자, 노동 운동은 노동 조건 개선을 내세우며 점차 대중적이고 조직적으로 전개되었다. 그리하여 전국적 조직을 갖춘 조선 노·농 총동맹이 결성되었는데, 이 단체는 "노동자, 농민 계급을 해방하고 완전한 신사회를 건설한다.", "자본가 계급과 철저히 투쟁한다.", "노동자, 농민 계급의 복리 증진과 경제 향상을 기한다."라는 강령을 내세우며 노동 운동과 농민 운동을 지도하였다. 이 동맹은 뒤에(1927) 노동 총동맹과 농민 총동맹으로 분리되었다.

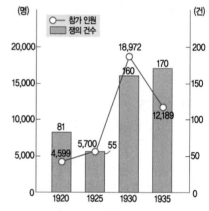
▲ **노동 쟁의** | 1920년대 후반 이후 점차 확대되던 노동 운동은 일제의 탄압이 가중되는 1930년대 후반부터 위축되었다.

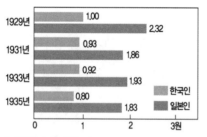
▲ 민족별 노동 임금 비교

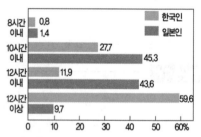
▲ 민족별 노동 시간 비교

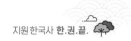

주제 88 민족 유일당 운동(신간회)

❶ 민족주의 계열의 분화와 발전

(1) **국내 민족주의 계열의 활동** : 3·1 운동 이후 민족 실력 양성 운동 전개

(2) **민족주의 계열의 분화**(1920년대 중반)
① 민족 개량주의⊕자 : 이광수, 최린 등 ➡ 일본의 식민 지배 인정, 자치 운동 전개
➡ 기회주의자로 비판 받음
② 민족주의자 : 이상재, 안재홍 등 ➡ 개량주의자 비판 ➡ 사회주의자들과 연대 모색

❷ 출범 배경

(1) **자치 운동(타협적 민족주의)의 대두** : 비타협적 민족주의의 위기

(2) **6·10 만세 운동** : 사회주의계와 민족주의계 간의 공감대 형성

(3) **조선 민흥회**(1926) : 사회주의+민족주의의 연대 조직

(4) **코민테른** : 민족주의자들과의 연대를 권유함

(5) **치안 유지법** ➡ 정우회 선언⊕(1926)

(6) 만주에서의 3부 통합 운동

(7) 중국의 국·공 합작

(8) 한국 독립 유일당 북경 촉성회(안창호, 1926)

❸ 활동(1927~1931)

(1) **성립**
① 회장에 이상재, 부회장에 홍명희 ➡ 전국 각지에 지회 설립
② 개인 자격으로만 가입 가능

(2) **강령** : 정치·경제적 각성을 촉구함, 단결을 공고히 함, 기회주의를 일체 부인함

(3) **활동**
① 민중 계몽과 대중 운동 지원
② 광주 학생 항일 운동 지원 : 조사단 파견, 민중 대회를 계획하다 사전에 발각되어 지도부 검거

(4) **해체**(1931)
① 일제의 탄압과 내부의 대립 : 새로운 지도부의 타협적 합법 운동 주장에 대한 지회 사회주의자들의 반발
② 코민테른⊕의 노선 변화 : 민족주의 세력과의 제휴에 부정적

(5) **의의** : 사회주의 세력과 비타협적 민족주의 세력이 결성한 최대 규모의 민족 협동 단체

⊕ **개량주의**
이광수는 '민족개조론'을 통해서 우리 민족에게 가장 중요한 것은 독립이 아니라 바로 민족성을 개조하는 일이라고 주장하였으며, 1924년 동아일보 역시 신년 사설에 '민족적 경륜'이라는 글을 실으면서 독립운동을 자치 운동으로 전환하고 일본의 주권 아래 법률이 허용하는 범위 안에서 산업 진흥과 교육 개발로 민족의 실력을 기르자고 주장하였다.

⊕ **정우회 선언**(1926. 11. 15.)
우리가 승리를 향해 나아가기 위해서는 현실적으로 가능한 모든 조건을 충분히 이용하지 않으면 안 될 것이며, …… 민족주의적 세력에 대해서도 그것이 타락한 형태로 나타나지 않는 한 적극적으로 제휴하여, 대중의 개량적 이익을 위해서도 종래의 소극적 태도를 버리고 세차고 꿋꿋하게 떨쳐 일어나 싸워야 할 것이다.

⊕ **코민테른**
레닌은 제차 세계 대전으로 제2인터내셔널이 와해된 후 세계 각 지역의 혁명을 성공시키기 위해 1919년 3월 각국 공산당의 지도 기관으로서 코민테른(1919~1943, 제3인터내셔널)을 결성하였는데, 마르크스-레닌주의를 사상적 기초로 중앙 집권적 조직을 가지며 각국 공산당에 그 지부를 두고 있었다. 프롤레타리아 독재를 통한 사회주의의 달성이라는 노선에 입각하고 있다는 점에서 제2인터내셔널과 구별된다. 1928년 12월 테제에서 조선 공산당의 해소와 노동자·농민을 중심으로 한 당의 재건을 지시하였다.

⚑ 신간회 결성 축하 삽화

주제 89 사회의 변화

❶ 대중의 일상생활

(1) **도시화의 진행**: 개항장과 철도역 중심으로 도시 발달, 도시 빈민층의 급증

(2) **의식주 생활**: 서양식 복장 확산, 1940년대 이후 몸뻬와 국민복을 일제가 강요, 일제의 쌀 수탈로 쌀 대신 잡곡 소비 증가, 조미료와 서양식 음식의 확산, 문화 주택(상류층), 영단 주택(서민 주택), 개량 한옥, 토막집(빈민층) 등의 등장, 모던 보이와 모던 걸

❷ 만주 이주 동포

(1) **이주 배경**
① 조선 후기 농민들이 생계 유지를 위해 이주 ➡ 일제의 수탈을 피해 이주
② 국권 피탈 후 독립운동을 위해 망명

(2) **시련**
① 무장 독립군 지원 ➡ 간도 참변(1920)의 시련을 겪음
② 만보산 사건❉(1931)

❸ 연해주 이주 동포

(1) **이주 배경**: 러시아의 변방 개척 정책으로 토지 제공 등 한인 이주 허용 및 장려

(2) **시련**: 중·일 전쟁을 빌미로 스탈린이 중앙아시아로 강제 이주(1937)시킴

❹ 일본 이주 동포

(1) **이주**
① 19세기 말: 정치적 망명이나 유학생 중심으로 이주
② 국권 피탈 이후: 일제의 수탈로 생활 터전을 상실한 농민들이 산업 노동자로 취업

(2) **시련**
① 관동 대지진(1923) 때의 조선인 학살
② 중·일 전쟁 이후의 강제 징용

❺ 미주 이주 동포

(1) **이주 배경**: 사탕수수 농장 및 철도 건설 노동자로 이주(20세기 초)

(2) **민족 운동**
① 대한인 국민회(1910): 박용만, 안창호, 이승만 등이 결성
② 대조선 국민군단(1914): 생업에 종사하면서 군사 훈련(박용만)
③ 흥사단: 안창호가 결성
④ 구미 위원부(1919): 외교 활동 전개(이승만)
⑤ 대한민국 임시 정부 지원: 애국 공채 구입, 각종 의연금 송금

⊕ 만보산 사건

1931년 5월 하순부터 장춘 근교의 만보산 삼성보에서 조선인 농민과 중국인 농민 사이에 수로 개설 문제를 둘러싸고 일어난 분규(만주 사변은 1931년 9월). 6월 초순 중국 경찰이 개입하여 조선 농민을 몰아내자, 일본의 영사경찰은 조선 농민들이 법적으로 일본 신민이라며 이 분규에 개입했고, 조선 농민들은 일본 경찰의 보호 아래 수로 공사를 강행했다.

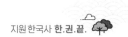

❻ 일제 강점기 교육과 언론의 변화

(1) 식민지 교육 정책

제1차 교육령 (1911)	우민화 정책 • 사립 학교 축소 • 소학교의 수업 연한 단축(일본인 6년, 조선인 4년) • 대학 교육 미실시 • 조선어·한문 수업 축소, 한국 역사·지리 배제 　➡ 일본어와 수신(도덕) 교과 확대
제2차 교육령 (1922)	유화 정책 • 보통 교육 연장(6년)과 학교 수 증대, 대학 교육 실시 • 조선어를 필수 과목으로 지정, 조선 역사와 지리 교육
제3차 교육령 (1938)	• 황국 신민화❶ 교육 강화 • 조선어를 사실상 폐지(수의 과목) • 보통학교 ➡ 심상 소학교 • 고등보통 ➡ 중학교 • 여자고등보통 ➡ 고등여학교 • 국민학교(1941)
제4차 교육령 (1943)	• 조선어 사용 금지 • 토목 공사와 전쟁 물자 채집에 동원 • 중학교, 고등여학교의 수업을 4년으로 축소

🔺 칼을 휴대한 교사

➕ 황국 신민화
미나미 총독의 정치 고문 미타라이는 경성일보 사장으로 취임할 때 '일본 민족은 세계에서 선택된 우수한 민족이므로 열등하고 힘 없는 민족을 정복해도 아무 잘못이 없다.'고 공공연히 떠들었다. 미나미가 시정 방침으로 내건 국체명징(國體明徵), 내선일체(內鮮一體), 인고단련(忍苦鍛鍊)은 이들이 만든 것이었다.

🔺 목검으로 군사 훈련을 받는 여학생

(2) 민족 교육 탄압
① 사립 학교 규칙(1911 ➡ 1915): 민족주의 계열 사립 학교 탄압
② 서당 규칙(1918): 개량 서당 중심의 교육 운동을 막기 위해 서당 설립을 허가제로 바꿈

(3) 식민지 언론 정책
① 1910년대: 신문지법의 적용(허가, 검열)으로 암흑 시대
② 3·1 운동 이후
　㉠ 민족 언론 허가: 조선일보, 동아일보 등의 신문과 '개벽' 등의 잡지 허가
　㉡ 언론 탄압: 기사 삭제, 발매 중지, 압수, 폐간 등
③ 1930년대 이후: 언론에 대한 탄압 및 폐간 강요 ➡ 일장기 말소 사건(1936), 조선·동아일보의 폐간(1940)

❼ 민족 교육 활동

(1) 조선 교육회 활동(1920): '신교육' 발간, 민립 대학 설립 운동 전개

(2) 민족 교육 기관: 사립 학교, 야학, 개량 서당 등 ➡ 민족 의식 고취, 근대적 지식 보급에 기여

(3) 문맹 퇴치 운동: 브나로드 운동(동아일보), 문자 보급 운동(조선일보)

❽ 과학 대중화 운동

(1) **배경**: 민족의 미래를 위한 과학 기술 교육의 중요성 자각

(2) **전개**: 발명 학회 ➡ 과학 조선 창간, 과학의 날 제정, 과학 지식 보급화

❾ 종교 활동과 일제의 탄압

(1) **천도교**: 3·1 운동의 주도적 역할, 2차 3·1 운동 계획(1922), 대중 운동과 문화 운동에 힘씀, 『개벽』·『신여성』·『어린이』 등의 잡지 간행

(2) **대종교**: 만주로 이동하여 무장 독립운동 전개(중광단 ➡ 북로 군정서 조직)

(3) **개신교**: 일제가 안악 사건·105인 사건 등을 날조하여 탄압, 신사 참배 거부, 의료·교육 분야 활동

(4) **천주교**: 만주에서 대한 의민단을 조직하여 무장 항일 투쟁 전개, 잡지 『경향』 간행, 고아원·양로원 활동

(5) **불교**: 조선 불교 유신회(한용운, 1921) 조직 ➡ 사찰령❂(1911) 폐지 운동

(6) **원불교**: 박중빈을 중심으로(1916) 저축·근면·남녀평등 새생활 운동 전개

❂ **사찰령(1911)**
일제가 한국 불교를 탄압하기 위해 제정한 법률. 사찰주지를 조선 총독이 임명하고, 조선 왕조 이래 정부로부터 탄압받았던 불교를 친일화시키기 위하여 사찰 재산의 관리권과 처분권, 그리고 인사권 등을 주지들에게 위임하도록 하였다.

주제 90   국학과 예술

❶ 국어 연구와 한글 보급

(1) **조선어 연구회**⊕(1921) : 이윤재, 최현배 등이 중심, 강습회와 강연회 개최, 한글날(가갸날, 1926) 제정, 한글 잡지 간행(1927) ➡ 한글 대중화에 기여

(2) **조선어 학회**(1931) : 조선어 연구회 계승 · 발전, 한글 맞춤법 통일안(1933)과 표준어 제정, 잡지 '한글' 간행, 우리말 큰 사전 편찬 준비 ➡ 조선어 학회 사건(1942)으로 해체

❷ 한국사의 왜곡

(1) **식민 사관**⊕

타율성론	한국의 역사는 중국이나 일본에 의해 타율적으로 발전하여 왔다.
반도성론	한국은 반도의 나라로 대륙이나 일본의 영향에 의해 좌우되었다.
정체성론	한국 사회는 근대 사회(자본주의)로의 이행에 필요한 봉건 사회의 단계를 거치지 못한 고대 단계에 머물러 있었다.
당파성론	우리 민족은 본래 당파성이 강하여 단결을 잘 하지 못한다.
임나일본부설	일본의 야마토 정권이 4세기 후반 한반도 남부 지역에 진출하여 신라와 백제로부터 조공을 받았고 특히, 가야에는 일본부라는 기관을 두어 6세기 중엽까지 직접 지배하였다. ➡ 8세기 나라 시대(奈良時代)에 '일본' 국호 사용

(2) **연구 기관**
  ① 조선 고적 조사 연구회(1910) : 미술품 착취
  ② 조선사 편수회(1925) : 총독부 산하 연구 기관, 한국사를 왜곡하여 서적 간행
  ③ 청구 학회(1930) : 한국, 만주 지역 연구

❸ 주체적 한국사 연구

(1) **민족주의 사학** : 우리 민족의 자율성과 주체성, 한국사의 자주적 발전 강조
  ① 박은식 : 현대사에 관심
    ㉠ 『한국통사』⊕(1915, 일제의 침략 과정), 『한국독립운동지혈사』(1920, 독립운동의 과정) 저술
    ㉡ 민족정신을 '혼(신명)'으로 파악
    ㉢ 대동고대사론 : 조선족과 만주족을 단군의 조상이라 주장
  ② 신채호 : 고대사 연구에 주력
    ㉠ 『조선 상고사』(1931) : 단군~백제 멸망, 역사를 '아'와 '비아'의 투쟁으로 파악
    ㉡ 『조선사 연구초』(1925) : 묘청의 서경 천도 운동을 '조선 역사상 일천년래 대사건'으로 평가
    ㉢ 낭가 사상 강조 : 한국의 고대 정신은 화랑도 사상이었으나, 묘청의 난 이후 한국사의 자주성이 상실되고 유교주의적 사대주의로 기울었다고 주장

⊕ **조선어 연구회**

주시경의 영향을 받아 1921년 12월 3일 휘문 의숙에서 국어의 정확한 법리를 연구할 목적으로 조직하였다. 1931년 1월 10일에는 조선어 학회로 이름을 고쳤다가 1949년 9월 25일 이후 한글 학회로 정해져 오늘에 이른다. 조선어 연구회는 1926년 음력 9월 29일을 가갸날로 정하였으며, 1927년 2월부터는 기관지 '한글'을 간행하여 한글의 보급과 선전에 힘썼다.

⊕ **식민 사관**

일제가 한국 침략과 식민 지배의 학문적 기반을 확고히 하기 위하여 조직해 낸 역사관을 말한다. 식민 사관에 기초를 둔 한국사 연구는 19세기 말 도쿄 제국 대학에서 시작되었는데, 20세기 초 조선 침략이 본격화되자 일선동조론(日鮮同祖論), 정체성론, 타율성론으로 대표되는 식민 사관의 토대가 되었다.

⊕ **『한국통사』**

1915년 박은식이 지은 역사책으로, 한국 최근세사를 한문으로 서술하여 중국 상하이에서 출판하였다. 1864년 고종 즉위로부터 1911년 105인 사건 발생까지 47년 동안의 역사를 시대순으로 서술하고, 중요 부분은 각 장 뒷부분에 저자의 의견을 덧붙였다. 국권 상실 과정을 직접 목격하고 독립운동에 참여한 필자가 투철한 민족 사관에 입각하여 통사로서의 뚜렷한 목적 의식을 가지고 근대사를 가장 먼저 종합적으로 서술한 점에서 높이 평가된다.

▲ 신채호

③ 조선학 운동 : 정인보(얼, 『조선사연구』), 문일평(조선심, 『대미 관계 50년사』, 『조선사화』), 안재홍(『조선상고사감』, 미군정기 민정 장관 역임) 등이 추진한 여유당전서(정약용 문집) 편찬 사업, 안확(『조선문명사』)

④ 한계 : 민족의 주체성을 강조하다 보니 실증성이 약하다는 비판

사료 탐구하기

박은식, 『한국통사』

옛 사람이 말하기를, 나라는 멸망할 수 있으나 그 역사는 결코 없어질 수 없다고 했으니, 이는 나라가 형체라면 역사는 정신이기 때문이다. 이제 나라의 형체는 없어져 버렸지만, 정신은 살아남아야 할 것이다. 이 때문에 나는 우리나라의 역사를 쓰는 것이다. 정신이 살아 있으면 형체도 부활할 때가 있을 것이다.

신채호, 『조선 상고사』

역사란 무엇이뇨? 인류 사회의 아(我)와 비아(非我)와의 투쟁이 시간에서 발전하여 공간까지 확대하는 심적 활동의 상태의 기록이니, 세계사라 하면 세계 인류의 그리 되어 온 상태의 기록이니라. 그리하여 아에 대한 비아의 접촉이 많을수록 비아의 아의 투쟁이 더욱 맹렬하여 인류 사회의 활동이 휴식할 사이가 없으며, 역사의 전도가 완결될 날이 없다. 그러므로 역사는 아와 비아와의 투쟁의 기록이니라.

---

(2) **사회 · 경제 사학**

① 사회주의적 유물 사관❶으로 한국사의 발전 과정 연구, 보편성 강조

② 백남운 : 『조선사회경제사』, 『조선봉건사회경제사』 ➡ 한국사의 발전 과정을 변증법적 역사 발전 법칙(세계사적 보편 법칙)에 맞추어 서술 ➡ 정체성과 타율성을 강조한 식민 사관을 강하게 비판

③ 이청원 : 『조선독본』, 『조선사회사 독본』

④ 한계 : 한국사의 발전을 서양 역사의 틀에 맞추려 한다는 비판

사료 탐구하기

백남운, 『조선사회경제사』

역사과학의 모든 영역에 혼돈과 청산의 두 가지 경향이 나타나고 있다. 이것은 현실 사회의 역사적 발전에 관한 방법론의 대립적인 교류 관계에 의한 것으로 생각된다. 그리고 세계사의 동향이 바야흐로 동양에서 결정하려는 기운을 배양하고 있는 오늘날, 동양 사학의 역사적 임무는 실로 중요하고 크다고 할 수 있다. 과거에 우리 조선이 동양 문화권의 일대 영역이었다고 한다면, 어쨌거나 오늘의 조선은 세계사적 규모에서 자본주의의 일환을 형성하고 있는 것 역시 사실이며, 그 모두가 역사적으로 규정된 것이다. 이 계기적 변동 법칙을 파악하려 할 경우, 과거 몇 천년 동안의 자기 사적(史蹟)을 성찰하는 것도 당연히 우리의 과제가 되어야 한다.

---

(3) **실증 사학**

① 고증을 통해 있었던 사실을 객관적으로 밝히려 함(랑케 사학)

② 진단 학회(1934) : 이병도 · 손진태 등이 조직, 『진단 학보』 발간

③ 한계 : 민족의 현실 인식을 제대로 하지 못했다는 비판

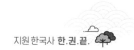

(4) 신민족주의 사학

① 민족주의 사학과 사회 경제 사학을 실증적으로 수용
② 안재홍 : 신민족주의와 신민주주의 제시(『조선상고사감』)
③ 손진태 : 민속학, 한국학 연구(『조선민족사개론』)

❹ 문학 활동

(1) 1910년대 문학 : 최남선(신체시 발표), 이광수(소설 '무정')

(2) 1920년대 문학

① 소설 : 동인지(창조, 폐허, 백조 등) 간행, 사실주의(현진건, 염상섭, 김동인), 사회주의 (신경향파 문학 ➡ KAPF)
② 시 : 김소월의 서정시, 한용운과 심훈, 이상화 등의 저항시
③ 프로 문학의 대두 : 극단적인 계급 노선 추구
④ 국민 문학 운동 전개 : 문학을 통해 민족의식 고취 표방

(3) 1930년대 문학(중·일 전쟁 이후) : 일제의 탄압 심화 ➡ 문학가의 절필과 은둔

① 일제에 협력 : 최남선, 이광수, 모윤숙, 서정주, 조병화 등이 징병과 징용을 독려
② 강렬한 저항 의식의 작품 활동 : 윤동주, 이육사, 한용운
③ 순수 문학 : 일제의 탄압을 피해 문학의 순수성 추구(시문학 창간, 1930)

⬥ 윤동주

⬥ 이육사

❺ 예술 활동

(1) 음악 : 1920년대 홍난파, 현제명(민족적 정서 표현, 가곡·동요 등 ➡ 친일 활동), 안익태 (코리아 환상곡, 1936)

(2) 미술 : 이중섭의 '소' 그림, 안중식, 고희동, 김관호 등

(3) 연극 : 신파극 유행(통속적), 극예술 협회(1920), 토월회⊕(1923, 신극 운동), 극예술 연구회 (1931) 활동

(4) 영화 : 조선 키네마 주식회사 설립(나운규, 1924), 나운규 감독의 '아리랑'(1926) ➡ 향 토적 정서, 망국인의 슬픔과 민족의식 고취 ➡ 일제의 조선 영화령(1940)

(5) 문화재 보존 : 전형필(간송 미술관)

📝 친일 단체 : 조선 문인 협회, 조선 음악가 협회, 조선 연극 협회

⊕ 토월회

일제 강점기 도쿄 유학생들이 중심이 되어 1923년에 결성한 연극 운동 단체이다. 토월회(土月會)라는 명칭은 '이상(理想)은 하늘[月]에 있고, 발은 땅[土]을 디딘다.'는 뜻으로 지은 것이다. 처음에는 순수 문학 동호회 성격을 띠고 발족하였으나 방학 귀국 선물로 강연회보다 연극 공연이 좋겠다 해서 연극 단체로 전환하였다.

⬥ 영화 속 아리랑 포스터

지원한국사
한.권.끝.

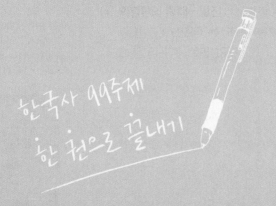

PART

08

대한민국의 역사

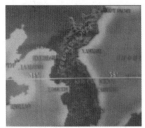

🔺 소련군이 작성한 38도선

⊕ 얄타 회담

처칠, 루스벨트, 스탈린이 한반도에 대한 신탁 통치와 소련의 대일본 참전을 결의하였다.

⊕ 포츠담 회담

이탈리아와 독일이 항복한 이후 1945년 7월 미·영·소의 수뇌가 독일의 포츠담에서 회담을 개최하여 카이로 선언의 내용을 다시 확인하고 일본의 무조건 항복을 권고하였다.

⊕ 해방과 건국 준비 위원회

조선 총독부는 해방 후 일본인(민간인 80만, 군인 10만)의 안전 문제를 걱정하여 가장 영향력이 있는 여운형을 찾아 안전 문제를 협의하였다. 여운형은 총독부에 몇 가지 조건을 제시하였다. '감옥에 있는 모든 애국자의 석방', '3개월 분의 식량 확보', 그리고 '치안의 장악'이었다. 다급해진 일제는 곧바로 이를 받아들였다.

주제 **91** 미군정기

❶ 8·15 광복

(1) 배경: 우리 민족의 독립 투쟁(우리나라의 독립에 대한 국제적 여론 고조), 연합군의 승리

(2) 독립의 약속

① 카이로 선언(1943): 미·영·중, 한국 독립 첫 약속
② 얄타 회담⊕(1945. 2.): 소련의 대일전 참가 결정
③ 포츠담 선언⊕(1945. 7.): 한국 독립 재확인

> **사료 탐구하기**
>
> **카이로 선언**
>
> 3대 동맹국(미·영·중)은 일본국의 침략을 제지하고 다만 이를 벌하기 위하여 현재의 전쟁을 수행하고 있는 바이다. …… 일본국은 또한 폭력 및 탐욕에 의하여 일본국이 약탈한 다른 모든 지역으로부터도 쫓겨날 것이다. 앞에서 말한 3대국은 조선 민중의 노예 상태에 유의하여 적당한 절차를 밟아(in due course) 조선을 자유 독립시키기로 결의하였다.
> ≫ 1943년 11월 루스벨트, 장제스, 처칠 등이 카이로에서 회담을 열고 발표한 선언이다.

(3) 해방: 히로시마(8월 6일)와 나가사키(9일)에 원자 폭탄 투하, 소련의 참전(8일)
➡ 일본의 항복

❷ 광복 직후 남한의 정세

(1) 남한의 정세

① 건국 준비 위원회⊕(1945. 8, 여운형·안재홍)의 활동: 조선 건국 동맹을 바탕으로 좌·우익을 망라, 치안 유지 활동과 식량 확보 등 건국 사업 착수(치안대 설치, 전국에 145개 지부 조직)

> **사료 탐구하기**
>
> **조선 건국 준비 위원회 강령**
>
> 1. 우리는 완전한 독립국가의 건설을 기함
> 2. 우리는 전민족의 정치적·사회적 기본 요구를 실현할 수 있는 민주주의 정권의 수립을 기함
> 3. 우리는 일시적 과도기에 있어서 국내 질서를 자주적으로 유지하여 대중생활의 확보를 기함

② 조선 인민 공화국의 선포(1945. 9.): 건국 준비 위원회는 중앙 조직을 정부 형태로, 전국에 지부 설치, 각 지부를 인민 위원회로 재편 ➡ 좌익이 주도권을 장악하자 민족주의 세력은 탈퇴 ➡ 조선 인민 공화국 선포 ➡ 미군정의 탄압으로 해체
③ 한국 민주당(한민당), 조선 공산당, 충칭 임시 정부 요인(개인 자격으로 귀국) 등의 활동

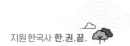

(2) **미군정**(직접 통치) : 행정 치안 ➡ 친일 관리와 경찰 그대로 고용 ➡ 친일파 처벌 무산, 민족정기 훼손

① 직접 통치 : 건국 준비 위원회의 활동과 조선 인민 공화국 수립을 부정, 대한민국 임시 정부 불인정, 일제의 총독부 체제를 이용하여 군정 실시

② 우익 세력 지원 : 한국 민주당을 중심으로 하는 국내 우익 세력 지원 ➡ 친미적 정부 수립 목적

🏛 미군정의 시작

(3) **광복 직후 국내 정치 세력**

구분	박헌영	여운형	안재홍
경력	조선 공산당·고려 공산당 청년회 책임 비서	• 상해 임정 참여 • 조선 건국 동맹 • 건준위 주도	• 청년 외교단 결성 • 신간회 조직 • 건준위 부위원장 • 미군정기 민정 장관
정당	조선 공산당	조선 인민당(근로 인민당)	조선 국민당
목표 특징	공산주의	• 중도 좌파 • 좌·우 합작 운동 주도	• 좌·우 합작 운동 • 신민족주의(중도 우파)
토지 개혁	무상 몰수, 무상 분배	무상 몰수, 무상 분배	무상 몰수
친일파 처리	즉시 처단	즉시 처단	즉시 처단

구분	김규식	김구➕	이승만	김성수
경력	• 파리 강화 회의 대표 • 임시 정부 외무총장 • 남조선 과도 입법 의원 의장	• 동학, 의병 활동 • 대한민국 임시 정부를 주도	• 임시 정부 초대 대통령 • 외교 운동(미국)	• 동아일보 사장 • 자치론 주장
정당	민족 자주 연맹	한국 독립당(한독당)	대한 독립 촉성 국민회(독촉)	한국 민주당(한민당)
목표 특징	• 중도 우파 • 좌·우 합작 주도	임시 정부를 계승한 정부 수립, 우익	• 반공, 반탁 • 국내 기반 취약 • 무조건 단결론, 극우	• 건준과 인공 반대 • 미군정에 적극 협조 • 임정 추대, 극우
토지 개혁	무상 몰수	무상 몰수, 국유화	유상 몰수, 유상 분배	유상 몰수, 유상 분배
친일파 처리	즉시 처단	즉시 처단	처단 반대	처단 반대

➕ 김구

개인 자격으로 귀국하여 한국 독립당을 중심으로 통일 정부 수립을 위한 활동 전개

❸ 모스크바 3국 외상 회의와 좌·우익의 대립

⊕ 모스크바 3국 외상 회의
미국, 영국, 소련 세 나라의 외상이 모스크바에 모여 한국의 임시 정부 구성과 이를 협의하기 위한 미·소 공동 위원회의 설치, 공동 위원회와 임시 정부는 최고 5년간의 신탁 통치 협정을 만들 것 등을 결정한 회의이다. 이를 식민 통치의 연장으로 이해한 한국 국민들은 전국적인 반대 운동을 전개하였다.

(1) **모스크바 3국 외상 회의⊕**(1945. 12.): 임시 정부 수립 지원과 미·소 공동 위원회 설치, 신탁 통치 결정

> **🔖 사료 탐구하기**
>
> **모스크바 3상**(미·영·소 3국 외무상) **회의**(1945. 12.) **합의문**(요약문)
>
> 1. 한반도에 독립 국가를 건설하기 위한 임시 조선 민주주의 정부를 수립한다.
> 2. 임시 정부 수립을 위해 남한 미군 사령부 대표들과 북한 소련 사령부 대표자들로 공동 위원회를 조직한다.
> 3. 미·영·소·중 정부가 공동 관리하는 최고 5년 기한의 신탁 통치를 실시한다.

(2) **우익 세력**(이승만, 김구 등): 신탁 통치 반대 운동 ➡ 대다수 남한 민중의 호응 ➡ 반탁 운동을 반소·반공 운동으로 몰아감

(3) **좌익 세력**(박헌영의 공산당 계열): 초기에는 반탁 운동 ➡ 모스크바 협정의 본질이 임시 정부 수립에 있다고 인식하여 모스크바 3국 외상 회의 결정 지지 운동 전개

⊕ 미·소 공동 위원회
미·소 공동 위원회에서는 자신과 협력하여 임시 민주 정부를 구성할 한국인 정당·사회 단체를 선정하는 데 합의를 보지 못했다. 소련은 모스크바 3국 외상 회의의 결정을 반대하는 반탁 운동 세력은 제외해야 한다고 주장하였고, 미국은 반탁 운동도 자유로운 의사 표시이므로 제외해서는 안 된다고 반박하였다. 결국 미·소 공동 위원회는 반탁 운동 문제가 가장 큰 요인이 되어 무기한 휴회되었다.

(4) **미·소 공동 위원회⊕**: 임시 정부 수립 논의 ➡ 협의 대상 선정 문제(미국은 모든 단체 참여, 소련은 신탁 통치 지지 단체만 참여 주장, 1차, 1946)와 자국에 우호적인 정부를 한반도에 세우려는 미·소의 대립(2차, 1947)으로 결렬

❹ 이승만의 정읍 발언과 좌우 합작 운동

(1) **이승만의 정읍 발언**(1946. 6.): 제1차 미·소 공동 위원회가 결렬된 이후 남한만의 단독 정부 수립 주장 ➡ 한민당을 비롯한 극우 세력의 지지

> **🔖 사료 탐구하기**
>
> **이승만의 정읍 발언**(1946. 6. 3.)
>
> 무기한 휴회된 미·소 공동 위원회가 다시 열릴 기색도 보이지 않으며, 통일 정부를 고대하였으나 여의치 않게 되었다. 우리 남한만이라도 임시 정부 또는 위원회 같은 것을 조직하여 38도선 이북에서 소련이 물러가도록 세계 여론에 호소하여야 될 것이니, 여러분도 결심해야 할 것이다.

(2) **좌우 합작 위원회**: 김규식, 여운형 등이 미군정의 지원하에 좌우 합작 운동 전개
　① 좌우 합작 7원칙 발표(1946. 10.)
　② 좌우 대립으로 실패: 김구 및 이승만 세력과 조선 공산당 불참, 미군정의 지지 철회, 여운형 암살(1947. 7.)

(3) **미군정의 좌·우 합작 지원**
　① 남조선 과도 입법 의원 구성(1946. 12.): 김규식 의장
　② 남조선 과도 정부 구성(1947. 2.): 민정 장관 안재홍
　③ 정책 변화: 2차 미·소 공동 위원회 결렬(1947), 트루먼 독트린(1947)과 마샬 플랜으로 소련 봉쇄 정책으로 전환

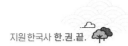

사료 탐구하기

좌우 합작 7원칙(1946. 10.)

1. 모스크바 3국 외상 회의 결정에 의해 좌우 합작으로 임시 정부를 수립할 것
2. 미·소 공동 위원회 속개를 요청하는 공동 성명 발표
3. 몰수·유(有)조건 몰수 등으로 농민에게 토지 무상 분여 및 중요 산업 국유화
4. 친일파, 민족 반역자 처리 문제는 장차 구성될 입법 기구에서 처리할 것
5. 남북 좌우의 테러적 행동을 일체 제지하도록 노력할 것
6. 입법 기구의 구성 방법 및 운영 등은 본 합작 위원회에서 작성, 적극 실행할 것
7. 전국적으로 언론, 집회, 결사, 출판 등의 자유를 절대 보장할 것

(4) **좌익 계열의 활동** : 민주주의 민족 전선 결성, 조선 정판사 위조지폐 사건(1946. 5.), 대구 10월 사건(1946. 10.)

❺ 통일 정부 수립의 좌절

(1) **배경**

① 제2차 미·소 공동 위원회 결렬 ➡ 미국이 한반도 문제를 유엔에 상정(1947. 9.)
② 유엔 총회 결의안(1947. 11.)
    ㉠ 유엔 감시 하에 인구 비례에 의한 남북한 총선거 실시
    ㉡ 총선거 감시를 위한 유엔 한국 임시 위원단 설치 ➡ 소련이 유엔의 입북 거부
③ 유엔 소총회(1948. 2.) : 선거가 가능한 지역에서의 총선거 결의 ➡ 남한만의 총선거 결정

(2) **남북 협상**

① **배경** : 남한만의 총선 결정, 이승만과 한국 민주당 등 우익의 단독 정부 수립 운동
② **남북 협상(1948. 4.)** : 김구·김규식·김일성·김두봉 등 ➡ 남한의 단독 선거 반대와 미·소 양군 철수에 관한 결의문 채택 ➡ 실제적 방안은 없음 ➡ 미·소 냉전 격화로 통일 정부 수립 운동 좌절

▲ 남북 협상을 위해 38선을 넘는 김구 일행(1948. 4.)

사료 탐구하기

김구의 '삼천만 동포에게 울면서 간절히 고함'(1948. 2.)

마음 속의 38도선이 무너지고야 땅 위의 38도선도 철폐될 수 있다. …… 나는 통일된 조국을 세우려다가 38도선을 베고 쓰러질지언정 일신의 구차한 안일을 취하여 단독 정부를 세우는 데는 협력하지 않겠다.

남북 협상을 하러 가는 김규식의 연설

나는 항상 조선 문제는 조선 사람 자신이 해결해야 한다는 입장을 취해 왔다. 남북 연석회의는 잘 진행되었다. …… 지난 세월 나는 미국의 장단에 맞춰 춤을 추었지만, 지금부터는 조선의 장단에 맞춰 춤을 추겠다.

❻ 제주도 4·3 사건과 여수·순천 10·19 사건(1948)

(1) **배경**: 단독 정부 수립을 반대하는 좌익의 활동 ➡ 군·경과의 충돌

(2) **제주도 4·3 사건**: 제주도 내 좌익 세력이 무장 봉기 ➡ 진압 과정에서 무고한 주민까지 무참히 살해하여 약 3만여 명의 사상자를 낸 것으로 추정

(3) **여수·순천 10·19 사건⊕**: 여수 주둔 군부대에 제주도 4·3 사건 진압 출동 명령 ➡ 좌익 세력이 제주도 출동 반대, 봉기 ➡ 이승만 정부의 진압

⊕ **여수·순천 10·19 사건**
제주도 4·3 사건 진압을 위해 출동 명령을 받은 여수 주둔 제14연대가 군부대 내 좌익 세력의 저항으로 출동을 거부하고, 통일 정부 수립을 주장하며 여수와 순천 일대를 점령한 사건이다. 이승만 정권의 무력 진압으로 막대한 인명 피해가 발생하였고, 이후 군대 내 좌익 세력에 대한 대대적인 숙청이 이루어졌다.

한눈에 보기

📍 대한민국 정부 수립의 과정

① 카이로 회담(1943)
② 얄타 회담(1945. 2.)
③ 포츠담 회담(1945. 7.)
④ 8·15 광복 / 조선 건국 준비 위원회 결성(여운형과 안재홍 등이 주도, 전국에 지부를 설치하고 정부 수립 이전 과도기의 치안을 관리)
⑤ 조선 인민 공화국 선포(1945. 9. 6. / 중도 세력에 박헌영 등의 극좌 세력이 가세, 이승만, 김구 등의 명망가들을 정부 명단에 넣었으나 좌익의 득세를 우려한 우익 세력들의 불참여와 이탈이 속출)
⑥ 미군정 실시(1945. 9. 8.)
⑦ 한국 민주당 결성(1945. 9. 16.)
⑧ 이승만의 귀국(1945. 10. 16.)
⑨ 김구의 귀국(1945. 11. 23. / 개인 자격으로 귀국)
⑩ 모스크바 3상 회의(1945. 12. / 임시 정부 수립 지원, 미·소 공동 위원회 설치, 최고 5년의 신탁 통치)
⑪ 반탁(우익) vs 3상 지지(좌익, 원래는 반탁하다 전향)
⑫ 신한 공사 설립(1946. 2. / 동양 척식 주식회사 승계)
⑬ 1차 미·소 공위(1946. 3. / 신탁 통치 찬성자만 참여시키자는 소련의 억지로 무기한 휴회)
⑭ 조선 정판사 위조지폐 사건(1946. 5. / 극좌 세력이 주도)
⑮ 이승만의 정읍 발언(1946. 6. / 남한만의 단독 정부 수립 주장)
⑯ 좌·우 합작 운동(미군정의 지원으로 조직, 여운형, 안재홍, 김규식 등의 중도 세력이 주도)
⑰ 대구 사건(1946. 10. / 극좌 세력이 주도)
⑱ 좌·우 합작 7원칙(1946. 10.)
⑲ 남조선 과도 입법 의원(1946. 12. / 위원장 김규식)
⑳ 안재홍 미군정 민정 장관 취임(1947. 2.)
㉑ 트루먼 독트린(1947. 3. / 냉전의 본격적 시작)
㉒ 2차 미·소 공위 시작(1947. 5.)
㉓ 여운형 암살(1947. 7.)
㉔ 2차 미·소 공위 결렬(1947. 10.)
㉕ 유엔 총회(1947. 11. / 인구 비례에 의한 총선 실시 결정)
㉖ 소련의 선거 감시 위원단 입북 거부
㉗ 임시 소총회(1948. 2. / 선거 가능 지역에서만 총선 실시 결의)
㉘ 김구의 '삼천만 동포에게 읍고함'(1948. 2. / 단독 선거 반대)
㉙ 제주 4·3 사건(1948. 4. / 대규모 학살이 자행됨)
㉚ 김구와 김규식, 조소앙 등이 남북 협상을 시도(1948. 4.)
㉛ 5·10 총선거(1948. 5. / 남녀평등의 첫 선거, 제주도 2개 지역구 미실시, 좌익과 남북 협상파 불참, 임기 2년의 국회 의원 선출)
㉜ 헌법 제정(1948. 7. 17. / 대통령 중심제, 내각제적 요소를 일부 적용하여 대통령과 부통령을 국회 의원들이 선출)
㉝ 대한민국 정부 수립(1948. 8. 15. / 대통령에 이승만, 부통령에 이시영)
㉞ 북한 정부 공식 출범(1948. 9. 9.)
㉟ 여수·순천 10·19 사건(1948 / 군대 내 좌익 장교 대거 숙청)
㊱ UN이 대한민국을 한반도의 유일한 합법 정부로 승인(1948. 12.)

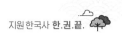

주제 92 정부 수립과 6 · 25 전쟁

❶ 정부 수립

(1) **5 · 10 총선거⊕** : 남북 협상파, 공산주의자 불참 속에 실시, 제주도는 선거 미실시 ➡ 제헌 국회 구성

(2) **헌법 제정**(1948. 7. 17.) : 대통령 중심제, 대통령 국회 간접 선거

(3) **대한민국 정부 수립**(1948. 8. 15.) : 대통령 이승만, 부통령 이시영 선출

(4) 유엔 총회에서 대한민국을 한반도의 유일한 합법 정부로 승인(1948. 12.)

❷ 친일파 청산의 좌절과 농지 개혁

(1) **친일파 청산 작업**

① 반민족 행위 처벌법 제정 ➡ 반민족 행위 특별 조사 위원회 구성(1948. 10.)

② 결과 : 실패

㉠ 이승만 정권의 반민특위 활동 견제 및 억압, 친일 세력(경찰 요직)의 방해
➡ 국회 프락치 사건, 경찰의 반민특위 습격 사건 등

㉡ 반민특위 와해(1949. 8.) : 공소시효 단축 등으로 실제로 처벌받은 민족 반역자는 거의 없음

사료 탐구하기

반민족 행위 처벌법

제1조 일본 정부와 통모하여 한 · 일 합병에 적극 협력한 자, 한국의 주권을 침해하는 조약 또는 문서에 조인한 자와 모의한 자는 사형 또는 무기 징역에 처하고 그 재산과 유산의 전부 혹은 2분지 1 이상을 몰수한다.

제3조 일본 치하 독립운동자나 그 가족을 악의로 살상 · 박해한 자 또는 이를 지휘한 자는 사형, 무기 또는 5년 이상의 징역에 처하고 그 재산의 전부 혹은 일부를 몰수한다.

제4조 다음의 각 호 중 하나에 해당하는 자는 10년 이하의 징역에 처하거나 15년 이하의 공민권을 정지하고 그 재산의 전부 혹은 일부를 몰수할 수 있다.

---

(2) **농지 개혁법 제정**(1949) : 3정보(9천 평) 이상을 소유한 지주의 농지를 국가가 유상 매입하여 소작농에게 유상 분배 ➡ 소작농민들이 자기 농토 소유 ➡ 6 · 25 전쟁 당시 남한의 공산화 방지에 기여

(3) **농지 개혁** : 1949년 법이 제정되어, 1950년부터 실시(경자유전의 원칙 확립)

⊕ **5 · 10 총선거 모습**

남한만의 단독 정부 수립을 위한 선거로 우리나라 역사상 최초의 직접, 평등 선거이다. 만 21세 이상의 모든 남녀에게 선거권이 부여되었고, 만 25세 이상의 국민은 모두 피선거권을 갖게 되었다. 하지만 김구, 김규식 등 남북 협상 세력과 중도계 인사들은 불참하였고, 이후 단독 선거와 단독 정부 수립에 반대하는 운동이 전개되었다.

PART 08

남한의 농지 개혁과 북한의 토지 개혁

구분	남한	북한
개혁안	농지 개혁법(산림, 임야 제외)	토지 개혁법⊕(전 토지)
법령 공포	1949. 6.(1950. 3. 개정)	1946. 3.
원칙	유상 매입, 유상 분배	무상 몰수, 무상 분배
토지 상한선	3정보	5정보

⊕ **북한의 토지 개혁**
북한의 북조선 임시 인민 위원회는 1946년 전격적으로 무상 몰수·무상 분배를 골자로 하는 토지 개혁안을 발표하였다. 당시 전체 농가의 3/4 이상이 소작농이나 자작겸 소작농이었는데, 이들이 모두 혜택을 받게 되었다. 북한의 토지 개혁은 미군정에 토지 개혁을 요구하는 농민들의 요구가 더욱 거세지도록 만들었다.

(4) **귀속 재산의 처분**: 6·25 전쟁기와 휴전 직후 민간인 연고자에게 매각 ➡ 한국 자본주의 주요 세력으로 성장

❸ 6·25 전쟁의 배경

(1) **냉전 체제**: 미국 중심의 자유 민주주의 진영과 소련 중심의 공산주의 진영 대립

(2) 중국의 공산화(1949), 주한 미군 철수(1949), 미국의 애치슨 선언⊕(1950. 1.), 조선 의용군의 합류

❹ 전쟁의 발발과 전개

⊕ **애치슨 선언**
미 국무 장관 애치슨이 발표한 것으로, 미국의 태평양 지역 방어선을 알류산 열도, 일본 본토, 류큐, 필리핀으로 이어지게 하고, 한국, 타이완을 제외한다는 선언이다. 방어선 밖의 한국과 타이완 등의 안보와 관련된 군사적 공격에 대해 미국이 어떠한 보장을 하지 않겠다는 내용이었다. 이것이 6·25 전쟁 발발의 한 배경이 되었다고 보기도 한다.

(1) 북한군 남침(1950. 6. 25.) ➡ 서울 함락 ➡ 국군은 낙동강 전선까지 후퇴 ➡ 유엔군 참전(1950. 7.)

(2) 인천 상륙 작전으로 전세 만회(1950. 9.) ➡ 서울과 평양 수복 ➡ 압록강까지 진격

(3) 중국군 참전(1950. 10.) ➡ 흥남 철수(1950. 12.) ➡ 국군, 유엔군의 후퇴로 서울 재함락(1951. 1·4 후퇴)

(4) 국군과 유엔군의 반격 ➡ 서울 재수복 ➡ 전선의 고착 ➡ 소련의 제의로 휴전 협상 시작(1951. 7.) ➡ 정부와 국민들의 휴전 반대 운동 전개(이승만의 반공 포로 석방) ➡ 휴전 협정 체결(1953. 7. 27.) ➡ 한·미 상호 방위 조약 체결(1953. 10.)

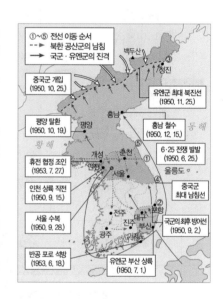

❺ 전쟁의 영향

⊕ **보도 연맹**
좌익 활동을 하다 전향한 인물들이 속한 단체이다.

(1) **민간인 학살 문제**: 보도 연맹⊕에 대한 보복, 노근리 양민 학살, 거창 양민 학살 등

(2) **정치**: 분단의 고착화 ➡ 남북 간의 적대 감정 심화, 남북 무력 대결 상태 지속 ➡ 남한의 이승만 정부는 반공주의를 내세워 야당 탄압, 북한의 김일성 정권도 독재 체제 강화

(3) **경제**: 남북한 모두 엄청난 물적, 인적 피해

(4) **사회**: 격심한 인구 이동(월남민 증가, 농촌 인구의 도시 이동), 이산가족 양산 ➡ 전통적 촌락 공동체 의식 약화, 가족 제도 변화(핵가족화, 개인주의 확산), 재건주택 확대

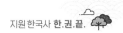

⑸ **문화**: 서구 문화의 무분별한 수입(➡ 전통문화 경시 풍조), 전통적 가치 규범 동요

사료 탐구하기

6·25 전쟁 관련 가요

• 전우야 잘자라(이 시기 국군의 북진을 반영한 노래)
  전우의 시체를 넘고 넘어 앞으로 앞으로 / 낙동강아 잘 있거라 우리는 전진한다.
  원한이야 피에 맺힌 적군을 무찌르고서 / 꽃잎처럼 떨어져간 전우야 잘자라.
  우거진 수풀을 헤치면서 앞으로 앞으로 / 추풍령아 잘 있거라. 우리는 돌진한다.
  달빛어린 고개에서 마지막 나누어 먹던 / 화랑담배 연기 속에 사라진 전우야

• 굳세어라 금순아
  눈보라가 휘날리는 바람찬 흥남 부두에 목을 놓아 불러봤다 찾아를 봤다.
  금순아 어데를 가고 너만 홀로 외로이 있냐. 영도다리 난간 위에 초생달만 외로이 떴다.

주제 93 이승만 정권과 4 · 19 혁명

❶ 이승만 정권의 기반 약화

(1) **민심 이반** : 친일파 청산 소홀, 농지 개혁에 소극적 태도

(2) **권력 기반 약화** : 2대 국회 의원 선거(1950)에서 정부에 비판적인 무소속이 많이 당선됨, 전쟁 중 거창 양민 학살 사건, 국민 방위군 사건❶ 등 실정 거듭

(3) **자유당 조직**(1951. 12.) : 반공을 구실로 반대파 탄압, 새 여당을 조직 ➡ 독재 기반 구축

❷ 반민주적 개헌과 독재의 강화

(1) **발췌 개헌**(1952. 7.) : 대통령 직선제 개헌, 이승만 제2대 대통령 당선
① 정부가 대통령 직선제와 국회 양원제를 골자로 하는 개헌안을 국회에 상정 ➡ 부결 (1952. 1. 8.)
② 야당과 무소속 의원들이 국회에 내각제 개헌안 제출(1952. 4.)
③ 부산 일대에 계엄령 선포(1952. 5.), 내각제 찬성 의원들 헌병대 연행, 폭력단을 동원하여 공포 분위기 조성 ➡ 국회 기립 표결로 통과, 대통령 직선제와 양원제(실제로는 시행 안함) 개헌

(2) **사사오입 개헌**❷(1954. 11.) : 이승만의 종신 집권 도모 ➡ 초대 대통령에 대한 3선 금지 조항 폐지 ➡ 1956년 대선(이승만 vs 신익희 vs 조봉암 / 이기붕 vs 장면) ➡ 대통령에 이승만이 당선되었으나, 부통령은 야당 민주당의 장면이 당선

(3) **독재 권력의 강화**
① 장면의 부통령 당선과 무소속 조봉암의 30% 득표에 충격 ➡ 장면 피습
② 국가 보안법 개정(1958)
③ 언론 탄압[정부를 비판하던 경향신문 폐간(1959. 4.) 등]
④ 조봉암을 간첩죄로 처형(1959. 7, 조봉암이 대선 후에 만든 진보당 해체)❸

(4) **3 · 15 부정 선거**(1960) : 부통령에 이기붕(자유당)을 당선시키기 위한 대대적인 부정 선거 자행 ➡ 3인조 · 5인조 공개 투표, 야당 선거 참관인 축출 등

❸ 4 · 19 혁명(1960)

(1) **배경** : 이승만의 장기 독재, 미국의 경제 원조 축소로 인한 경기 침체와 실업 증가, 3 · 15 부정 선거

(2) **마산의 부정 선거 항의 시위**(3. 15.) : 경찰이 군중에 발포 ➡ 7명 사망, 마산 앞바다에서 최루탄이 박힌 모습의 김주열(17세)의 시신이 발견된 후 대대적 시위 발생(4. 11.) ➡ 전국으로 시위 확산

(3) **4 · 18 고대생 시위**

---

❶ **국민 방위군 사건**
국민 방위군은 「국민방위군설치법」에 따라 17세 이상, 40세 미만의 장정으로 조직된 제2국민군이다. 총 50만 명이 동원됐으나 고위 간부들의 인원 조작, 군수 물자 횡령 비리가 이어져 1 · 4 후퇴 때 방위군 5만 명이 굶어 죽거나 얼어 죽고, 영양실조에 걸렸다.

❷ **사사오입 개헌**
1954년 11월 27일 국회에서는 헌법 개정에 관한 투표를 실시하였다. 초대 대통령에 한해 선거 출마 제한을 없애자는 개헌안의 투표가 재적 의원 203명 중 찬성이 135표, 반대가 60표, 기권이 8표로 나와 개헌 정족수인 136표에 1표가 미달하여 국회는 개헌안이 부결되었음을 선포했다. 그러나 자유당은 이틀 뒤 재적 의원의 2/3는 135.33333 이므로 반올림(사사오입)에 의해 135명으로도 정족수가 된다고 주장하며 헌법 개정안을 통과시켰다.

❸ **진보당 사건**(1958)
1956년 대통령 선거에서 진보당의 조봉암이 30% 이상을 득표하자, 북한의 통일 방안과 유사한 주장(평화 통일)을 한다는 등의 구실로 진보당을 해산하고, 당의 간부를 구속하고 당수인 조봉암을 사형시켰다.

🔺 4 · 19 혁명 당시 수송초 학생들

(4) **서울 대규모 시위**(4. 19.) : 주요 대학과 고등학생, 시민들이 대거 시위 참가 ➡ 경찰이 시위대에 무차별 발포하여 서울에서만 약 130명 사망 ➡ 이승만의 계엄령 선포

(5) 대학 교수 시국 선언과 시위(4. 25.) ➡ 이승만 대통령 사임(4. 26.) ➡ 허정 과도 정부 수립

(6) **의의** : 학생과 시민이 합세하여 독재 정권을 타도한 민주주의 혁명

사료 탐구하기

서울대 문리대 4 · 19 혁명 선언문

상아의 진리탑을 박차고 거리에 나선 우리는 질풍과 같은 역사의 조류에 자신을 참여시킴으로써 지성과 진리, 그리고 자유의 대학 정신을 현실의 참담한 박토에 뿌리려 하는 바이다. …… 민주주의와 민중의 공복이며 중립적 권력체인 관료와 경찰은 민주를 위장한 가부장적 전제 권력의 하수인으로 발 벗었다. 민주주의 이념의 최저의 공리인 선거권마저 권력의 마수 앞에 농단되었다.

껍데기는 가라 − 신동엽

껍데기는 가라. / 사월도 알맹이만 남고 / 껍데기는 가라.
껍데기는 가라. / 동학년 곰나루의, 그 아우성만 남고 / 껍데기는 가라.

---

❹ 장면 내각(제2공화국)

(1) **허정 과도 정부**

① **개헌** : 내각 책임제와 양원제 국회로의 개헌(1960. 6.)

② **민주당의 장면 내각 성립** : 국무총리에 장면, 상징적 대통령에 윤보선 당선, 사법부 개혁

▲ 장면 국무총리

사료 탐구하기

3차 개헌(내각 책임제 헌법)

제33조 ① 민의원 의원의 임기는 4년으로 한다. 단, 민의원이 해산된 때에는 그 임기는 해산과 동시에 종료한다.
② 참의원 의원의 임기는 6년으로 하고 의원의 1/2을 개선한다.

제70조 국무총리는 국무회의를 소집하고 의장이 된다. 국무총리는 법률에서 일정한 범위를 정하여 위임을 받은 사항과 법률을 실시하기 위하여 필요한 사항에 관하여 국무회의의 의결을 거쳐 국무원령을 발할 수 있다. 국무총리는 국무원을 대표하여 의안을 국회에 제출하고 행정 각 부를 지휘 감독한다.

▲ 윤보선 대통령

⑵ **장면 내각**

　① 민주당 신·구파 간의 파쟁 ➡ 윤보선의 구파가 분당하여 신민당 창당

　② **각계각층의 민주화 움직임 분출** : 학원 민주화 운동, 노동 운동, 청년 운동

　③ **통일 운동** : 평화 통일 지향 ➡ 중립화 통일론, 남북 협상론 대두, 남북 학생 회담 환영 및 통일 촉진 궐기 대회(가자 북으로! 오라 남으로!)

　④ 민주당 정부의 개혁 의지 미약

　　㉠ 부정 선거 책임자 처벌 ➡ 소극적

　　㉡ 통일 운동(남북 협상) ➡ 부정적 입장, UN 감시 하의 총선거를 내세움

　⑤ **경제 건설** : 한미 경제 기술 원조 협조, 국토 개발 사업 추진, 장기 경제 개발 계획 마련 ➡ 9개월 만에 일어난 5·16 군사 정변으로 붕괴

주제 94 5 · 16 군사 정변과 박정희 정권

❶ 5 · 16 군사 정변과 군정

(1) **발생**: 박정희를 중심으로 한 일부 군인들이 군사 정변을 일으킴(1961) ➡ 혁명 공약 발표 (반공 국시, 경제 재건, 사회 안정), 국가 재건 최고 회의에서 군정 실시

(2) **군정의 정책**: 구 정치인 활동 금지, 언론과 혁신 세력 탄압, 화폐 개혁, 부정 축재자 · 폭력배 처벌, 농가 고리대 탕감, 일본과 비밀 회담(1962), 제1차 경제 개발 5개년 계획 시작(1962), 중앙정보부가 권력 핵심 기구로 부상

(3) **정부 출범**: 대통령 중심제와 단원제 개헌 ➡ 민주 공화당 창당 ➡ 대통령에 박정희 당선 (1963)

▲ 5 · 16 군사 정변

사료 탐구하기

5 · 16 혁명 공약 – 박정희

친애하는 애국 동포 여러분!
군부가 궐기한 것은 부패하고 무능한 현정권과 기성 정치인들에게 이 이상 더 국가와 민족의 운명을 맡겨 둘 수 없다고 단정하고 백척간두에서 방황하는 조국의 위기를 극복하기 위한 것입니다. 군사 혁명 위원회는,
첫째, 반공을 국시의 제일로 삼고 지금까지 형식적이고 구호에만 그친 반공 태세를 재정비 강화한다.
셋째, 이 나라 사회의 모든 부패와 구악을 일소하고 퇴폐한 국민도의와 민족정기를 바로 잡기 위하여 청신한 기풍을 진작시킨다.
넷째, 절망과 기아선상에서 허덕이는 민생고를 시급히 해결하고 국가 자주경제 재건에 총력을 경주한다.

김종필(중앙정보부장) – **오히라**(일본 외상) **메모**(1962)

- 일제 35년간의 지배에 대한 보상으로 일본은 3억 달러를 10년간 걸쳐서 지불하되 <u>그 명목은 '독립 축하금'으로 한다.</u>
- 경제 협력의 명분으로 정부 간의 차관 2억 달러를 3.5%, 7년 거치 20년 상환이라는 조건으로 10년간 제공하며, 민간 상업 차관으로서 1억 달러를 제공한다.
- <u>독도 문제를 국제 사법 재판소로 이관한다.</u>

---

❷ 박정희 정부(제3공화국 : 1963. 12. ~1972. 10.)

(1) 군사 정부의 민정 이양 ➡ 5대 대통령 선거에서 박정희 당선(1963)

(2) **정책 방향**: 경제 제일주의 정책(조국 근대화, 민족 중흥 표방)

(3) **한 · 일 국교 정상화**(1965)
① 한 · 일 국교 정상화 반대(6 · 3 시위, 1964) ➡ 계엄령 ➡ 한 · 일 협정➕의 체결(1965)
② 문제 : 일본의 사죄, 독도 영유권 문제 · 문화재 문제 · 강제 징용 문제 미해결

➕ **한 · 일 협정**(1965)

'김종필–오히라' 메모에 따라 한 일 양국은 '무상 3억 달러, 유상 2억 달러, 민간 상업 차관 1억 달러'를 받는 조건으로 한 · 일 협정을 체결하였다. 그러나 경제 발전에 필요한 재원 마련에 급급한 나머지 일본의 식민 지배 사과, 약탈 문화재 반환, 군대 위안부, 강제 징용자, 원폭 피해자에 대한 배상, 재일 동포의 법적 지위 등의 문제는 외면되었다.

(4) **베트남 파병(1964~1973)**: 비 전투병 파견 ➡ 미국의 요청으로 전투병 파병(1965) ➡ 브라운 각서(1966)로 추가 파병 ➡ 파병 대가로 경제 개발에 필요한 기술과 차관 도입, 파병 군인들의 송금, 군수품 수출, 베트남 건설 참여 등으로 외화 획득(베트남 특수) ➡ 고엽제 피해, 베트남인 학살, 라이따이한 등의 문제 발생

사료 탐구하기

한국군의 월남 파병을 위한 브라운 각서(1966. 3. 4.)

〈군사 원조〉
1. 한국에 있는 한국군의 현대화 계획을 위해 앞으로 수년 동안에 걸쳐 상당량의 장비를 제공한다.
2. 월남에 파견되는 추가 증파 병력에 필요한 장비를 제공하는 한편, 증파에 따른 모든 추가적 '원'화 경비를 부담한다.

〈경제 원조〉
3. 주월 한국군에 소요되는 보급 물자, 용역 및 장비를 실시할 수 있는 한도까지 한국에서 구매하며, 주월 미군과 월남군을 위한 물자 가운데 선정된 구매 품목을 한국에서 발주한다.
4. 수출을 진흥시키기 위한 모든 분야에서 한국에 대한 기술 원조를 강화한다.

---

(5) **민주화 요구 탄압**: 인민 혁명당 사건(1964), 동백림 사건(1967)

(6) **3선 개헌(1969)**
① **명분**: 조국 근대화와 민족 중흥의 과업을 달성하기 위해서는 강력한 리더십이 필요하다고 주장
② **3선 개헌 반대 투쟁**: 야당과 재야 세력 및 대학생 합세
③ **변칙 통과**: 야당 의원들이 농성 중이던 본 회의장을 피해 별관에서 변칙 통과 ➡ 박정희의 장기 집권 마련 ➡ 1971년 7대 대통령 선거(박정희 vs 김대중, 여촌야도❸ 현상, 영·호남 지역 차이 대두)에서 당선

❸ 유신 체제❸의 성립

(1) **국외적 배경**: 닉슨 독트린(1969, 데탕트, 주한 미군 일부 철수) ➡ 냉전의 완화로 반공주의를 앞세운 박정희 정부의 기반 약화

(2) **국내적 배경**: 세계 경제의 불황에 따른 국내 경기 침체와 물가 상승 ➡ 국민의 불만 고조, 제7대 대통령 선거(1971)에서 야당 후보(김대중)의 선전

(3) **명분**: 확고한 국가 안보와 지속적인 경제 성장을 위해서는 강력한 지도력과 정치적 안정이 필요

---

❸ **여촌야도**
1963년 대선부터 나타난 것으로, 농촌은 여당을, 도시는 야당을 지지하는 현상이다.

❸ **유신 헌법**
1972년 12월 27일에 박정희 정권이 공포·시행한 헌법이다. 유신 헌법은 대통령의 임기를 6년으로 규정하였을 뿐 중임이나 연임 제한 규정을 전혀 두지 않아 사실상 장기 집권을 위해 마련된 것이다. 또한 국민의 기본권을 침해하고 대통령의 권한을 크게 강화함으로써 영구 집권과 독재를 꾀하였다.

❹ 유신 체제의 성격(제4공화국 : 1972. 10.~1980)

(1) **성격** : 대통령의 중임 제한을 철폐하고 권한을 비정상적으로 강화하면서 한국적 민주주의 제창 ➡ 민주주의를 가장한 권위주의 체제

(2) **성립**

① 10월 유신 선포(1972. 10. 17.) : 전국에 비상 계엄령 선포, 국회 해산, 정치 활동 금지, 언론·출판·보도·방송의 사전 검열, 대학의 휴교 등 조치

② 비상 국무회의에서 유신 헌법 제정 ➡ 국민 투표로 확정

(3) **유신 헌법의 주요 내용**

① 대통령 권한 극대화

㉠ 국회 의원 1/3 지명(유신 정우회 ⬅ 통일 주체 국민 회의에서 선출)

㉡ 초법적인 긴급조치권❶, 국회 해산권, 법관 임명권

② 대통령 간선제 : 통일 주체 국민 회의❷에서 대통령 선출

③ 대통령의 중임 제한 철폐 : 6년 임기의 무제한 중임제 ➡ 영구 집권 가능

④ 제8대 대통령 선거(1972. 12.) : 박정희 단독 출마 ➡ 통일 주체 국민 회의 대의원 99.9% 찬성으로 당선(재적 대의원 2,359명 중 찬성 2,357표, 무효 2표)

❺ 유신 체제에 대한 저항

(1) **유신 체제 반대 운동** : 유신 반대 시위, 김대중 납치 사건(1973), 개헌 청원 1백만인 서명 운동(1973. 12.), 3·1 민주 구국 선언(1976, 명동 성당에서 윤보선, 함석헌, 김대중 등)

(2) **정부의 탄압** : 긴급 조치 발표(1974, 1호~9호), 민주 청년 학생 연맹 사건(1974) 등을 조작, 인혁당 재건위 사건(1974)

사료 탐구하기

긴급 조치 제1호의 주요 내용(1974. 1. 8.)

1. 대한민국 헌법을 부정, 반대, 왜곡 또는 비방하는 일체의 행위를 금한다.
2. 대한민국 헌법의 개정 또는 폐지를 주장, 발의, 제안 또는 청원하는 일체의 행위를 금한다.
3. 유언비어를 날조, 유포하는 일체의 행위를 금한다.
4. 전 1,2,3호에 금한 행위를 권유, 선동, 선전하거나 방송, 보도, 출판, 기타 방법으로 이를 타인에게 알리는 일체의 언동을 금한다.

---

(3) **유신 체제 붕괴**

① 배경 : 경제 불황[석유 파동❸(1979), 중화학 분야의 중복 투자], 민심 이반, 미국과의 마찰(카터 행정부의 인권 외교)

② 과정 : 야당의 총선 승리(1978) ➡ YH 사건 ➡ 신민당 총재 김영삼의 국회 제명 ➡ 부·마 항쟁❹(1979. 10.) ➡ 중앙정보부장 김재규에 의해 박정희 피살(10·26 사태)

⊕ 긴급조치권

유신 헌법에 규정된 대통령의 권리로서, 이를 통해 헌법의 일부 기능을 정지시킬 수 있었다. 유신 헌법에 따르면, 대통령은 헌법에 규정되어 있는 국민의 자유와 권리를 잠정적으로 정지하거나 정부와 법원의 권한에 관하여 긴급 조치를 할 수 있다. 긴급 조치는 실제로는 권력을 강화하기 위해 유신 체제에 도전하는 민주화 운동을 탄압하는 수단이었다.

⊕ 통일 주체 국민 회의

1972년 12월 조국의 평화적 통일을 추진한다는 명목으로 유신 헌법에 의해 설치된 헌법 기관이자 국민적 조직체이다. 국민의 직접 선거로 선출된 2,000~5,000명의 대의원으로 구성되었지만 설치 목적과는 다르게 대통령 선출을 위한 정치적 수단으로 이용되었다.

⊕ 제1차 석유 파동

1973년 10월 제4차 아랍-이스라엘 전쟁이 발생하자, 아랍 석유 수출국 기구(OAPEC)와 석유 수출국 기구(OPEC)가 두 차례에 걸쳐 원유 가격을 대폭 인상하여 세계 경제가 큰 혼란에 빠진 사건을 말한다. 우리나라도 어려움에 직면하였으나, 오히려 중동의 건설 사업에 국내 업체들이 참여하여 이른바 '오일 달러'를 벌어들임으로써 경제 발전의 계기가 되었다.

⊕ 제2차 석유 파동

1979년 세계 제2의 석유 수출국 이란이 원유 수출을 중단하여 발생한 사건을 말한다. 당시 중화학 공업 투자에만 힘을 쏟던 우리나라는 1차 석유 파동 때보다 더 큰 피해를 입었다.

⊕ 부·마 항쟁

박정희 정부는 1979년에 야당인 신민당 총재 김영삼의 국회 의원직을 박탈하였다. 이를 계기로 부산과 마산에서 일어난 대규모 반정부 시위 운동이다.

주제 95 1980년대 이후 민주주의의 발전

❶ 5·18 민주화 운동

(1) 신군부 세력의 등장

① 12·12 사태(1979) : 신군부(전두환, 노태우 등) 세력이 병력을 동원하여 계엄 사령관 체포 ➡ 군권 장악 후 정치적 실권까지 장악

② 서울의 봄➊(1980. 5.) : 유신 헌법 폐지, 전두환 퇴진, 비상 계엄 해제 등을 요구하는 시민과 학생들이 서울역과 시청 앞에서 대규모 시위

③ 신군부의 대응 : 전국으로 계엄령 확대(5. 17.), 일체 정치 활동 금지, 김대중 등 주요 정치인 체포·구속

(2) 5·18 민주화 운동

① 발단 : 비상 계엄 확대에 반대하는 광주 지역 대학생들의 시위

② 전개 과정 : 전남 광주에서 학생들이 민주화 시위(5. 18.) ➡ 계엄군의 과잉 진압 ➡ 분노한 시민들의 시위 합류 ➡ 계엄군의 발포로 많은 시민 사망 ➡ 시위대가 시민군을 조직하여 광주 시내 장악 ➡ 계엄군의 무력 진압으로 다수의 사상자 발생(1980. 5. 27.)

③ 영향·의의 : 1980년대 반독재 민주화 운동의 밑거름, 학생 운동이 반미적 성격을 띠게 됨

> **사료 탐구하기**
>
> **광주 시민군 궐기문(1980. 5. 25.)**
>
> 우리는 왜 총을 들 수밖에 없었는가? 그 대답은 너무나 간단합니다. 너무나 무자비한 만행을 더 이상 보고 있을 수만 없어서 너도나도 총을 들고 나섰던 겁니다. …… 우리 학생들은 다시 거리로 뛰쳐나와 정부 당국의 불법 처사를 규탄하였던 것입니다. 그러나 아! …… 계엄 당국은 18일 오후부터 공수 부대를 대량 투입하여 시내 곳곳에서 학생, 젊은이들에게 무차별 살상을 자행하였으니!

(3) 전두환 정부의 수립(제5공화국 : 1981. 2.~1988. 2.)

① 국가 보위 비상 대책 위원회(1980. 5.)

㉠ 행정, 사법 전 분야에 걸친 주요 업무 처리 : 상임 위원장에 전두환, 각 분과 위원장에도 모두 현역군 장성들 임명 ➡ 사실상의 군정

㉡ 사회 통제 강화 : 정치인의 정치 활동 통제, 공직자 숙청, 언론 통폐합, 비판적인 기자 해직, 삼청 교육대 운영 등

② 최규하 대통령 사임 ➡ 유신 헌법에 근거하여 전두환이 대통령에 당선

③ 헌법 개정(1980. 10.) : 대통령 선거인단이 간접 선거로 대통령 선출, 임기는 7년 단임 ➡ 전두환 대통령 당선(1981. 2.)

④ 통치 정책 : 권위주의적 강권 통치(언론 통제, 민주화 운동 탄압)와 유화 정책(정치인 해금, 해외여행 자유화, 야간 통행금지 해제, 중고생 교복 자율화, 3S 정책➊, 국풍81➊) 병용

➕ 서울의 봄

1980년 5월 15일 서울역 앞은 학생들이 중심이 된 군중들이 '유신 철폐'와 '계엄 해제'를 요구하며 대규모 시위를 벌였으나, 신군부는 5월 17일 24시 전국에 비상 계엄령을 선포하였다.

➕ 3S 정책
국민의 관심을 성·스포츠·영화로 돌리려고 했던 정책

➕ 국풍81
여의도 광장에서 주최한 관제적 성격의 문화 축제

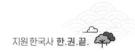

❷ 6월 민주 항쟁

(1) **배경**: 부산 미국 문화원 방화 사건(1982), 민주화 추진 협의회 조직(1984), 서울 미국 문화원 점거 농성 사건(1985), 김세진·이재호의 분신(1986. 5.), 부천 경찰서 성고문 사건(1986. 7.)

(2) **전개 과정**: 박종철✚ 고문 치사 사건(1987. 1.) ➡ 4·13 호헌 조치 발표 ➡ 이한열의 사망 ➡ 민주 헌법 쟁취 국민운동 본부가 '박종철 고문 살인 규탄과 호헌 철폐를 위한 국민 대회'를 전국 주요 도시에서 개최(1987. 6. 10.) ➡ 범국민적 반독재 민주화 투쟁으로 발전

(3) **영향·의의**
① 6·29 선언: 차기 민주 정의당 대통령 후보로 내정된 노태우가 발표 ➡ 5년 단임의 대통령 직선제 개헌
② 의의: 4·19 혁명 이후 가장 규모가 큰 민주화 운동, 민주주의 발전에 크게 기여

> **사료 탐구하기**
>
> **6·29 선언(1987) – 노태우**
>
> **첫째,** 여야 합의하에 조속히 대통령 직선제 개헌을 하고 새 헌법에 의한 대통령 선거를 통해 88년 2월 평화적 정부 이양을 실현토록 해야 하겠습니다. 오늘의 이 시점에서 저는, 사회적 혼란을 극복하고, 국민적 화해를 이룩하기 위하여서는, 대통령 직선제를 택하지 않을 수 없다는 결론에 이르게 되었습니다. 국민은 나라의 주인이며, 국민의 뜻은 모든 것에 우선하는 것입니다.

❸ 민주주의의 발전(제6공화국)

(1) **노태우 정부**(1988. 2.~1993. 2.)
① 13대 대통령 선거(1987. 12.) ➡ 야당의 분열로 노태우 당선
② 3당 합당: 1988년 총선에서 야당이 다수 의석 차지 ➡ 5공 청문회 ➡ 민주 정의당(노태우)+통일 민주당(김영삼)+신민주 공화당(김종필) 합당으로 거대 여당인 민주 자유당 탄생(1990)
③ 외교 활동(북방 외교): 서울 올림픽 개최(1988), 공산권 국가들과 수교, 소련(1990)·중국(1992)과 수교, 남북한 UN 동시 가입(1991)
④ 남북 관계와 민족 통일 방안: 민족자존과 통일 번영을 위한 특별 선언(7·7 선언, 1988) ➡ 남북 기본 합의서(1991)
⑤ 지방 자치제 부분적 실시(1991), 언론기본법 폐지

(2) **김영삼 정부**(1993. 2.~1998. 2.)
① 문민 정부: 5·16 군사 정변 이후 처음으로 '문민 정부' 출범
② 개혁 단행: 공직자 재산 등록제(1993), 금융 실명제(1993), 지방 자치제 전면 실시(1995) 등
③ 우루과이 라운드(UR) 협정 체결(1993): 보호 무역주의를 탈피하고 무역 개방
④ 역사 바로 세우기(1995): 전두환·노태우 처벌
⑤ 시련: 각종 대형 사고(성수 대교·삼풍백화점 붕괴 등) 빈발, 외환 위기로 국제 통화 기금(IMF, 1997) 지원을 받는 등 어려움 발생

✚ 박종철

1987년 1월 14일 서울대생 박종철이 치안 본부 남영동 대공분실에서 조사를 받던 중 고문 폭행으로 사망한 사건이다. 전두환 정권은 이를 은폐하기 위해 언론을 통제하고 진실을 왜곡하였다. 그러나 박종철이 고문으로 숨진 사실이 세상에 알려지면서 각종 추모 집회와 규탄 대회가 개최되었다. 이는 6월 민주 항쟁의 도화선이 되었다.

▲ 노태우 대통령

▲ 김영삼 대통령

▲ 김대중 대통령

▲ 노무현 대통령

⑶ **김대중 정부**(1998. 2.~2003. 2.)
　① 평화적 정권 교체 : 최초의 선거에 의한 평화적 정권 교체
　② 외환 위기의 극복 : 외환 위기의 조기 극복에는 성공했으나 실업자 증대와 외국 자
　　본의 지배력 강화 등 문제점 노출
　③ 남북 관계 개선 : 햇볕 정책 추진
　　㉠ 금강산 관광(1998. 11.)
　　㉡ 남북 정상 회담과 6 · 15 남북 공동 성명(2000)

⑷ **노무현 정부**(2003. 2.~2008. 2.)
　① 권위주의 문화 청산
　② 햇볕 정책의 계승 ➡ 개성 공단 완공과 2차 남북 정상 회담(2007)
　③ 한 · 미 자유 무역 협정(FTA) 추진

⑸ **이명박 정부**(2008. 2.~2013. 2.)
　① 4대강 살리기 사업
　② 자원 외교
　③ 한 · 미 FTA 타결

주제 96 북한의 변화, 통일을 위한 노력

❶ 김일성 유일 지배 체제의 형성

⑴ 북조선 임시 인민 위원회 구성(1946. 2.)

⑵ 북조선 인민 위원회(1947. 2.)

⑶ 조선 민주주의 인민 공화국 선포(1948. 9. 9.)

⑷ **정권 수립 초기**(연립 정부): 빨치산파·갑산파(김일성), 연안파✛(김두봉), 남로당(박헌영), 소련파✛(허가이)의 연립 형태

⑸ 6·25 전쟁 중 소련파 허가이 숙청, 연안파 김무정 숙청

⑹ 전쟁 직후 미국의 간첩 혐의로 박헌영과 남로당계 대부분 숙청

⑺ **8월 종파 사건**(김일성 개인숭배 비판): 연안파·소련파 대부분 숙청(1956)

⑻ **천리마 운동✛**(1950년대 후반~1960년대)

⑼ 갑산파에서 경제 건설을 우선시하는 온건파(박금철, 이효순) 숙청(1967)

⑽ **대남도발 강화**: 1·21 사태(1968. 1.), 푸에블로호 사건(1968. 1.), 울진·삼척 무장 공비 침투(1968. 11.)

❷ 독재 체제의 완성

⑴ **사회주의 헌법**(1972): 북한이 사회주의 단계로 접어들었음을 공식 선언, 주체사상을 규범화, 국가 주석제 도입 ➡ 김일성 독재 권력 체제 제도화

⑵ **1970년대**: 경제 침체, 김정일의 정치 입문 ➡ 경제 건설 계획, 3대 혁명 소조 운동✛, 3대 혁명 붉은 기 쟁취 운동 전개, 판문점 도끼 만행 사건(1976)

⑶ **1980년대**: 김정일 후계 체계 공식화, 합영법✛의 제정(1984)

⑷ **1990년대 초반**: 나진·선봉 자유 무역 지대(1991), 1차 핵위기(경수로 건설 지원 약속으로 해소)

🔺 두만강 경제 특구

✚ **연안파**
광복 전 중국에서 항일 무장 투쟁을 전개했던 정치 세력으로 김두봉, 최창익, 무정 등이 대표적이다. 이들은 해방 전 중국에서 조직된 화북 조선 독립 동맹과 조선 의용군에서 활동하였다. 광복 후 북한으로 입국하여 북한 정권에 참여하였으나, 김일성에 의해 숙청당하였다.

✚ **소련파**
광복 이후 소련군과 함께 들어온 허가이, 박창옥 등의 소련 사회주의 세력을 말한다. 연안파와 함께 김일성에 의해 숙청당하였다.

✚ **천리마 운동**
생산 증대를 겨냥한 북한의 노동 강화 운동이자 사상 개조 운동이다. 하루에 천리를 달리는 천리마와 같은 속도로 사회주의 경제를 건설하자는 운동이다. 주민들의 생산 의욕을 고취시켜 생산을 증대시키겠다는 목적에서 전개되었다.

✚ **3대 혁명 소조 운동**
3대 혁명이란 사상, 기술, 문화의 혁명을 말한다. 과학자, 기술자, 청년, 지식인 등으로 수십 명 단위의 소조(소규모 집단)를 만들어 공장이나 협동 농장 등 생산 현장에 들어가 노동자와 농민을 돕거나 지도함으로써 북한 사회 전반에 활력을 불어 넣자는 데 목적이 있었다. 이 운동은 김정일 주도로 이루어졌으며, 김정일 후계 체계 구축을 뒷받침하였다.

✚ **합작 회사 경영법**
1984년에 외국인의 북한 투자를 활발하게 할 목적으로 만든 법이다. 그 후 이를 기본으로 하여 1994년 1월 20일에 최고 인민 회의 상설 회의 결정으로 새로 합영법을 제정하였다. 외국의 기업이나 개인이 북한에 합작 기업을 설립·운영할 수 있는 것을 핵심적 내용으로 하고 있다.

❸ 북한의 경제 위기와 개방 정책

(1) 1994년 김일성 사망 ➡ 유훈 통치 ➡ 고난의 행군

(2) **1998년 헌법 개정**(김일성 헌법) : 김정일 국방 위원장 체제 확립

(3) 2차 핵위기(6자 회담), 1차 연평 해전(1999), 2차 연평 해전(2002), 남북 교류 협력 사업(금강산 관광, 개성 공단), 신의주 경제 특구(2002), 선군 정치

(4) 김정은 체제 성립

❹ 남북한의 통일 정책 변화

(1) **남한**(1950~1960년대)
① 이승만 정부 : 북진 통일론 주장, 평화 통일론 탄압, 반공 강조
② 장면 내각 : 유엔 감시하의 남북한 총선거 실시 주장 ➡ 소극적 태도
③ 박정희(1960년대까지) : 선 건설 후 통일, 강력한 반공 승공 통일 주장

(2) **북한** : 미군 철수를 전제로 한 남북 총선거 주장 ➡ 연방제 통일 방안 제시(1960) ➡ 고려 민주 연방 공화국 창립 방안 제시(1980)

❺ 남북 대화의 시작(1970년대)

(1) **배경** : 냉전 체제 완화(미·중 수교), 평화 공존 분위기 ➡ 상대방의 실체 인정, 남북 대화 시작

(2) 남북 적십자 회담 시작(1971)

(3) **7·4 남북 공동 성명**(1972) : 통일에 관한 최초의 남북 합의
① **내용** : 자주, 평화, 민족적 대단결의 원칙, 남북 조절 위원회 설치
② **한계** : 의견 대립으로 대화 중단 ➡ 남북 모두 정치적으로 이용, 독재 권력 강화

사료 탐구하기

7·4 남북 공동 성명(1972)

> **첫째,** 통일은 외세에 의존하거나 외세의 간섭을 받음 없이 자주적으로 해결하여야 한다.
> **둘째,** 통일은 서로 상대방을 반대하는 무력 행사에 의거하지 않고 평화적 방법으로 실현하여야 한다.
> **셋째,** 사상과 이념, 제도의 차이를 초월하여 우선 하나의 민족으로서 민족적 대단결을 도모하여야 한다.

---

(4) **6·23 평화 통일 선언**(1973) : 남북한 상호 내정 불간섭, 남북한 유엔 동시 가입, 모든 국가에 문호 개방

(5) 남북한 상호 불가침 협정 체결 제안(1974)

(6) **전두환 정부** : 민족 화합 민주 통일 방안 발표(1982), 남북 경제 회담, 적십자 회담 개최, 이산가족 고향 방문 및 예술 공연단 교환 방문(1985)

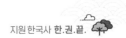

⑥ 냉전 체제의 붕괴와 북한의 정책 변화

⑴ 냉전 체제의 붕괴(1991) ➡ 이념 대립에서 경제 경쟁 시대로의 전환

⑵ **북한의 정책 변화**: 국제적 고립 탈피와 경제적 지원을 얻기 위해 유연화

⑦ 남북한 교류 협력의 활성화

⑴ **노태우 정부**

① 북방 외교 적극 추진, 7 · 7 특별 선언➊ 발표(1988)

② 한민족 공동체 통일 방안➋(1989): 자주 · 평화 · 민주의 원칙, 통일 과정에서 과도적 통일 체제인 남북 연합 단계 제시

③ 남북한 총리 회담(1990) ➡ 남북 고위급 회담 ➡ 남북 유엔 동시 가입(1991. 9.)

④ 남북 기본 합의서 채택(1991. 12.): 체제 인정, 불가침, 잠정적 특수 관계(민족 내부의 교류)

⑤ 한반도 비핵화에 관한 공동 선언(1992. 1.)

> **사료 탐구하기**
>
> **남북 기본 합의서**(남북간 화해와 불가침 및 교류 · 협력에 관한 합의서, 1991)
>
> 남과 북은 …… 나라와 나라 사이의 관계가 아닌 통일을 지향하는 과정에서 잠정적으로 형성되는 특수 관계라는 것을 인정하고, …… 다음과 같이 합의하였다.
> 제1조   남과 북은 서로 상대방의 체제를 인정하고 존중한다.
> 제9조   남과 북은 …… 상대방을 무력으로 침략하지 아니한다.
> 제15조 남과 북은 …… 물자 교류, 합작 투자 등 경제 교류와 협력을 실시한다.
>
> **한반도 비핵화 공동 선언**(1992. 1. 20.)
>
> 1. 남과 북은 핵무기의 시험, 제조, 생산, 접수, 보유, 저장, 배분, 사용을 하지 아니한다.
> 2. 남과 북은 핵에너지를 오직 평화적 목적에만 사용한다.
> 3. 남과 북은 핵 재처리 시설과 우라늄 농축 시설을 보유하지 아니한다.
> 5. 남과 북은 이 공동 선언의 이행을 위하여 공동 선언이 발표된 후 1개월 안에 남북 핵 통제 공동 위원회를 구성 · 운영한다.

⑵ **김영삼 정부**

① 민족 공동체 건설을 위한 3단계 통일 방안➋ 제시(1993)

② 북한의 핵확산 금지 조약 탈퇴로 1차 핵위기(1993)

③ 정상 회담 개최 합의(1994) ➡ 김일성의 사망으로 불발 ➡ 김일성 조문에 대한 남한 내의 논쟁으로 남북 관계 악화

④ 한반도 에너지 개발 기구(KEDO) 설립(1995)

⑶ **김대중 정부의 대북 화해 협력 정책**

① 금강산 관광 사업(1998)

② 베를린 선언(2000. 3.)

③ 최초의 남북 정상 회담과 6 · 15 남북 공동 선언(2000): 남 · 북 통일 방안의 유사성 인정, 실질적 남북 교류 약속

④ 이산가족 상봉, 경의선 및 동해선 복구 사업 추진

➊ **7 · 7 특별 선언**

1. 남북 동포 간의 상호 교류 및 해외 동포의 남북 자유 왕래
2. 이산가족들 간의 생사 · 주소 확인, 서신 · 상호 방문 적극 주선
3. 남북 교역 문호 개방, 남북 간 교역을 민족 내부 거래로 간주
4. 비군사적 물자에 대한 우리 우방들의 교역 불반대
5. 남북간 소모적인 경쟁 지양하고 국제 사회에서 협력
6. 북한과 미 · 일 관계 개선을 협조하고 우리는 공산권과의 관계 개선 추진

➋ **한민족 공동체 통일 방안**

노태우 정부에서 자주 · 평화 · 민주 3원칙을 바탕으로 남북 연합의 중간 과정을 거쳐 통일 민주 공화국을 실현하자고 제시한 통일 방안이다. 통일 국가의 수립 절차는 남북 정상 회담을 통해 민족 공동체 헌장을 채택한 후 과도적인 통일 체제인 남북 연합을 결성하여 남북의 평화 공존과 교류와 협력을 확대한다. 이어 통일 헌법이 정하는 바에 따라 총선거를 하고 통일 국가를 수립하는 것이다.

➋ **민족 공동체 통일 방안**

김영삼 정부에서 제시된 통일 방안으로 기존의 통일 방안과 통일 정책을 수렴해 종합한 방안이다. 자주, 평화, 민주의 평화 통일 3원칙을 제시하고 있다. 화해와 협력 ➡ 남북 연합 ➡ 통일 국가 완성의 3단계 통일 방안을 핵심으로 하여 1민족 1국가 1체제 1정부를 지향하였다.

PART 08

사료 탐구하기

6·15 남북 공동 선언(2000)

1. 남과 북은 나라의 통일 문제를 그 주인인 우리 민족끼리 서로 힘을 합쳐 자주적으로 해결
해 나가기로 하였다.
2. 남과 북은 나라의 통일을 위한 남측의 연합제 안과 북측의 낮은 단계의 연방제 안이 서로
공통점이 있다고 인정하고 앞으로 이 방향에서 통일을 지향시켜 나가기로 하였다.
4. 남과 북은 경제 협력을 통하여 민족 경제를 균형적으로 발전시키며 사회, 문화, 체육, 보건,
환경 등 제반 분야의 협력과 교류를 활성화하여 서로의 신뢰를 다져 나가기로 하였다.

(4) **노무현 정부**

① 김대중 정부의 햇볕 정책 계승, 개성 공단 완공
② 2차 정상 회담(2007, 10·4 공동 선언, 남북 관계 발전과 평화 번영을 위한 선언)

(5) **이명박 정부** : 금강산 관광 중단, 천안함 피격 사건 등으로 남북 관계 악화

주제 97 | 경제 성장과 자본주의의 발전

❶ 미군정기

(1) **경제 붕괴**: 공업 시설의 미비, 전력난, 해외 동포의 대거 귀환, 미군정의 통화 정책 실패 등

(2) **미군정의 미곡 정책**: 섣부른 미곡 자유화 ➡ 식량난의 심화 ➡ 미곡 강제 수매 시도 ➡ 좌익의 폭동

(3) 동양 척식 주식회사를 개편한 신한 공사의 주도로 귀속 농지(일본인 지주가 남기고 간 땅)를 소작인에게 분배, 귀속 재산의 분배도 시작됨

❷ 재정 확충과 농지 개혁(정부 수립 초기)

(1) **귀속 재산 처리법**(1947): 귀속 기업체를 민간에 매각 ➡ 판매 가격이 낮고, 높은 인플레이션으로 귀속 기업체 불하는 특혜였음 ➡ 1950년대 독점 자본 성장

(2) **농지 개혁법 실시**: 경자유전(耕者有田)의 원칙에 따라 농민들에게 토지 분배 ➡ 유상 매입 유상 분배 ➡ 자영농 창출

❸ 6·25 전쟁과 전후 복구(1950년대)

(1) **전쟁의 피해**: 제조업의 42% 이상 파괴 ➡ 생필품 부족, 물가 폭등

(2) **전후 복구 사업**: 미국 등의 원조로 사회 기간 시설 복구

(3) **미국의 경제 원조❂**: 미국 잉여 농산물의 무상 현물 원조 ➡ 식량 문제 해결에 기여, 그러나 밀가루, 면화 등의 대량 수입으로 농업 기반 파괴, 삼백 산업❂(제분, 제당, 제면)과 같은 소비재 산업의 발달

❹ 경제 개발 5개년 계획의 추진(1960년대~1970년대)

(1) **특징**: 정부가 주도 ➡ 성장 위주 경제 정책, 수출 주도형 성장 전략

(2) **1960년대(1, 2차 계획)**: 경공업 육성, 산업 구조 개편, 사회 간접 자본 확충 노력, 차관 경제

(3) **1970년대(3, 4차 계획)**: 재벌 중심으로 중화학 공업 육성, 새마을 운동, 외국인 직접 투자 유치, 8·3 긴급 조치(1972, 기업의 사채 원리금 상환 동결)

한눈에 보기

📍 경제 개발 5개년 계획

제1차(1962~1966)	수출 산업 육성, 사회 간접 자본 확충
제2차(1967~1971)	경공업 중심의 수출 주도형 공업화 추진, 베트남 특수
제3차(1972~1976)	수출 주도형 중화학 공업화 추진(철강, 조선, 전자), 중동 진출로 1차 석유 파동 (1973) 극복(중동 특수)
제4차(1977~1981)	중화학 공업에 대한 집중 투자, 100억불 수출 달성(1977), 2차 석유 파동(1978) 이후 경기 침체

✚ 미 경제 원조 추이

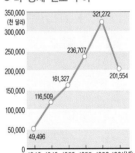

미국의 경제 불황으로 1958년부터 원조가 유상 차관으로 바뀌기 시작했고 국내의 경기 불황도 나타났다.

✚ 삼백 산업

삼백 산업이란 면방직, 제분(밀가루), 제당(설탕)을 말한다. 이들 삼백 산업은 생산재가 아닌 소비재 산업이었다. 1950년대 한국 경제는 전쟁으로 파괴된 시설을 복구, 재건하는데 생산재 공업이 필요했으나 미국은 이를 외면하였다. 미국의 잉여 농산물을 국내 기업에게 나누어 주는 과정에서 이승만 정권은 특정 기업에게 특혜를 주었고 그 대가로 정치 자금을 만들어 정경 유착이 깊어지게 되었다. 또한 특혜 기업은 재벌로 성장하였다.

⑷ **성과** : 수출과 국민 소득 크게 신장, 아시아의 신흥 공업국으로 부상

⑸ **문제점** : 빈부 격차와 도시·농촌 간 격차 심화, 경제의 대외 의존 심화, 재벌 중심 경제 구조, 노동 운동 위축

❺ 1980년대 이후의 한국 경제

⑴ **1980년대**

① 1980년대 초반의 경제 위기 : 1980년대의 중화학 공업에 대한 중복 투자, 제2차 석유 파동 등 ➡ 1980년 마이너스 성장, 국제 수지 악화, 높은 물가 상승 ➡ 부실 기업 정리, 금융 시장의 개방 등으로 극복

② 1980년대 중반 이후 : 3저 호황(저금리, 저유가, 저달러/엔고)으로 고도 성장, 물가 안정 등

⑵ **1990년대~현재**

① 노태우 정부 시기의 경제 상황 : 외국 자본의 국내 시장 개방 압력 가중, 수출 부진, 경기 침체

② 김영삼 정부의 경제 정책

  ㉠ 시장 개방 : 농산물 수입 개방(우루과이 라운드, 1993), 세계 무역 기구(WTO) 출범(1995), 경제 협력 개발 기구(OECD) 가입(1996)

  ㉡ 외환 위기 : 누적된 경제 부실, 무역 적자 증가, 성급한 개방화·국제화
    ➡ 국제 통화 기금(IMF)의 긴급 지원과 경제적 간섭

③ 김대중 정부의 경제 정책 : 신자유주의 경제 정책 추진(구조 조정과 자산의 해외 매각, 비정규직의 확대) ➡ IMF 관리 체제 극복(2001)

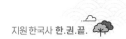

주제 98 사회·문화

❶ 현대 사회의 변화

(1) **산업화·도시화의 진전**: 공업 위주의 개발 정책 ➡ 농업 사회에서 산업 사회로 변화 ➡ 도시 인구 급증 ➡ 주택난, 교통난, 공해, 도시 빈민, 실업 등 도시 문제 발생(광주 대단지 사건⊕, 1971)

(2) **농촌의 변화**: 농업 인구 감소 ➡ 산업화 진전과 저곡가 정책(추곡수매)으로 인한 도·농 간 격차 해결 필요
  ① 새마을 운동⊕(1970): 정부 주도로 진행, 농어촌 근대화 운동과 소득 증대 사업 추진 ➡ 공장, 도시, 직장으로 확대되면서 유신 체제하의 국민 정신 운동으로 확대
  ② 녹색 혁명: 통일벼 도입(1970년대)
  ③ 농민 운동
    ㉠ 가톨릭 농민회(박정희 정권의 농촌 정책에 저항, 1972)
    ㉡ 전국 농민회(농산물 개방 반대 투쟁으로 결성, 1989)
    ㉢ 농산물 시장 개방, 농가 부채 증가 등의 위기 극복 노력

(3) **가족 제도의 변화**: 베이비붐(1950년대) ➡ 가족 계획 사업(1962~1996)
  ① 1960년대: 덮어 놓고 낳다보면 거지꼴을 못 면한다.
  ② 1970년대: 둘만 낳아 잘 기르자.
  ③ 1980년대: 하나만 낳아 잘 기르자.

(4) **분식 장려 운동**(박정희 정부)

❷ 사회 문제 해결을 위한 노력

(1) **노동 운동**: 저임금, 열악한 노동 조건의 극복과 노동 3권의 보장 요구
  ① 권위주의 정부 시기: 저임금 정책과 노동 운동 탄압, 단체 교섭권과 단체 행동권 제한 ➡ 전태일의 항의 분신⊕(1970. 11.), YH 무역의 노동 운동(1979), 구로 동맹 총파업(1985) 등
  ② 1987년 6월 민주 항쟁: 노동 운동의 폭발적 증가 계기 ➡ 노동 운동이 금융 기관, 병원 등의 사무직 노동자와 정부 투자 기관까지 확대됨
  ③ 1990년대의 노동 운동: 국제 노동 기구 가입(1991), 민주노총 설립(1995), 노사정 위원회 설치(1998), 전국 교직원 노동조합 합법화(1999), 외국인 노동자의 인권 침해 문제 발생

(2) **시민 운동**: 6월 민주 항쟁 ➡ 사회 개혁, 환경, 여성, 복지 등의 다양한 분야로 각종 시민단체가 활동

(3) **여성 운동**: 남녀 고용 평등법(1987), 여성부 출범(2001), 호주제 폐지(2008)

(4) **사회 보장 제도와 의료 보험**: 건강 보험 실시(1977), 국민연금(1988), 전국민 의료 보험(1989), 사회 보장 기본법(1995), 고용 보험(1995), 국민 기초 생활 보장법(1999)

⊕ **광주 대단지 사건**
경기도 광주(현 성남)에서 일으킨 빈민의 항거

⊕ **새마을 운동**
1970년부터 근면, 자조, 협동의 정신을 바탕으로 농민의 소득 증대와 농촌 사회의 생활 개선을 목적으로 추진된 운동이다. 이 운동은 정부의 절대적인 지원으로 전국적으로 확대되었고, 초기에는 단순한 농민의 소득 증대 운동이었지만 점차 근면·자조·협동 정신을 생활화하는 의식 개혁 운동으로 발전하였다.

⊕ **전태일 분신 사건(1970. 11. 13.)**

서울 청계천 평화 시장 재단사였던 전태일이 '근로 기준법을 지켜라.', '우리는 기계가 아니다.' 등의 구호를 외치며 자기 몸을 불살라 암울한 노동 현실을 사회에 고발한 사건이다. 이후 노동자들은 생존권 쟁취 운동, 노동 조합 설립 운동 등을 전개하였다.

❸ 현대 문화의 동향

(1) 교육의 발전

① **미군정 시기**: 미국식 민주주의 이념과 '6-3-3' 교육 제도 도입

② **이승만 정부**: 홍익인간의 교육 이념 제시, 초등학교 의무 교육 실시, 중등·고등 교육 기관 확충

③ **장면 내각**: 교육 자치제 확립, 교원 노조 운동 전개

④ **박정희 정부**: 교육의 중앙 집권화와 관료적 통제, 교원 노조 불법화, 국민 교육 헌장➊ 제정(1968), 중학교 무시험(1964), 고교 평준화(1974), 국사·국민 윤리 교육 강조, 사회 교육 강화(방송 통신 대학, 1972), 한국 교육 개발원 설립(1972)

⑤ **전두환 정부**: 과외 전면 금지, 대학 입학 본고사 폐지와 졸업 정원제 실시, 중학교 의무 교육 실시(도서 지역)

⑥ **노태우 정부**: 대학 자율권 부여, 전국 교직원 노동조합 결성(1989 ➡ 정부의 불허)

⑦ **김영삼 정부**: 대학 수학 능력 시험 제도 도입

⑧ **김대중 정부**: 학교 정보화 추진, 의무 교육 확대(중학교), 교육 개혁 추진, BK 21 사업, 전국 교직원 노동조합 합법화

(2) 언론의 발전

① **이승만 정부**: 이승만 정부의 독재 규탄 ➡ 언론 탄압, 『경향신문』 폐간(1959)

② **박정희 정부**: 언론 통폐합, 프레스 카드제➋(관청 출입증), 지방 주재 기자 폐지 ➡ 언론 자유 수호 운동 ➡ 동아일보 광고 철회 탄압(1974), 동아·조선일보의 일부 기자 해직

③ **전두환 정부**: 언론 통폐합, 언론인 해직, 언론 기본법 제정, 보도 통제(보도 지침)

(3) 대중문화와 문예의 발달

① **1960년대**: 대중 매체의 보급으로 대중문화의 본격적 등장, 참여 문학

② **1970년대**: 텔레비전이 대중문화의 중심으로 등장, 통기타와 청바지 유행

③ **1980년대**: 컬러 텔레비전과 VTR의 보급 ➡ 영상 문화 발달, 팝송과 한국 가요의 발전, 민중 가요

④ **1990년대 이후**: 문화 시장 개방, 정보 통신 혁명, 문화 산업의 등장, 한류 열풍

➊ 국민 교육 헌장(1968)

우리는 민족중흥의 역사적 사명을 띠고 이 땅에 태어났다. 조상의 빛난 얼을 오늘에 되살려, 안으로 자주 독립의 자세를 확립하고, 밖으로 인류 공영에 이바지할 때다. 이에 우리의 나아갈 바를 밝혀 교육의 지표로 삼는다. …… 반공 민주 정신에 투철한 애족이 우리의 삶의 길이며, 자유세계의 이상을 실현하는 기반이다.

➋ 프레스 카드제

유신 정권은 모든 언론인에게 정부가 발급하는 보도증(프레스 카드)을 소지하도록 하였는데, 이는 정부에 비판적인 기자들이 행정 부처 출입을 못하도록 통제하려는 의도에서 실시되었다.

주제 99 ┃ 유네스코 문화유산

세계 유산

① 석굴암과 불국사(1995)
② 해인사 장경판전(1995)
③ 종묘(1995)
④ 화성(1997)
⑤ 창덕궁(1997)
⑥ 경주 역사 유적 지구(2000) : 남산 지구, 월성 지구, 대릉원 지구, 황룡사 지구, 산성 지구
⑦ 고창 화순·강화의 고인돌 유적(2000)
⑧ 제주 화산섬과 용암 동굴(2007)
⑨ 조선 왕릉(2009)
⑩ 한국의 역사 마을 : 하회와 양동(2010)

⑪ 남한산성(2014)
⑫ 백제 역사 유적 지구(2015)
⑬ 산사, 한국의 산지 승원(2018) : 양산 통도사, 영주 부석사, 안동 봉정사, 보은 법주사, 공주 마곡사, 순천 선암사, 해남 대흥사
⑭ 한국의 서원(2019) : 경북 영주 소수 서원, 경남 함양 남계 서원, 경북 경주 옥산 서원, 경북 안동 도산 서원, 전남 장성 필암 서원, 대구 달성 도동 서원, 경북 안동 병산 서원, 충남 논산 돈암 서원, 전북 정읍 무성 서원

인류 무형 문화유산

① 종묘제례 및 종묘제례악(2001)
② 판소리(2003)
③ 강릉단오제(2005)
④ 강강술래(2009)
⑤ 처용무(2009)
⑥ 영산재(2009)
⑦ 남사당놀이(2009)
⑧ 제주 칠머리당 영등굿(2009)
⑨ 가곡(2010)
⑩ 매사냥(2010)
⑪ 대목장(2010)

⑫ 한산 모시짜기(2011)
⑬ 택견(2011)
⑭ 줄타기(2011)
⑮ 아리랑(2012)
⑯ 김장 문화(2013)
⑰ 농악(2014)
⑱ 줄다리기(2015)
⑲ 제주 해녀 문화(2016)
⑳ 씨름(2018)
㉑ 연등회(2020)

세계 기록 유산

① 『조선왕조실록』(1997)
② 『훈민정음(해례본)』(1997)
③ 『승정원일기』(2001)
④ 『불조직지심체요절』 하권(2001)
⑤ 조선왕조 『의궤』(2007)
⑥ 고려대장경판 및 제경판(2007)
⑦ 『동의보감』(2009)
⑧ 『일성록』(2011)
⑨ 5·18 광주 민주화 운동 기록물(2011)
⑩ 새마을 운동 기록물(2013)

⑪ 『난중일기』(2013)
⑫ 한국의 유교책판(2015)
⑬ KBS 특별생방송 '이산가족을 찾습니다' 기록물(2015)
⑭ 국채 보상 운동 기록물(2017)
⑮ 조선 통신사에 관한 기록 − 17세기~19세기 한일 간 평화 구축과 문화 교류의 역사(2017)
⑯ 조선 왕실 어보와 어책(2017)

지원한국사
한.권.끝.

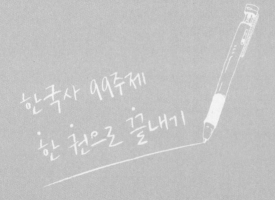

부록

부록 ❶ 전근대사의 왕들

❶ 고대의 국왕들

(1) 1~3세기

시기	고구려	백제	신라
1~2 세기	**태조왕**(1세기 후반) ① 중앙 집권 기틀 ② 계루부 고씨의 독점적 왕위 세습 ③ 옥저 복속 **고국천왕**(179~197) ① 왕위의 부자 상속 ② 5부족을 행정적 5부제로 개편 ③ 진대법(춘대추납의 구휼책 ➡ 부채 노비 방지) ④ 을파소 중용		
3세기	**동천왕**(227~248) 압록강 하구의 서안평을 공격 ➡ 위나라 관구검의 침공 ➡ 옥저로 피신	**고이왕**(234~286) ① 중앙 집권 기틀 ② 율령의 반포 ③ 관등제(6좌평) ④ 공복(관복) 제정 ⑤ 한강 유역 통합 ⑥ 한군현과 항쟁	

(2) 4세기

고구려	백제	신라
미천왕(300~331) ① 압록강 하구의 서안평 점령 ② 낙랑군과 대방군의 축출(대동강 유역 확보) **고국원왕**(331~371) ① 전연 모용황의 침공으로 국내성을 함락당함 ② 평양성에서 백제의 공격으로 전사 **소수림왕**(371~384) ① 불교 수용(전진의 순도) ② 태학(유학 교육 기관) 설립 ③ 율령 반포 ➡ 중앙 집권 체제의 강화	**근초고왕**(346~375) ① 영토 확장(마한 정복) ② 가야에 지배권 행사 ③ 해외 진출(요서·산둥·규슈) ④ 왜왕에게 칠지도 하사 ⑤ 일본에 유교와 한자 전파(왕인, 아직기) ⑥ 평양성 공격(371, 고국원왕을 전사시킴) ⑦ 역사서 편찬(고흥의 『서기』) ⑧ 왕위의 부자 상속제 **침류왕**(384~385) 불교 공인(중국 남조인 동진의 마라난타)	**내물 마립간**(356~402) ① 진한 지역 장악 ② 마립간(대군장) 칭호 사용 ③ 고구려 군대의 도움으로 왜구를 격퇴(호우명 그릇) ④ 고구려를 통해 중국 문물을 수용 ⑤ 김씨의 왕위 독점

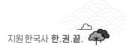

(3) 5세기

고구려	백제	신라
광개토 대왕(391~413) ① 백제 관미성 정복 ② 한강 이북까지 진출 ③ 후연과의 싸움에서 승리하여 요동 정복 ④ 신라를 침공한 왜구 격퇴(호우명 그릇) ⑤ 연호 '영락' 사용(기록상 최초) ⑥ 동부여 정복 ⑦ 거란·숙신 정복 **장수왕**(413~491) ① 광개토 대왕릉비 건립 ② 평양으로 천도(427) ③ 중국의 남·북조와 동시에 교류 ④ 지방 학교인 경당을 건립 ⑤ 백제의 수도인 한성을 점령(475) ⑥ 남한강 유역까지 진출(충주 고구려비) ⑦ 유연과 지두우를 분할 점령 **문자명왕**(491~519) 고구려 최대 영토 확보(북부여 복속)	**비유왕**(427~455) 나·제 동맹 체결(433) **개로왕**(455~475) ① 북위(북조)에 국서 전달(472) ② 한강 유역 상실(전사) **문주왕**(475~477) ① 웅진(공주) 천도 ② 왕권 약화, 지배 세력 교체로 암살당함 **동성왕**(479~501) ① 신라와의 혼인으로 나·제 동맹을 강화 ② 탐라(제주도) 복속 ③ 암살당함	**눌지 마립간**(417~458) 나·제 동맹 체결(433) **소지 마립간**(479~500) ① 6촌 ➡ 6부 ② 동성왕과 혼인 동맹 ③ 경주에 시사(시장) 설치 ④ 우역(관도) 정비

(4) 6세기

고구려	백제	신라
귀족 간의 권력 싸움 ➡ 왕권 약화(안장왕, 안원왕의 암살)와 중국·돌궐의 침공 ➡ 평원왕 시기에 귀족 간의 타협으로 정치적 안정, 외침의 격퇴(바보 온달 설화)	**무령왕**(501~523) ① 정치·사회적 안정 ② 22담로 설치(왕족 파견) ③ 단양이와 고안무를 왜에 파견 ④ 중국 남조(양)와 친선 관계 ➡ 공주 송산리 고분군의 무령왕릉(남조식 벽돌무덤, 벽화와 묘지석, 석수 등) 축조 **성왕**(523~554) ① 체제 정비 : 22부의 중앙 관청, 16관등제 확립 ② 수도 5부, 지방 5방 ③ 사비(부여) 천도(538) ④ 국호를 남부여로 개칭 ⑤ 왜에 불교 전파(노리사치계) ⑥ 불교 진흥(겸익) ⑦ 한강 유역 일시 회복 　➡ 신라 진흥왕의 배신으로 한강 유역 상실 　➡ 관산성 전투에서 대패하여 성왕을 비롯한 대부분의 백제·대가야 연합군이 전사(554)	**지증왕**(500~514) ① 국호를 신라로 확정 ② '왕'호를 사용(한화 정책) ③ 순장 금지(노동력 유지) ④ 우경의 실시 ⑤ 우산국(울릉도) 복속 ⑥ 행정 구역 정비(5주) ⑦ 경주에 시장인 동시와 감독 기구인 동시전 설치 **법흥왕**(514~540) ① 병부 설치(517) ② 율령 반포(520) ③ 골품제(17관등제) ④ 대가야와 결혼 동맹(522) ⑤ 봉평 신라비(524) ⑥ 불교 공인(528) ⑦ 상대등 설치(531) ⑧ 금관가야 병합(532) ⑨ 연호 '건원'(536)

부록

진흥왕(540~576)
① 화랑도 개편
② 흥륜사(544)와 황룡사(553)를 창건
③ 혜량의 불교 교단 정비
④ 팔관회 개최
⑤ 『국사』 편찬(거칠부, 545)
⑥ 한강·낙동강 유역·함흥 평야 진출
⑦ 연호 '개국'·'대창'·'홍제' 사용
⑧ 한강 상류 장악(단양 적성비)
➡ 한강 하류 장악(신주 설치, 553)
➡ 관산성 전투(554)
➡ 북한산 순수비 건립
➡ 창녕 순수비 건립
➡ 대가야 정복(낙동강 유역 완전 장악)
➡ 황초령비·마운령비 건립 (함흥 평야 진출)

진지왕(576~579)
폐위당함(화백 회의)

(5) 7세기

고구려	백제	신라
영양왕(590~618) ① 온달의 전사 ② 『신집』 5권(이문진) ③ 요서 공격 ④ 살수 대첩(을지문덕) **영류왕**(618~642) ① 대당 화친 정책 ② 천리장성 축조 시작 ③ 연개소문의 정변 ➡ 살해당함 **보장왕**(642~668) ① 천리장성 완성 ② 연개소문의 집권 ③ 도교 장려 ④ 멸망	**무왕**(600~641) ① 서동요(선화 공주) ② 왕흥사, 미륵사 ③ 익산 천도 시도 ④ 무왕 쌍릉 **의자왕**(641~660) ① 해동 증자 ② 대야성 정복(김품석 살해) ③ 멸망	**진평왕**(579~632) ① 위화부, 조부, 예부 ② 연호 '건복' ③ 원광의 걸사표 ④ 진종 설화(부처 집안) **선덕 여왕**(632~647) ① 대야성 함락 ② 나·당 동맹 제안 ③ 황룡사 9층탑(자장) ④ 첨성대 ⑤ 분황사 모전 석탑 ⑥ 비담의 난 **진덕 여왕**(647~654) ① 집사부 설치 ② 마지막 성골 왕 ③ 나·당 동맹 체결 ④ 불교식 왕명(중고기)의 마지막

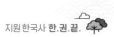

무열왕(654~661)
① 최초의 진골 출신 왕
② 금관가야 왕비족
③ 갈문왕 폐지
④ 시중의 권한 강화
⑤ 백제 멸망
⑥ 강수의 발탁

문무왕(661~681)
① 삼국 통일
② 원효의 포교 활동
③ 의상의 화엄종(문무왕의 지원
  → 부석사)

(6) 신라 중대 − 발해 전기

통일 신라	발해
신문왕(681~692) ① 김흠돌 모반 사건 ② 중앙 정치 기구와 군사 조직(9서당 10정) 정비 ③ 9주 5소경 체제의 지방 행정 조직 완비 ④ 문무 관리에게 관료전을 지급하고(687), 녹읍을 폐지(689) ⑤ 국학 설립 ⑥ 달구벌(대구) 천도 계획 ⑦ 만파식적(피리) ⑧ 감은사지 3층 석탑 건립 ⑨ 설총을 중용(화왕계) **효소왕**(692~702) 경주에 서시(서시전)와 남시(남시전) 설치 **성덕왕**(702~737) ① 유교 정치 강화(백관잠) ② 정전 지급(722) **경덕왕**(742~765) ① 중국식 명칭 사용(실패) ② 관료전 폐지, 녹읍 부활(757) ③ 국학 → 태학감 ④ 불국사와 석굴암 창건 ⑤ 성덕 대왕 신종 제작 시작 **혜공왕**(765~780) ① 중대 전제 왕권기 마지막 왕 ② 성덕 대왕 신종 완성 ③ 96각간의 난(768) ④ 김지정의 난(780)으로 피살	**무왕**(719~737) ① 연호 '인안' ② 만주 확보 ③ 흑수말갈 원정 ④ 일본에 사신 보냄(저자세) ⑤ 장문휴의 수군으로 당의 산둥 지방 공격 → 요서에서 당군과 격돌 ⑥ 동생 대문예의 당 망명 **문왕**(737~793) ① 연호 '대흥', '보력' ② 당과 친선 관계 ③ 3성 6부제 ④ 주자감 설치 ⑤ 신라와 상설 교통로 개설 ⑥ 중경 → 상경 → 동경으로 천도 ⑦ 당에게 '발해 국왕'으로 책봉 ⑧ 천손(황제 의식)을 드러내어 일본과 외교 마찰 ⑨ 고려국 표명(고구려 계승 의식) ⑩ 전륜성왕을 주장 ⑪ 정혜 공주(육정산 고분군)와 정효 공주(용두산 고분군)의 아버지

⑺ 신라 하대 − 발해 후기

통일 신라	발해
선덕왕(780~785) ① 무열왕계 ➡ 내물왕계 ② 발해를 대비하여 국경에 패강진 설치 **원성왕**(785~798) 독서삼품과 **헌덕왕**(809~826) ① 김헌창의 난(822, 공주에서 장안국을 세움) ② 김범문의 난(825, 여주) **흥덕왕**(826~836) 청해진 설치(828) **문성왕**(839~857) 장보고의 난(846) **진성 여왕**(887~897) ① 『삼대목』 편찬 ② 원종과 애노의 난(889, 상주) ③ 최치원의 시무 10조(894) ④ 적고적의 난 **경애왕**(924~927) 포석정에서 견훤에게 피살 **경순왕**(927~935) 신라의 마지막 왕	**성왕**(794~795) ① 연호 '중흥' ② 동경에서 상경으로 천도 **선왕**(818~830) ① 연호 '건흥' ② 말갈족을 대부분 복속시키고 요동 지역으로 진출 ③ 지방 제도 완비(5경 15부 62주) ④ 해동성국이라 불림 **애왕**(907~926) 멸망(거란의 침공)

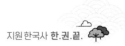

❷ 고려와 조선의 국왕들

(1) 고려의 국왕들

고려	국왕	정치	경제와 사회	문화
초기	태조 (918~943)	① 북진 정책 ② 서경 중시(분사 정책) ③ 혼인 정책(호족 통합) ④ 토성분정(호족 통합) ⑤ 사성(호족 통합) ⑥ 기인(호족 견제) ⑦ 사심관(호족 견제) ⑧ 훈요 10조(북진, 풍수지리, 숭불) ⑨ 『정계』와 『계백료서』 ⑩ 관제 정비 ⑪ 거란 배척(만부교 사건) ⑫ 발해 유민 수용	① 취민유도(조세 인하) ② 역분전 ③ 흑창(빈민 구제)	① 숭불 ② 풍수지리 ③ 도교 사원(구요당)
초기	혜종 (943~945)	왕규의 난 발생		
초기	정종 (945~949)	① 왕규의 난 진압 ② 광군(거란 대비) ③ 서경 천도 추진	광학보(불교 장학)	
초기	광종 (949~975)	① 과거제 ② 공복(자·단·비·녹) ③ 칭제건원(광덕, 준풍) ④ 송과 수교(연호 폐지)	① 노비안검법 ② 주현공부법(수취 제도) ③ 제위보	① 왕사, 국사 ② 승과 ③ 균여(화엄종) ④ 제관, 의통(천태학)
초기	경종 (975~981)	반동 정치	시정 전시과	
초기	성종 (981~997)	① 최승로(5조 정적평, 시무 28조) ② 2성 6부 ③ 중추원과 삼사 ④ 도병마사, 식목도감 ⑤ 3경 확립(개·서·동) ⑥ 12목(지방관) ⑦ 문신월과법 ⑧ 향리(호장, 부호장) ⑨ 거란의 1차 침입(서희)	① 노비환천 ② 의창과 상평창(개경, 서경, 12목) ③ 건원중보 ④ 연등회와 팔관회 폐지	① 국자감 ② 박사 파견 ③ 도서관(비서성, 수서원)
중기	목종 (997~1009)	① 천추태후(김치양) ② 강조의 정변	① 개정 전시과 ② 군인전과 한인전	
중기	현종 (1009~1031)	① 거란의 2차(양규), 3차(강감찬) 침입 ② 나성 축조 ③ 4도호부 8목 ④ 경기와 5도 양계 ⑤ 주현공거법(향리 과거) ⑥ 감목양마법	연등회와 팔관회 부활	① 초초대장경 조판 시작 ② 『7대 실록』
중기	덕종 (1031~1034)			

	정종 (1034~1046)	천리장성 완성		
	문종 (1046~1083)	① 남경(한양) 설치 ② 삼원신수법 ③ 삼심제 ④ 고려의 전성기	① 경정 전시과 ② 공음전 ③ 동·서대비원 ④ 재면법 ⑤ 남경 길지설	① 9재 학당(최충) ② 아들: 의천
	순종 (1083)			
	선종 (1083~1094)			교장 초판(의천)
	헌종 (1094~1095)			
	숙종 (1095~1105)	① 별무반 ② 남경 개발	① 은병(활구) ② 해동통보 ③ 6촌내 혼인 금지	① 천태종(의천) ② 서적포 ③ 기자 사당
중기	예종 (1105~1122)	① 한안인 등용 ② 윤관의 동북 9성 ③ 속현에 감무 파견	① 구제도감 ② 혜민국	① 관학 진흥책(7재, 양 현고, 청연각, 보문각) ② 도교(복원궁)
	인종 (1122~1146)	이자겸이 한안인 숙청 ➡ 이자겸의 주도로 금과 군신 관계 체결 ➡ 인종의 이자겸 제거 시도 ➡ 이자겸의 난(with 척 준경) ➡ 정지상의 탄핵으로 척 준경 제거 ➡ 인종의 서경 천도 시도 (대화궁) ➡ 서경 천도 실패 ➡ 묘청의 반란 ➡ 『삼국사기』의 편찬, 서 경의 분사 폐지		① 『삼국사기』(김부식) ② 국자감 진흥(경사 6학)
	의종 (1146~1170)	무신 정변		
무신 집권기	명종 (1170~1197)	① 이의방과 정중부 ➡ 정 중부 ➡ 경대승(도방) ➡ 이의민 ② 중방(장군들의 모임) ③ 김보당의 난 ➡ 조위총의 난 ➡ 교종 승려의 난 ➡ 공주 명학소 봉기 (망이·망소이) ➡ 전주 관노의 봉기 ➡ 김사미·효심 (이의민 집권기, 신 라 부흥 운동)	전시과 붕괴	① 수선사(지눌) ② 『동명왕편』(이규보)

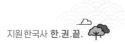

무신 집권기	신종 (1197~1204)	① 최충헌 ② 교정도감(최고 기구) ③ 도방(사병) ④ 흥녕부(진주 지방 식읍) ⑤ 만적의 봉기 　➡ 광명·계발의 봉기 　➡ 이비의 봉기 　➡ 최광수의 봉기 　　(고구려 부흥 운동)		
	희종 (1204~1211)			
	강종 (1211~1213)			
	고종 (1213~1259)	① 최우 ➡ 최항 ➡ 최의 ② 마별초(최우) ③ 삼별초(최우) ④ 몽골의 침공 순서: 강동성의 역 　➡ 박서(귀주성) 　➡ 강화도 천도 　➡ 처인성(김윤후) 　➡ 충주성(김윤후) 　➡ 충주 다인철소 　➡ 쌍성총관부 상실	관악산 초적	① 『해동고승전』(강화도 이전) ② 『상정고금예문』 ③ 『향약구급방』 ④ 황룡사 9층 목탑 소실 ⑤ 초조대장경 소실 ⑥ 팔만대장경의 조판 ⑦ 「보한집」(최자) ⑧ 『동국이상국집』(이규보) ⑨ 「국순전」(임춘)
	원종 (1259~1274)	① 김준 ➡ 임연·임유무 ② 몽골과 강화 　➡ 개경 환도(1270) 　➡ 삼별초의 항쟁(배중손, 김통정) ③ 동녕부 상실	① 녹과전(경기 8현) ② 전민변정도감	「파한집」(이인로)
원 간섭기	충렬왕 (1274~1308)	① 일본 원정(정동행성) ② 탐라총관부 ③ 관제 격하 ④ 동녕부, 탐라총관부 폐지	① 공녀 ② 전민변정도감 ③ 『농상집요』 ④ 쇄은 ⑤ 박유(일부다처제 건의)	① 『삼국유사』(일연) ② 『제왕운기』(이승휴) ③ 성리학 도입(안향) ④ 성균감 ⑤ 섬학전 ⑥ 문묘
	충선왕 (1308~1313)	① 정방 폐지 ② 사림원 설치	① 소금 전매제 ② 전농사 ③ 왕실과의 혼인 가문 설정 ④ 동성 간 혼인 금지	① 만권당(이제현) ② 수시력 ③ 성균관
	충숙왕 (1313~1330, 1332~1339)	반전도감(원 입조 비용)	찰리변위도감	
	충혜왕 (1330~1332, 1339~1344)	인간쓰레기	소은병	『역옹패설』(이제현)
	충목왕 (1344~1348)		① 정치도감 ② 녹과전	경천사지 10층 석탑
	충정왕 (1348~1351)			

		정치	경제와 사회	문화
말기	공민왕 (1351~1374)	① 흥왕사의 변(김용의 반란) ② 관제 복구 ③ 정동행성 이문소 폐지 ④ 쌍성총관부 탈환 ⑤ 요동(동녕부) 공략 ⑥ 명의 연호 사용 ⑦ 홍건적의 침입 (안동 : 복주 피신)	① 신돈의 전민변정도감 ② 목화 전래(문익점)	① 성균관 개편(순수 유교 교육) ② 『사략』(이제현) ③ 대통력 ④ 봉정사 극락전 ⑤ 임제종(보우) ⑥ 천산대렵도
	우왕 (1374~1388)	① 왜구 토벌(최영 - 홍산 ➡ 최무선 - 진포 ➡ 이성계 - 황산 ➡ 관음포 - 정지) ② 연호군 ③ 이인임 제거 ④ 명의 철령 이북 요구 ➡ 요동 정벌 시도 ➡ 위화도 회군		① 부석사 무량수전 ② 수덕사 대웅전 ③ 직지심경(청주 흥덕사)
	창왕 (1388~1389)	쓰시마 정벌(박위)		
	공양왕 (1389~1392)		① 저화 ② 과전법	

(2) 조선의 국왕들

조선	국왕	정치	경제와 사회	문화
15세기	태조 (1392~1398)	① 요동 정벌 추진(진도) ② 의흥삼군부 ③ 『조선경국전』(정도전) ④ 『경제문감』(정도전) ⑤ 『경제육전』(조준) ⑥ 왕자의 난	동·서 대비원	① 도첩제(승려 허가제) ② 『불씨잡변』(정도전) ③ 천상열차분야지도
	정종 (1398~1400)	① 개경 천도 ② 의정부 설치		
	태종 (1400~1418)	① 한양 천도 ② 6조 직계제 ③ 8도제, 면·리제 ④ 사병 혁파 ⑤ 사간원 설치 ⑥ 외척, 종친 견제 ⑦ 의금부 설치 ⑧ 호패법 실시	① 신문고 ② 서얼금고법 ③ 저화(사섬서) ④ 무역소 설치 ⑤ 노비 감소 추진(노비 종부법) ⑥ 사원전 몰수	① 혼일강리역대국도지도 ② 주자소(계미자) ③ 무위사 극락전

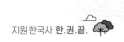

15세기	**세종** (1418~1450)	① 일본과의 관계: 쓰시마 정벌(이종무) 　➡ 3포(부산포, 제포, 염포) 개항 　➡ 계해약조 ② 집현전 설치 ③ 의정부 서사제 ④ 4군 6진 개척	① 공법(연분 9등·전분 6등) ② 조선통보 ③ 사형수 삼심제 ④ 주인의 사적인 노비 사형 금지 ⑤ 관노비의 출산 휴가 연장 ⑥ 동·서 활인서	① 『삼강행실도』 ② 『농사직설』 ③ 『향약채취월령』 　➡ 『향약집성방』 　➡ 『의방유취』 ④ 칠정산(역법) ⑤ 팔도도, 신찬팔도지리지 ⑥ 측우기 ⑦ 『총통등록』 ⑧ 갑인자(식자판) ⑨ 아악(박연), 정간보 창안 ⑩ 『효행록』 ⑪ 『무원록』 ⑫ 『석보상절』 ⑬ 『동국세년가』 ⑭ 훈민정음 ⑮ 『동국정운』 ⑯ 『사서언해』 ⑰ 문화 류씨 영락보 (현존 ×) ⑱ 『태산요록』 ⑲ 몽유도원도(안견) ⑳ 용비어천가, 『월인천강지곡』
	문종 (1450~1452)			① 『고려사』 ② 『고려사절요』 ③ 『동국병감』
	단종 (1452~1455)	① 김종서, 황보인 ② 계유정난		
	세조 (1455~1468)	① 6조 직계제 ② 집현전 폐지(사육신) ③ 진관 체제 ④ 5위 설치 ⑤ 보법 실시 ⑥ 면리제, 오가작통제 강화 ⑦ 종친의 등용	① 훈구의 부상 ② 직전법 실시 ③ 이징옥의 난, 이시애의 난 ➡ 유향소 폐지 ④ 『경국대전』의 편찬 시작 ⑤ 경시서 ➡ 평시서	① 규형(인지의) ② 동국지도 ③ 『월인석보』 ④ 간경도감 ⑤ 원각사지 10층탑 (탑골 공원) ⑥ 『사시찬요』(강희맹) ⑦ 팔도도 ⑧ 『축목서』 ⑨ 『양잠서』 ⑩ 해인사 장경판전
	성종 (1469~1494)	① 사림의 등용(김종직) ② 홍문관 설치 ③ 경연의 부활 ④ 유향소 복설 ⑤ 『경국대전』 완성	① 관수 관급제 ② 과부의 재혼을 엄격히 금지	① 『삼국사절요』 ② 도첩제 폐지 ③ 『동국여지승람』 ④ 『국조오례의』 ⑤ 『동국통감』 ⑥ 『동문선』 ⑦ 『악학궤범』 ⑧ 『금양잡록』(강희맹) ⑨ 진법(병장도설) ⑩ 『해동제국기』(신숙주) ⑪ 안동 권씨 성화보 (현존 최고) ⑫ 팔도총도 ⑬ 『금오신화』(김시습)

	연산군 (1494~1506)	사화의 과정: 무오(조의제 문) ➡ 갑자(폐비 윤씨)		언문 탄압
16세기	중종 (1506~1544)	① 기묘사화 ② 왜구의 준동: 3포 왜란, 비변사 설치, 임신약조 ➡ 사량진 왜변	① 향약의 보급 ② 군적수포제 ③ 연은분리법(회취법)의 일본 전파	① 백운동 서원(주세붕) ② 소격서 폐지 ③ 『이륜행실도』 ④ 양명학의 전래(서경덕) ⑤ 『표제음주동국사략』 (유희령) ⑥ 『동몽선습』(박세무)
	인종 (1544~1545)	대윤의 주도		
	명종 (1545~1567)	① 문정 왕후(척신 정치) ② 을사사화(대윤 vs 소윤) ③ 정미약조 　➡ 을묘왜변 　➡ 비변사의 상설 기구화 ④ 제승방략 체제	① 임꺽정 ② 직전법 폐지	① 승과 부활(보우) ② 『구황촬요』 ③ 조선방역지도 ④ 소수 서원(이황)
	선조 (1567~1608)	시간적 흐름: 붕당의 시작 ➡ 정여립 모반 사건 ➡ 정철의 건저 ➡ 동인의 분열(남인, 북인) ➡ 임진왜란의 발발 ➡ 훈련도감의 설치 ➡ 정유재란 ➡ 종전 ➡ 통신사(유정) 파견	① 경재소 혁파 ② 이몽학의 난	① 문화재 소실(불국사, 경복궁, 실록의 사고) ② 담배와 고추의 전래 ③ 항왜(김충선) ④ 『성학십도』(이황) ⑤ 『성학집요』, 『기자실기』 (이이)
17세기	광해군 (1608~1623)	① 북인(대북) 정권 ② 기유약조(1609) ③ 중립 외교(강홍립) ④ 영창 대군 살해 ⑤ 인목 대비 유폐	대동법 실시	① 『동의보감』(허준) ② 사고의 정비 ③ 『동국지리지』(한백겸) ④ 『지봉유설』(이수광)
	인조 (1623~1649)	시간적 흐름: 명의 장군 모 문룡(가도)을 지원 ➡ 이괄의 난(인조의 공주 피난) ➡ 어영청 ➡ 정묘호란(정봉수와 이립 의 항전, 1627) ➡ 후금과 강화(형제 관계 체결) ➡ 총융청 · 수어청 ➡ 후금이 국호를 청으로 바 꾸고 군신 관계를 요구 ➡ 주화론 vs 척화론 ➡ 병자호란(임경업, 1638) ➡ 남한산성 ➡ 삼전도의 굴욕(군신 관 계 수락) ➡ 많은 사람들이 포로로 끌 려감 ➡ 소현 세자의 귀국과 죽음	① 영정법 실시 ② 대동법 확대 ③ 중강 · 회령 개시	① 벨테브레이(박연) ② 『침구경험방』(허임) ③ 『휘찬여사』(홍여하) ④ 금산사 미륵전 ⑤ 법주사 팔상전

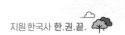

17세기	효종 (1649~1659)	① 북벌 정책(어영청의 확대, 송시열, 송준길, 이완 등의 서인이 주도) ② 나선 정벌	① 대동법 확대 ② 설점수세제 ③ 노비 추쇄 정책	① 『농가집성』(신속) ② 시헌력(김육) ③ 하멜의 표류
	현종 (1659~1674)	예송 논쟁(남인 vs 서인)	① 제언사의 부활 ② 노비종모법	① 『여사제강』 ② 『반계수록』(유형원) ③ 『시헌기요』(남병길)
	숙종 (1674~1720)	① 환국(경신·기사·갑술) ② 탕평론의 제기 ③ 서인의 분열(노론, 소론) ④ 금위영 설치(5군영의 완성) ⑤ 안용복의 활동 ⑥ 백두산정계비 ⑦ 단종의 신원 ⑧ 강감찬, 이순신 등의 추모 사업	① 대동법 전국화 ② 상평통보 보급 ③ 조선 중화주의(만동묘, 대보단의 설치)	① 윤휴와 박세당 ② 강화학파(정제두) ③ 『색경』(박세당) ④ 『산림경제』(홍만선) ⑤ 화엄사 각황전
18세기	경종 (1720~1724)	① 신축옥사 ② 임인사화		
	영조 (1724~1776)	① 이인좌의 난(소론) ② 완론 탕평(탕평파 육성, 탕평비 건립) ③ 가혹한 형벌 폐지 ④ 전랑권 축소(후임자 추천 폐지) ⑤ 서원 철폐 ⑥ 수성윤음(5군영 근무 조정) ⑦ 사도 세자 처형(시파·벽파의 분열) ⑧ 시파(세자의 죽음을 애도, 노론 일부, 소론, 남인), 벽파(노론 일부)	① 균역법 ② 신문고 부활 ③ 노비종모법 ④ 사형수 삼심제 엄격 실시 ⑤ 청계천 준설 ⑥ 수령 수세제	① 『동국문헌비고』 ② 『속대전』 ③ 동국지도(정상기) ④ 『택리지』(이중환) ⑤ 『증수무원록』 ⑥ 『속오례의』 ⑦ 『속병장도설』 ⑧ 해동지도 ⑨ 해동악장 ⑩ 『여지도서』 ⑪ 『연려실기술』(이긍익) ⑫ 『훈민정음운해』(신경준) ⑬ 『성호사설』(이익) ⑭ 『우서』(유수원) ⑮ 『의산문답』(홍대용) ⑯ 『청구영언』(김천택) ⑰ 해동가요(김수장) ⑱ 인왕제색도(정선) ⑲ 동국진체(이광사)

부록

18세기	정조 (1776~1800)	① 준론 탕평 ② 초계문신제 ③ 규장각 ④ 장용영 ⑤ 화성 건설 ⑥ 수령권 강화(향약을 주관) ⑦ 만천명월주인옹	① 공장안 폐지 ② 신해통공 ③ 진산 사건(윤지충) ④ 서얼의 등용(검서관) ⑤ 공노비 해방의 추진	① 『대전통편』 ② 『무예도보통지』 ③ 『일성록』 ④ 『동문휘고』 ⑤ 『탁지지』 ⑥ 『추관지』 ⑦ 『규장전운』 ⑧ 『홍제전서』 ⑨ 문체반정 ⑩ 『동사강목』(안정복) ⑪ 『발해고』(유득공) ⑫ 『고금석림』(이의봉) ⑬ 『청장관전서』(이덕무) ⑭ 『열하일기』, 『과농소초』(박지원) ⑮ 『북학의』(박제가) ⑯ 『마과회통』(정약용) ⑰ 『해동농서』(서호수) ⑱ 김홍도, 신윤복
19세기	순조 (1800~1834)	① 세도 정치 시작(벽파 정순 왕후 ➡ 시파 안동 김씨) ② 박종경의 전횡 ③ 효명 세자	① 신유박해 & 황사영 백서(1801) ➡ 정약용의 유배, 장용영의 혁파 ② 공노비 해방(1801) ③ 홍경래의 난(1811)	① 『언문지』(유희) ② 『동사』(이종휘) ③ 『해동역사』(한치윤) ④ 『아방강역고』(정약용) ⑤ 청구도(김정호) ⑥ 『자산어보』(정약전)
	헌종 (1834~1849)	벽파 풍양 조씨	① 기해박해 ② 병오박해(김대건 순교)	① 감자 전래 ② 호산외기 ③ 연조귀감 ④ 『오주연문장전산고』 ⑤ 『임원경제지』(서유구)
	철종 (1849~1863)	시파 안동 김씨	① 임술 농민 봉기(홍병원과 백낙신의 탐학으로 진주에서 유계춘을 중심으로 시작) ➡ 전국으로 파급 ➡ 박규수 파견 ➡ 삼정이정청 설치 ② 동학 창시(최제우) ③ 서얼 허통 ④ 중인의 소청	① 대동여지도(김정호) ② 금석과안록(김정희) ③ 『규사』(이진택) ④ 『이향견문록』 ⑤ 『지구전요』(최한기) ⑥ 『의기집설』

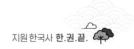

부록 ② **근현대사 연표 자료**

❶ 근대사

1864	대원군의 집권(1월) 비변사 축소(1월) **최제우 처형(3월)**
1865	
1866	병인박해(2월~1871년 6월) 제너럴셔먼호 사건(8월) 병인양요(10월~11월) **척화비 제작**
1867	
1868	오페르트 도굴 사건(5월)
1869	
1870	
1871	서원 철폐 완료(3월) 신미양요(6월) 척화비 건립
1872	
1873	**최익현의 계유상소 ➡ 대원군의 하야(11월)**
1874	
1875	운요호 사건(9월)
1876	**일본군 부산항 난입(1월)** 강화도 조약(조·일 수호 조규 − 4월, 조·일 수호 조규 부록 − 8월, 조·일 통상 장정 혹은 조·일 무역 규칙 − 8월) 1차 수신사(4월)
1877	**태정관 지령(3월)**
1878	
1879	
1880	2차 수신사(5월) **통리기무아문 설치(12월~1882년)**
1881	이만손의 영남 만인소(2월) 별기군 설치(4월) 조사 시찰단(4월) **홍재학의 척화상소(8월)** 영선사(9월)
1882	조·미 수호 통상 조약(5월) 임오군란(6월) 제물포 조약(8월)/조·일 수호 조규 속약(8월) 조·청 상민 수륙 무역 장정(11월)

1883	기기창(3월~1894년) **서북 경략사 파견(3월)** 동문학(4월~1886년) **미국 공사 푸트 부임(5월)** **대동상회(6월 이전)** **장통회사(10월 이전)** 조 · 일 통상 장정(개정, 7월) 보빙사(7월) 전환국(7월~1904년) 원산 학사(8월) 박문국(8월~1888년) 한성순보(10월~1884년) **영국 · 독일과 수교(11월)**
1884	우정총국 설치(3월) **전신(부산~일본, 4월)** **이탈리아와 수교(6월)** **러시아와 수교(7월)** 갑신정변(12월)
1885	한성 조약(1월) 『한성주보』(1월~1888년) 거문도 사건(3월) 조선 중립화론 **전신(조선~청)** 광혜원(제중원, 4월) 텐진 조약(4월) **배재 학당(8월)** 토문 감계사 파견(85년, 87년)
1886	노비세습제 폐지(3월) 이화 학당(5월) **프랑스와 수교(6월)** 육영 공원(9월~1894년)
1887	**전등(경복궁)**
1888	**전신(서울~부산)** 연무 공원(2월~1894년)
1889	방곡령(9월~1894년)
1890	
1891	
1892	삼례 집회(11월~12월)
1893	서울 복합 상소 보은 집회(3월)
1894	동학 농민 운동(1월~12월) 교정청(6월) 1차 청 · 일 전쟁(6월~1895년 4월) 1차 갑오개혁(7월~10월) 2차 갑오개혁(11월~1895년 7월)

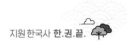

1895	독립서고문, 홍범 14조(1월)
	교육 입국 조서(2월)
	시모노세키 조약(4월)
	삼국 간섭(4월)
	한성 사범 학교(7월)
	한성 소학교(7월, 개교는 1894년)
	박영효 망명(7월)
	을미사변(10월)
	을미개혁(10월~1896년 2월)
	을미의병(11월~1896년)
1896	아관 파천(2월~1897년)
	을미의병 해산
	『독립신문』 발간(4월~1899년)
	조선은행(6월~1901년)
	독립 협회 창립(7월)
	전화(서울~인천 간 시범 운영, 10월)
1897	한성은행(2월)
	대한 제국 선포(10월)
	숭실 학교(10월)
	독립문(11월)
	정동 교회(12월)
1898	전화 덕수궁 가설(본격적 시작)
	한성 전기 회사(1월)
	명동 성당(5월)
	『제국신문』(8월~1910년)
	여권통문(9월)
	『황성신문』(9월~1910년)
	독립 협회 해산(12월)
1899	대한 천일 은행(1월)
	내부 병원(4월 ➡ 광제원 1900년)
	경인선(4월)
	대한국 국제 반포(8월)
	전차(9월)
1900	만국 우편 연합 가입(1월)
	한강철교 준공(7월)
	광제원(6월 ➡ 대한 의원 1907년)
	대한 제국 칙령 제41호(10월)
1901	덕수궁 중명전
1902	1차 영·일 동맹(1월)
1903	하와이 이민 시작(1월)
	시내 전화 시작
	간도 관리사 임명(7월)
1904	러·일 전쟁(2월~1905년)
	한·일 의정서(2월)
	대한 시설 강령(5월)
	보안회(7월~9월)
	농광 회사(7월~8월)
	세브란스 병원(제중원에서 변경, 9월)
	『대한매일신보』(7월~1910년)
	1차 한·일 협약(8월)

부록

1905	화폐 정리 사업(전환국 폐지는 1904년 11월부터) 경부선(1월) 시마네현 고시(2월) 헌정 연구회(5월~1906년) 가쓰라 태프트 밀약(7월) 2차 영·일 동맹(8월) 포츠머스 강화 조약(9월) 을사늑약(2차 한·일 협약, 11월) 민영환 자결(11월) 시일야방성대곡(11월) 을사의병(~1906년) 천도교 개창(12월)
1906	경의선(4월) 대한 자강회(4월~1907년) 『만세보』(6월~1907년) 『혈의 누』(7월) 서전서숙
1907	국채 보상 운동(2월) 신민회(4월~1911년) 대한 의원(5월) 헤이그 특사(7월) 신문지법(7월) 국문 연구소(7월) 고종의 강제 퇴위(7월) 한·일 신협약(정미 7조약, 7월) 정미의병(8월) 간도 파출소(8월~1909년)
1908	『해조신문』(2월) 스티븐스 저격(3월) 명동 학교(4월) 사립 학교령(8월) 독사신론(8월) 원각사(은세계 첫 공연, 11월) 해에게서 소년에게(11월) 동양 척식 주식회사 설립(12월)
1909	대종교 창시(1월) 신한민보(2월) 유교 구신론(3월) 기유각서(7월) 자혜 의원(8월) 간도 협약(9월) 남한 대토벌(9월~10월) 이토 히로부미 처단(10월) 한흥동

❷ 일제 강점기

1910	덕수궁 석조전(1월) 대한인 국민회(2월) 경찰권 강탈(5월) 성명회(8월) 한·일 병합(8월) 불교 유신론(집필, 간행은 1913년) 숭무 학교(11월~1913년) 회사령(12월~1920년)
1911	삼림령(1월) 신민회 해체(1월) 경학사(4월) 권업회(5월) 중광단 도로규칙 신흥 강습소(6월~1919년) 어업령(6월) 1차 조선 교육령(8월)
1912	토지 조사령 공포(준비는 1910년부터, 3월~1918년) 부민단 동제사 독립 의군부
1913	간민회 흥사단 송죽회
1914	호남선(1월) 대한 광복군 정부 대조선 국민군단 기성단 경원선(9월)
1915	『한국통사』 발간 신한 혁명당 대동 보국단 자립단 조선 국민회 조선 산직 장려계 대한 광복회(7월) 조선 국권 회복단 광업령(12월)
1916	
1917	전로 한족회 중앙 총회
1918	무오(대한) 독립 선언(2월) 임야 조사령(4월, 조사 사업은 1917년부터) 한인 사회당 조선 식산 은행(10월) 신한 청년단

1919	2 · 8 독립 선언 3 · 1 운동 북로 군정서(3월) 대한 국민 의회(3월) 한족회(4월) 서로 군정서(5월) 신흥 무관 학교(5월~1920년) 대한민국 임시 정부 수립(4월) 한성 정부(4월) 대한민국 임시 정부로 통합 강우규(9월) 의열단 결성(11월)
1920	산미 증식 계획(~1934) **조선일보 창간(3월)** 회사령 폐지(3월) **동아일보 창간(4월)** 봉오동 전투(6월) 물산 장려 운동 시작(평양, 7월) 박재혁 − 부산 경찰서(9월) 청산리 대첩(10월) 간도(경신) 참변(10월~1921년) 대한 독립군단(북만주 밀산, 12월)
1921	**천도교 소년회(4월, 소년회 공식 출범은 1923년)** **연초 전매령(4월)** 자유시 참변(6월) **조선 불교 유신회 창립(6월)** 김익상 − 조선 총독부(9월) 조선어 연구회 창립(12월)
1922	2차 조선 교육령(2월) 김익상 − 황포탄(다나카, 3월) 통의부 설립(8월) 민립 대학 기성회(11월)
1923	김상옥 − 종로 경찰서(1월) 조선 물산 장려회(서울, 1월) 관세 철폐 국민 대표 회의(1월) 조선 형평사(4월) **토월회 창립(5월)** 암태도 소작 쟁의(8월~1924년) 참의부 설립(8월) **관동 대학살(9월)**
1924	김지섭 − 도쿄 궁성(1월) **경성 제국 대학** 정의부 설립(11월)
1925	임시 정부 개헌(국무령 중심 내각제) 신민부 성립(1월) 미쓰야 협정(6월) **의열단 황푸 군관 학교 입교**

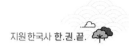

1926	6 · 10 만세 운동 조선 민흥회(7월) 정우회 선언(11월) 한국 독립 유일당 북경 촉성회(10월) 나운규의 아리랑(10월) 나석주 – 동양 척식 주식회사(12월) **부전강 수력 발전소**
1927	신간회(3월~1931년) 근우회(5월~1931년) 임시 정부 개헌(국무 위원 집단 지도 체제) **조선 소년 연합회(10월)** **조선 질소 비료 공장**
1928	**함경선 개통** **조선 은행령**
1929	원산 총파업(1월~4월) 광주 학생 항일 운동(11월) **대공황 시작** **문자 보급 운동**
1930	
1931	만보산 사건(5월) 만주 사변(9월) 한인 애국단 결성(10월) **조선어 학회 창립** **브나로드 운동** **『조선 상고사』 연재** **극예술 연구회**
1932	이봉창 의거(1월) 윤봉길 의거(4월) 농촌 진흥 운동(~1940년) **조선 소작령** **조선 혁명 간부 학교 설립**
1933	**동양 방직 인천 공장** **종연 방직 광주 공장**
1934	**조선 농지령** **조선 소작 조정령** **진단 학회 창립** **양세봉 사망**
1935	문맹 퇴치 운동 중단 종연 방직 서울 공장 민족 혁명당 조직(7월)
1936	동북 항일 연군(3월) 베를린 올림픽(일장기 말소 사건) 조선 사상범 보호 관찰법
1937	중 · 일 전쟁(7월) 중앙아시아 강제 이주

부록

1938	3차 조선 교육령(3월)
	국가 총동원법(4월)
	육군 특별 지원병제
	근로 보국대
	조선 의용대 출범(10월)
1939	산미 증식 계획 재개
	국민 징용법
	총동원 물자 수용령
1940	조선 · 동아일보 폐간
	식량 배급제
	국민 총력 운동
	조선 영화령
	임시 정부 충칭 정착
	➡ 한국 독립당 결성
	➡ 한국 광복군 창설
	➡ 임시 정부 개헌(주석제)
1941	국민학교로 개칭
	조선 사상범 예방 구금령
	삼균주의(건국 강령) 발표
	➡ 태평양 전쟁
	➡ 대일 선전 포고
1942	조선어 학회 사건
	한국 광복군 전력 강화(김원봉 합류)
	조선 민족 혁명당의 임시 정부 합류
	조선 독립 동맹 결성
	조선 의용군 창설
1943	4차 조선 교육령
	학도 지원병제
	징병제
	광복군 영국군과 연합 작전(미얀마 전선)
	카이로 회담
1944	미곡 공출제
	임시 정부 개헌(주석 · 부주석제)
	국내 진공 작전 추진(~1945년)
	조선 건국 동맹(8월)

❸ 대한민국사

1945	얄타 회담(2월) 포츠담 회담(7월) 8 · 15 광복 건국 준비 위원회 **인민 공화국** **조선 공산당 재건** 미군정 시작(9월) **한국 민주당 창당(9월)** 이승만 귀국(10월) **김구 귀국(11월)** 모스크바 3상 회의(12월)
1946	**북조선 임시 인민 위원회(2월)** 신한 공사 설립(2월) 1차 미 · 소 공동 위원회(3월) **북한의 토지 개혁(3월)** **위조지폐 사건(5월)** 정읍 발언(6월) 좌우 합작 운동 시작(~1947년) 좌우 합작 7원칙 발표(10월) **대구 사건(10월)** 남조선 과도 입법 의원 결성(12월)
1947	**북조선 인민 위원회(2월)** 트루먼 독트린(3월) 2차 미 · 소 공동 위원회(5월) **여운형 암살(7월)** 유엔 총회 결의(11월)
1948	유엔 소총회(2월) 김구의 삼천만 동포에게 울면서 고함(2월) 제주 4 · 3 사건 남북 협상 5 · 10 총선 제헌 헌법 공포 대한민국 정부 수립(8. 15.) 북한 정권 출범(9. 9.) 반민특위 결성(10월) 여수 · 순천 10 · 19 사건 유엔 총회 승인(12월)
1949	농지 개혁법 제정(6월, 시행은 1950년부터) **중국의 공산화**
1950	애치슨 선언 **2대 국회 의원 선거(5월)** 6 · 25 전쟁 발발 유엔군 참전(7월) 인천 상륙 작전(9월) 중국군 개입(10월) 흥남 철수(10월)

연도	내용
1951	1·4 후퇴 서울 재수복 전선의 교착 휴전 회담 시작(7월) **자유당 조직(12월)**
1952	발췌 개헌
1953	**반공 포로 석방** 휴전 협정 체결(7월 27일) 한·미 상호 방위 조약 체결(10월)
1954	사사오입 개헌
1955	
1956	대통령 선거(5월) **8월 종파 사건**
1957	
1958	**신 국가 보안법 제정**
1959	경향신문 폐간(4월) 조봉암 사형(7월)
1960	3·15 부정 선거 4·19 혁명 3차 개헌 4차 개헌
1961	5·16 군사 정변
1962	경제 개발 5개년 계획 시작 김종필·오히라 비밀 회담 5차 개헌
1963	**민주 공화당 창당** **대통령 선거** 의료 보험법 제정(실시 ×)
1964	6·3 시위 베트남 파병(9월)
1965	한·일 협정 체결
1966	브라운 각서(추가 파병)
1967	**대통령 선거**
1968	1·21 사태 푸에블로호 사건 울진 삼척 무장 공비 침투 사건 국민 교육 헌장(12월)
1969	중학교 무시험 제도 닉슨 독트린(7월) 3선 개헌(9월)
1970	경부 고속 국도 개통 새마을 운동 시작 전태일 분신(11월)

1971	대통령 선거(4월) 광주 대단지 사건(8월) 남북 적십자 회담
1972	가톨릭 농민회 결성 3차 경제 개발 5개년 계획 시작 방송 통신 대학교(3월) 7 · 4 공동 성명 10월 유신 북한의 사회주의 헌법 개정(12월)
1973	1차 석유 파동 6 · 23 평화 통일 선언
1974	고교 평준화 민청학련 사건(4월) 인혁당 재건위 사건(8월)
1975	
1976	3 · 1 민주 구국 선언 박기훈 출생!(6월 1일) 판문점 도끼 만행 사건
1977	의료 보험 일부 실시
1978	2차 석유 파동 총선
1979	Y · H 사건 김영삼 국회 의원직 제명 부 · 마 항쟁 10 · 26 사태 12 · 12 사태
1980	서울의 봄 5 · 17 계엄령 확대 조치 5 · 18 민주화 운동 국가 보위 비상 대책 위원회 설치 전두환 대통령 취임 8차 개헌 과외 전면 금지 대입 본고사 폐지 김정일 후계 공식화 고려 연방제
1981	민주 정의당 창당 전두환 대통령 재취임
1982	민족 화합 민주 통일 방안
1983	
1984	합영법 제정
1985	총선 이산가족 고향 방문
1986	부천 경찰서 성고문 사건

부록

1987	박종철 사망 4·13 호헌 조치 6월 민주 항쟁 6·29 선언 개헌 노동자 대투쟁 남녀 고용 평등법 제정
1988	노태우 대통령 취임 총선(여소야대) 7·7 특별 선언 서울 올림픽 5공 청문회 국민 연금제 도입
1989	전국민 의료 보험 실시 한민족 공동체 통일 방안
1990	당 합당(민주 자유당 창당)
1991	남북한 유엔 동시 가입 소련 해체 남북 기본 합의서
1992	한반도 비핵화 선언
1993	김영삼 대통령 취임 우루과이 라운드 타결 북한의 핵확산 금지 조약 탈퇴 비전향 장기수 송환
1994	경수로 건설 참여 민족 공동체 통일 방안 김일성 사망
1995	세계 무역 기구 설립 민주노총 설립 고용 보험제 도입 전면적 지방 자치제 역사 바로 세우기
1996	경제 협력 개발 기구 가입
1997	외환 위기(~2001)
1998	김대중 대통령 취임 북한 헌법 개정(김일성 헌법) 금강산 관광 시작
1999	전국민 국민 연금제 실시 국민 기초 생활법 제정 1차 연평 해전
2000	남북 정상 회담(6·15 공동 선언) 국민 건강 보험(의료 보험 통합)
2001	
2002	월드컵 개최 2차 연평 해전

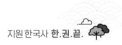

2003	노무현 대통령 취임
2004	
2005	호주제 폐지
2006	
2007	2차 남북 정상 회담(10·4 공동 선언)
2008	이명박 대통령 취임
2009	북한 헌법 개정(국방 위원장의 최고 지도자 공식화)
2010	
2011	
2012	한·미 자유 무역 협정
2013	박근혜 대통령 취임
2014	
2015	박기훈 결혼^^

부록 ❸ 한국 현대사의 필수 구조

❶ 역대 정권별 시기

(1) **미군정**: 1945~1948

(2) **이승만**: 1948~1960

(3) **장면**: 1960~1961

(4) **박정희**: 1961~1979

(5) **전두환**: 1980~1987

(6) **노태우**: 1988~1992

(7) **김영삼**: 1993~1997

(8) **김대중**: 1998~2002

(9) **노무현**: 2003~2007

(10) **이명박**: 2008~2012

❷ 미군정기

8·15 광복 ➡ 모스크바 3상 회의 ➡ 반탁(우익) vs 3상 지지(좌익) ➡ 1차 미·소 공동 위원회 ➡ 이승만의 정읍 발언 ➡ 좌·우 합작 운동(여운형, 김규식) ➡ 2차 미·소 공동 위원회 ➡ UN 총회 / 소총회 ➡ 남북 협상(김구·김규식) / 제주 4·3 사건 ➡ 제헌 의회 ➡ 헌법 제정 ➡ 정부 수립(1948. 8. 15.)

❸ 6·25 전쟁(1950~1953)

(1) **과정**

북한군 남침 ➡ 서울 상실 ➡ 낙동강 후퇴 ➡ UN군 개입 ➡ 인천 상륙 작전 ➡ 서울 수복 ➡ 압록강 진격 ➡ 중국군 개입 ➡ 서울 재상실(1·4 후퇴) ➡ 서울 재수복 ➡ 전선의 정체 ➡ 휴전 협상 ➡ 반공 포로 석방 ➡ 휴전 협정(정전 협정)

(2) 한·미 상호 방위 조약(전쟁 종료 직후)

❹ 주요 헌법 개정

(1) **제헌 헌법**(1948)

① 대통령 간선제(국회 의원이 선출)
② 국회 의원 임기 2년

(2) **발췌 개헌**(1952)

① 대통령 직선제
② 양원제(실제 시행은 안함)

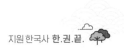

(3) **사사오입 개헌**(1954)
  ① 초대 대통령 중임 제한 철폐(영구 집권 가능해짐)
  ② 정족수 미달이었음에도 반올림의 억지를 부려 통과시킴

(4) **내각제 개헌**(1960)
  ① 내각 책임제 개헌
  ② 양원제 실질 실시(민의원, 참의원)
  ③ 대통령은 간선제(어차피 실권은 총리가 가지니까~)

(5) **1963년 개헌**(1963)
  ① 대통령 직선제(박정희가 당선됨)
  ② 국회 단원제

(6) **3선 개헌**(1969)
  대통령 중임 제한 철폐(3선까지 가능), 날치기 통과

(7) **유신 헌법**(1972)
  ① 신문왕·광종·태종 못지않은 제왕적 대통령의 권한 추구!(한국적 민주주의)
  ② 국회 해산권, 법관 임면권, 국회 의원 1/3 지명권, 대통령 간선제(통일 주체 국민 회의), 긴급 조치권(헌법 기능 일부 정지권), 6년 무제한 중임제

(8) **직선제 개헌**(1987)
  ① 6월 민주 항쟁의 성과로 노태우가 6·29 선언을 통해 받아들임
  ② 대통령 직선제, 5년 단임제, 헌법 재판소, 경제 민주화

⑤ 6대 민주화 운동

(1) **4·19 혁명**(1960)
  ① 원인 : 3·15 부정 선거에 저항하여 일어남
  ② 결과 : 이승만 정권 타도, 허정 과도 정부 그리고 장면 정권 출현
  ③ 계엄령 내려짐, 마산, 김주열

(2) **6·3 사태**(1964)
  ① 원인 : 굴욕적 한·일 국교 정상화
  ② 결과 : 실패
  ③ 계엄령 내려짐

(3) **3선 개헌 반대 투쟁**(1969)
  ① 원인 : 3선 개헌 날치기 통과
  ② 결과 : 실패
  ③ 계엄령 없었음

(4) **부·마 항쟁**(1979)
  ① 원인 : 박정희 유신 독재, 야당(김영삼) 탄압
  ② 결과 : 박정희 정권의 몰락
  ③ 계엄령 내려짐

부록

(5) **5·18 광주 민주화 운동**(1980)

    ① 원인: 신군부(전두환)의 정권 장악 저지, 계엄령의 전국 확대

    ② 결과: 실패(광주 시민 대량 학살)

    ③ 계엄령 내려짐, 시민군의 무장 저항

(6) **6월 민주 항쟁**(1987)

    ① 원인: 국민들의 직선제 개헌 요구(이에 대해 전두환은 4·13 호헌 조치)

    ② 결과: 직선제 개헌 수용

    ③ 계엄령 없었음, 박종철, 이한열

❻ 역대 주요 선거

(1) **5·10 총선거**(1948)

    최초의 국회의원 선거, 임기 2년

(2) **1956년 대선**

    ① 사사오입 개헌으로 이루어진 선거

    ② 이승만 − 신익희 − 조봉암, 이기붕 − 장면

    ③ 본격적 권위주의 통치의 서막을 알림

(3) **3·15 부정 선거**(1960)

    ① 4·19 혁명의 원인이 됨

    ② 이승만 − 조병옥, 이기붕 − 장면

(4) **1971년 대선**

    ① 3선 개헌으로 이루어진 선거

    ② 박정희 − 김대중

    ③ 유신 체제의 원인이 됨

(5) **1987년 대선**

    ① 6월 민주 항쟁의 결과로 이루어진 선거

    ② 노태우 − 김영삼 − 김대중 − 김종필

(6) **1988년 총선**

    여소야대 국회의 형성으로 5공 청문회 개최, 민주 정의당의 3당 합당(민주 자유당 탄생)

❼ 주요 정당

(1) **미군정기**

    한국 민주당(한민당, 김성수·송진우), 독립 촉성 협의회(독촉, 이승만), 한국 독립당(한독당, 김구), 남조선 노동당(남로당, 박헌영)

(2) **이승만 집권기**

    자유당(여당), 민주당(야당)

(3) **장면 집권기**

    민주당(여당)

(4) **박정희 집권기**

민주 공화당(공화당, 여당), 유신 정우회(유신 체제기 별도의 박정희 외곽 조직)

(5) **전두환 집권기**

민주 정의당(민정당, 여당)

(6) **노태우 집권기**

민정당 ➡ 민주 자유당(민자당, 3당 합당 이후 – 지금의 자유 한국당)

❽ 경제의 흐름

(1) **1950년대**

농지 개혁, 원조 경제(삼백 산업 – 제분, 제당, 제면), 귀속 재산의 처분

(2) **1960년대**

① 1·2차 경제 개발 계획

② 경공업 중심의 수출 주도형 산업, 베트남 특수

(3) **1970년대**

① 3·4차 경제 개발 계획

② 중화학 공업, 1·2차 석유 파동, 중동 특수, 새마을 운동, 100억 달러 수출

(4) **1980년대 중후반**

3저 호황(저달러, 저금리, 저유가)

(5) **1990년대 전반**

시장 개방(농산물 수입 개방, 세계 무역 기구 가입, 경제 협력 개발 기구 가입)

(6) **1990년대 후반**

외환 위기(IMF의 구제 금융), 구조 조정, 비정규직, 양극화

❾ 남북 회담

(1) **7·4 공동 성명**(1972) – 박정희

자주·평화·민족 대단결의 통일의 3대 원칙 제시

(2) **남북 기본 합의서**(1991) – 노태우

남과 북을 통일을 지향하는 특수 관계로 인식, 불가침, 상호 체제 인정

(3) **6·15 공동 선언**(2000) – 김대중

최초의 남북 정상 회담, 이산가족 상봉, 금강산 육로 관광, 개성 공단, 남북 통일 방안의 유사성 인정

(4) **10·4 선언**(2007) – 노무현

2차 정상 회담, 남북 교류의 활성화 논의

부록 ④ 한 번에 끝내는 지역사

❶ 경상도

울진군	봉평 신라비(법흥왕) 을사의병(신돌석) 울진·삼척 무장 공비 침투 사건(1968)
봉화군	실록 사고(태백산, 조선 후기)
영덕군	을사의병(신돌석)
영주시	부석사(의상, 문무왕) 부석사 무량수전(우왕, 주심포, 팔작 지붕) 부석사 소조 아미타여래 좌상(신라 양식의 계승) 백운동 서원(소수 서원)
안동시	고창 전투(견훤의 패배) 이천동 석불(고려) 봉정사 극락전(현존 최고) 홍건적의 침공으로 공민왕이 피난한 곳(복주) 이황(도산 서원) 유성룡(임진왜란기 영의정, 남인) 하회 마을(하회 탈춤)
상주시	원종·애노의 난(진성 여왕) 아자개(견훤 아버지)
구미시	일리천 전투(후백제 멸망) 길재(사림의 시조) 전자 공업(박정희)
성주군	실록 사고(조선 전기)
대구 광역시	신문왕의 천도 시도(달구벌) 공산 전투(왕건의 패배) 부인사 대장경(초조대장경) 국채 보상 운동(1907, 서상돈, 김광제) 대한 광복회(1915, 박상진, 김좌진) 대구 사건(1946, 미군정기 좌익 봉기)
영천시	청제비(법흥왕)
경주시	신라의 수도 호우총(호우명 그릇) 천마총(천마도) 황남대총 남산 신성비(진평왕) 임신서기석(화랑, 유학) 첨성대(선덕 여왕) 황룡사 9층 목탑(선덕 여왕) 분황사 모전 석탑(선덕 여왕) 배동(배리) 석불 입상 계림 도독부(삼국 통일기) 안압지(문무왕) 감은사지 3층 석탑(신문왕)

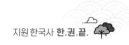

경주시	대왕암(문무왕릉) 불국사(경덕왕) 불국사 3층 석탑과 다보탑(경덕왕) 석굴암(경덕왕) 무구정광대다라니경(경덕왕?) 성덕 대왕 신종(혜공왕) 고려의 동경(문종 때 폐지) 이의민의 고향 김사미·효심의 난(신라 부흥 운동) 이비의 난(신라 부흥 운동) 옥산 서원 최제우(동학, 철종)
포항시	중성리비(지증왕, 현존 최고의 신라비) 영일 냉수리비(눌지왕? 지증왕?)
울릉군	지증왕(이사부) 안용복(숙종) 태정관 문서(1877, 일본 문서) 대한 제국 칙령 제41호(1900) 시마네현 고시(1905, 러·일 전쟁 시기)
울산 광역시	울주 대곡리 반구대 바위그림(청동기) 신라 울산항(최대 무역항) 삼포 왜란(염포, 중종) 석유 화학 공업 단지(정유 공장 − 1964, 단지 조성 − 1972)
고령군	장기리(양전동) 바위그림(청동기) 대가야 지산동 고분군
밀양시	수산제(저수지) 김종직(사림)
부산 광역시	동삼동 유적(신석기) 왜관 삼포 왜란(중종) 부산포 전투(정발) 동래성 전투(송상현) 부산포 해전(이순신) 내상(대일 무역) 개항장 러시아의 절영도 조차 요구(독립 협회) 경부선(1905) 백산 상회(임시 정부) 의열단 박재혁의 의거(1920, 부산 경찰서) 6·25 전쟁기 임시 수도(1951 − 자유당 창당, 1952 − 발췌 개헌) 부·마 항쟁(1979)
김해시	금관가야 대성동 고분군 통일 신라 5소경(금관경) 칠성포(조선 후기 포구)

창원시	성산동 야철지(철기) 창원 다호리(철기, 붓) 삼포 왜란(제포) 마산포(조선 후기 포구) 3·15 의거(1960, 김주열, 4·19 혁명) 기계 공업 단지(1976) 부·마 항쟁(1979)
함안군	말이산 고분군(안라 가야)
통영시	사량진 왜변(중종) 삼도수군 통제영(한산도) 당포 해전(이순신) 한산도 대첩(이순신, 최대 승리)
거제시	옥포 해전(이순신, 최초 승리) 칠천량 전투(원균) 포로 수용소(6·25 전쟁) 조선 공업 단지(1972)
사천시	늑도 유적(철기, 반량전 등) 사천 해전(이순신, 최초로 거북선 사용)
남해군 하동군	분사도감(팔만대장경) 관음포 해전(정지, 왜구 격퇴) 노량 해전(이순신)
창녕군	창녕비(진흥왕 순수비)
진주시	왕봉규(신라 말 호족) 최충헌의 식읍 광명·계발의 난(무신 정권기 봉기) 분사도감(인쇄술) 1·2차 진주 전투(1차 김시민, 2차 논개) 임술 농민 봉기(유계춘, 철종 시기) 조선 형평사(1923, 백정)
의령군	곽재우
합천군	대야성(의자왕의 공격) 해인사 팔만대장경 해인사 장경판전(15세기)
산청군	조식(북인의 스승)
거창군	거창 양민 학살 사건(6·25 전쟁)

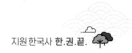

❷ 전라도 · 제주도

군산시	진포 대첩(최무선, 우왕)
익산시	미륵사지 석탑(무왕) 무왕 쌍릉 보덕국(안승) 왕궁리 5층 석탑(고려)
김제시	벽골제(저수지) 금산사 미륵전(17세기)
부안군	청자 생산지 개암사(18세기) 고부 농민 봉기 백산 집결(동학 농민 운동)
정읍시	고부 농민 봉기(1894, 동학 농민 운동) 황토현 전투(1894, 동학 농민 운동)
전주시 완주군	후백제의 도읍(완산주) 전주 관노의 난(무신 정권) 실록 사고(조선 전기) 삼례 집회(1892, 교조 신원 운동) 전주 화약(1894, 동학 농민 운동)
고창군	고인돌 유적
순창군	을사의병(1905~1906, 최익현)
남원시	통일 신라 5소경 황산 전투(운봉 : 이성계)
담양군	이연년 형제의 난(무신 정권기)
장성군	황룡촌 전투(1894, 동학 농민 운동)
목포시 무안군	호남선(무단 통치)
신안군	해저 유물(청자) 암태도 소작 쟁의(1923)
나주시	왕건의 점령지(궁예의 신하 시절)
광주 광역시	견훤이 자립한 곳(무진주) 광주 학생 항일 운동(1929) 5·18 민주화 운동(1980)
화순군	쌍봉사 철감선사 승탑
강진군	만덕사(요세의 백련결사) 청자 생산지 무위사 극락전(15세기) 정약용 유배지
해남군	대흥산 탑산사 종(고려)
완도군	장보고(청해진)
진도군	삼별초(배중손) 명량 해전(이순신, 정유재란)

순천시	대곡리 유적(청동기) 송광사(지눌의 수선사 결사) 10 · 19 사건(1948)
여수시	거문도 사건(1885) 10 · 19 사건(1948)
구례군	화엄사 각황전(17세기)
제주도	빌레못 동굴(구석기) 고산리 유적(신석기) 탐라국 삼별초(김통정) 탐라총관부 하멜의 표류지(효종) 4 · 3 사건(1948)

❸ 충청도

천안시	목지국(마한) 직산 전투(정유재란) 유관순(3 · 1 운동)
예산군	수덕사 대웅전(주심포, 맞배) 오페르트 도굴 사건(흥선 대원군)
서산시	서산 마애 삼존불(백제)
태안군	태안 마애 삼존불(백제)
홍성군	을사의병(민종식)
서천시	기벌포 전투(나 · 당 전쟁)
부여군	송국리 유적(청동기) 백제의 후기 수도(성왕~의자왕) 사택지적비(도교) 능산리 고분(금동 대향로) 정림사지 5층 석탑 소부리주(신라가 설치) 무량사 5층 석탑(고려) 홍산 전투(최영, 우왕)
논산시 계룡시	황산벌 전투(계백) 관촉사 석조 미륵보살 입상(고려) 강경포(조서 후기 포구) 쌍계사(18세기) 남접과 북접의 공동 집결지(1894, 동학 농민 운동) 훈련소
금산군	이치 전투(임진왜란)
공주시	석장리 유적(구석기) 백제의 수도(문주왕~무령왕) 송산리 고분(무령왕릉) 웅진 도독부 김헌창의 난(신라 하대)

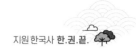

공주시	망이·망소이의 난(무신 정권, 대전 광역시 탄방동) 이몽학의 난(임진왜란) 인조의 피난지(이괄의 난) 공주 집회(1892, 교조 신원 운동) 우금치 전투(1894, 동학 농민 운동)
영동군	노근리 학살(6·25 전쟁)
옥천군	관산성 전투(성왕 vs 진흥왕)
보은군	법주사 쌍사자 석등(통일 신라) 법주사 팔상전(17세기) 보은 집회(1893, 동학 농민 운동)
청주시	두루봉 동굴(구석기, 흥수아이) 통일 신라 5소경(서원경) 민정 문서(경덕왕?) 직지심체요절(흥덕사, 우왕) 이인좌의 난(영조)
괴산군	만동묘(송시열, 숙종) 화양동 서원(송시열)
충주시	충주 고구려비(장수왕?) 통일 신라 5소경(중원경) 충주성(김윤후, 몽골) 다인철소(몽골) 실록 사고(조선 전기) 충주 탄금대 전투(신립, 임진왜란) 을미의병(유인석)
제천시	점말 동굴(구석기) 창내 유적(구석기) 황석리 유적(청동기) 의림지(저수지) 을미의병(유인석)
단양군	금굴 유적(구석기) 상시 바위 동굴(구석기) 수양개 유적(구석기) 단양 적성비(진흥왕)

부록

❹ 강원도

춘천시	중도 유적(청동기) 을미의병(이소응)
철원군	마진·태봉의 도읍
양구군	상무룡리 유적(구석기, 흑요석)
원주시	통일 신라 5소경(북원경) 양길 법천사 지광국사 현묘탑(고려) 거돈사지 승묘탑(고려)
평창군	상원사 종(고려) 월정사 8각 9층 석탑(고려) 오대산 실록 사고(조선 후기)
강릉시	동예 김순식(왕건의 사성 정책) 신사임당과 이이(오죽헌)
양양군	오산리 유적(신석기) 동예 진전사지 3층 석탑(신라 말기)
속초시 (고성군)	동예 낙산사(의상) 사명대사(유정, 임진왜란) 금강산 관광(1998)

❺ 수도권

서울 특별시	암사동 유적(신석기) 백제의 초기 수도(온조왕~개로왕) 석촌동 고분(백제) 풍납 토성(백제) 몽촌 토성(백제) 북한산비(진흥왕 순수비) 고려 남경(문종~) 조선의 수도 양화진(1882, 조·청 상민 수륙 무역 장정) 장통회사 김익상의 의거(1921, 조선 총독부) 김상옥의 의거(1923, 종로 경찰서) 나석주의 의거(1926, 동양 척식 주식회사, 조선 식산 은행) 강우규의 의거(1919) 대한 애국 청년단(1945, 경성 부민관 폭탄)
인천 광역시	운요호 사건(1875, 영종도) 개항장 제물포 조약(1882) 경인선(1899) 인천 상륙 작전(6·25 전쟁)
옹진군	1·2차 연평 해전(1999, 2002)

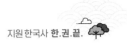

강화군	부근리 고인돌 대몽 항쟁기 수도(최우) 선원사(대장도감) 실록 사고(조선 후기, 마니산 ➡ 정족산) 인조 가족의 피난지(병자호란) 정제두(양명학) 외규장각(정조) 병인양요(정족산성) 신미양요(광성보) 운요호 사건(1875, 초지진) 강화도 조약(1876)
김포시	병인양요(문수산성)
시흥시 (광명,부천, 안산, 안양)	금양잡록(강희맹)
성남시	광주 대단지 사건(1971)
수원시	화성(정조) 장용영
용인시	처인성(김윤후)
화성시	당항성(신라) 용주사 종(고려) 융릉(사도 세자 묘) 제암리 학살 사건(3 · 1 운동)
안성시	석남사(18세기)
여주시	흔암리 유적(청동기) 김범문의 난(김헌창의 아들, 신라 하대) 고달사지 승탑(고려) 신륵사 승탑(고려)
이천시	신주(신라의 한강 유역 거점)
광주시 (하남시)	광주 춘궁리 철불(하남 하사창동, 고려) 분청사기 생산지 남한산성(인조) 수어청
연천군	전곡리 유적(구석기) 매소성 전투(나 · 당 전쟁)
양주시	별산대놀이(조선)
고양시	벽제관 전투(명의 패배, 임진왜란) 행주 대첩(권율, 임진왜란)
파주시	덕은리 유적(청동기) 판문점 판문점 도끼 만행 사건(1976)

부록

❻ 평안도 · 황해도

경기도 개성	태조 왕건 후고구려의 도읍 고려 개경 불일사 5층 석탑(고려) 귀법사(고려) 국청사(천태종, 의천) 흥왕사(교장도감) 만적의 난(최충헌) 벽란도(고려) 경천사지 10층 석탑(현재는 서울) 남대문(조선 전기) 서경덕(중종) 송상 종삼 회사(송상이 만든 회사) 개성 공단(김대중 때 건설, 노무현 때 완공)
황해도 해주	대방군(한군현)
황해도 평산	패강진 세력(박술희) 정묘호란
황해 봉산 (사리원)	지탑리 유적(신석기) 성불사 응진전(고려, 다포) 임꺽정(명종) 봉산 탈춤(조선 후기)
황해도 신천 · 은율 (구월산)	삼성사(국조신앙) 임꺽정(명종) 구월산대(1920년대)
평남 평양	상원 검은모루 동굴(구석기) 만달리 유적(구석기) 남경 유적(신석기, 청동기) 사동 구역(청동기) 고조선의 후기 수도 낙랑군(한군현) 고국원왕 전사(근초고왕) 고구려의 후기 수도(장수왕~보장왕) 쌍영총 · 강서대묘(평양 근처) 안동 도호부(당이 설치) 고려 서경(분사) 묘청의 서경 천도 운동(고려 인종) 조위총의 난(무신 정권) 최광수의 난(무신 정권) 강동성의 역(몽골과 손잡고 거란 격파) 동녕부(원 간섭기 초기) 단군 · 기자 사당(고려~조선) 보통문(조선 초기) 평양 전투(임진왜란) 유상 제너럴셔면호 사건 대동 상회 대성 학교(1907, 안창호) 자기 회사(1908)

평남 평양	태극서관(1905) 송죽회(무단 통치) 조선 물산 장려회(1920, 조만식) 북한의 수도
평남 덕천	승리산 동굴(구석기)
평남 남포	러시아의 조차 요구(독립 협회)
평북 운산	운산 금광(미국)
평북 정주	정주성 전투(홍경래의 난, 순조) 오산 학교(1907, 이승훈)
평북 의주	미송리 유적(청동기, 미송리식 토기) 강동 6주(서희) 위화도 회군(이성계) 선조의 피난지(임진왜란) 백마산성(병자호란 - 임경업) 만상 러시아의 조차 요구(용암포) 경의선(신의주) 천마산대(1920년대) 보합단(1920년대)
평북 강계	공귀리 유적(청동기)

➐ 함경도

함남 원산	원산포(조선 후기) 개항장 원산 학사(1883) 원산 총파업(1929)
함남 함흥(흥남)	옥저 황초령비 · 마운령비(진흥왕 순수비) 동북 9성(윤관) 쌍성총관부(공민왕이 수복) 조선 질소 비료 공장(1927) 흥남 철수(1950, 6 · 25 전쟁)
함남 북청	북청 사자놀음(조선 후기)
함남 단천	단천 은광(16세기에 본격화)
함북 나진(웅기)	웅기 굴포리 유적(구석기~청동기) 초도 유적(청동기)
함북 경원	6진(4군 6진) 경원 개시(조선 후기)
함북 회령	오동리 유적(청동기) 6진(4군 6진) 이시애의 난(세조) 회령 개시(조선 후기)
함북 종성	동관진 유적(구석기) 6진(4군 6진) 이징옥의 난(세조)

부록

❽ 해외

만주 집안	고구려의 초기 수도(유리왕~광개토 대왕) 광개토 대왕릉비 장군총 무용총 참의부(1923)
만주 삼원보 일대 (서간도)	신한민촌(신민회, 이회영 형제) 경학사 부민단 한족회 서로 군정서 신흥 강습소(1911) 신흥 무관 학교(1919) 영릉가 전투(1932) 흥경성 전투(1933)
만주 용정 일대 (북간도)	청과의 국경 분쟁 지역(간도) 명동촌 용정촌 서전서숙 명동학교 간민회 중광단 북로 군정서 봉오동 전투(1920, 홍범도) 청산리 대첩(1920, 김좌진, 홍범도) 간도 참변(1920)
만주 훈춘	발해 동경 용원부 훈춘 사건(1920)
만주 하얼빈	안중근의 의거(1909)
만주 지린	무오 독립 선언(1918) 의열단 결성(1919)
랴오둥 뤼순	안중근(동양평화론)
랴오둥 선양	심양왕(원 간섭기) 후금(청)의 수도
연해주 블라디보스토크	해조신문 신한촌 한민회 성명회 권업회 대한 광복군 정부(1914, 이상설, 이동휘) 대한 국민 의회(1919, 손병희) 중앙아시아 강제 이주(1937)
하바로프스크	한인 사회당(1918, 이동휘)
스보보드니	자유시 참변(1921)
이루쿠츠크	이루쿠츠크파 공산당(1919)

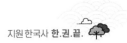

베이징	만권당(충선왕) 다물단(1923, 일제 밀정 처단) 한국 독립 유일당 북경 촉성회(1926)
텐진	영선사(1881) 텐진 조약(1885)
상하이	동제사(1912, 신규식, 박은식, 박달학원 설립) 신한 혁명당(1915, 신규식, 박은식) 대동단결 선언(1917, 공화정) 대동 보국단(1915, 신규식, 박은식, 잡지 '진단') 신한 청년단(1919, 파리 강화 회의에 김규식 파견) 임시 정부 수도(1919~1932) 상하이파 고려 공산당(1921) 김익상의 의거(1921, 황포탄 의거) 윤봉길의 의거(1932)
난징	중국 국민당 수도 조선 혁명 간부 학교(1932)
우한(한커우)	조선 의용대(1938)
충칭	중·일 전쟁기 중국 국민당 수도 임시 정부 수도(1940~1945) 한국 광복군(1940~1945)
옌안	중국 공산당 수도 조선 독립 동맹(1942, 김두봉) 조선 의용군(1942, 무정)
도쿄	조선 청년 독립단 2·8 독립 선언(1919) 김지섭의 의거(1924, 도쿄 경찰서) 박열(1923, 일왕 암살 시도) 관동 대학살(1923) 이봉창의 의거(1932)
쓰시마	정벌(창왕 : 박위, 태조, 세종 : 이종무) 최익현 순국지
나라(일본)	아스카 문화(7세기) 고류사 목조 미륵보살 반가사유상(근처) 호류사 금당 벽화(담징) 다카마쓰 고분 벽화(고구려 양식) 도다이사 쇼쇼인(민정 문서)
하와이	공식 이민(1903) 대조선 국민군단(1914, 박용만)
샌프란시스코	스티븐스 사살(1908, 전명운, 장인환) 대한인 국민회(1910, 박용만, 안창호, 이승만) 신한민보 흥사단(1913, 안창호)
로스앤젤레스	흥사단(1913, 안창호)
워싱턴	을사조약 반대 특사(헐버트), 구미 위원부(이승만)
유카탄(멕시코)	애니깽(알로에) 숭무 학당

부록

사마르칸트 (우즈베키스탄)	아프라시아브 궁정 벽화(고구려) 고려인의 강제 이주(카자흐스탄, 우즈베키스탄)
헤이그 (네덜란드)	헤이그 특사(1907, 이준, 이상설, 이위종)
파리	파리 강화 회의[김규식(신한 청년단, 임시 정부)], 윌슨의 민족 자결주의
카이로	카이로 회담(1943, 미·영·중)
얄타	얄타 회담(1945, 미·영·소)
포츠담	포츠담 회담(1945, 미·영·중·소)
모스크바	모스크바 3상 회담(1945. 12, 미·영·소)

MEMO

박기훈

주요 약력

한국교원대학교 대학원 역사교육학

현) 박문각 공무원 온/오프라인 한국사 강사

전) 메가 공무원·소방 온/오프라인 한국사 강사

전) 합격의 법학원 온/오프라인 한국사 강사

전) EBS 출연강사

전) 국립대학교 교육공무원(7급) 한국사 강사

주요 저서

지원한국사 한권끝(박문각)

지원한국사 압축끝(박문각)

지원한국사 뭉쳐야푼다(법률저널)

지원한국사 99주제(법률저널)

99주제로 풀이한 기출분석(법률저널)

나두공 한국사 개념서(시스컴)

공무원 한국사 시험대비

지원한국사
한.권.끝.

초판발행 | 2022. 6. 15. **2쇄발행** | 2024. 7. 15. **저자** | 박기훈 **발행인** | 박 용 **발행처** | (주)박문각출판

등록 | 2015년 4월 29일 제2019-000137호 **주소** | 06654 서울시 서초구 효령로 283 서경 B/D

전화 | 교재 주문·내용 문의 (02)6466-7202

저자와의
협의하에
인지생략

정가 23,000원   ISBN 979-11-6704-789-2